U0877480

权威·前沿·原创

皮书系列为

“十二五”“十三五”“十四五”时期国家重点出版物出版专项规划项目

BLUE BOOK

智库成果出版与传播平台

河南省社会科学院哲学社会科学创新工程试点项目

河南蓝皮书
BLUE BOOK OF HENAN

河南文化发展报告（2024）

ANNUAL REPORT ON CULTURE DEVELOPMENT OF HENAN (2024)

行走河南・读懂中国

主　编 / 王玲杰　李立新
副主编 / 杨　波　宋朝丽

社会科学文献出版社
SOCIAL SCIENCES ACADEMIC PRESS (CHINA)

图书在版编目(CIP)数据

河南文化发展报告.2024：行走河南·读懂中国 / 王玲杰，李立新主编；杨波，宋朝丽副主编.--北京：社会科学文献出版社，2023.12
（河南蓝皮书）
ISBN 978-7-5228-2773-5

Ⅰ.①河… Ⅱ.①王… ②李… ③杨… ④宋… Ⅲ.①文化发展-研究报告-河南-2024 Ⅳ.①G127.61

中国国家版本馆 CIP 数据核字（2023）第 218438 号

河南蓝皮书
河南文化发展报告（2024）
——行走河南·读懂中国

主　　编 / 王玲杰　李立新
副 主 编 / 杨　波　宋朝丽

出 版 人 / 冀祥德
组稿编辑 / 任文武
责任编辑 / 高振华
文稿编辑 / 李小琪
责任印制 / 王京美

出　　版 / 社会科学文献出版社·城市和绿色发展分社（010）59367143
地址：北京市北三环中路甲 29 号院华龙大厦　邮编：100029
网址：www.ssap.com.cn
发　　行 / 社会科学文献出版社（010）59367028
印　　装 / 天津千鹤文化传播有限公司

规　　格 / 开 本：787mm×1092mm　1/16
印 张：24.75　字 数：373 千字
版　　次 / 2023 年 12 月第 1 版　2023 年 12 月第 1 次印刷
书　　号 / ISBN 978-7-5228-2773-5
定　　价 / 128.00 元

读者服务电话：4008918866

河南蓝皮书系列（2024）
编　委　会

主要编撰者简介

王玲杰 河南省社会科学院党委委员、副院长，经济学博士，二级研究员。享受河南省政府特殊津贴专家、河南省学术技术带头人、河南省宣传文化系统“四个一批”人才、河南省百名优秀青年社科理论人才。主持国家级、省部级社科研究项目20余项；发表论文80余篇，出版著作20余部。

李立新 河南省社会科学院文学研究所（黄河文化研究所）所长、研究员。兼任河南省社会科学院中原文化研究中心副主任、河南省姓氏祖地与名人里籍研究认定中心副主任兼秘书长、河南省姓氏文化研究会副会长兼秘书长、《黄河文化》副主编等职。长期致力于甲骨学殷商史与中原文化研究，在《考古与文物》《中国历史文物》等期刊发表论文50余篇，并编著《中原文化解读》《华夏历史文明传承创新研究》等著作。主持并完成国家社科基金课题1项。连续多年参与河南省委、省政府文化建设相关文件的起草工作和省内外文化专题调研活动，对河南文化建设有一定的实践感悟和理论积累。

杨　波 河南省社会科学院文学研究所（黄河文化研究所）副所长、研究员。第二届河南省直青联委员，河南省宣传思想文化战线第六批“四个一批”人才。兼任中国《三国演义》学会理事、河南省文学学会副秘书长等职。主要从事中国古典文学和中原文化研究，已发表《分类编纂唐诗总集的历史考察》《中原人文精神的文化价值和当代意义》等学术论文30

余篇，出版《〈唐诗类苑〉研究》《三国戏曲集成·明代卷》等著作8部，主持或参与完成国家社科基金青年项目1项、省部级以上课题8项，科研成果多次获得省部级优秀社科成果奖。

宋朝丽　河南省社会科学院文学研究所（黄河文化研究所）研究员，河南省文化和旅游厅公共文化专家委员会委员、中国旅游研究院文化旅游研究基地（河南大学）特邀研究员，郑州大学文化产业研究中心研究员，郑州市政协文化和文史委副主任。主要从事文化旅游、文化产业研究，主持“文化文物单位文创开发知识产权授权机制研究”等国家级课题2项，主持省部级课题5项，在《福建论坛》《东岳论丛》等期刊发表学术论文30余篇，出版《博物馆资源开发初始产权管理》等学术著作3部。参与《河南省“十四五”文化旅游融合发展规划》等多项规划的编制起草工作。

摘　要

2023年是全面贯彻落实党的二十大精神的开局之年，是实施“十四五”规划承上启下的关键之年，也是贯彻落实河南省文旅文创融合战略、促进文化旅游高质量发展、建设文化强省的关键一年。河南省以党的二十大精神为指引，以“行走河南·读懂中国”品牌建设为引领，深入学习贯彻党的宣传思想文化工作理论，广泛传播社会主义核心价值观，不断推进中华优秀传统文化创造性转化和创新性发展，文化事业和文化产业日益繁荣，网络生态持续向好，以强烈的历史自觉、主动精神和百倍信心书写新时代河南发展的光辉历程。

文旅文创融合不断涌现新业态，洛阳秉持“颠覆性创意、沉浸式体验、年轻化消费、移动端传播”新文旅理念，成为沉浸式文旅目的地打造的全国典范。一批重大文化产业项目建成落地，郑州海昌海洋旅游度假区、开封“国家文化出口基地·双创园”开园运营，河南文化旅游投资集团与万达集团合作项目、国际IP品牌文旅项目等一批重大项目正式签约。文化产业发展整体回暖，新闻信息服务、内容创作生产、文化装备生产快速增长，成为文化产业持续发展新动能。公共文化服务设施不断完善，南阳卧龙岗文化园、濮阳杂技主题公园、中国文字博物馆续建工程等陆续建成，“春满中原·老家河南”主题系列活动等文化惠民活动走深走实，公共文化数字化水平不断提升。各类文化活动蓬勃开展，2023河南省文旅文创发展大会、2023中国郑州（国际）旅游城市市长论坛、2023世界大河文明论坛（中国·郑州）、癸卯年黄帝故里拜祖大典等大型论坛展会成功举办，加深了河南与国际社会的文化交流。文艺创作新闻出版再上新台阶，邵丽的长篇小说《金枝（全本）》由人民文学出版社出版，乔叶的《宝水》获第十一届茅盾文学奖，河南卫视“中国节日”系列节目获第28届上海电视节白玉兰奖“最佳综艺节目”，可谓硕果累累。围绕“中华文明起源与早期发展综合研究”“考古中国”等重大课题系统开展专题研究，大遗址保护工程稳步推进，隋唐洛阳城定鼎门遗址保护展示工程，明堂、天堂遗址保护展示工程，九洲池遗址保护展示工程等一大批重要大遗址保护展示工程顺利实施，文化遗产展示利用再上新台阶。新时代、新文化，在习近平文化思想引领下，河南文化建设正呈现日新月异的新面貌，厚重河南正在向时尚河南、魅力河南华丽转型。

关键词：“行走河南·读懂中国”　文旅文创融合战略　文化高质量发展

目录

I 总报告

II 专题篇

Ⅲ 案例篇

Ⅳ 区域篇

总报告

B.1
2023~2024年河南文化发展态势分析与展望

河南省社会科学院课题组*

摘　要： 2023 年是实施“十四五”规划承上启下的关键之年。河南紧紧围绕“行走河南·读懂中国”品牌体系塑造，加快实施文化强省战略，推动河南文化繁荣健康发展。2022 年以来，先后印发了《河南省公共文化服务保障促进条例》《河南省元宇宙产业发展行动计划（2022—2025 年）》《河南省旅游公路网规划（2022—2030 年）》《河南省新时代革命文物保护管理利用三年行动计划（2023—2025 年）》等文件，从传统文化创造性转化和创新性发展、基础设施建设等维度助力河南文化发展建设。河南公共文化服务质量显著提升，公共文化服务设施不断完善，文化惠民活动走深走实；文化产业稳步发展，一批重大文化产业项目签约落地，各级政府和相关

* 课题组组长：李立新，河南省社会科学院文学研究所（黄河文化研究所）所长、研究员；副组长：杨波，河南省社会科学院文学研究所（黄河文化研究所）副所长、研究员；课题组成员：陈亚玲、马培红、宋朝丽；执笔人：陈亚玲、马培红。

机构积极组织参加各类展会；文旅发展迎来全面复苏，文旅文创融合效果显著，新兴文旅业态发展良好；文艺创作、新闻出版再上新台阶，优秀作品持续引发社会关注；文化遗产保护工作有序开展，非物质文化遗产、考古工作和文博事业取得优异成绩；对外文化交流传播取得新进展，旅游推介、跨境交流、青年交流等活动频繁开展，效果良好。同时，河南文化发展还存在一定问题：公共文化服务效能不高、精准度不够、社会力量参与不足，公共文化服务体系需要持续完善；河南文化产业规模相对较小，文化资源创意开发、产业转化能力不强，文化产业结构需进一步优化；“行走河南 · 读懂中国”品牌阐释不足，社会认知度尚需提高。

2024 年，河南将继续以人民为中心，不断建立健全公共文化服务评价体系，细化社会力量参与规则；盘活资源，稳步推进公共文化服务提质增效。以重大项目为依托，持续推进文化遗产的保护利用；深入进行考古发掘和研究阐释，在深刻把握中华文明的突出特性中理解河南的地位和作用；继续围绕“中华文明起源与早期发展综合研究”“考古中国”等重大课题系统开展专题研究等；扎实推进文博工作，加大黄河文化研究力度。数实融合，重视人才引进工作，加快推动文化产业发展。继续以《“行走河南 · 读懂中国”品牌塑造实施方案》为指引，从研究阐释、场景布设、创意驱动、宣传推广等方面推动“行走河南 · 读懂中国”品牌体系建设，推动“行走河南 · 读懂中国”品牌形象深入人心。持续深化对中原文化的国际阐释与时尚表达；创新传播方式，加强与国际文化的交流互鉴，不断提高河南文化的国际影响力。

关键词： 文化强省　“行走河南 · 读懂中国”　品牌体系建设　河南

2023 年是全面贯彻落实党的二十大精神的开局之年，也是实施“十四五”规划承上启下的关键之年。河南始终把党的二十大精神、习近平总书记在文化传承发展座谈会上的讲话精神作为总遵循，坚持把创新引领作为文化发展的重要动力，把人民群众对美好生活的向往作为文化事业发展的奋斗目标，推动文化强省建设，实现文化高质量发展。

一 2023年河南文化建设的基本情况

2023 年，河南深入贯彻落实党的二十大精神，高举中国特色社会主义伟大旗帜，坚持守正创新，扛牢使命任务，扎实推进文化强省建设，深入推进文旅文创融合战略，实现了河南文化事业的稳定发展。

（一）公共文化服务质量稳中有升

公共文化服务设施不断完善。“十四五”期间，河南持续加大对公共文化服务的投入力度，不断完善公共文化场馆设施，一批重大文化设施陆续开建或已建成并对外开放。2022 年 10 月至 2023 年 9 月，南阳卧龙岗文化园、濮阳杂技主题公园、中国文字博物馆续建工程、汉字公园、洛阳万里茶道博物馆、郑州商城东城垣遗址博物馆、曹操高陵遗址博物馆、河南省科技馆新馆、河南省图书馆郑东分馆等文化场馆相继开园、开馆，极大地满足了人民群众日益增长的精神文化需求。此外，新乡大运河国家文化公园、河南省美术馆新馆、郑州郑东新区科创文旅交流中心、洛阳汉魏故城遗址博物馆等文化项目陆续开建。截至 2022 年 10 月，河南全省共建成各级各类博物馆 384 个、公共图书馆 166 个、文化馆 205 个、公共美术馆 8 个、城市书房 1011 个、乡镇（街道）文化站 2478 个，村（社区）综合性文化服务中心和农家书屋实现全覆盖，[①] 打通阅读服务“最后一公里”。以城市书房为代表的新型公共阅读空间的出现和发展，极大地促进了基层图书馆服务效能的提升，涌现出了“趣缘读书会”“大家讲堂”“书香云端”“淇水亲子故事乐园”等一批优秀阅读品牌。2023 年，财政部下达中央支持地方公共文化服务体

① 《河南共建成各类博物馆 384 个、公共图书馆 166 个》，河南省文化和旅游厅网站，2022 年 10 月 16 日，https：//hct. henan. gov. cn/2022/10-16/2624573. html。

系建设补助资金预算，全国核定预算 149.63 亿元，其中河南 2023 年分配预算为 7.54 亿元。[①] 公共文化服务体系建设补助资金的持续投入、重大公共文化服务设施的建设推进，对建立健全公共文化服务体系、丰富人民群众的精神生活、提升河南文化软实力意义重大。

文化惠民活动持续走深走实。2023 年各种线下活动稳步恢复，河南也持续举办各种文化惠民活动。2023 年春节，河南启动“春满中原·老家河南”主题系列活动，推出文艺展演、艺术展览、非遗民俗、旅游美食等一系列文旅活动和产品。活动期间，全省博物馆、图书馆、文化馆、美术馆等各级各类文化场所正常开放，河南艺术中心开展“2023 年河南省优秀剧（节）目陪你过大年”线下展演活动，省内近百家博物馆持续组织开展“博物馆里过大年”系列活动，推出内容丰富的临时展览 150 多个。春节期间，全省各地近 300 家景区推出了千场文化旅游活动。2023 年 2 月，启动“舞台艺术送基层”文化惠民演出活动，由全省各级国有文艺院团把优秀文艺作品、经典剧目免费送到乡村、社区、校园等基层，让群众共享艺术发展成果。启动第二届“惠民文化节”暨“乡村文化活动年”系列活动和“新时代·新征程·新风貌”十大群众文化活动。这些活动覆盖全省、贯穿全年，包括广场舞、合唱、摄影、美术书法等形式多样、内容丰富的文化活动，很好地满足了人民群众尤其是乡村民众的文化需求。其中，“中原舞蹁跹”河南省广场舞大赛历时半年，共在东、西、南、北、中五个片区进行选拔，省内各级单位举办展演 1116 场、选拔赛 371 场，参与团队 3604 支，参演人数达 83649 人，线上线下受众人数将近 1073 万人；[②] “唱响新时代”河南省群众合唱大赛历时半年，各级单位共举办展演 342 场、选拔赛 146 场，参与团队 1721 支，参演人数突破 10 万人，线上线下受众人数达 572.5 万人；[③] 河

① 《河南获 7.54 亿元！财政部下达支持地方公共文化服务体系建设补助资金预算》，河南省文化和旅游厅网站，2023 年 5 月 9 日，https：//hct.henan.gov.cn/2023/05-09/2739742.html。

② 《“中原舞翩跹”河南省广场舞大赛圆满收官》，河南省文化和旅游厅网站，2023 年 8 月 21 日，https：//hct.henan.gov.cn/2023/08-21/2800535.html。

③ 《“唱响新时代”河南省群众合唱大赛圆满落幕》，河南省文化和旅游厅网站，2023 年 9 月 27 日，https：//hct.henan.gov.cn/2023/09-27/2822362.html。

南省“2023全民阅读”系列活动中，河南省图书馆以“滋养民族心灵、培育文化自信”为主题，开展一系列阅读推广和服务宣传活动，并联合相关部门开展文旅融合、公共数字文化进基层、中华优秀传统文化传习等活动，推动全民阅读走深走实。在“行走河南·读懂中国”2023年河南省“艺术点亮演出季”中，全省共计为市民和游客送上近180场高水平演出。此外，还广泛开展“百城万场”“群星耀中原”“中原文化大舞台”“周末音乐汇”等群众性文化活动，极大地满足了人民群众对美好生活的向往。

公共文化服务供给提质增效。2022年12月1日，《河南省公共文化服务保障促进条例》（以下简称《条例》）正式施行。《条例》对公共文化设施建设、公共文化设施管理、公共文化服务提供、群众文化活动组织、公共文化品牌培育等多方面进行规范，推动了文化强省的建设。[①] 2023年，河南持续开展现代公共文化服务体系建设绩效考核工作，推动全省公共文化服务发展，取得了较为突出的成绩，更好地满足了人民群众的精神文化需求。2022年12月，信阳市光山县文殊乡“从农村小舞台到国家大舞台——光山花鼓戏的传承与发展”、商丘市民权县北关镇“画虎促发展　文化助振兴”、平顶山市宝丰县“弘扬民间曲艺艺术　激活传统文化活力”3个项目入选文化和旅游部“中国民间文化艺术之乡”建设典型案例名单。安阳市林州市任村镇井头村、焦作市马村区武王街道北孔庄村、平顶山郏县广天乡3地入选2023年全国“村晚”示范展示点名单。2022年长三角及全国部分城市最美公共文化空间大赛中，河南14个公共文化空间获得“百佳公共文化空间奖”，郑州西亚斯学院图书馆、焦作市修武县岸上小镇民宿示范街区、焦作市沁阳曹瑾纪念馆3个项目获得“网络人气奖”。由河南省美术馆申报的“寻找生命之源（第二季）——黄河生态文明与艺术研学系列活动”获得“2022年度全国美术馆优秀公共教育项目”。河南入选国家公共文化云2022年度榜单“最具活力省份榜”，河南省文化馆庞东晨的摄影慕课“舞台舞蹈

① 《河南省公共文化服务保障促进条例》，河南省人民政府网站，2022年10月15日，https：//www.henan.gov.cn/2022/10-15/2624187.html。

摄影”入选“云上名师榜”。开封的新华书店开封书城和郑州的郑东新区兆熹书店获得 2022 年度最美书店称号。“书香河南”入选 2022 年度“书香中国”综合传播影响力榜单，并首次入选影响力、美誉度 2 个分项榜单。“书香河南”公共文化平台正式上线，平台数字阅读内容囊括文化教育、文化传记、自然科普、儿童阅读等各类电子图书近 10 万册、各类音频资源 6300 余集，促进了公共文化数字化服务水平的进一步提升。

（二）文化产业发展呈现回暖态势

2022~2023 年，河南认真贯彻落实党中央、国务院、省委、省政府各项决策部署，积极推动文化及相关产业各项政策的实施，实现了文化产业发展的总体平稳。2022 年，河南出台支持中小企业发展的多项优惠政策和帮扶办法，小微企业数量大幅增长，规模以上文化及相关产业法人单位数量为 2894 个，总量与上年基本持平，其中小微企业比上年增长 9.6%。文化及相关产业企业结构发生变化，从产业类型看，文化制造业、文化批发和零售业企业数量比上年分别增长 2.0%、2.8%，文化服务业企业数量比上年下降 2.8%；从行业类别看，新闻信息服务、文化消费终端生产、内容创作生产和创意设计服务企业数量比上年分别增长 14.5%、10.5%、0.6%和 0.2%，文化辅助生产和中介服务、文化传播渠道、文化投资运营和文化娱乐休闲服务企业数量比上年分别下降 0.4%、5.8%、5.9%和 6.8%，文化装备生产企业数量与上年持平。文化及相关产业营业收入有所减少，但文化新业态行业营业收入快速增长。2022 年河南文化及相关产业实现营业收入 4865.1 亿元，较上年减少 110.7 亿元，下降 2.2%；从产业类型看，文化制造业实现营业收入 1778.8 亿元，比上年增长 0.1%；文化批发和零售业、文化服务业分别实现营业收入 1030.0 亿元、2056.3 亿元，比上年分别下降 8.6%、0.8%；从领域看，文化核心领域、文化相关领域分别实现营业收入 3219.0 亿元、1646.2 亿元，比上年分别下降 0.7%、5.1%。随着国家文化数字化战略的深入实施，以互联网服务、数字化、智能化等为主要特征的文化新业态行业迅猛发展，成为推动河南文化及相关产业高质量发展的重要支撑。从行业类别看，新闻信息服务、文化装备生产、文化投资运营、内容创作生产等行业的营业收入比上年分别增长31.2%、26.2%、3.0%、2.4%（见表1）。河南规模以上文化新业态特征较为明显的16个行业小类实现营业收入249.1亿元，比上年增长39.4%，增速快于全部规模以上文化及相关产业41.6个百分点。文化及相关产业实现利润有所下降，但人均指标均有上升。2022年河南规模以上文化及相关产业企业实现营业利润110.3亿元，比上年减少11.1亿元，下降9.1%；实现利润总额119.4亿元，比上年减少9.9亿元，下降7.7%；营业收入利润率为4.8%，比上年下降0.3个百分点；人均营业收入、人均利润总额分别为89.5万元和4.3万元，比上年分别增加7.4万元和0.1万元。

由以上数据可知，2022~2023年，河南文化及相关产业正面临结构性调整，数字化新兴文化及相关产业正在逐渐取代、淘汰落后文化业态，成为河南文化及相关产业发展主力军。

表1　2022年河南文化及相关产业主要指标情况

单位：亿元，%

指标名称	营业收入	
	绝对值	比上年增长
合计	4865.1	-2.2
按产业类型分		
文化制造业	1778.8	0.1
文化批发和零售业	1030.0	-8.6
文化服务业	2056.3	-0.8
按领域分		
文化核心领域	3219.0	-0.7
文化相关领域	1646.2	-5.1
按行业类别分		
新闻信息服务	263.5	31.2
内容创作生产	1102.6	2.4
创意设计服务	932.7	-3.5
文化传播渠道	583.7	-9.4
文化投资运营	41.5	3.0
文化娱乐休闲服务	295.0	-5.6

续表

指标名称	营业收入	
	绝对值	比上年增长
文化辅助生产和中介服务	896.9	-8.4
文化装备生产	184.9	26.2
文化消费终端生产	564.4	-7.4

资料来源：《2022 年河南省文化及相关产业发展情况报告》，河南省统计局网站，2022 年 7 月 18 日，https：//tjj.henan.gov.cn/2023/07-18/2780192.html。

一大批文化产业项目建成落地。2022 年 10 月，开封“国家文化出口基地·双创园”正式开园，双创园结合“科创+文创”创新理念，打造集文、商、旅于一体的元宇宙综合体，为中原文化转型注入新动能。2023 年 9 月，郑州海昌海洋旅游度假区开园，为全省文旅文创融合发展增光添彩。在“2023 河南省文旅文创发展大会”签约仪式上，河南省文化旅游投资集团与万达集团合作项目、国际 IP 品牌文旅项目、恐龙国际旅游度假区项目、洛阳市文旅小镇项目、洛阳华夏历史文明传承创新产业园项目、万仙山景区飞梭项目、红旗渠·太行山大型实景演出项目、云台山森林动物王国项目、南召鸭河上河园旅游度假区项目、周口市淮阳区中华龙文化休闲旅游项目等重点文旅项目正式签约。2023 年 9 月 21 日，第十届中原（鹤壁）文化产业博览交易会开幕式当天，全省文化产业项目集中签约 46 个、总投资 174.76 亿元。

积极举办、参与文化类展会。积极举办文化类展会。2022 年 11 月，由中共河南省委宣传部、河南省文化和旅游厅、河南省商务厅、鹤壁市政府等主办的第九届中原（鹤壁）文化产业博览交易会在鹤壁开幕，省内外许多城市的文化企业积极参与。2023 年 9 月，2023 中国（郑州）旅游休闲娱乐产业博览会在郑州国际会展中心举行，吸引国内 300 余家企业参展参会。2023 年 9 月，第十届中原（鹤壁）文化产业博览交易会在鹤壁开幕，800 余家省内外文化企业参展，通过展示文化创意产品、举办系列文化活动等，搭建文创产品交易平台，更好地汇聚文化产业资源，加快发展全链条文创产业，推动文旅文创融合战略走深走实。积极组织相关单位、企业参与其他省市、地区的文化类展会，如2022年10月至2023年9月，先后组织文化旅游企业、文化创意企业、相关地方文化旅游部门等机构参加第十八届中国（深圳）国际文化产业博览交易会、第十九届中国（深圳）国际文化产业博览交易会、第37届香港国际旅游展、第十一届澳门国际旅游（产业）博览会、2023海峡两岸台北夏季旅展、第十届中国西部文化产业博览会、第六届丝绸之路（敦煌）国际文化博览会、全国演艺博览会。河南积极举办、参与文化类展会，多方面展示了全省文化产业发展成果及沉浸式文旅新产品、新业态，促进了文旅交融、文创赋能、文化产业的发展。

（三）文旅文创融合不断涌现新业态

2023年，全省持续举办各种线下文旅节会，文化旅游热度持续高涨，文旅产业迎来全面复苏。2023年1月，“春满中原·老家河南”主题活动的举办拉开了全年文旅活动的帷幕，各地及多家景区推出千场文旅活动。成功举办2023中国（开封）清明文化节、第40届中国洛阳牡丹文化节、癸卯年黄帝故里拜祖大典、国际商都历史文化区及消费活动暨三月三商都文化节、河南春季文化和旅游大集、许昌第十四届三国文化旅游周、第二十八届三门峡黄河文化旅游节、2023年新乡市比干文化旅游节、2023鸡公山清凉文化月暨大别山（信阳）文化旅游季、2023洛阳河洛文化旅游节、2023年中国飞行家大会暨第十五届安阳航空运动文化旅游节等文旅节会。众多文旅节会秉持“颠覆性创意、沉浸式体验、年轻化消费、移动端传播”新文旅理念，加快塑造“行走河南·读懂中国”文旅品牌，推动全省各地沉浸式文旅目的地的打造，促进了文旅的全面复苏。携程平台发布的《2023年春节旅游总结报告》显示，春节期间目的地为郑州的整体旅游订单量比上年同期增长219%，跨省游订单量占比为60%。春节期间，郑州接待游客715.00万人次，实现旅游收入46.39亿元；开封接待游客714.16万人次，实现旅游收入34.81亿元；洛阳接待游客593.86万人次，实现旅游收入32.28亿元；信阳接待游客431.40万人次，实现旅游收入19.70亿元；安阳接待游客136.33万人次，实现旅游收入11.57亿元。① 2023年劳动节期间，河南共接待游客5518.00万人次，较2019年同期增长21.3%；旅游收入为310.10亿元，较2019年同期增长7.69%。2023年端午节期间，接待游客1266.30万人次，较2022年同期增长48.6%，较2019年同期增长34.1%；旅游收入为55.50亿元，较2022年同期增长47.6%，较2019年同期增长23.1%。2023年中秋、国庆"双节"期间，共接待游客8480.10万人次，较2022年同期增长212.2%，较2019年同期增长127.9%；旅游收入为587.60亿元，较2022年同期增长306.4%，较2019年同期增长117.1%。河南2023年主要节庆日接待游客数和旅游收入如表2所示。

表2 河南2023年主要节庆日接待游客数和旅游收入

单位：万人次，亿元

主要节庆日	接待游客数	旅游收入
元旦	1308.47	61.07
春节	3375.28	175.21
劳动节	5518.00	310.10
端午节	1266.30	55.50
中秋、国庆"双节"	8480.10	587.60

注：2023年清明节假期只有1天，故省略未列。

资料来源：由河南省文化和旅游厅公开发布的旅游接待数据整理所得。

文旅文创融合发展效果显著。启动"中华字都"安阳国际文创设计大赛，组织开展第九届河南省博物馆文创大赛，河南省文旅文创融合创新基地（开封）揭牌，中国首个非遗美学实验室揭牌，聚焦河南文化创意产业建设，持续推动博物馆文物资源、创意人才资源、数字创意设计资源等的互融互通。文旅文创融合发展取得一系列成果。郑州的"穿越德化街""只有河南·戏剧幻城""禅宗少林·音乐大典"和开封的"大宋·东京梦华"4个项目入选全国旅游演艺精品名录；河南选送的15件（套）旅游商品在"2023中国旅游商

① 《河南各地市春节旅游数据出炉》，《大河报》电子报网站，2023年1月29日，http://newpaper.dahe.cn/dhb/html/2023-01/29/content_620575.htm。

品大赛”中获得1金、2银、1铜4个奖牌；第二届全国文化创意产品推介活动中，河南博物院的“玉佩棒棒糖”荣获全国十佳文创产品，“非遗娃娃——绢舞飞天”和“雕刻的宝物——传拓盲盒”荣获优胜文创产品奖；河南国脉文化产业园有限公司的非遗文创“文化中国礼”与非遗展演入选2023~2024年度国家文化出口重点项目。此外，河南文化旅游景区获得一系列荣誉。2022年10月，龙门石窟入选“2023年度全球‘文化类’旅游地推荐名单”。2022年11月，卢氏县、栾川县、睢县入选“康养旅游百强县入围名单”；登封市、栾川县入选“2022中国旅游百强县市”；济源市、林州市、新县、辉县市入选“2022中国旅游潜力百强县市”。2023年1月，“2022年城市旅游影响力百强”榜单公布，洛阳位列第五名、开封位列第45名、郑州位列第92名；洛阳入选“2022年度文化产业和旅游产业工作拟激励地市名单”。2023年1月，三门峡市天鹅湖旅游度假区入选“新一批国家级旅游度假区名单”。2023年3月，开封市龙亭区七盛角旅游休闲街区、焦作市修武县岸上旅游休闲街区入选“第二批国家级旅游休闲街区名单”。2023年7月，登封市和栾川县入选“2023年全国县域旅游综合实力百强县”。

文旅新业态蓬勃发展。积极构建研学旅游新格局，打造研学旅游高地。在2023年4月3日召开的2023世界研学旅游大会上，河南发布了10条精品研学旅游线路，聚焦古都、黄河、考古、文字、美食、中国功夫等多个领域，引发社会高度关注。目前，全省建成研学旅行营地42个、基地487个，设置课程3970节，还推出首批10处“黄河文化千里研学之旅”实践基地。[①] 洛阳抢抓文旅产业新风口，不断丰富沉浸式体验，打造独具特色的沉浸式研学旅游项目，助力研学旅游产业快速发展。积极布局工业旅游，积极参与文化和旅游部“国家工业旅游示范基地”评定工作。2022年11月，中国一拖东方红工业游景区、三秋醋产业博览园入选“国家工业旅游示范基地”；2023年9月，三门峡仰韶酒庄工业旅游区、安阳安钢工业旅游区、许

① 《河南研学旅游渐入佳境》，河南省文化和旅游厅网站，2023年4月9日，https://hct.henan.gov.cn/2023/04-09/2721638.html。

昌钧瓷工业文化园 3 家单位上榜“国家工业旅游示范基地”。积极发展体育旅游，充分利用“三山两河”环境优势资源和丰富的历史文化资源，发展“体育+旅游”，做好体育产业发展和生态文明建设相结合的“大文章”，安阳的航空体育旅游、洛阳的滑雪体育旅游、新县的登山步道体育旅游等已经形成一定规模和特色。“2022 中国体育旅游精品项目”评选中，全省入围 8 项，其中 5 项荣膺“十佳”。发展康养旅游，持续推进乡村康养旅游发展，发展乡村休闲度假，卢氏县、栾川县、睢县入选“深呼吸健康旅游发展指数”及“康养旅游百强县入围名单”；2022 年 12 月，河南公布首批 40 家“乡村康养旅游示范村名单”。高度重视红色旅游，召开太行山乡村旅游暨红色旅游高质量发展推进会，以鄂豫皖苏区首府旧址、首府烈士陵园、革命博物馆等为核心的国家 5A 级旅游景区创建持续推进，信阳新县入选全国红色旅游融合发展试点单位，红色旅游稳步发展。

（四）文艺创作新闻出版再上新台阶

文学作品创作方面，河南作家邵丽的最新长篇小说《金枝（全本）》由人民文学出版社出版，小说以 2021 年出版的《金枝》故事为底本，全面讲述中原大地颍河岸边上周村的周氏一家五代人在时代洪流中的选择与变化。2022 年 10 月，二月河研究学会会长鲁钊的《二月河评传》由郑州大学出版社出版，是中原乃至全国首部记载二月河完整人生的传记著作。邵丽的《黄河故事》获得第七届郁达夫小说奖中篇小说首奖。2023 年 7 月，中国作家协会在山东临沂召开“新时代山乡巨变创作计划”推进会，发布 11 部“新时代山乡巨变创作计划”第二批重点推进作品，河南作家柳岸的长篇小说《天下良田》、麦苏的长篇小说《陶三圆的春夏秋冬》入选。同年 8 月，豫籍作家乔叶的《宝水》获得第十一届茅盾文学奖，她成为第一位获得茅盾文学奖的“70 后”女作家，也是第十位获茅盾文学奖的豫籍作家。

影视新闻创作方面，2022 年 12 月 19 日，大型纪录片《人类的记忆——中国的世界遗产》系列之《殷墟》在中央电视台播出，全面展示了殷商文化的博大精深。2023 年 3 月，由中共河南省委组织部、中共河南省委宣传部等联合摄制，取材于优秀共产党员——洛阳市栾川县潭头镇原副镇长马海明真实事迹的电影《伊水栾山》在中央电视台电影频道黄金时段播出；同年5月，由河南广播电视台拍摄制作的32集当代援藏题材电视剧《雪莲花盛开的地方》，在中央电视台综合频道黄金时段开播；同年7月，由安阳市委、河南省广播电视局指导，河南天涌太行影视节目制作有限公司出品的网络电影《天命玄女》，在腾讯视频、爱奇艺视频公映；同年9月，河南卫视推出系列综艺节目《中国家宴》，以传统文化的方式讲食物、说家宴、聊文化、谈风俗，以“谈话+影视演绎”开启双向叙事。此外，动画片《黄河传奇之山河祖国》《太行传奇之红旗渠》《汝瓷传奇》《黄河史诗之瓠子堵口》也在有序推进。2022年11月，戏曲电影《三拂袖》获得第四届中国戏曲电影展“优秀戏曲电影”大奖，河南日报社作品《一万个馕九千里路》《走近二里头执钥者》《百年现代考古学·河南当惊世界殊》获第32届中国新闻奖三等奖；同年12月，中共河南省委宣传部推荐的《中国节日系列节目2021季》获第十六届精神文明建设“五个一工程”电视类优秀作品奖；河南、湖北、山东、四川4省的省委宣传部联合推荐的《我的父亲焦裕禄》获第十六届精神文明建设“五个一工程”电影类优秀作品奖。2023年6月，河南卫视推出的“中国节日”系列节目获第28届上海电视节白玉兰奖“最佳综艺节目”；由河南省文物局、大河网联合推出的大型文博策划《追寻文明的足迹》获得“2023年度河南文物全媒体传播精品项目”。此外，河南小樱桃动漫集团有限公司制作的网络动画片《焦裕禄》入选国家广播电视总局“2022年网络视听精品节目”。

戏剧歌剧舞蹈创作方面，2022年度重点文艺创作项目现代豫剧《太行之子》，大型原创音乐剧《愚公移山》，旨在传承焦裕禄精神、反映兰考新时代发展变化的话剧《兰考》，相继首演。2023年3月，河南豫剧院一团魏俊英的《三娘教子》，河南豫剧院三团辛艾、李书奇的《小二黑结婚》和贾文龙、杨红霞的《朝阳沟》，河南豫剧院青年团吴素真的《梵王宫》，河南省曲剧艺术保护传承中心张派青衣刘青的《陈三两》和杨帅学的《阿Q与孔乙己》6部作品，入选“2023~2024年度中国戏曲像音像工程录制演员

（剧目）名单”；同年5月，曲剧《河洛工匠》荣获第25届“曹禺戏剧文学奖”提名；民族歌剧《银杏树下》荣获“第五届中国歌剧节优秀剧目”；同年6月，儿童剧《花木兰》获得“第九届全国优秀儿童戏剧展演参演剧目”；同年9月，由郑州歌舞艺术中心选送，原娜、朱俊编导的舞蹈作品《三足问鼎》荣获“第十三届中国舞蹈‘荷花奖’古典舞终评奖”和“第十四届全国舞蹈展演优秀节目奖”。

（五）文化遗产保护工作有序开展

非物质文化遗产传承保护有力。2023年，全省积极进行非物质文化遗产的交流保护工作，非物质文化遗产展演弘扬传承工作有序推进。由河南省非物质文化遗产保护和智慧化中心牵头组建的中国首个非遗美学实验室正式揭牌。2022年11月，河南申报的“中国传统制茶技艺及其相关习俗”被列入联合国教科文组织《人类非物质文化遗产代表作名录》。2023年2月，河南5个案例入选文化和旅游部2022年“非遗工坊典型案例”。此外，通过举办系列节会活动和民俗文化展演，拉近非遗文化与群众的距离。第十五届中国（鹤壁）民俗文化节、第十三届“中原古韵——中国（淮阳）非物质文化遗产展演”活动、沿黄九省（区）暨晋冀鲁豫四省传统戏剧展演活动、“第十届黄河戏剧节”等的成功举办，对戏剧等非物质文化遗产的展示、传承和弘扬意义重大。积极开展非物质文化遗产交流活动。同年7月，河南与福建共同开展“豫闽”木偶戏交流展演活动，展演福建木偶戏与河南杖头木偶、提线木偶、手偶戏等相关非遗项目。同年8月，在2023“新疆是个好地方”对口援疆19省份非物质文化遗产展中，精心组织“黄河之礼”河南文旅文创产品和非遗项目展；举办“‘巧工塑艺’——2023年河南省文化馆馆藏非遗精品展”，集中展出优秀非遗作品400余件；举办“茶和天下，品味中原——河南·茶非遗主题展”，推动茶文化非遗活化转化。同年9月，灯彩（汴京灯笼张）等8个省级以上非物质文化遗产代表性项目和淮阳芦苇画非遗工坊、潢川贡面非遗工坊、陈氏木梳制作技艺非遗工坊及部分传承人受邀参加“第五届大运河文化旅游博览会”。

考古工作取得新进展新成绩。2022~2023 年，河南考古取得一系列新进展。2022 年 11 月，考古人员在安阳殷墟洹河北岸新发现一条大型东西向道路遗迹，为进一步探索 3000 多年前商代晚期都城的整体布局、交通网络及功能分区等提供了又一关键性材料。2022 年 11 月，国家文物局在北京召开“考古中国”重大项目重要进展工作会，专题介绍了安阳殷墟考古与甲骨文研究重要成果及新进展，公布了殷墟遗址新发现宫殿宗庙区存在大型池苑、水道及相关建筑遗迹，介绍了殷墟外围区域包括辛店铸铜遗址、陶家营商代中期环壕聚落遗址、邵家棚商代晚期聚落遗址等多项新发现。2022 年 11 月，在首届仰韶论坛上，河南考古工作者报告了考古新进展：仰韶村遗址首次发现高等级房屋建筑遗存，北阳平遗址发现多重环壕，黄山遗址发现仰韶中晚期粮仓群，苏羊遗址发现龙山时期大型墓地。2023 年，考古人员在汉魏洛阳城遗址考古发掘中，发现了魏晋时期的大型地下水道遗迹，位于宫城的 3 座北魏时期大型半地下式仓窖遗迹，数量众多、特征明显的十六国时期瓦件文物及建筑基址，对丰富汉魏洛阳城的文化内涵研究意义重大。考古人员在郑州航空港区发现了老庄师古墓群，墓葬共 22 座，年代从东汉延续至明清时期，跨度近 1600 年，其中以宋金时期仿木建筑的砖雕壁画墓、清代壁画墓尤为精美，对研究古代建筑、家居生活、丧葬观念等具有重要价值。2022~2023 年，河南考古取得一系列新成绩。殷墟考古与甲骨文研究取得新进展，河南开封州桥及汴河遗址重现古城千年繁华盛景，入选“2022 年度国内十大考古新闻”。仰韶村国家考古遗址公园、二里头国家考古遗址公园、郑州商城国家考古遗址公园入选“第四批国家考古遗址公园名单”，平粮台古城考古遗址公园、虢国墓地考古遗址公园、清凉寺汝官窑考古遗址公园、宋陵考古遗址公园 4 家入选“第四批国家考古遗址公园立项名单”。河南偃师二里头都邑多网格式布局、安阳殷墟商王陵及周边遗存、开封州桥及附近汴河遗址入选“2022 年度全国十大考古新发现”。

文博事业发展迈向新征程。河南持续开展优秀陈列展览推介活动，不断提升博物馆陈列展览和公共服务水平，推动博物馆高质量发展。共 14 家博物馆的15个展览获“2022年河南省优秀陈列展览”。洛阳博物馆、中国社会科学院考古研究所的“其宁惟永——北魏洛阳永宁寺特展”等9个展览入选“弘扬中华优秀传统文化、培育社会主义核心价值观”主题优秀展览。2023年，河南与国内外文博场所合作推出联合展览，取得了良好的社会反响。河南博物院与上海博物馆联合推出“宅兹中国——河南夏商周三代文明展”，引发强烈社会反响，该展于2023年2月入选“2022年度上海市博物馆陈列展览精品推介名单”。3月，由郑州博物馆主办，意大利驻华使馆、中国文物交流中心、意大利驻华使馆文化中心支持的“大河文明展”在郑州博物馆文翰街馆开展，展出意大利4家博物馆、国内14家文博收藏单位的珍贵文物203件（套）。3月，由无锡市人民政府主办，无锡市文化广电和旅游局承办，河南博物院、无锡博物院等协办的为期3个月的“江河辉映——中原与江南青铜时代考古文物展”在无锡博物院开幕，来自河南博物院的90件（套）精品文物参与展出，展现了黄河文明与长江文明融合发展的历史脉络和灿烂成就。

2022~2023年，河南文博领域荣获一批重要奖项。河南博物院入选“知识产权强国建设第一批典型案例”，是全国唯一入围的文博单位；黄河博物馆、河南博物院入选“2021~2025年度第一批全国科普教育基地补充认定名单”。中国文字博物馆“舞动的汉字——汉字文化普及互动体验课程”等8个案例入选“2022年度全国文博社教百强案例名单”。河南博物院的“我用我心讲党史”红色宣讲项目入选“2022年文化和旅游志愿服务典型案例”。开封博物馆、洛阳博物馆入围2023年“全国最具创新力博物馆”。在第二十届（2022年度）全国博物馆十大陈列展览精品推介活动中，河南多家博物馆的展览获奖（见表3）。在2023年度“弘扬中华优秀传统文化、培育社会主义核心价值观”主题展览推介中，河南多家博物馆荣获奖项（见表4）。河南省文物考古研究院申报的三门峡虢国墓地虢仲墓（M2009）出土青铜器保护修复项目入选“2022全国十佳文物藏品修复项目”。

表 3　第二十届（2022 年度）全国博物馆十大陈列展览精品河南获奖名单

申报单位	展览名称	奖项
郑州商都遗址博物院	巍巍亳都　王都典范——郑州商代都城文明展	精品奖
中国文字博物馆	文以化人　字以载道——中国文字博物馆续建工程基本陈列	优胜奖
上海博物馆 河南博物院	宅兹中国——河南夏商周三代文明展	优胜奖
郑州博物馆	繁星盈天——中国百年百大考古发现展	优胜奖

资料来源：《河南四项获奖！2022 年度全国博物馆十大陈列展览精品揭晓》，大河网，2023 年 5 月 18 日，https：//news. dahe. cn/2023/05-18/1238337. html。

表 4　2023 年度“弘扬中华优秀传统文化、培育社会主义核心价值观”主题展览推介项目名单

申报单位	展览名称	奖项
郑州博物馆	大河文明展	重点推介项目
安阳博物馆	从殷墟到大邑商——新时代殷墟考古新发现展	推介项目
兰考县焦裕禄纪念馆	焦裕禄生平事迹展	推介项目
洛阳民俗博物馆	镜像——家风家训专题展	推介项目
洛阳博物馆、中国社会科学院考古研究所	其宁惟永——北魏洛阳永宁寺特展	推介项目

资料来源：《国家文物局、中央精神文明建设办公室、中央网信办发布 2023 年度“弘扬中华优秀传统文化、培育社会主义核心价值观”主题展览推介项目》，国家文物局网站，2023 年 5 月 18 日，http：//www. ncha. gov. cn/art/2023/5/18/art_ 722_ 181678. html。

（六）对外文化交流传播取得新进展

国内文旅推介“你来我往”。2023 年，河南与国内其他省（市）展开了频繁的文旅推介工作。河南先后举办“中华字都·安阳”红旗渠——殷墟文化旅游推介会、2023 河南·三门峡文化旅游（西安）推介会、“行走河南·读懂中国”2023 澳门推介会、“老家河南同根同源”河南文化旅游产品推介会、2023河南·焦作文化旅游（太原）推介会、河南航空旅游产品（大湾区）推介会、河南旅游产品长三角推广月等活动。同时，其他省（市）积极走进河南召开文旅推介会，先后在河南举办2023“丝路古龟兹·神奇阿克苏”文化和旅游（鹤壁）推介会、2023“诗画浙江”文化旅游（河南）推介会、“龙虎天下绝”2023龙虎山景区文旅品牌推介会。国内外文旅推介的“你来我往”，对进一步拓展河南旅游的客源市场、拉动文旅市场消费、激发文旅市场消费活力、增强区域合作与联动、推进“行走河南·读懂中国”品牌体系建设意义重大。

积极进行跨境交流。2023年，河南采用多种形式、借助各类平台进行跨境交流，不断提升文化的国内外知名度。5月以来，河南积极借助“中国传统制茶技艺及其相关习俗”这一非物质文化遗产代表作进行跨境交流，先后在日本大阪、以色列特拉维夫和海法、埃及开罗、西班牙等地举行“茶和天下”艺术活动展。河南积极借助文化图书平台进行对外交流。2023年，河南先后组织参与第21届曼谷国际书展、2023年法国巴黎博览会、第40届马来西亚吉隆坡国际书展、第29届北京国际图书博览会等展览。2023年法国巴黎博览会期间，河南大学出版社与故宫博物院等单位共同协办“遇·鉴中国——中华文化主题展”，展出“中华源·河南故事”中外文系列丛书、“中国民间收藏汉画像砖石选集”丛书等27种精品出版物，以及“汴绣”“剪纸”等3种文化展品和非遗技艺。在第40届马来西亚吉隆坡国际书展中国主宾国活动中，中原出版传媒集团所属11家出版社的90余种精品图书参展，并与马来西亚科利提出版社共同签署了《蚂蚁的森林》（马来西亚文版）版权合作协议。河南积极借助文化图书平台，推广豫版精品图书，用心用情用力讲好河南故事、中国故事，增进海外对河南及豫版图书的了解。先后举办2023世界研学旅游大会、癸卯年黄帝故里拜祖大典、第四届世界古都论坛暨亚洲文化遗产保护行动青年论坛、2023中国（郑州）国际旅游城市市长论坛、2023世界大河文明论坛（中国·郑州）、第十一届中原（固始）根亲文化节等论坛活动，积极推动跨区域文旅交流合作。此外，河南与其他省份共同主办的2023黄河主题旅游海外推广季专场活动先后在巴西圣保罗、美国洛杉矶举行；组织多家省内优秀文旅企业代表参加越南第 17 届胡志明市国际旅游博览会。

重视青年文化交流。2022 年 11 月至 2023 年 9 月，河南先后举办了澳门大学首届中国文化节暨 2022 豫澳青年人文交流活动、第四届世界古都论坛暨亚洲文化遗产保护行动青年论坛、“2023 范长江行动——香港传媒学子中原行”活动、“2023 年河南省两岸青年交流月”活动、2023 年“中国寻根之旅”夏令营——遇见河南·印象营、2023 年“一带一路”共建国家青少年“汉语桥”夏令营等活动。青年文化交流活动的开展，促进了海内外青年对中华文化和中原文化的了解。

二　2023年河南文化建设的主要做法

2023 年，河南持续落实好中央和省委关于传承发展优秀传统文化的工作要求，用好、用活文化遗产资源，推动中华优秀传统文化创造性转化和创新性发展，不断推动文化事业和文化产业繁荣发展，加快了文化强省建设的步伐。

（一）强力推动文旅产业全面复苏

河南推出一系列政策文件，策划一系列活动，强力推动文旅产业复苏。2022 年 10 月，洛阳发布《洛阳市促进沉浸式文旅产业发展的实施意见》和《洛阳市加快发展剧本娱乐产业实施方案》，提出到 2025 年底，将洛阳打造成中国“剧本娱乐之都”，基本建成全国沉浸式文旅目的地。2022 年 11 月，河南省人民政府发布《河南省旅游公路网规划（2022—2030 年）》，旨在串联全省优质旅游资源，推动交通运输与文化旅游深度融合；河南省自然资源厅和河南省文化和旅游厅联合印发《关于支持文化旅游产业用地的通知》，从保障文化旅游产业发展空间、支持重大文化旅游项目用地、分类保障用地计划、统筹安排耕地占补平衡、合理利用生态修复用地、依法依规使用集体建设用地、优化文化旅游项目规划用地服务等方面提出 10 项措施，助力文化旅游产业发展。一系列相关政策文件的出台，有力支持了河南文化和旅游业高质量发展。

把恢复和扩大消费摆在优先位置，出台多项政策，推动文旅产业全面复苏。2022 年 12 月 31 日，2023 年河南文旅惠民消费季（冬季）启动仪式正式拉开全省文化旅游复苏的帷幕。惠民活动期间，河南组织 600 多项文旅活动，推出 40 条文旅惠民线路；全省 315 家 A 级旅游景区在元旦、春节期间对广大游客减免门票。2023 年春节假期，河南接待游客人次排全国第四位，旅游收入排全国第六位，全省文旅市场展现蓬勃活力，呈现快速恢复态势。4 月，举办春季文化和旅游大集，进一步促消费、促增长、保全年、保大局，把一季度好的势头延续下去。5 月 11 日，河南省人民政府办公厅印发《进一步促进文化和旅游消费若干政策措施》，制定多项政策提振文化和旅游消费，发挥文旅消费对经济增长的拉动作用。围绕"行走河南·读懂中国"品牌，创新举办"文旅+"特色活动，积极拓展省外客源市场。6 月，围绕河南省文旅文创发展大会和"行走河南·读懂中国"文化旅游季，河南推出一系列惠游促销政策，联动全省推出 100 项惠游奖补政策，组织实施千场文旅促消费活动，推出重点文旅产品、精品旅游线路，多城联动引客入豫，延续上半年文旅市场加速回暖的强劲势头。9 月 22 日，河南省商务厅、河南省发展改革委等 7 部门联合下发《关于组织开展"喜迎'双节'乐享生活"消费活动的通知》，针对文旅消费领域，鼓励景区推出套票优惠等措施，组织旅游景区、特色文旅消费场景推出演艺、美食、康养等特色文旅消费活动，进一步释放中秋、国庆"双节"消费潜力。

（二）持续塑造"行走河南·读懂中国"品牌

河南持续塑造"行走河南·读懂中国"品牌。强化品牌意识，深化河南历史文化专项研究，绘制中原文化图谱，组织专家学者对"行走河南·读懂中国"品牌的形式载体、内涵外延进行研究阐释，增进国内国际对"行走河南·读懂中国"品牌的认知。强化场景布设，加快建设博物馆群，提高博物馆展陈水平，推进郑州"百家博物馆"建设，打造洛阳"东方博物馆之都"。积极鼓励国家考古遗址公园树立大遗址利用示范，优化遗址遗存展示利用，充分融入旅游服务功能。积极打造"行走河南·读懂中国"

旅游打卡地。推动“黄河古都”“太行天路”“生态伏牛”“红色大别”4条一号旅游公路建设，使“行走河南·读懂中国”一号旅游公路品牌体系深入人心。加快全省“快进慢游深体验”旅游公路网建设工作，推动交旅融合高质量发展。持续举办世界古都论坛、洛阳牡丹文化节、开封清明文化节、三门峡黄河文化旅游节等活动，开发一批文旅文博精品线路和景区，把“行走河南·读懂中国”品牌“立起来”。

持续推出“行走河南·读懂中国”主题文化旅游线路。发布华夏文明探源之旅、四大古都焕新之旅、老家河南寻根之旅、中国功夫体验之旅、千里黄河研习之旅、中国诗词写意之旅、红色基因传承之旅、山水休闲康养之旅、中原民俗风情之旅“行走河南·读懂中国”九大主题文化旅游线路。发布历史文化主题博物馆、革命纪念主题博物馆、自然科技主题博物馆3条“行走河南·读懂中国”河南博物馆主题旅游线路。发布4条“行走河南·读懂中国”中原诗词歌赋主题旅游线路：跟着《诗经》，踏寻“风雅恒远”之旅；传唱“汉魏歌赋”，感悟“千年风骨”之旅；诵读唐诗，探访“重彩华章”之旅；沉吟宋词，体味“风情万种”之旅。推出文明探源·仰韶文化主题游、早期中国·夏商文明主题游、盛世气象·巍巍国都主题游、大河安澜·治黄史迹主题游、天地之中·历史建筑主题游、赓续传承·红色精神主题游6条文物主题游径，它们是集中展示专题历史文化的文化遗产旅游线路。

（三）促进黄河文化传承弘扬

编制印发《黄河文化保护传承弘扬规划》《黄河国家文化公园建设保护规划》，对保护传承弘扬黄河文化具有重大指导意义。2023年以来，河南抓牢黄河主线，讲好黄河故事，系统开展黄河沿线重大文物和文化资源普查，构建三门峡—洛阳—郑州—开封—安阳世界级大遗址保护走廊，加快推进黄河国家博物馆、大河村国家考古遗址公园、庙底沟仰韶文化博物馆等一批标志性工程项目建设。持续办好中国（郑州）黄河文化月、三门峡黄河文化旅游节等重大节事活动，取得了阶段性成效。洛阳加快推动黄河文化创造性转化和创新性发展，着力打造全国沉浸式文旅目的地，引领黄河文化在新时代焕发新的光彩。

2022 年 12 月，河南省文化和旅游厅与河南黄河河务局联合印发《关于公布首批“黄河文化千里研学之旅”实践基地名单的通知》，确定了孟津铁谢险工等 10 处工程为河南首批“黄河文化千里研学之旅”实践基地。2023 年 4 月，2023 世界研学旅游大会在洛阳开幕，全面展示了河南尤其是洛阳近年来研学旅游发展的成果，会上发布了《黄河研学资源推介及黄河文化千里研学产品》《洛阳宣言——研学旅游促进文化遗产保护传承》，以及河南省十大精品研学旅游线路。同年 5 月，为贯彻落实党的二十大报告关于建好用好国家文化公园精神，进一步坚定文化自信，推动黄河国家文化公园建设，黄河国家文化公园建设保护会议在三门峡召开，会上举行“临黄河·知中国”宣传推广活动启动仪式。举办黄河流域生态保护和高质量发展论坛、河南发展高层论坛·第四届黄河论坛等活动，高质量实施黄河流域生态保护和高质量发展国家战略，讲好黄河故事弘扬黄河文化，挖掘利用黄河文化旅游的时代价值，推动河南讲好黄河故事的进程。

（四）推动文旅文创融合发展

打造全链条文旅新业态。河南坚持实施文旅文创融合发展战略，在实践中不断推动文旅文创融合发展。2022 年 11 月，“中华字都”安阳国际文创设计大赛启动，这一面向社会的公开大赛的举办，有利于进一步激发文旅文创的创新创意。举办以三国文化 IP 为创作主题的第九届河南省博物馆文创大赛，持续推动河南省博物馆文物资源、创意人才资源、文旅活动资源等的互融互通，促进文旅文创融合发展。坚持实施“文化产业特派员制度”，积极引进国内外文化创意人员深入河南乡村开展乡创实践，推动本土文旅文创人才培育。持续整合郑州、开封、洛阳 3 个城市的优质文旅资源，建好用好省文旅文创融合创新实验室、省文旅文创融合创新（洛阳）基地、省文旅文创融合创新（开封）基地，通过创意驱动、美学引领、艺术点亮、科技赋能等方式，打造富有特色的全链条文旅新业态，把丰厚的文化资源优势转化为发展优势，不断为文旅文创融合发展聚力赋能。

培育文旅文创旗舰劲旅。突出龙头带动，不断深化全省国有文旅企业改革和战略重组，培育一批核心竞争力强的国有及国有控股文化企业集团，支持高成长的文创企业发展，培育一批“专精特新”企业，支持有条件的文旅文创企业上市。河南省文化旅游投资集团成立以来，认真落实省委、省政府关于文旅文创融合战略的部署要求，建团队、搭平台、谋项目、筹资金，资产规模逐渐壮大，“四梁八柱”基本成型，高质高效完成了建业电影小镇、只有河南·戏剧幻城两个标杆文旅项目合作，与洛阳、郑州、开封、信阳、鹤壁、林州、兰考等市县开展务实合作，重点推进红旗渠、太行大峡谷、鸡公山、洛水昌谷等景区提质工程及洛阳天街等项目建设，品牌影响力不断提升，引领带动作用逐步加强。河南广电唐宫文创科技集团依托“中国节日”系列节目，倡导“IP+文化+科技”，持续开发一系列文化创意项目和文创产品，运营的“唐宫夜宴”“洛神水赋”“龙门金刚”三大 IP 全部入选“中国十大 IP”。做大做强豫博文创、唐宫文创、豫游记、黄河之礼、洛阳礼物等文创品牌。

持续丰富沉浸式文旅新业态。洛阳高度重视沉浸式文旅业态，发布《洛阳市促进沉浸式文旅产业发展的实施意见》《洛阳市加快发展剧本娱乐产业实施方案》，支持洛阳建设全国沉浸式文旅目的地和中国“剧本娱乐之都”。郑州发布《郑州市元宇宙产业发展若干政策》，细化出台了10余项政策措施，提出力争经过 3 年努力把郑州打造成为全国一流元宇宙创新之城、产业之城、融合应用之城。沉浸式文旅新业态取得优异成果。在 2023 河南智慧文旅大会上，上线国内首个超写实文旅元宇宙空间——“元豫宙”、业内首个旅游景区导游导览大模型服务平台、“河南非遗一张图”“河南省数智文旅一码通”“河南省数字文旅消费地图”；2022 年 11 月，河南智慧旅游开放平台、无上龙门沉浸体验馆等 20 个项目入选“2022 智慧旅游创新项目”；只有河南·戏剧幻城智慧旅游沉浸式体验新空间、《飞越清明上河图》球幕影院智慧旅游沉浸式体验新空间入选“全国首批 24 个智慧旅游沉浸式体验新空间培育试点项目名单”；《穿越德化街》《大宋·东京梦华》《只有河南·戏剧幻城》《禅宗少林·音乐大典》入选“全国旅游演艺精品名录”。

（五）建设文物强省考古强省

坚持保护第一，不断加大文化文物保护力度。出台一系列政策文件，加快文物考古强省建设进度。2022 年 12 月，河南发布《河南省新时代革命文物保护管理利用三年行动计划（2023—2025 年）》，从夯实革命文物保护基础、加强革命文物协同研究、创新革命文物活化利用途径、提升革命文物整体展陈水平、拓展革命文物传播推广渠道五个方面提出要加强对革命文物的保护利用；同月印发《河南省文物保护和科技创新实施方案》，从强化文物资源管理和文物安全工作、加强文物科技创新、提升考古研究水平、强化文物古迹保护、加强革命文物保护管理利用、推进博物馆事业高质量发展、大力推进文物活化利用、壮大文物人才队伍等方面作出部署。2023 年 8 月，河南省人民政府办公厅印发《关于进一步推动文物事业高质量发展的实施意见》，从加大文物保护力度、深化考古研究阐释、推进文物活化利用等方面对加强新时代文物工作、推动文物事业高质量发展作出规划部署。9 月 28 日，河南省十四届人大常委会第五次会议表决通过《河南省革命文物保护利用条例》，结合河南革命文物工作实际，从调查认定、保护管理、传承利用等方面对革命文物保护利用作出规范性要求，明确了法律责任。这些政策文件的出台，有力推动了文物考古强省的建设。

考古实证，持续推进文明探源工程。作为中华文明探源工程和夏文化研究的“主战场”，河南全力以赴推进，组织实施“中华文明起源与早期发展综合研究”“考古中国”等重大项目，在资金、人才、政策等全方位保障之下，近年来取得了诸多考古重大发现，实证了不断裂的中华文明史。为加快建设考古强省，河南扎实推进省文物考古研究院重塑性改革，支持郑州、安阳等地加强考古力量，初步形成“全省一体”考古新格局，为实施中华文明探源工程提供重要支撑。科技赋能文物保护，“城市考古与保护国家文物局重点科研基地”落户河南。同时，依托河南博物院、河南省文物考古研究院等单位，设立省级重点文物保护科研基地 14 个，重点攻关石窟寺、土遗址、古建筑、金属文物、纸质文物的病害探测、原位诊断和防治关键技术。

创新文物保护传承和考古阐释方式，赓续历史文脉。为贯彻落实习近平总书记在文化传承发展座谈会上的重要讲话精神以及关于文物和文化遗产保护的重要指示批示精神，河南创新文物保护传承和考古阐释方式，启动“文明探源我来说”文物和文化遗产保护志愿服务计划，从河南省社会科学院、河南省文物考古研究院、河南博物院及相关高等院校遴选了30名文物和文化遗产志愿服务专家，组成省级宣讲团到省直各单位、各省辖市、新时代文明实践中心、大中小学开展宣讲。2023年7月25日集中宣讲日当天，全省共有296名文物和文化遗产专家志愿者在全省各地开展了306场宣讲活动，听众达2.7万人，营造了文物和文化遗产保护传承利用的浓厚氛围。此外，河南省文物局、河南省委网信办联合组织评选文物全媒体传播精品项目、优秀项目、入围项目，持续推进文物保护传承发展步伐。《文博河南·石窟寺艺术研究》等10个项目入选河南文物全媒体传播精品项目；《州桥》等10个项目入选河南文物全媒体传播优秀项目；《康百万奇趣云游》等10个项目选入河南文物全媒体传播入围项目。

创意利用，让更多文物“活起来”。各级各类博物馆文创产品竞相绽放，国风国潮蔚然成风。河南博物院举办“端午夜未央”主题活动，“寻龙”“赏乐”“着华服”“品美食”，丰富多彩的活动让人们尽情体验传统端午文化魅力。河南省文物考古研究院首次系统开发的文创袋、考古手铲、考古草帽，以及鄂豫皖革命纪念馆推出的红色IP“列宁号”系列产品等深受欢迎。龙门石窟推出龙门十二品创意糕点，让人们边欣赏龙门石窟鬼斧神工的石刻艺术，边感受悠久灿烂的中华优秀传统文化。贾湖遗址博物馆打造室外的“贾湖人的家”场景，把严谨的实验考古复原与生动的3D动画结合起来，让参观者身临其境感受史前先民生活的环境。

三　2023年河南文化发展存在的主要问题

在国家文化政策引领下，在河南省委、省政府的大力支持下，河南文化发展通过聚焦资源、塑造品牌、赋能驱动，不断完善文化设施、优化空间布局、丰富产业形态，取得了显著成效。但作为文化资源大省，对标国内国际文化发展实践，河南在文化建设高质量发展方面仍存在一定的差距。

（一）公共文化服务效能需进一步提升

人民群众对美好生活的需求不断升级，对公共文化服务提出了更高要求。2020 年，河南就已基本建成覆盖省、市、县、乡、村的五级公共文化服务网络，这些基础设施能否按照预期，在资源、活动、内容等方面持续精进，推动公共文化服务高质量发展，[①] 则是下一步需要关注的重点。

公共文化服务品质有待进一步提升。尤其是在利用数字技术提高服务便捷度方面仍有提升空间。随着时代进步，民众对公共文化服务的需求呈现多元化、个性化特点。老年人对传统戏曲文化的期盼、新生代农民工对技能培训的期待、留守儿童对图书绘本的渴求等绘成了新时代公共文化需求图谱。传统读书、看报、听广播、看电影的公共文化供给模式已经不再能够满足民众的文化诉求。公共文化服务活动普遍存在内容陈旧、形式单一的问题，并且多数活动是在重要节日或纪念日期间举办，缺乏日常性的、创新性的文化活动。

公共文化服务供给有待进一步精准化。政府单向提供文化活动、图书资料的行为与民众文化需求错位，特别是没有对城市书房、农家书屋的书籍配置、文化活动等做好充足的调查研究，无法精准把握群众文化需求。虽然现在可提供“菜单式”“订单式”服务[②]，但都是依赖于智能设备，依赖于互联网技术，民众多是被动接受平台提供的文艺展演、专题讲座等活动，很多民众尤其是农村地区民众的信息接收渠道有限、自主选择空间有限，切身体验感不强。“文化豫约”“百姓文化云”等微信公众号或小程序功能有待进一步完善。如微信小程序“河南省农家书屋”存在“书屋阅读”栏目中

① 《全省推进公共文化服务高质量发展工作会议召开》，河南省人民政府网站，2023 年 3 月 1 日，https：//www.henan.gov.cn/2023/03-01/2698990.htm。

② 《厚重河南　文化之光映照美好生活》，河南省人民政府网站，2022 年 10 月 9 日，https：//www.henan.gov.cn/2022/10-08/2618852.html。

出现书的标题与内容不符且无法阅读、“活动内容”栏目中并无内容、“百姓点单”栏目中的“我要点单”填写后无法提交等情况。“河南数字农家书屋”官方网站也存在“百姓点单”栏目中内容空白的情况。因此，公共文化服务的供给方式和渠道需进一步优化，精准解决供需错位问题，把握好公共文化服务的“最后一公里”。

公共文化服务的社会力量参与不足。公共文化服务资金来源渠道较为单一，财政预算的公共文化经费相对不足，上级补助的文化专项资金不能如期足额拨付到位，直接影响到公共文化服务的质量和效果。社会力量参与公共文化服务的激励机制不足、参与渠道不畅，政府和社会资本合作、社会力量直接投资或捐助设施、公共文化设施的社会化管理运营等方式运用较少。社会力量参与程度较低，主要是场地使用、购买阅读活动、购买技术支持等，多停留在表面的短期合作。而社会力量参与公共文化服务的管理规范尚未细化，覆盖面有待拓展，参与理念有待提升。

（二）文化产业结构需进一步优化

文化产业发展整体落后于全国平均水平。发展文化产业是满足人民多样化、高品位文化需求的重要基础，也是激发文化创造活力、推进文化强省建设的必然要求。河南文化产业发展速度较快，不过与其他省份相比规模较小。从《中国文化产业高质量发展指数（2022）暨 2019—2022 指数变化分析报告》可以看出，2019~2022 年连续四年河南文化产业发展都不在前十的范围内。2022 年，全国文化及相关产业实现营业收入 165502 亿元①，河南文化及相关产业实现营业收入 4865.1 亿元，在全国占比较低。2021 年，全国实现文化及相关产业增加值 52385 亿元，占 GDP 的比重为 4.56%。同年，河南实现文化及相关产业增加值 2590.7 亿元，占 GDP 的比重为 4.46%②，河

① 《2022 年全国文化及相关产业发展情况报告》，国家统计局网站，2023 年 6 月 29 日，http://www.stats.gov.cn/sj/zxfb/202306/t20230629_1940907.html。

② 《2590.66 亿元！2021 年河南省文化及相关产业增加值占 GDP 的 4.46%》，河南省文化和旅游厅网站，2023 年 4 月 25 日，https://hct.henan.gov.cn/2023/04-25/2732066.html。

南文化及相关产业发展占比相较全国仍然偏低。这些与河南文化资源大省的地位不相匹配。截至2022年，国务院已公布了8批共5058处全国重点文物保护单位（不含新增合并项目），其中，河南有全国重点文物保护单位420处，数量在全国遥遥领先。但是，河南文化资源对经济发展的带动作用相对有限，发展潜力尚未充分释放，距离建设文化强省的目标仍有不小差距。

文化资源的创意开发、产业转化能力较弱。在创意、设计、艺术等元素充分融入文化发展的全链条时代，河南传统文化迫切需要时尚化、现代化表达。河南的《元宵奇妙夜》《清明奇妙游》《端午奇妙游》《中秋奇妙游》等“中国节日”系列节目不断推陈出新，是传统文化创新性表达的生动实践。只有河南·戏剧幻城、建业电影小镇等文旅产品内容优质，极大地提升了河南文化的创意开发能力。但这些只是优秀个例，仍有大量丰富的文化资源未能充分合理地转化为文化产业发展优势。究其原因，是观念不够开放，文化创意人才匮乏，缺少创新创意的空间环境和政策环境。

文化及相关产业结构有待持续优化。从河南文化及相关产业的行业类别看，新闻信息服务、文化装备生产、文化投资运营、内容创作生产等行业的营业收入比上年分别增长31.2%、26.2%、3.0%、2.4%；创意设计服务、文化娱乐休闲服务、文化消费终端生产、文化辅助生产和中介服务、文化传播渠道等行业的营业收入比上年分别下降3.5%、5.6%、7.4%、8.4%、9.4%。可以看出，河南文化及相关产业在发展中存在结构不够合理的情况，文化投资运营产业占比明显过低，文化投融资和管理运营业务等文化产业化运作内容规模明显较小；文化消费体验等服务型业务发展潜力有待进一步激发。

（三）“行走河南·读懂中国”品牌需持续塑造

自河南省委提出要全力塑造“行走河南·读懂中国”品牌以来，省文化和旅游厅陆续出台《实施文旅文创融合战略工作方案》《“行走河南·读懂中国”品牌塑造实施方案》等，将其从政策层面落实到主题线路等实践层面，全力讲好“河南的中国故事”。河南是中国最具全面性和长期性的缩影之一，无论是从历史、文化的角度，还是从产业、创新的角度来看，都是了解中国最直接和最重要的切口之一。如何使“行走河南·读懂中国”这一品牌深入人心，需要进一步深入思考。

“行走河南·读懂中国”品牌阐释不足。品牌阐释离不开对品牌内容的系统性解读、对品牌价值的全面挖掘和对品牌形象的精准塑造。2021年出台的《河南省“十四五”文化旅游融合发展规划》从彰显中华文明根脉、筑牢中华民族之魂、塑造国家人文景观三个维度绘制了具有河南历史、河南精神的“行走河南·读懂中国”文化图谱。2022年河南推出16条主题文化线路包括人类起源、文明起源、国家起源、王朝历史、逐鹿中原、先贤追寻、姓氏寻根、元典思想、治黄史诗、科技发明、文字诗词、文明互鉴之旅、四大古都之旅、中国功夫之旅、考古发现之旅、红色中原之旅。但如何从“行走河南·读懂中国”品牌层面对这些具体内容予以解读、对品牌内涵进行阐释，尚未受到充分重视。进一步来说，将这些碎片化的文化资源用“行走河南·读懂中国”品牌进行统摄时，如何对其进行深入阐释以代表河南文化形象，是亟须解决的重要问题。

“行走河南·读懂中国”品牌支撑度不够。“行走河南·读懂中国”需聚焦“读什么、在哪读、怎么读”问题，深度开发河南文化遗产及旅游资源，让更多人在行走河南中触摸历史、感知文明、滋养精神、读懂中国。河南文化遗产多存于地下，普通大众接触渠道有限、感知度不高。博物馆群和国家文化公园建设尚处于规划阶段，遗产和景区分布较为分散，文化旅游精品线路尚不完善。文旅资源的可视化呈现、互动化传播、便捷化消费也大多处于初级阶段，缺乏文旅文创龙头企业带动文化产业快速发展。这些问题导致“行走河南·读懂中国”的品牌支撑不够，游客和普通民众的感知度不高、体验感不强，需要通过文化旅游和文化产业的发展繁荣为品牌发展提供动力支撑。

四 2024年河南文化发展的趋势与建议

2024 年是深入实施“十四五”规划的攻坚之年，河南将以党的二十大精神为根本遵循，以深入学习贯彻习近平总书记文化传承发展重要讲话精神为导向，在省委、省政府的文化工作部署下，继续凝心聚力，陆续出台文化政策规范文化市场，开展文化活动，不断推动河南文化发展繁荣。河南将继续稳步推进公共文化服务提质增效，优化文化及相关产业结构，提高文化遗产的活化利用水平，拓展文化数字化边界，聚焦黄河文化高质量发展，擦亮“行走河南·读懂中国”品牌，持续扩大河南文化的国际影响力，有条理、有层次、有步骤地为推动河南文化高质量发展而努力，争取“到 2035 年，文化强省建设目标全面实现，以黄河文化、中原文化为代表的中华优秀传统文化全面复兴”①。

（一）精准施策，稳步推进公共文化服务提质增效

细化社会力量参与规则，优化公共文化服务供给体系。2022 年，河南出台的《河南省公共文化服务保障促进条例》对社会力量参与进行了明确规定，指出还应建立社会力量准入和淘汰机制，实行动态调整，在运营模式、管理方式、监督评价等方面细化规则。完善图书馆、博物馆、文化馆、农家书屋、城市书房等与社会力量之间的供需清单，明确社会力量参与范围、参与方式、参与标准等，建立良好的需求对接机制。创新公共文化服务管理模式，研究制定支持社会力量办文化的相关政策，引导和鼓励社会力量、民间资本以兴办实体、赞助活动、提供设施、资金捐赠等多种形式参与公共文化服务，形成政府主导，社会、市场和群众共同参与的发展格局，切实解决公共文化产品供需矛盾以及投入不足的问题。

① 《河南省人民政府关于印发河南省“十四五”文化旅游融合发展规划的通知》，河南省人民政府网站，2022 年 1 月 13 日，https://www.henan.gov.cn/2022/01-13/2382423.html。

盘活资源，提高城乡公共文化服务品质。一是打造精准供给的公共文化服务样本。2023 年，平顶山市宝丰县“乡村文化合作社：因地制宜 聚焦特色 推动文化事业和文化产业融合发展”入选中共中央宣传部等组织遴选的基层公共文化服务高质量发展典型案例，很好地把文化事业、文化产业相结合，带动当地文化特色化发展。要以宝丰县典型案例为参照，积累经验，真抓实干，结合每个地方的特色开展有针对性的文化活动，进而提升公共文化服务品质。二是充分利用闲置空间和文化资源。结合已有的“文化豫约”等微信公众号或小程序，将城市书房、图书馆、美术馆、文化馆、农家书屋等建立网络连接，实时更新如文化馆演播厅、美术馆展示厅等预约信息，鼓励社区在文化馆等场所举办大型文化活动；整合不同领域、不同系统的文化设施，实现学校、企业、文化场馆等社会公共文化设施的开放共享，形成场馆服务、流动服务和数字服务相结合的公共文化设施网络。三是继续开展“百城万场”“群星耀中原”“中原文化大舞台”“周末音乐汇”等群众性文化活动。以线下活动推动公共文化服务资源下沉，多将群众喜闻乐见的豫剧、舞蹈、音乐等活动引入乡村，鼓励乡村自主举办“村晚”等活动，注重农村文化服务空间的利用与质量提升。

构建城乡公共文化服务评价体系。作为公共文化服务的切实受益者，民众是否满意是衡量公共文化服务质量的重要标准。因此，应从资源内容、服务品质、硬件设施、运营管理等方面构建“群众满意”的多维评价体系，实时监测，动态调整，不断优化公共文化服务的实体空间和网络布局。充分发挥地方群众的才能，以主人翁的心态充分参与地方的公共文化服务，鼓励社会民间团体、退休干部、教师、青年团员等不定期参加志愿服务，形成一支热爱公共文化服务工作的志愿服务队伍。

（二）聚焦项目，继续提高文化遗产保护利用水平

河南作为文化大省，正以重大项目如黄河、大运河、长城、长征国家文化公园建设，大遗址、革命遗址建设为抓手；以中原文化和黄河文化为核心，深化河南文化研究阐释；以传统文化的创造性转化和创新性发展为路

径，持续提高文化遗产保护利用水平。

以中原文化和黄河文化为核心，深入阐释文化遗产的河南特质。自2022年4月中共河南省委宣传部启动实施河南兴文化工程以来，郑州大学、河南大学、河南省社会科学院等省内高校和科研院所都参与其中，在中原大地上掀起新时代河南文化研究热潮。应进一步解放思想，以开放包容的姿态加强与国内外社会科学研究者的交流互动，多举办学术研讨会和研学活动，为学术研究提供便利，吸引其他地方专家学者多角度阐释河南文化，形成国际性的河南文化研究力量。同时，重视村落、社区文化资源记录与研究，发挥地方文化能人力量，将村落、社区文化研究有层次、有步骤地深入推进，并完善到河南文化图谱之中。

寻根探源，扎实推进考古文博工作。2023年6月2日，习近平总书记在文化传承发展座谈会上指出，要"深刻把握中华文明的突出特性"，为此就要从中华文明的连续性、创新性、统一性、包容性、和平性中理解河南文化的地位和作用。加强对夏文化、仰韶文化等的考古研究与阐释；继续围绕"中华文明起源与早期发展综合研究""考古中国"等重大课题系统开展专题研究；对安阳八里庄遗址、偃师二里头都邑多网格式布局、安阳殷墟商王陵区及周边遗存、南阳陈棚墓地考古发掘等加强阐释研究；构建河南考古文博数据库，以大遗址如仰韶文化遗址区、五都荟洛大遗址区、大嵩山遗址区、大宋文化遗址区和殷商文化遗址区为基础，以文物保护单位为重点，绘制河南考古文博地图，直观展示河南考古文博的历史脉络和丰硕成果，并以此为支撑，进一步以图片、文字、视频等形式丰富考古文博资源体系。结合最新的考古技术和手段更新研究成果，努力构建河南考古文博数据库，从宏观上编织河南考古文博的知识网络，从微观上展现河南考古文博的深厚底蕴。

以重大项目为依托，持续推进文化遗产的活化利用。围绕河南首批遴选"行走河南·读懂中国"百大标识项目进行创意设计，在深入挖掘和研究阐释历史文化内涵的基础上，坚持颠覆性创意、沉浸式体验、年轻人喜欢、元宇宙布局，注重运用5G、3D、VR/AR/MR等新科技和数字化手段，打造具有前瞻性、创新性、引领性的新场景、新应用、新模式，让“行走河南·读懂中国”品牌具体化、可感知、读得懂。持续推动2023年签约的文化旅游重大项目和重大“引客入豫”项目落地，加快洛阳方特“华夏历史文明传承创新示范园”项目、国际IP品牌文旅项目、恐龙国际旅游度假区项目、红旗渠·太行山大型实景演出项目等落地开建。打造优质的营商环境，吸引更多优质的文化项目在河南落地。从2021年春晚《唐宫夜宴》走红，到《元宵奇妙夜》《清明奇妙游》《端午奇妙游》等“中国节日”系列节目持续“破圈”，要在深入总结《唐宫夜宴》走红和“中国节日”系列节目“破圈”的有效经验的基础上，继续深刻把握线上线下民众的精神生活需要，拓宽思路，以“河南非遗”或“中国功夫”等为系列主题，持续推动河南文化发展。

以政策为契机，加大黄河文化研究力度。《中华人民共和国黄河保护法》的颁布与《世界大河文明论坛·郑州宣言》“倡议尊重各大河流域的文明特性，维护人类文明多样性”等共识的提出，将黄河文化研究推向有法可依的政策高度。将黄河文化作为重大项目，深入提炼黄河文化标识，总结多元一体的中华文明得以形成的重要思想基础，传播更多承载中华文化、中国精神的价值符号和文化产品。借助黄河文化博物馆、黄河国家文化公园等载体，大力弘扬黄河文化，展现黄河精神。在黄河文化中凸显河南价值，充分发挥黄河文化主地标城市的引领作用。

（三）数实结合，有效提升文化产业发展速度

随着媒介形式和信息传播模式的演变，文化数字化水平不断提升。中国互联网络信息中心发布的第52次《中国互联网络发展状况统计报告》指出，截至2023年6月，我国网民规模达10.79亿人，互联网普及率达76.4%。[①] 越来越多的群体成为互联网消费的接受者和深度参与者。其中，

① 《第52次〈中国互联网络发展状况统计报告〉》，中国互联网络信息中心网站，2023年8月28日，https://www3.cnnic.cn/n4/2023/0828/c88-10829.html。

短视频用户规模为 10.26 亿人，占网民规模的 95.2%。[①] 因此，要根据文化接受对象的特点，以数字技术为手段，开发出有针对性的、大众喜闻乐见的文化产品和文化服务，满足人民对美好生活的需求。

数实结合，推动文化产业发展。近年来，数字技术发展速度之快、辐射范围之广、影响程度之深前所未有，VR、AR、5G、AI 技术以及技术穿戴设备的发展与内容建设正在深度匹配，元宇宙等纯粹虚拟场景的营造技术不断更新，改变着人们的生产方式和生活方式等。洛阳的“神都奇幻志”全城剧本杀活动正在以新的形式实现全城全景呈现，带给游客更多的沉浸式文旅体验；将“行走河南 · 读懂中国”品牌的主题文化线路以实景与虚拟相结合的方式呈现已成为可行之事。数实结合是河南文化产业未来发展的重要趋势。

人才是数实结合的关键一环。要积极吸引高技术人才，畅通人才晋升渠道。大数据、人工智能、高端装备制造等方面的技术专业人才尚不能满足河南文化产业高质量发展需求。因此，需要放眼全球，从河南人才强省战略的高度，加大人才吸引力度，建立有竞争力的高层次和急需紧缺人才引进机制。为高层次人才专门设立人才编制，并为其提供相应的配套设备，落实有吸引力的人才奖励机制，完善人才晋升渠道，使人才真正进得来、留得住。

（四）注重营销，深入塑造“行走河南·读懂中国”品牌

要达到“到 2025 年底……‘行走河南 · 读懂中国’文化旅游品牌形象深入人心”[②] 的目标，需持续创新“行走河南 · 读懂中国”品牌营销模式。2022 年河南省文化和旅游厅出台的《“行走河南 · 读懂中国”品牌塑造实施方案》[③] 指出，要在研究阐释立品牌、场景布设强支撑、创意驱动育业

① 《第 52 次〈中国互联网络发展状况统计报告〉》，中国互联网络信息中心网站，2023 年 8 月 28 日，https：//www3. cnnic. cn/n4/2023/0828/c88-10829. html。

② 《河南省人民政府关于印发河南省“十四五”文化旅游融合发展规划的通知》，河南省人民政府网站，2022 年 1 月 13 日，https：//www. henan. gov. cn/2022/01-13/2382423. html。

③ 《“行走河南 · 读懂中国”品牌塑造实施方案》，河南省文化和旅游厅网站，2022 年 8 月 25 日，https：//hct. henan. gov. cn/2022/12-08/2653286. html。

态、宣传推广树形象、强化实施有保障等方面建构品牌体系。在营销上应坚持同一个声音，融合文化旅游新媒体，加强与报刊、广播、电视等传统媒体合作，借助门户网站、搜索引擎、社交媒体，形成全方位、多层级、立体化宣传推广体系；发挥旅游景区、文艺院团、博物馆、文化馆、文化研究机构等优势，拍摄广告、影视剧、纪录片、短视频等，多角度创新展示河南文化。

继续通过大型活动提升品牌知名度。持续举行“行走河南·读懂中国”元宇宙创造者大赛，实施“行走河南·读懂中国”百大标识数字化展示工程，使“行走河南·读懂中国”品牌“热起来”。邀请国内外文化名家开展“行走河南·读懂中国”系列讲座，增进国内国际对“行走河南·读懂中国”品牌的共识。组织有知名度的微博、小红书、抖音等新媒体平台上的网络达人对“行走河南·读懂中国”品牌的主题文化线路进行打卡，同时鼓励民众参与其中，形成人人都是参与者和传播者的活动氛围；结合品牌定位，邀请具有一定影响力的公众人物担任“行走河南·读懂中国”品牌形象大使，以粉丝效应带动更多人参与品牌活动。继续推动“行走河南·读懂中国”品牌在中国国际旅游交易会、中国—东盟博览会旅游展等大型展览活动上亮相，提升品牌国际知名度。

（五）加强传播，持续扩大河南文化的国际影响力

持续深化对中原文化的国际阐释与关系表达。河南文化的国际传播需要以中原文化为核心，提炼中原文化内涵，阐释中原文化精神，建构中原文化之于世界的关系体系。重点是聚焦以根亲文化为代表的“老家河南”，深挖河南姓氏与区域、国际的血脉联系；聚焦以天下黄河为代表的大河文明，凸显黄河之于人类的历史贡献；聚焦以四大古都为代表的华夏古都，彰显河南文化在中华文化中的主根主脉地位；聚焦以太极少林为代表的中国功夫，建立太极少林功夫的世界传播体系，最终做好中原文化的国际化阐释和表达。

创新传播方式，加强与国际文化的交流互鉴。继续打造具有河南辨识度

的文物展、非遗展、美术展、歌舞剧、话剧、音乐剧、杂技、影视剧等文化旅游海外交流精品项目。翻译更多反映河南文化、民间故事、神话传说等的书籍；推广黄河、古都、功夫、豫剧、中医、美食、诗词、民居等代表中原特色的文化旅游形象符号。持续举办新郑黄帝故里拜祖大典、大河文明论坛等国际交流活动，策划推出中原艺术节、戏剧文化周等国际文化旅游节庆活动。依托河南国际传播中心，继续打造“HiHenan”（嗨，河南）旗舰外宣品牌。同时加强与北京、上海、广州、闽台等地区合作，搭建重大文化旅游节事平台，形成跨区域的文化旅游协作体，推动以黄河文化、中原文化为代表的中华优秀传统文化“走出去”，向世界讲好河南故事、展示河南形象。

参考文献

[1]《中共中央办公厅　国务院办公厅印发〈关于加强文物保护利用改革的若干意见〉》，中国政府网，2018 年 10 月 8 日，https：//www. gov. cn/zhengce/2018-10/08/content_ 5328558. htm。

[2]《2022 年河南省文化及相关产业发展情况报告》，河南省统计局网站，2022 年 7 月 18 日，https：//tjj. henan. gov. cn/2023/07-18/2780192. html。

[3]《2023 端午假期河南省旅游收入 55. 5 亿元　与 2022 年同期增长 47. 6%》，河南省文化和旅游厅网站，2023 年 6 月 26 日，https：//hct. henan. gov. cn/2023/06-26/2767256. html。

[4]《河南：文旅市场供需两旺　人次收入再创新高》，河南省文化和旅游厅网站，2023 年 10 月 6 日，https：//hct. henan. gov. cn/2023/10-06/2825313. html。

专题篇

B.2

2023年河南省文化旅游产业发展报告

河南文化产业智库　郑州大学文化产业研究中心*

摘　要： 2023年河南文化旅游产业全面复苏，并在“五一”黄金周之后呈现爆发式增长的好势头。目前，河南作为文化大省在迈向文化强省的过程中，从政府主导、政策制定、文旅文创融合战略、“行走河南·读懂中国”品牌等方面发力，强力推进。文化遗产保护、非物质文化遗产传承、公共文化旅游服务体系建设，旅游产业、文化产业、文化旅游推介宣传成绩卓著、亮点纷呈。以文塑旅、以旅彰文，文旅文创深度融合成为文化旅游发展主基调，与此同时，河南文化旅游产业仍然是以传统文化为主，以历史资源为依托，文化旅游产业在创意策划、产品供给、供需对接、市场培育、消费提

* 课题组组长：汪振军，郑州大学文化产业研究中心主任、二级教授，河南文化产业智库专家委员会副主任。课题组成员：郭广新，河南省文化产业协会副会长兼秘书长；宋朝丽，河南省社会科学院文学研究所（黄河文化研究所）研究员，郑州大学文化产业研究中心研究员；楚明钦，博士，郑州大学文化产业研究中心研究员、副教授；郭晨，博士，郑州大学文化产业研究中心研究员、讲师；朱璐璐，郑州大学硕士研究生；韩碧莹，河南省文化产业协会副秘书长，河南大学硕士研究生。

升、业态创新、管理服务等方面仍有较大的改进提升空间。河南文化旅游产业发展仍然需要改革开放、传承创新、突出特色、科技赋能、培育品牌，进一步提升河南文化旅游产业的核心竞争力和对外影响力。

关键词： 文化强省　文化旅游产业　文旅文创融合

当前，我国文化发展已经进入新阶段，党的二十大报告提出了中国式现代化与建设文化强国的宏伟目标，两个结合与“第二个结合”阐明了中国文化发展道路。讲清楚中华文明源头与中华文明特性成为文化建设的重要任务。创造性转化与创新性发展成为文化传承创新的指导思想。与此同时，国家文化发展战略与兴文化工程陆续推进，黄河文化、长江文化、长城文化、大运河文化成为重点。乡村振兴战略、文旅文创融合战略以及快速崛起的数字文化产业正在推动我国文化旅游产业走向繁荣。

河南是文化大省，华夏历史文明传承创新的全国重地，在5000多年的中华文明史中，中原地区作为全国政治、经济、文化中心长达3000多年，“老家河南”“天下黄河”“华夏古都”“中国功夫”四大文化IP享誉世界，四大古都、5处世界文化遗产、文物考古大省地位显赫。“十四五”时期，文旅文创融合战略上升为河南“十大战略”之一，河南文化旅游迎来重大发展机遇。建设文化强省成为河南文化发展的奋斗目标。

一　当前我国文化旅游发展的宏观态势

（一）逆势上升：经济低迷与文旅需求高涨并存

经历过三年疫情，2023年中国经济进入全面恢复阶段，但增速仍低于疫情前水平。2023年上半年GDP增速只提高了4.0个百分点，低于2020~2022年三年GDP平均增速0.5个百分点，第二产业增速比同期GDP增速低

1.2个百分点，房地产业增加值零增长，投资需求、净出口需求对经济增长的贡献率有所减弱。同期，文旅领域呈现空前繁荣景象，根据国内旅游抽样调查统计结果，截至2023年上半年，我国国内旅游总人次达到23.84亿人次，同比增长63.9%；国内旅游收入（旅游总花费）2.3万亿元，同比增长95.9%。2023年“五一”假期旅游市场规模已达2019年同期水平，暑假更是迎来爆发式增长，对社会经济发展的各个方面都起到了积极的拉动作用。

（二）国潮时尚：文化遗产保护与利用相互赋能

保护文物功在当代、利在千秋，早已成为全社会的共识。文化遗产保护的理念越来越被国内国际社会认可，我国重视文化遗产的保护工作，并在法律上、制度上给予保障。本土文化遗产入选世界文化遗产，能迅速提升其知名度，并带动本土旅游、社会经济持续发展。媒体对文化遗产的传播也起到重要作用，如《如果国宝会说话》《我在故宫修文物》等热播纪录片，《国家宝藏》《考古公开课》《非遗里的中国》等大型文化节目，国宝借助活泼可爱的文物表情包、诙谐幽默的文物说唱和设计精巧的互动小游戏等，以新的姿态走入公众视野、融入大众生活，文化遗产保护与传承形成热潮。

（三）城市IP：品牌特色助力城市发展新赛道

城市文化品牌是在城市规划、营销、建设过程中逐步形成的具有特殊价值和广泛影响力的文化现象，凝聚着特定城市独特的价值理念，体现出城市的知名度、美誉度和信誉度，发挥着城市的磁极效应，有效吸引人流、物流、资金流和信息流，最大限度地整合文化资源，提升城市竞争力和影响力。不少城市借助某一文化品牌成功出圈，如淄博烧烤、洛阳汉服、云南泼水节等。宏观来看，城市文化营销使二、三、四线城市具备了出圈和走红的可能。

（四）乡村文旅：文化创意聚合乡村振兴新动能

乡村旅游蓄势赋能，成为乡村振兴的有力支点。根据文化和旅游部发布的数据，截至2022年底，我国已经形成6000多个省级、1597个国家级乡村旅游重点村镇和世界“最佳旅游乡村”，形成了全国乡村旅游发展新格局，乡村旅游日益成为人民美好生活的新供给和全面推进乡村振兴的新力量。文化旅游项目在美丽乡村掀起一股热潮，“扎染”“陶罐”“苗绣”等手工制品大受欢迎，“乡村音乐节”“乡村故事会”等文化体验活动不断刷新人们对乡村的认知度。贵州苗寨景区依托苗绣、苗俗庆典、木构工艺等苗族特色资源发展旅游；安顺石头寨村依托布依族“扎染”传统技艺等系列发展乡村旅游成为乡村振兴的成功案例。

二　河南省文化旅游产业发展概况

（一）政府主导：产业政策与区域规划有序出台

近年来，河南高度重视文化旅游产业的发展，出台了一系列政策和规划，做好文旅发展的顶层设计（见表1）。2020年5月，河南省委常委会召开会议，审议通过《关于建设文化旅游强省的意见》，提出要加快建设文化旅游强省，把厚重的文化资源转化为文旅融合高质量发展的新优势。2021年4月，《河南省国民经济和社会发展第十四个五年规划和二〇三五年远景目标纲要》明确提出把文化强省列为“四个强省”的现代化河南建设目标之一。2021年9月，河南省委工作会议上提出全面实施包括文旅文创融合战略在内的“十大战略”，加快推进文化强省建设。2022年，河南省人民政府印发《河南省“十四五”文化旅游融合发展规划》，制定《“行走河南·读懂中国”品牌塑造实施方案》《河南兴文化工程文化研究计划实施方案》，深入挖掘研究河南丰厚历史文化资源的当代价值，为推进文化自信自强、铸就社会主义文化新辉煌贡献河南力量。

表 1　2019~2023 年河南省出台的文化旅游产业相关重要文件

年份	文件名称	发文机关
2023	《关于支持文化旅游产业用地的通知》	河南省自然资源厅 河南省文化和旅游厅
2023	《进一步促进文化和旅游消费若干政策措施》	河南省人民政府办公厅
2022	《河南省"十四五"文化旅游融合发展规划》	河南省人民政府
2021	《河南省国民经济和社会发展第十四个五年规划和二〇三五年远景目标纲要》	河南省人民政府
2020	《关于加快乡村旅游发展的意见》	河南省人民政府办公厅
2020	《关于进一步激发文化和旅游消费潜力的通知》	河南省人民政府办公厅
2019	《关于促进乡村民宿发展的指导意见》	河南省文化和旅游厅

（二）寻根探源：文化遗产作为中原文明的根基

河南现有世界文化遗产 5 处，国家级文物保护单位 420 处，省级文物保护单位 1926 处。河南现有不可移动文物数量 65519 处，可移动文物 4783457 件（套），省级不可移动革命文物 366 处（见表 2）。

表 2　河南文物数量情况

级别	数量
国家级文物保护单位	420 处
省级文物保护单位	1926 处
不可移动文物	65519 处
可移动文物	4783457 件(套)
省级不可移动革命文物	366 处

河南高度重视文化遗产保护传承工作，将文化遗产作为文化旅游产业发展的根基与前提。贯彻落实中华文明探源工程。对河南灵宝西坡遗址、登封王城岗遗址、新密新砦遗址、偃师二里头遗址、郑州大师姑遗址 5 处规模大、等级高的中心性城邑实施重点研究。

大遗址联动。以黄河为轴线，以三门峡、洛阳、郑州、开封、安阳等城市为节点，通过仰韶文化遗址区、"五都荟洛"大遗址区、大嵩山遗址区、大宋文化遗址区和殷商文化遗址区5区联动，力图形成一个集大型考古遗址保护、遗存多方位展示、现代考古展示、考古科学研究、科普宣传、游览观光于一体的大遗址公园长廊。

实施兴文化工程。聚焦“今、古、人、事、物、书”，即河南当代发展、重要历史文化、重要历史名人、重要历史事件、重要历史文化遗存、重要历史文献典籍6大研究板块，出版“中华文脉——从中原到中国”丛书，每年安排研究专题累计600余项，发掘好、研究好、阐释好中原历史文脉、中华文明成就、中国文化基因。

（三）保护传承：非物质文化遗产保护再上新台阶

河南拥有人类非物质文化遗产代表作名录项目3项，国家级非物质文化遗产项目125项、国家级非物质文化遗产项目代表性传承人127人，省级非物质文化遗产项目728项、代表性传承人832人，市级非物质文化遗产项目2762项、代表性传承人3445人，县级非物质文化遗产项目9272项、代表性传承人9600人（见表3）。

表3　河南非物质文化遗产项目及代表性传承人情况

单位：项，人

级别	数量	代表性传承人
人类非物质文化遗产代表作名录项目	3	N. A.
国家级非物质文化遗产项目	125	127
省级非物质文化遗产项目	728	832
市级非物质文化遗产项目	2762	3445
县级非物质文化遗产项目	9272	9600

建立健全了非物质文化遗产保护的组织机构。2009年6月，河南省文化厅成立非物质文化遗产处，2011年6月，独立建制的河南省非物质文化遗产保护中心正式成立。全省18个省辖市、10个省直管县（市）现均已成立非遗保护中心。确立河南省非物质文化遗产研究基地，形成河南非物质文

化遗产研究的基本方阵。

出台了相关的法律法规。2011 年 6 月 1 日起《中华人民共和国非物质文化遗产法》正式实施，河南高度重视，积极行动；2014 年 1 月 1 日起《河南省非物质文化遗产保护条例》正式实施，标志着河南非物质文化遗产保护工作步入了新阶段。各地市相继出台一系列非遗规范性文件。

建立了四级名录保护体系。建立了国家、省、市、县四级项目名录保护体系和代表性传承人名录保护体系。2016 年，由河南参与的“二十四节气”项目成功入选《人类非物质文化遗产代表作名录》。2020 年，由河南牵头的“太极拳”项目成功入选《人类非物质文化遗产代表作名录》。

多措并举形成合力。坚持把抢救性保护放在第一位，运用图、文、声、像等综合性、科技化手段相继实施了“铭刻——河南省非物质文化遗产全面记录计划”“河南省稀有剧种抢救工程”“河南省传统美术抢救保护工程”“河南省传统技艺抢救保护工程”“非物质文化遗产数字化建设试点工程”，“非遗传承人研培计划”“非遗工坊”“非遗传习基地”“非遗进校园”“文化生态保护区”等形成了非物质文化遗产保护的一系列模式。同时还积极开展生产性保护工作，增强非物质文化遗产保护传承活力。

围绕中心服务大局。积极推动黄河文化保护传承弘扬，推动非物质文化遗产保护与乡村振兴相结合，举办“黄河非遗点亮河南老家”大学生乡村振兴创意大赛，使非遗实践成为乡村振兴的生动内涵和重要资源。

（四）以人为本：公共文化服务高质高效发展

公共文化设施全覆盖。截至 2022 年底，河南建成各级图书馆 167 个，文化馆 205 个，博物馆 357 个，乡镇文化站 2478 个，村级综合性文化服务中心 5 万余个。各级免费开放单位服务 7000 余万人次，举办各类活动 20 余万场，受益群众 8000 余万人次，人民群众的基本文化权益得到有效保障。郑州、洛阳、济源、许昌被评为国家公共文化服务体系示范区。

持续开展公共文化品牌活动。“群星耀中原”“书香河南”等省级品牌文化活动全面开展，实现了省、市、县、乡、村全面覆盖，将活动延伸到村级，将文化服务送到村里，有效打通“最后一公里”。

创新公共文化服务模式。依托“文化豫约”平台，建立集需求采集、采购配送、监督管理、反馈互动于一体的公共文化服务平台，提供“菜单式”服务。

重视新型文化空间打造。河南积极参加长三角及全国部分省市最美公共文化空间大赛，评选出郑品书社、只有河南·戏剧幻城、温县小麦博物馆等项目参加全国大赛。同时，河南举办省级最美公共文化空间大赛，2022年共评选出110个最美公共文化空间、5个网络人气空间、8家优秀组织单位。郑州市图书馆、郑州美术馆、二七区汲古瞻园、新郑市红枣博物馆、巩义市海上桥传统村落等31个公共文化空间被评为“最美公共文化空间”。

成立乡村文化合作社。2020年以来，河南整合农民文艺团队3477个，成立文化合作社900余家，发展社员近万名，组织开展各种活动累计7000余场。乡村文化合作社让农民群众“农忙干农活、农闲排节目”“就地取材、自编自演”，不仅给乡村增添了生机和活力，而且有力促进了乡风文明建设。

（五）以旅彰文：旅游产业迎来全面复苏

截至2022年底，河南拥有686个A级旅游景区，其中5A级景区20个，包括嵩山少林景区、清明上河园、龙门石窟景区、白云山景区、龙潭大峡谷景区等；4A级景区215个，包括黄河富景生态世界、黄帝故里景区、新乡辉县万仙山风景区等；3A级景区353个，2A级景区97个，1A级景区1个。①

疫情后河南旅游异常火爆。河南省文化和旅游厅发布的数据显示，2023年春节假期，全省累计接待游客3375.28万人次、旅游收入175.21亿元，与2022年同期相比，分别增长21.90%、34.00%。与2019年同期相比，2023年春节假期旅游人次增长5.08%，旅游收入为2019年同期的97.18%，基本恢复到疫情前水平。2023年“五一”假期，全省共接待游客5518.00

① 《河南省A级旅游景区名录》，河南省文化和旅游厅，2023年5月23日，https：//hct.henan.gov.cn/2023/05-23/2747568.html。

万人次，与 2019 年同期相比，增长 21.30%；全省旅游收入 310.10 亿元，与 2019 年同期相比，增长 7.69%。

郑汴洛旅游特色逐步形成。郑汴洛核心区在文旅文创融合发展上先行实现突破，形成城市更新、文旅商综合体、夜间消费集聚区、特色街区等项目。郑州以主题文旅为特色，方特水上乐园、建业电影小镇、只有河南·戏剧幻城、银基冰雪世界、银基动物王国等主题公园成为郑州文化旅游的强品牌和新亮点。开封依托宋朝文化元素，打造“宋潮”夜生活之旅。《大宋·东京梦华》、鼓楼夜市小吃、清明上河园夜场、宋服、花灯、汴绣、木版年画等宋文化体验项目和夜间消费集聚区成为开封旅游产业特色。洛阳依托其丰富的人文资源、自然资源，形成“全域+旅游”“百业+文旅”的城市旅游格局，洛阳丽景门、洛邑故城、天堂明堂、应天门成为网红打卡地，汉服、剧本杀成为洛阳文旅新亮点，栾川百村千宿成为体验乡村慢旅游的文旅特色，洛阳全域旅游形成联动“一盘棋”。

演艺产业成为河南文旅新名片。数字技术应用不断拓展演艺新边界，虚实相融的沉浸式文旅新体验不断涌现。《禅宗少林·音乐大典》《大宋·东京梦华》《水秀》等演艺节目久演不衰，《黄帝千古情》《印象太极》面世备受好评，沉浸式体验型文旅演艺项目《只有河南·戏剧幻城》《电影小镇·一路有戏》将传统文化进行创新表达，一经推出便成了河南文旅“新爆款”，迅速受到市场和消费者追捧。古装悬疑剧《风起洛阳》更是“一部剧带火了一座城”。

民宿业发展态势良好。2023 年 1 月，河南持续推进“民宿走县进村”，共有 2461 家民宿建成运营，相较于 2021 年的 592 家民宿，数量和质量均得到大幅提升。目前，民宿数量还在不断增加，而且正在往品牌连锁、集团化投入的高端民宿方向发展，已经形成 145 处民宿集群如黄河民宿、嵩山民宿、太行民宿、河洛民宿、伏牛山居等，焦作乡村美学、栾川模式在全国已经形成较大影响力。以栾川模式为例，拓展户外运动、养生度假、康养医疗、文化体验等业态，发展“民宿+农事体验”“民宿+体育运动”“民宿+民俗体验”“民宿+非遗展演”“民宿+乡村研学”等项目；差异化打造康养型、避暑型、亲子型、网红型，以及文化主题类、美食主题类等特色主题民宿。2022 年，栾川民宿综合收入 3. 60 亿元，全域旅游直接带动就业 3. 28 万人，辐射带动 5 万余人就业增收。

研学旅游深受欢迎。研学旅游首次出现是在 2016 年 11 月，教育部、国家发展改革委等 11 部门印发的《关于推进中小学生研学旅行的意见》要求各地将研学旅行摆在更加重要的位置，推动研学旅行健康快速发展。一组中国旅游研究院发布的研学旅行数据显示，参加研学的学生人数从 2019 年的 480 万人次迅速增长至 2022 年突破 600 万人次，达到历史新高。2023 年 4 月，河南在世界研学旅游大会上发布了华夏溯源、文明寻脉、大河安澜、写意中国、红色传承、信仰永续、武道修身、茶和天下、匠心独运、寻味老家等十大研学旅行精品线路。截至 2023 年 6 月，河南已建成 42 个研学旅行营地、487 个研学旅行基地、44 条精品特色线路、3970 节课程。

红色旅游发展迅猛。河南拥有各级各类红色旅游资源 600 余处，其中有大量属于可以开发利用的红色旅游资源。2023 年 6 月 29 日，河南省文化和旅游厅在“行走河南·读懂中国”文化旅游季活动中发布了“红色基因传承之旅”的红色主题旅游线路，具体有“砥砺初心——焦裕禄精神游”“峥嵘岁月——红旗渠精神游”“红色信仰——大别山精神游”“热血忠魂——抗日战地游”“英雄壮歌——中原解放战争游”。

露营成为新时尚。2022 年，河南省文化和旅游厅发布首批露营地推荐名单。“赏花+露营”“房车+露营”“露天音乐会+露营”“旅拍+露营”等众多特色精致露营产品受到游客追捧。露营与研学、景区、乡建、体育、演艺等业态结合，形成多样化露营产业链。

（六）守正创新：文化产业全链条发展

2022 年，河南文化产业实现营业收入 4865. 10 亿元，其中，河南规模以上文化新业态特征较为明显的 16 个行业小类实现营业收入 249. 10 亿元，比上年增长 39. 40%，增速快于全部规模以上文化产业 41. 60 个百分点。

传统文化创意传播频频出圈。河南卫视“中国节日”系列节目，以重要的中国传统节日为依托，融入互联网思维与国潮元素，利用技术赋能，以全新的艺术形式为观众挖掘中国传统节日的文化内涵。据统计，《河南春晚》全网点击量超50亿次、《元宵奇妙夜》全网点击量超30亿次、《清明奇妙游》全网点击量超25亿次、《端午奇妙游》全网点击量超50亿次。河南省内博物馆合作共赢，以“打卡河南”集章手册为载体，联合河南省内50多家历史博物馆、遗址博物馆及热门旅游景区，将河南得天独厚的历史文化资源和丰富厚重的历史文化底蕴融入其中。其中，河南博物院推出的“考古盲盒”，把考古元素和时下流行的盲盒概念结合起来，模拟考古的未知性和神秘性，让历史文物与当今的社会大众更贴近，真正实现让文物“活起来”。

数字赋能文旅“云端”突围。随着数字经济时代的不断推进，数字文旅产业的消费潜力与市场价值正进一步得到释放。在元宇宙风口之下，河南文化产业抢先“云端”突围。河南启动元宇宙创造者大赛，开展河南文旅“元豫宙”数字新基建；河南省文旅投资集团下属的河南省中视新科文化产业有限公司打造“万物有数”区块链数字藏品平台；河南卫视顺势推出“河大卫数字藏品”项目；开封实施“宋·元宇宙”文旅场景开发工程；云台山元宇宙互动游戏正式上线；河南华冠文化科技有限公司建立“嘻得数藏”数字文创平台，为殷墟博物馆、新乡市博物馆打造的多款数字文创藏品上线秒空。2023年河南智慧文旅大会强调要加快数智赋能，构建数字文旅新高地，试行数字孪生、AIGC、三维建模等技术打造的“元豫宙”，用户可以通过手机、电脑、VR眼镜等多个终端实时登陆，随时随地一键切换进入“元豫宙”，近距离欣赏中原美景，多角度行走河南山水，全方位读懂中国。

特色文化产业赋能乡村振兴。2023年9月11日，文化和旅游部公示首批63个全国文化产业赋能乡村振兴试点名单，河南3地入选，分别是洛阳市栾川县、信阳市光山县、焦作市修武县。2023年河南省文化和旅游厅、教育厅、自然资源厅、农业农村厅、乡村振兴局出台《关于开展文化产业赋能乡村振兴试点工作的通知》，探索实施文化产业赋能乡村振兴新路径，拟命名中牟县等24个县（市、区）为首批河南省文化产业赋能乡村振兴试点县（市、区）。通过试点，在体制机制、发展举措、产业导入、政策保障等方面先行先试，促进乡村文化和旅游融合发展，形成可复制、可推广的典型经验做法，推动建设宜居宜业宜游和美乡村。如兰考乐器小镇，全县共有各类民族乐器生产企业 219 家，生产古筝、古琴、琵琶、阮等 20 多个品种 30 多个系列产品，年产各种民族乐器 70 万把（台），年产值达 20 多亿元，占据国内市场 1/3 的份额；确山被中国乐器协会认定为“小提琴之乡”，共开办制琴相关企业 150 余家，年产小提琴 40 余万把、固始县三河尖镇柳编产业年生产 3000 万套（件）产品，远销全球 120 个国家和地区，2022 年产值达 1.6 亿元，预计 2023 年出口销售额可达 2 亿元左右，退税额约 2000 万元，能带动企业和群众增收 1.2 亿元，户均年纯收入 3 万元以上，是固始县唯一规模化出口创汇产品，千家万户形成的小乡镇成为该县外贸“致富园”。

动漫产业不断发展。连续 10 年获评“国家文化出口重点企业”的河南约克动漫影视股份有限公司，累计制作出口电视动画片 25 部，作品推广发行至 30 个国家和地区、累计创汇 5000 万美元。作为国家动漫产业发展基地（河南基地）的河南小樱桃动漫集团，创作 36000 幅《小樱桃》漫画作品，出版发行漫画书刊 335 款、2100 万册，20 余部、500 余集电视动画片在央视和全国百余家电视台播出。以游戏 CG 动画制作为主业的郑州猫先生动漫有限公司，凭借一流的数字内容制作技术为北京冬奥会开幕式、青岛上合峰会提供动漫技术支持。“豫游记”注重河南食品和服装动漫设计，“华冠”注重城市与乡村品牌设计，也取得了可喜的成果。

文化产业夜间消费已经启航。截至 2022 年底，文化和旅游部已经公布了两批国家级夜间文化和旅游消费集聚区共计 243 个。河南夜间文化和旅游消费集聚区的建设也迎来热潮，不仅助力河南文化和旅游产业的持续高质量发展，还为广大游客提供了更加丰富多元的夜间文化和旅游消费体验，有效地满足了人民日益增长的美好生活需求。河南大力发展文旅夜经济，打造了 25 家夜间文化和旅游消费集聚区。通过消费拉动经济增长、引领产品供给、推动产业发展。如洛阳精心打造了“古都夜八点·相约洛阳城”夜游品牌，依托“享游洛阳”文化和旅游消费平台举办牡丹文化节、线上河洛文化大集、“洛龙有礼、享游洛阳”消费券发放等促消费活动，取得显著效果。郑州、开封着力提振文化和旅游消费市场，释放文化和旅游消费潜力，“夜开封·欢乐宋”夜游品牌崭露头角，樱桃沟、双龙巷、七盛角等一批夜间文化和旅游消费集聚区游客川流不息，点亮了城市“夜经济”。

重点文化产业行业依然保持强劲势头。陶瓷、玉雕在整个文化产业中占有举足轻重的地位。其中禹州钧瓷生产企业达到300余家，年产销钧瓷220余万件（套），年产值26亿元，共有国家级高新技术企业1家、博士后科研工作分站1家、省级企业研发中心5家，钧瓷从业人员达3万余人。镇平玉雕加工遍布全县16个乡镇100多个行政村，其中玉雕专业村50个、玉雕专业户近1.5万户，拥有大型玉雕专业市场10个，各类玉雕精品门店、摊位3万余个，县内外玉雕从业人员达40万人，玉雕加工群体占全国加工群体的70%。目前，镇平已成为全国最大的玉雕加工、销售集散地和玉文化研究传播中心。

（七）品牌引领：文化旅游宣传推广多点发力

聚焦品牌塑造加快新传播。“十四五”期间，河南提出“行走河南·读懂中国”文旅品牌体系，围绕品牌塑造，河南强化标识建筑，聚焦“读什么、在哪读、怎么读”，深度开发文旅精品线路和景区，高标准规划建设博物馆群，积极构建中华文化超级IP矩阵，开展体系化推广推介工作，让更多人在行走河南中触摸历史、感知文明、滋养精神、读懂中国。

建成全媒体矩阵。畅通主流媒体传播渠道，整合网络新媒体平台，建成优势互补、一呼百应的宣传矩阵，联合河南卫视打造的“中国节日”系列节目频频出圈。

打造全覆盖平台。先后举办国际旅游城市市长论坛、中国诗歌节、世界大河文明论坛、嵩山文化论坛、黄帝故里拜祖大典、黄河文化旅游节、牡丹文化节、清明文化节，持续扩大“老家河南”“天下黄河”“华夏古都”“中国功夫”四大文化IP的传播力和影响力。2023年9月举办的2023中国（郑州）国际旅游城市市长论坛，来自法国、意大利、俄罗斯等26个国家43个城市的国外旅游城市市长和市长代表，及青岛、长沙、贵阳等59个国内旅游城市市长和市长代表齐聚河南，扩大了河南文旅的国内外知名度和影响力。

推动全维度传播。利用移动端、交互式等新传播方式，创新传统文化的现代表达，推动“流量”变“留量”、“网红”变“长红”，“老家河南”全网浏览量达45亿人次以上。《风起洛阳》在社交和短视频平台上点击量突破千万次，成为“穿越”新晋顶流。素人游客分享的“种草”或避坑攻略中，洛阳汉服成热门标签，实现游客自来水式的传播。

三　河南省文化旅游产业发展特征

（一）特色：传统文化资源是河南文化旅游发展的依托

河南历史文化资源丰富，是黄河文化核心区和集大成之地，是中华民族和华夏文明的发源地。无论是神话传说还是考古发现，河南在中华优秀传统文化方面都具有得天独厚的优势。偃师二里头遗址被公认为是“最早的中国”。以太极拳、少林功夫为代表的中国功夫享誉世界。河南有郑州、开封、洛阳、安阳四大古都，洛阳龙门石窟、安阳殷墟、登封“天地之中”历史建筑群等。中华优秀传统文化在河南文旅文创融合中具有明显的资源优势。例如，“清明上河园”、安阳殷墟、河南博物院、隋唐洛阳城、只有河南·戏剧幻城等，都通过创意激活和科技赋能，将传统文化资源优势转化为文化旅游产品，以文化符号构建为核心的内容生产方式成为主流。

（二）理念：文旅文创融合发展的创意驱动与创新表达

在文旅文创融合发展的新时代，文化的创造性转化和创新性发展成为时代命题。创意、设计、艺术等元素充分融入文化旅游发展全链条。河南文旅文创融合发展的理念特征是美学引领、创意驱动、艺术点亮和时尚表达。通过美学引领文化旅游高质量发展，将审美体验作为文化旅游产品的引爆点。符合未来审美需求的个性化、定制化产品成为主流。河南大象融媒成立创意工作室，推出“奇妙夜”“奇妙游”“奇遇记”等“中国节日”系列节目；河南经典旅游景区参与“中国节日”系列节目拍摄，助力《洛神水赋》《龙门金刚》等节目火爆出圈，对系列短视频持续进行二次传播和“引流”落地，创意驱动河南20多家重点旅游景区成为热门旅游打卡地。河南文化旅游项目将传统文化元素与现代舞台艺术融合创新，丰富了传统文化表现形式，增添了艺术张力，从而实现“以文塑旅”，进而增加了文旅产品魅力。此外，河南将“国风”“国潮”等时尚元素通过增强现实、虚拟现实和混合现实等科技手段融入传统文化，唤醒年轻一代内心深处的文化自信。

（三）思路：“行走河南·读懂中国”，讲好中原故事

旅游是载体，文化是灵魂。中华文明的起源、形成和发展的各个阶段都与河南密切相关。河南以实施文旅文创融合战略为统领，全力塑造“行走河南·读懂中国”品牌体系。通过“行走河南·读懂中国”，河南整合资源，精心策划了文明起源、国家起源、逐鹿中原、追寻先贤、姓氏寻根”等16条主题文化线路，并遴选出首批“行走河南·读懂中国”百大标识项目。通过龙头带动，河南打造郑汴洛国际文化旅游之都，建设具有国际影响力的黄河文化旅游带，发展全链条文旅文创业态，利用科技赋能打造高品质文旅文创产品，从而讲好中原文化故事、中华文明故事、中国发展故事。通过行走河南，触摸历史、感知文化，滋养精神、读懂中国。

（四）亮点：深度融合，不断拓展文旅新场景

文化旅游和文化创意都是文化产业的重要业态，都需要充分挖掘文化资源，以提升文化产业竞争力。文化旅游和文化创意之间存在“高渗透性”“可跨越性”“强融合性”“大交叉性”。文化旅游依托文化创意提升审美吸引力、竞争力和引导力，文化创意需要借助文化旅游激发审美创造力，并扩大审美影响力。在文旅文创融合过程中，原有的业态边界被打破，催生了文化旅游新业态和新场景。《唐宫夜宴》《龙门金刚》等节目，直接使河南博

物院、龙门石窟等成为热门旅游目的地和网红打卡地，同时催生出多种衍生文创产品。河南博物院“失传的宝物”系列考古盲盒创意，受到广大文博粉丝的热捧，同时吸引了众多考古爱好者走进博物馆、遗址公园参观学习。文旅文创深度融合背景下，旅游中蕴含的文化精神被发掘，传统的旅游模式被摒弃，催生出全域旅游、民宿休闲体验游、高品质精品民俗游和休闲康养旅游等。

四 河南省文化旅游产业突出亮点

（一）只有河南·戏剧幻城

只有河南·戏剧幻城位于郑州市中牟县，于2021年6月18日开园，是中国首座全景式沉浸式戏剧主题公园，是中国规模最大、演出时间最长的戏剧聚落群之一。只有河南·戏剧幻城内拥有21个大小不一的剧场、近千名演员，分3大主剧和18个小剧，剧目总时长近700分钟。景区项目以黄河文化为创作根基，以“黄河、土地、粮食、传承”为主线，以沉浸式戏剧艺术为手法，以独特的戏剧“幻城”为载体，演绎了河南从夏商文明肇始到唐宋文化繁荣再到民国灾荒苦难的历史进程，直抵中原文化、黄河文明的内核，展现了河南精神，对于树立河南文化自信，促进郑州建设国家级中心城市，加速中原崛起具有重要意义。

开园以来，只有河南·戏剧幻城入选文化和旅游部“第一批国家级夜间文化和旅游消费集聚区名单”“第一批全国智慧旅游沉浸式体验新空间培育试点名单”，在市场上逐渐确立独有的品牌属性，吸引大批国内外游客前来体验。截至2023年7月底，现场观剧已超千万人次。

（二）洛阳“新文旅”

洛阳以“新文旅”为内核，壮大以创意为内核的文化产业，总结出“颠覆性创意、沉浸式体验、年轻化消费、移动端传播”的文旅文创新模式，不遗余力打造五大都城遗址博物馆群、3.0 版隋唐洛阳城国家遗址公园、天街十二坊等重大项目，培育汉服体验、剧本娱乐、研学旅行等崭新业态，让“行走河南·读懂中国”更加可触可视、可感可知。

全城沉浸式剧本杀。洛阳聚焦打造中国“剧本娱乐之都”，推出“神都奇幻志”全城实景剧本杀活动，串联40多个沉浸式剧本，为游客带来沉浸式文旅体验，开了把一座城市作为剧本载体的先河。游客换上汉服，穿梭在平行时空中，可以与狄仁杰同赴唐宫夜宴、和上官婉儿放灯游园，也可以与炀帝分理运河之事、与卢舍那大佛贴面而过，还可以在博物馆上演一场与神秘青铜文物的博弈，完成一次与古墓中长眠千年古人的对话，领取通关文牒，点亮神都舆图，获取荣誉信物，真正体验到“梦回盛唐”的沉浸式“穿越”之旅。

“洛阳宇宙”全媒体宣传矩阵。“线上做流量，线下做变现”是洛阳文旅持续出圈的“密码”。洛阳携手爱奇艺实施洛阳 IP 联动计划，构建国内首个城市 IP“洛阳宇宙”，《风起洛阳》《登场了！洛阳》等掀起全网“打卡”热潮。从《唐宫夜宴》《龙门金刚》等开始，多个文化爆款 IP 让洛阳频频出圈，形成了独具洛阳特色和魅力的文化标识。在抖音、微博等平台发起“四月为爱奔赴洛阳”“总要去洛阳看看牡丹”等话题，相关视频播放量超过10亿次、总话题阅读量40亿次，使洛阳成为全国热门的旅游目的地。

汉服经济。洛阳以古都文化为底蕴，发展“穿越式”汉服经济。举办“梦里隋唐尽在洛邑”汉服文化节、“国风穿越节”等活动，形成“汉服+造型+拍摄+写真”全链条产业，推出“着华服免费入园”等活动，吸引游客体验汉服文化。洛阳满城汉服小姐姐带来“三步一娘娘，五步一公主”的惊艳，也带来“西游仙魔团”“捅了神仙窝”的奇观，给人“一秒穿越”的神奇体验，在全城营造了浓厚的传统文化氛围。

（三）河南卫视“中国节日”系列节目

自2021年春节档以来，河南卫视“中国节日”系列节目在全国受到普遍关注。《唐宫夜宴》《龙门金刚》《洛神水赋》等节目在尊重历史、尊重文化的基础上，用匠心去挖掘传统文化中的精华，以传播和弘扬优秀传统文化为己任，不仅实现了历史厚重与艺术传播的结合，也激发了观众内心对民族历史、传统文化的热爱，更推动了中国文化和东方意象不断走出中原、引爆全国、走向世界。

近年来，河南广播电视台（以下简称“河南台”）坚守“文化”定位，持续推动传统文化的创新表达。“中国节日”系列节目现已推出19期，全网阅读量超820亿次，海外平台总观看量超5000万次，外交部将其作为中国文化的一张亮丽名片，70余家驻外使馆和机构向全球推介，推动人民群众文化自信达到新高度，打开中华文化国际传播的新窗口。

在“中国节日”系列节目走红后，河南台打造《中国发明》《中国功夫》《中国姓名》《一片甲骨惊天下》等传统文化节目集群，持续用引领性的作品讲好中国故事、传播好中国声音。在传播方面，河南台做好大象客户端和元宇宙平台建设，成为传统文化传承创新和全国新文化传播的主力军、主阵地和主渠道。同时，河南台与国内外头部品牌合作，开发《唐宫夜宴》IP品牌衍生文创文旅产品，使传统文化走进日常、可亲可近；策划实施信阳茶文化节、洛阳牡丹文化节，制作成都大运会、杭州亚运会宣传片等，实现文化传播和产业发展相互促进，为新文化新传播持续注入新动能。

（四）“文化产业特派员”试点

作为文化产业赋能乡村振兴的先行尝试，河南于2022年7月启动文化产业特派员试点工作，选定光山县、修武县、栾川县、济源市为首批试点。文化产业特派员制度是以实现乡村振兴为目标，遴选掌握乡村创新发展理念的公务员、企业家、创业者、社会工作者、艺术家、设计师等人才，选聘为文化产业特派员，作为乡村“首席运营官”，开展“一村一员”特派服务，引导支持在地产业发展和文化发展，与村干部形成“双轮驱动”，共建人文乡村，共创乡村高质量发展之路。

文化产业特派员制度的工作机制是“两线一点”，即省、市、县三级文化和旅游部门构成第一条线，县、乡、村三级党组织干部构成第二条线，两线汇至文化产业特派员与在地老百姓共同形成工作队，形成交点。清华大学文化创意发展研究院是特派员的选配者、组织者、推动者，在全球范围内选取有情怀、有文化、懂乡村、懂市场的优秀人士作为特派员，投身乡村振兴事业。文化产业特派员制度是河南乃至全国探索文化产业赋能乡村振兴的新尝试。

河南首批文化产业特派员取得卓越的工作成效。以光山县为例，在特派员盛巧荣的带领下，潘洼村启动了“茶与瓷”艺术主题民宿“净居茶隐”的基建工作，这是集烧窑、茶道、美学体验、民俗体验、生态露营等多种元素于一体的乡村综合体。特派员李文爽通过中国（光山）羽绒服及制品设计大赛帮助光山羽绒产业实现产业升级，伴随大赛衍生出的设计师候鸟工作站落地光山县南王岗村的“数字游民基地”，吸引到人才和项目在光山落地生根，继而推动光山羽绒产业品牌化提升。种种举措活化了村内闲置资产，转化了乡村优秀文化，激发了乡村的内生动力。

五　目前河南省文化旅游产业发展存在的问题

（一）高品质文化旅游产品有待丰富

河南文化旅游资源丰富，文化旅游产品供给近年来有了很大程度的提升。但是，河南文化旅游资源的转化能力不足，导致整体上低端文化旅游产品供给过剩、中高端文化旅游产品供给不足。河南文化旅游产品有数量但缺质量，能够反映中原文化精神、反映高端审美追求的精品力作比较少。河南文化旅游同质化、低品质开发严重，文化资源挖掘不足，文化旅游服务难以满足人民群众需求。由于传统文化精华与糟粕并存，还有部分文化旅游企业为了追求经济利益，一味迎合市场，制造文化垃圾，导致低端文化旅游产品过剩。河南文化遗产空间分布不均，历史跨度较大，从而给文化旅游资源整合带来较大困难，难以进行集约化、规模化开发，进而难以形成独具特色的文化名片。

（二）文化旅游产品品牌影响力有待提升

虽然河南文化旅游产品在国内外有着比较广泛的影响力，但与国内发达地区相比，河南具有国际影响力的文化旅游目的地不多，河南文化旅游发展水平并未与文化旅游资源地位相匹配，河南文化旅游资源优势并没有转化为文化旅游市场优势。文化旅游影响力的提升，需要有系统的形象定位，需要有规范化、专业化、智能化、国际化的高科技支持的国内国际传播策略。虽然河南少林寺、龙门石窟等具有一定的国内国际知名度和影响力，但大多数文化旅游产品形象定位模糊，并且同质化严重，难以体现出其独特价值、内涵和文化底蕴，从而在很大程度上弱化了消费者对这些文化旅游产品的品牌认知。由于对文化旅游产品的文化潜能发掘不够，导致文化旅游产品的品牌影响力缺乏稳定性和持久性，并缺乏一定的文化衍生品载体。

（三）旅游景区服务意识有待增强

文化旅游需要规范的管理和“游客至上”的服务，需要让游客产生“宾至如归”的体验感，需要让游客产生情感共鸣。但是，很多旅游景区管理水平落后，服务意识不强。例如，旅游景区的交通管理不到位，旅游景区服务人员作风懒散、服务态度恶劣等。这些问题严重制约了旅游景区的形象和游客满意度提升。当前，游客选择旅游目的不再只是要“好看”，也要“好玩”，“观光游”已经转向“度假休闲游”。如果景区管理和服务水平滞后，游客也就得不到良好的休闲体验，即使文化内涵很丰富，游客也不能得到精神文化的洗礼，游客的体验感自然得不到提升。

（四）文化旅游市场监管有待进一步规范

文化旅游市场监管，重在依法依规。但是，我国文化旅游产业的法律法规不健全，导致文化旅游市场监管无法可依。文化旅游市场主体良莠不齐，部分旅游市场经营主体存在短期无证照经营、超范围经营、非法转让经营等问题；旅游景区小商贩售卖假冒伪劣产品、宰客、食品卫生不合格等问题突出。旅游景区无视游客消费需求，霸王条款众多，扰乱文化旅游市场秩序。随着互联网新媒体发展，文化旅游市场的新媒体“拼团游”吸引了大量游客，但在监管面前，难以界定“拼团游”是属于旅行社开展的旅游服务，还是亲朋好友之间的正常出游。由于没有事先签订相关责任协议等，如果遇到纠纷或发生安全事故，责任难以界定。另外，文化旅游市场还存在监管主体力量薄弱、市场监管多头执法、行业协会监管职能未发生作用等问题，导致文化旅游市场监管存在盲区。

（五）文化旅游营商环境有待改善

文化旅游市场的健康发展，有赖于文化旅游市场良好的营商环境，需要正确处理政府和市场的关系，充分激发文化市场主体的活力，让市场在文化资源配置中发挥决定性作用，更好发挥政府的作用。但是，文化旅游市场发展中还存在政府干预过多、审批事项过多、经营主体办事成本过高、政务服务效率低下、游客合法权益受到损害难以快速维权、文化旅游市场交易成本过高、文化旅游市场恶性竞争、文化旅游市场信用体系不健全等问题。文化和旅游相关主管部门要深化“放管服”改革，真正把服务意识贯穿到文化旅游发展的每一个环节，解决文化旅游市场发展中政府的“越位”与“缺位”问题。政府要完善文化旅游市场法律法规体系，依法保护文化旅游市场主体和游客的合法权益，创新监管手段，用法治手段构建文化旅游市场良好的营商环境长效机制。

六　河南省文化旅游产业发展趋势与创新路径

（一）区域文化特色需要进一步加强

2021 年以来，河南文化旅游持续“破圈”的秘诀在于对传统文化的创意转化和创新表达。在“行走河南 · 读懂中国”品牌引领下，河南将持续深入挖掘传统文化资源优势，将厚重的文化资源转化为文化旅游发展主动力。郑州的夏商文化、洛阳的唐文化、开封的宋文化、安阳的殷墟文化、浚县的大运河文化等特色将进一步彰显，文物、汉字、古都、功夫、豫剧等中华优秀传统文化在河南文化旅游产业发展中的作用将进一步发挥。《河南省“十四五”文化旅游融合发展规划》中提出要构建“4+8+N”中华文化超级IP矩阵，围绕这些IP开展内容生产，将厚重的文化文物资源转化为生动的故事和鲜活的场景，让河南文化可进入、可触摸、可感知，是河南文化旅游持续出圈的关键密码。

（二）“文旅+”需要向“+文旅”转变

“文旅+地产”“文旅+文创”“文旅+体育”等传统文化旅游模式进一步升级，“+文旅”新业态成为未来河南文化旅游的主流趋势。河南文化旅游产业要突破长期以来的房地产依赖，使文化旅游真正成为市场主体而不是房地产的附属品。

城市文化旅游发展以洛阳新文旅为引领，山水、文物、酒店、根祖、饮食、工艺、歌舞等元素都可以与文化旅游结合，打造沉浸式文化景区，形成文化旅游体验新空间。古城文化超级IP作用进一步彰显，整合“吃穿行游购娱商”等产业、集“热门剧集IP+沉浸式娱乐+主题餐饮+国潮零售”于一体的组合型新消费综合体将成为时代新宠。

乡村文化旅游以文化产业特派员制度为创新突破口，从观光旅游向休闲、体验、度假、康养等新业态转变，从打造沉浸式景观、创新研学体验、挖掘多元产品吸引力等方面促进农文旅融合发展，田园综合体、农事体验、露营体验、休闲康养、乡村民宿、农业农庄、亲子研学等乡村业态将不断壮大完善。

（三）培育“独角兽”式的文化企业和文化园区

随着大众旅游时代的到来和人口结构的变迁，文化旅游产业的赛道将进一步细分，以满足不同年龄段人群的旅游需求。针对老龄化人口的康养旅游、针对“Z世代”群体的特种兵式旅游、针对白领群体的微度假等旅游市场不断分化。特色民俗、创意集市、非遗文化、庙会灯会、祈福等传统体验活动持续升温。寺庙游、禅修营等成为年轻人缓解工作压力、追求内在体验和精神滋养的新方式。在网络社交媒体的渲染和放大下，类似淄博烧烤、“老君山上吃泡面”等网红型旅游热点不断涌现，小众旅游市场有望诞生“独角兽”。

（四）以智慧化促进文旅空间的“场景革命”

以数字化管理为核心的智慧文旅将成为河南文旅管理运营主流趋势，通过整合 AR、VR、大数据、云服务、物联网等技术，解决目的地旅游痛点，优化游客出行体验，帮助文旅项目进行全面数字化提升，构建省域范围文旅产业互联网将成为未来文旅运营管理重点。

随着“网红风”“滤镜风”热度的减退，个性化场景逐渐被更多地重视和挖掘，将文旅元素融入日常生活打造小而美的社交空间，逐渐成为产业新秀。以苏州姑苏区“双塔集市”带火的“新烟火主义”、以成都 SKP 店为代表的日常生活美学艺术轻度假目的地、以“小红闲”为代表的微型艺术街区等新文旅业态有望在河南复制落地，文商旅深度融合将引发河南文旅“场景革命”风暴来袭。

（五）文旅投资需要重大项目撬动引领

随着河南省文旅投资集团的发展壮大和文旅市场的整体表现向好，一批重大文旅项目在河南落地投资运营。2023 河南省文旅文创发展大会签约 41 个重点文旅项目，投资总额 525.6 亿元，覆盖文物数字化开发、文化创意园区建设、旅游度假区建设、旅游酒店民宿打造、元宇宙基地建设、沉浸式演艺等传统和新兴业态。海昌海洋公园等重大文旅项目持续落地，河南文旅的影响力和竞争力将进一步提升。

未来文旅投资有两个主方向，一是高质量文旅新产品的开发投资，包括景区和度假区升级、文旅融合产品、城市休闲娱乐产品、乡村农文旅融合产品等；二是数字化加持的智慧文旅建设投资，包括数字体验沉浸产品、智慧管理、智慧服务、数智化营销。同时，文旅集团投资下沉趋势明显，二、三线城市占主导，开发建设空间相对较大。

（六）元宇宙发展需要“数实融合”

“元豫宙”的推出是河南在文化旅游领域探索元宇宙运用的新尝试。借助元宇宙技术，河南文化旅游产业将不断探索数字技术与文旅展示、体验、内容、价值、平台等内容的结合，拓展数字文化旅游消费新场景、新业态、新产品，提升文化旅游企业数字生产能力和竞争能力。同时，还要理性认识技术的作用，VR、AR、5G、AI技术及技术穿戴设备的发展与内容建设尚不匹配，元宇宙等纯粹虚拟场景的营造与搭建在短时间内难以成熟并反哺现实社会发展。因此，“数实结合”、营造虚实共生的文化旅游新场景，成为河南文化旅游未来发展的重要趋势。

参考文献

[1]《河南省人民政府关于印发河南省“十四五”文化旅游融合发展规划的通知》，河南省人民政府网站，2022年1月13日，http：//m.henan.gov.cn/2022/01-13/2382423.html。

[2]《“行走河南·读懂中国”品牌塑造实施方案》，河南省文化和旅游厅网站，2022年8月25日，https：//hct.henan.gov.cn/2022/12-08/2653286.html。

[3]《行走河南·读懂中国丨兴文化 勇担当——河南兴文化工程文化研究工作综述》，河南省人民政府网站，2023年2月27日，https：//www.henan.gov.cn/2023/02-27/2696312.html。

[4]《文旅部非遗司司长王晨阳：全面推进非物质文化遗产系统性保护》，光明网，2023年6月19日，https：//feiyi.gmw.cn/2023-06/19/content_ 36639351.html。

[5]《黄东升：传承发展中华优秀传统文化 为文化旅游强省建设注入新的动能》，河南省文化和旅游厅网站，2023年8月18日，https：//hct.henan.gov.cn/2023/08-18/2799304.html。

[6]范周：《中国文化产业和旅游业发展报告：2022年总结及2023年趋势》，《深圳大学学报》（人文社会科学版）2023年第2期。

[7]《如何创造新文化、开拓新传播？河南广播电视台给出答案》，河南省文化和旅游厅网站，2023年9月9日，https：//hct.henan.gov.cn/2023/09-09/2812435. html。

B.3

河南加快数字化赋能文化高质量发展调研报告

河南省委宣传部文化体制改革和发展办公室*

摘　要：　加快文化科技融合，促进数字化赋能，必将为推动新时代河南文化绽放新风采提供难得历史机遇。依托新型信息化技术，通过数字化赋能以中原文化、黄河文化为代表的中华优秀传统文化，加快创造性转化、创新性发展。紧密结合国家文化数字化战略、全省文旅文创融合战略实施，加快数字化在公共文化服务、文化产业、对外传播、乡村文化振兴等方面的融合创新，全力塑造“行走河南·读懂中国”品牌，努力为建设文化强省、推进中国式现代化建设河南实践注入文化新动能。要在以下五个方面下功夫：守正创新，在推动中华文化全景呈现上体现河南担当；城乡协调，在推进乡村振兴中彰显河南经验；成果共享，在提升公共文化数字化水平上体现河南作为；转型升级，在实施文化产业数字化战略上体现河南特色；自信自强，在增强中华文明传播力影响力上体现河南使命。

关键词：　文化数字化战略　文化高质量发展　文化科技融合　赋能创新

随着5G、大数据、云计算、区块链、人工智能等新型信息化技术的广

---

* 课题组成员：李新建，河南省委宣传部副部长；晁真强，河南省委宣传部文化体制改革和发展办公室主任；赵凯，河南省委宣传部省管国有文化企业党建办主任；李立新，河南省社会科学院文学研究所（黄河文化研究所）所长、研究员；周鹍鹏，郑州大学新闻传播学院教授、博士生导师；刘万勇，河南省委宣传部文化体制改革和发展办公室干部；邱晨，河南省委宣传部文化体制改革和发展办公室干部；乔龙龙，河南省社会科学院文学研究所（黄河文化研究所）研究实习员。

泛应用，数字化向各领域渗透延伸，给文化发展带来重要机遇和巨大挑战。习近平总书记高度重视数字文化发展，强调“文化和科技融合，既催生了新的文化业态、延伸了文化产业链，又集聚了大量创新人才，是朝阳产业，大有前途”；“要顺应数字产业化和产业数字化发展趋势，加快发展新型文化业态，改造提升传统文化业态，提高质量效益和核心竞争力”。中共中央、国务院围绕建设数字中国、实施国家文化数字化战略，作出一系列重大决策部署，党的二十大报告明确提出要“实施国家文化数字化战略，健全现代公共文化服务体系，创新实施文化惠民工程”。2022 年 3 月，中共中央办公厅、国务院办公厅印发了《关于推进实施国家文化数字化战略的意见》，推动文化数字化上升为国家战略。2023 年 2 月，中共中央、国务院印发了《数字中国建设整体布局规划》，推动打造自信繁荣的数字文化。河南积极贯彻中央文件精神；同年 12 月，发布《河南省推进国家文化数字化战略的实施方案》，对全省文化数字化建设进行系统性部署。这一系列战略性、全局性规划部署，为我们深化文化科技融合、推动数字化赋能文化高质量发展，指明了奋斗方向、提供了根本遵循、明确了路径措施。河南是中华文明的重要发祥地，是中华优秀传统文化的富集地和核心区，是实证五千多年中华文明史的关键区域，历史底蕴深厚，资源禀赋富集，加快文化科技融合，促进数字化赋能，必将为推动新时代河南文化绽放新风采提供难得历史机遇。

一　调研开展情况

按照学习贯彻习近平新时代中国特色社会主义思想主题教育要求，根据全省宣传思想文化战线大调研统一部署，我们围绕“数字化赋能宣传思想工作”时代课题，坚持“五个突出”方式方法，同实施国家文化数字化战略紧密结合，聚焦“如何加快数字化赋能文化高质量发展”现实问题，深入开展调查研究。一是聚焦重点区域深入调研。在综合考虑区域分布和发展阶段的基础上，2023 年 5 月下旬至 6 月中旬，调研组先后赴郑州、洛阳、商丘、信阳等省辖市开展实地调研，对开封、许昌、焦作、濮阳等省辖市进行书面调研，广泛听取基层网信、文化广电旅游、报社、广播电视台、文物和文化企业等的意见建议，深入博物馆、图书馆、纪念馆、景区（数字化部分)、报社、文化企业等实地调研。二是认真梳理全省文化数字资源。2023 年 3 月下旬，提前组织各省辖市、省直有关单位按照思想理论、文化旅游、文物、新闻出版、电影、广播电视、网络文化文艺等分类，整理汇总特色文化资源数据和文化数字内容。经初步统计，全省文化数据资源量 10967TB，其中，省辖市数据资源量 9917TB，省直单位和省管文化企业数据资源量 1050TB，主要集中于广播电视台、融媒体中心、博物馆、文化旅游企业等。由于文化数据的界定范围、基层单位的排查力度，该数据只能大致反映河南文化数据资源分布状况。三是做好基层典型案例（场景）收集。指导基层认真总结，把本地本单位的文化数字化转型、文化数字化体验场景等提炼成典型案例，累计收到典型案例 64 个，其中，优秀案例 16 个，开封城墙景区《微梦大梁门》、龙门石窟景区《无上龙门》、中原出版传媒集团百姓文化云平台、林州市红旗渠元宇宙剧场等吸引力较强，以点带面、串珠成链，为全省文化数字化战略实施提供了较好的经验借鉴。

二　数字化赋能文化主要成效

近年来，随着河南文化数字化进程加快，信息化技术逐渐渗透融入文化产业、公共文化服务、中华优秀传统文化、非物质文化遗产等领域，取得一系列工作成效，为推动国家文化数字化战略提供了良好支撑。

（一）文化产业数字化加速融合

把贯彻落实国家文化数字战略同实施数字转型战略融合衔接，加速文化数字化渗透，为加快数字化赋能文化高质量发展提供了新方向。

1. 数字赋能文旅加速发展

数字赋能文旅加速发展，智慧文旅项目不断涌现。洛阳抢抓文旅产业新风口，突出“颠覆性创意、沉浸式体验、年轻化消费、移动端传播”理念，加快推进全域文旅数字化赋能，千年古都五一假期火爆出圈。倾力打造数字化沉浸式演艺《寻迹洛神赋》，用科技艺术讲述洛阳故事；联合支付宝举办“神都奇幻志”全城剧本杀活动，设置剧本杀项目打卡，点亮串联全城的《神都舆图》。老君山景区积极利用抖音、快手、微信、微博、贴吧等新兴媒体平台进行推广宣传，围绕青年群体开展全员短视频营销，形成了网络宣传的良好声势。龙门石窟《无上龙门》突出科技赋能文化，打造的裸眼5D高科技天幕秀火爆出圈，吸引了大批游客前来打卡体验，五一假期累计接待游客1.6万余人次，入选了“2022年文化和旅游数字化实践优秀案例”。焦作全面推进智慧文旅建设，云台山景区融合高德、阿里30万+App位置服务的数据支撑，打造了“全行程、管家式”智慧化系统，让广大游客享受智慧化建设带来的沉浸式文旅新体验；充分利用智慧景区综合指挥系统，节约游客时间成本，有效提升了旅游体验；与高德联合打造“云台山一键智慧游”，提供“吃住行游购娱”全方位服务，成为全省智慧景区建设标杆。陈家沟景区的太极全域剧场完美融合“万象·太极”的“展”和《印象·太极》的“演”，打造出信息化展演一体新模式，带给观众完整立体的沉浸式数字化体验。许昌充分发掘古城优势，运用大数据、AR/VR、区块链等数字技术，打造了“南城门主题灯光秀”“数字曹魏古城”“网上博物馆”“AR/VR主题乐园”“全息主题餐厅”等一批数字化文旅项目。

2. 数字技术加速文创业态蝶变

受5G、区块链、元宇宙等新型数字技术的加持推动，文创产品数字化发行、购买、收藏和使用迎来了新机遇。河南博物院依托馆藏国宝文物，充分运用区块链加密技术，联合蚂蚁琏平台推出AR展馆体验、数字藏品、数字纪念门票等，如1万份3D版数字文创“妇好鸮尊”于2021年底首次发行并即刻售罄；发行全国首款有声数字纪念票“贾湖骨笛”，打造3D动态效果文创数字藏品；推出买“实”赠“虚”的新型营销模式等。2022年4月，河南省非物质文化遗产保护中心宣传推广的《辉县剪纸》首批数字藏品在摩点平台发布，该数字藏品运用3D和VR技术，对国家级非遗传承人李爱荣的生肖剪纸作品进行复刻再生，将十二生肖元素、瑞兽元素以及民间剪纸技艺通过数字化应用完美呈现，吸引了年轻群体的广泛关注。中原出版传媒集团积极打造数字创意精品，结合现有版权IP资源，基于元宇宙体系、互动式沉浸体验加快数字创意项目开发，陆续推出了朱仙镇木版年画10项、“方志河南·郑州八景”8项、“河南石窟”和“非遗剪纸”等20余项、“时代印记——中国这个大IP”6项等具有河南特色的数字藏品。同时，数字化加速了业态的布局，省会郑州集中了约克动漫、羲和网络、华冠文化等一批有突出影响力的企业。其中，约克动漫连续12年荣获“国家文化出口重点企业”称号，羲和网络不断探索游戏同文旅文创的数字化结合，华冠文化通过打造数字IP、数字文创、数字场馆等助力文旅文创融合发展。

3. 数字助力传媒转型升级

文化企业主动适应并靠拢新型信息化技术，把数字化转型作为赢得新发展优势的重要板块，认真谋划布局。省管文化企业发挥资源优势，加快数字化产业发展。河南日报社把数字经济集群置于六大产业集群首位，制定《数字化转型工作方案》，加快构建“1+5”体系（新大河云、智慧办公、财务管理、人力资源、党建、经营管理）数智化治理架构，加快推进数字化转型，壮大数字经济集群规模。2022年，数字经济集群实现收入3.1亿元，同比增长19.8%，占总收入的比重达16.3%，数字经济已经成为新的经营支柱、新的增长引擎。中原出版传媒集团主动把握新一轮科技变革与创新机遇，着力打造河南首个文化产业创新联合体，构筑价值共生的产业生态系统，搭建“四横七纵多生态”发展格局，聚焦“教育+科技”“文化+科技”赛道，发挥集团优势，聚合产业链共生资源。2023年5月，与华为、阿里云、腾讯云等6家头部企业签约，加快构建“中原数字创意谷”文化产业创新联合体，布局智慧教育、研学文旅、数字创意精品等3个创新业态赛道，积极参与组建郑州数据交易中心有限公司，精心打造“中原数字沉浸式创意产业孵化器”；扎实推进版权智库资源库项目建设，初步打造了中原文化资源库（一期）；加快推进河南智慧教育平台、智慧教辅服务平台、考试测评系统等 3 个试点项目，围绕“行走河南·读懂中国”已开发落地研学课程 100 余门，覆盖生源 3 万余人。河南广电传媒控股集团紧抓“数字化战略转型”重要机遇，以所属数字产业投资公司为载体，加快推进河南广播电视台、广电控股集团数字产业相关业务整合，打造特色数字技术企业，所属广电科技公司积极打造直播电商、新媒体平台运营等多项业务，2023 年上半年营业收入达 6.47 亿元。大象融媒体集团加快数字化转型探索，成立一元万象科技有限公司，积极入局 AR、VR、MR 技术和虚拟数字人技术自主研发，推出了模拟数字人“小豫”，着力在党建、文旅、教育等领域为客户提供数字技术支持。

（二）公共文化服务数字化全面提升

公共文化设施数字化建设持续加快，呈现覆盖面广、形式多样、内容丰富的特点，公共文化服务向基层尤其是农村区域渗透延伸，群众体验感、获得感和满意度大幅提升。

1. 覆盖范围大幅拓展

各地积极探索，借助数字化手段加快推动公共文化服务由城市逐渐向乡村渗透，扎实提升基层群众文化可获得水平。河南公共文化数字化服务平台“百姓文化云”自 2018 年上线以来，汇集全省公共文化资源和社会文化资源，被誉为“老百姓的掌声工程”。全省公共文化数字化服务平台“文化豫约”注册用户已超 230 万人次，发布活动 3.2 万场，为群众提供了丰富的文化服务。洛阳推动新华书店与洛阳广播电视台、洛阳市文化馆等合作，2022 年开展“百姓文化云”直播 43 场，上传有效资源 232 个。焦作打造的公共文化服务体系示范项目、全国文化馆（站）优秀群众文化品牌“焦作百姓文化超市”，实现全市 2076 个乡镇（街道）和村（社区）全覆盖，与 320 个公共文化场馆及旅游景区实现对接应用；每年发布活动 4000 余场，举办线上线下文化配送活动 1300 余场，惠及群众 1500 万人次。2022 年，“焦作百姓文化超市”被文化和旅游部全国公共文化发展中心评为全国中西部地区公共文化服务创新案例。许昌积极推动“文旅许昌云”“百姓文化云”“微信矩阵联盟”等数字化服务平台建设，汇集精彩直播、场馆预约、艺术慕课、百姓点单、文化大集、文创商城等9个功能模块，与省“文化豫约”服务平台全面实现数据共享，已拥有会员14万余人，发布活动1600余场，惠及群众130万余人次。

2. 呈现形式新颖多样

通过数字化赋能，公共文化服务形式更加灵活多样。许昌在各类公共文化场馆推动微信公众号、网站等数字化服务平台建设，依托平台开展图书阅读推广、在线艺术点播、活动直播、网上云展览等数字化文化传播服务，开展“相约云端”、“让三国文化活起来”、典籍里的许昌、微阅读等各类云展览、云演艺、云阅读、云课堂等线上活动1200余场，极大地丰富了群众的精神文化生活。加快数字设施配置建设，利用VR、AR、AI等数字技术对现有景区、街区、文博场馆以及休闲场所进行改造升级，打造互动式、沉浸式体验。建设数字导览、网络讲解、线上购物等服务项目，满足群众文化需要。三门峡加快数字化赋能公共文化机构，庙底沟博物馆通过数字孪生技术，采用雷达感应、RFID射频、CAVE投影、AR射击等高科技设备，复原史前新石器时代的人类聚落样貌，探索虚拟场景的深度融合，打造无限延伸的空间感，让体验者仿佛穿越到史前人类活动场景中。

3. 线上内容丰富多彩

随着数字化应用的普及，公共文化服务更加注重线上渠道分发，把线下内容迁移到线上，更便捷地满足群众需要。洛阳积极推进“东方博物馆之都”线上平台建设，打造“东方博物馆之都”微信公众平台，汇集全市102家博物馆线上数字化内容，目前已拥有数据资源量约865G。

（三）中原文化数字化“破圈”出彩

河南深入挖掘优秀传统文化精神内涵，以数字化、信息化技术加工呈现，创新出让传统文化活化利用的现代化表达。

1. 沉浸式演艺融汇河南元素

各地加速打造综合性文旅项目，以本地文化为内核，以数字技术为支撑，创造性呈现河南特色文化。郑州只有河南·戏剧幻城占地41.5万平方米，拥有21个剧场，三大主题剧场（李家村剧场、幻城剧场、火车站剧场）、3场震撼大剧、2场夜间大秀、10座微剧场，超过33个演出地点近700分钟不重复的演出，是目前全世界规模最大、演出时间最长的戏剧聚落群，以“土地、粮食、传承”为主线，用小中见大的叙事手法，演绎河南人的血脉传承与千年发展。只有河南·戏剧幻城的文明之光激光投影秀拥有全世界最大的夯土墙投影，采用30台30000流明的投影设备全景动态呈现《清明上河图》《千里江山图》等巨幅历史“画卷”。开封大型水上实景演出《大宋·东京梦华》从宋词中挖掘灵感，以张择端《清明上河图》中的景象为背景，以数字技术融合实景演出，生动再现了八阙宋词，重现了曾经的繁华大宋，给观众带来视觉冲击的同时有力弘扬了优秀传统文化。《飞越清明上河图》球幕影院智慧旅游沉浸式体验新空间，利用数字科技，在12米超大直径的IMAX巨型球形荧幕上呈现裸眼3D版《清明上河图》，座椅通过模拟上升、俯冲、滑翔等动作，带领游客穿越千年历史画卷，一览宋代盛景，获得身临其境般的沉浸式旅游体验。2023年8月，文化和旅游部公布“第一批全国智慧旅游沉浸式体验新空间培育试点名单”，只有河南·戏剧幻城智慧旅游沉浸式体验新空间、《飞越清明上河图》球幕影院智慧旅游沉浸式体验新空间顺利入选。

2.“中国节日”彰显河南特色

河南卫视系列文化节目主动拥抱互联网思维，打造新型文化创新的增长点。河南卫视推出的舞蹈节目《唐宫夜宴》成为高举文化自信大旗的“先头兵”，助力中原文化迈向“破圈”“出海”新征程。《端午奇妙游》中的《洛神水赋》节目好评如潮，《清明奇妙游》《中秋奇妙游》《重阳奇妙游》等节目多次出圈，带动形成了“每逢佳节看河南台”的良好口碑。目前，“2022年中国节日”系列节目持续出圈，全网总点击量超过800亿次。河南广播电视台“中国发明”系列节目入选国家广播电视总局“2022年广播电视重点节目名单”。《洛神水赋》被外交部华春莹通过个人Twitter（推特）账户发文称赞，节目登上国际趋势热搜。“唐宫夜宴”“洛神水赋”“龙门金刚”等文化IP，有力彰显了自信自强的中华优秀传统文化。

3. 守正创新成就河南范式

我们坚持守正创新，不断探索文创表达中原文化的新范式。唐宫文创的唐小妹、洛神和龙门金刚三大IP形象持续深化市场化运营，着眼非遗传承、生活美学和快销产品三大类别，已自主开发产品90余种。持续加快展链延链，唐宫文创积极联合手办、汉服、游戏等行业头部企业，深化文创产品开发。加强赋能旅游景区，利用5G等新技术加快文化IP线上“云直播”与线下“深度游”的融合。打造了数字化沉浸式演艺《寻迹洛神赋》，用科技艺术讲述洛阳故事。

三　借鉴和启示

相较于北京、上海、广东、浙江、江苏等发达省（市）及国外有关地方的文化数字化发展成效，河南还存在明显差距，必须积极学习先进经验、借鉴成功做法，助力河南文化数字化迎头追赶、换道领跑。

（一）拥抱文化数字化战略，创新河南故事表现手法

厚重历史文化需要创新表现形式，更加亲近普通群众。江苏大力实施国家文化数字化战略，把加快公共文化服务数字化建设作为重要抓手，推动博物馆等充分运用数字技术，及时上线传播现有数字资源，积极打造能看、能听、能学、能玩的“无边界的博物馆”。开辟了“云上博物——江苏省博物馆数字展览空间”，集中展示全省近百个精品云展览项目。通过数字技术加持，贯通历史与当下，推动江苏文脉卸下“厚重”“神秘”的外衣，让普通群众也能触抵文化的精妙。要积极学习借鉴江苏经验，创新河南故事的表现手法，更有效地提取和利用中原文化，串联河南丰富的文化数据资源，创造数字文化消费新载体、培育数字文化消费新业态、打造数字文化消费新体验，使中原故事更生动、更立体、更出彩。

（二）注重文化多元开发，建立完整产业链

综合性文化项目必须增强消费体验感，以丰富多样的服务有效“黏住”

消费者，才能更好地形成品牌效应。迪士尼乐园的体验营销为业界提供了示范，这家系列主题乐园围绕打造“世界上最快乐的地方”，把体验感贯穿到乐园游玩的始终。每个乐园都有自己的主题、独特的演出、自己的游戏、自己的餐饮、自己的商品、独特的互动体验等，可在排队等候区进行趣味互动，同一个游乐项目白天和晚上的体验也截然不同，丰富的节日主题活动和不同的烟花表演等，一切都致力于为游客提供难忘的体验。这为只有河南·戏剧幻城、建业电影小镇等大型文旅体验项目，林州红旗渠精神营地、鹿邑老子学院营地等研学旅行基地（营地）建设，提供了品牌打造思路。只有更加注重用户体验，策划相关可参与能互动的特色课程及活动，才能让受众加深对文化的理解和认同，形成游客良好口碑。

（三）推进文化数字化资源整合，打通数据共享壁垒

推进数字文化服务公平高效，必须加强数据网络基础设施建设，提升网络可及性和平台可及性。上海积极推动研究并构建数据高效流通的基础设施，积极探索数据流通的新模式、新路径。持续加快光网、5G、云计算、算力等“数字底座”建设，2022 年，让数以百万的家庭在全世界首批用上了“云宽带”；2023 年，对“云宽带”进一步升级，拓展到家庭、政企、校园、乡村四大场景，实现了数字生活的全面覆盖。《上海市关于推进公共文化服务高质量发展的意见》中明确要“提升数字文化服务新能级”，重点推进公共文化设施数字化更新，加强文旅资源智能终端的布局和运用，推出一批便捷友好的应用服务场景，打造内容丰富、服务智能、管理高效的智慧场馆。统筹推进分级分布式数字文化资源库群建设，加强特色资源建设，增加数字资源总量，丰富数字资源样态，提升数字资源品质。建立公共文化大数据平台，建立与完善公共文化服务日常监测、综合指标考核、效能目标分析、投入标准测算、数据统计使用等系统，实现公共文化数据的共享交换、数据治理，推动实现公共文化服务精细化、智能化。河南必须加大基础设施投入力度，立足实际打造综合性数字文化展示平台，为促进新型文化企业、文化业态、文化消费模式发展，创造良好发展环境。持续加强公共文化数字

化服务供给，创新数字文化共享共创机制。深入推进文化数字化资源整合，打通政府与企业、政府与民众、企业与民众之间的数据流通和共享壁垒，引导促进文化共创共享。

（四）助推文旅沉浸式项目，打造文旅场景新体验

文旅体验需要借助数字化升级，为消费者带来无限的文化体验，拓宽消费者的体验边界。虚拟数字人、数字场景在各大平台百花齐放，例如，在B站（哔哩哔哩网站）元宇宙跨年演唱会中，观众可以任意选择自己喜欢的角色并化身喜欢的虚拟形象，畅游在不同虚拟场景中；在深圳的海上世界文化艺术中心，观众可一睹故宫藏品的千年风采，感受故宫四季剪影与朱墙交相辉映的动人画面；在上海北外滩，蒙娜丽莎“跳出”画框与观众对话，仿佛瞬间穿越到了欧洲文艺复兴时期……文化数字化正在为文化生产描绘出极具想象力与创作力的图景。数字经济时代，各种各样的数字化场景已经应用于文旅产业中，引领带动了文旅文创融合的广泛创新和全面进步。河南必须依托数字场景的创设与数字化服务的完善，学习借鉴文旅融合数字化场景创设及数字化服务的优秀发展经验，在虚拟真实的场景中完善数字化服务，为游客提供观光游览、餐饮住宿、购物消费等一体化服务体验。要加大人才培养力度，以数字经济和文化数字化为导向，通过引进数字化技术人才等措施优化人才队伍，健全吸引人才、留住人才的配套机制，为专业人才提供应用数字化技术的系统化培训，以提升专业人才综合素养。

四　问题和短板

尽管河南在公共文化数字化呈现、中华优秀传统文化创新转化中取得了良好效果，但相较于沿海发达省份，还存在一些突出问题和短板弱项，主要表现在以下几个方面。

一是创新转化能力有待加强。相对于丰厚的历史文化资源，文化数字化起步晚、发展慢，数字化创新能力有待加强。文化基础设施相对滞后，在技

术层面缺乏能提供规划设计、数字采集、数字运营、数字监管等一体化服务的第三方技术服务商。平台型企业传播垄断阻碍基层的创新创造，平台企业依靠渠道掌控的优势，形成了对文化内容生产和传播的垄断，致使大量的文化内容生产企业及个体成为少数具有垄断地位的平台型企业的“代工者”。文化数字化产业环境有待优化，文化数字化产权保护相对滞后，知识产权的侵权方式更加隐蔽，且侵权成本远低于维权成本。知识产权确权、维权的难度加大。

二是区域城乡发展有待均衡。文化数字化资源的分布在区域之间特别是城乡之间不平衡。协同机制不灵活，文化数字化协同机制尚未完全搭建，文化数字化资源分散化、碎片化呈现，互不统属，尚未形成统一的数据库体系。区域之间发展不均衡，文化数字化提升需要高精尖技术、人才、平台等的聚集，就河南而言，经济发展好的地方文化数字化工作成绩突出、亮点较多，而经济发展较差的地方则进展缓慢、成效不佳。城乡之间相差较大，文化数字化优势资源在城市文化馆、图书馆、博物馆等场馆中转化的可能性和现实性要远高于农村。

三是基础设施投入有待增加。相较于北京、上海、广东、江苏等发达省(市)，河南加快文化数字化基础设施建设不足，全社会数字化基础设施存在较大差距，不利于吸引、留住数字化文化企业。公共文化设施升级改造困难较大。为了达到良好视觉效果，为博物馆、科技馆等新技术新应用的部署投入大量资金，同时，受到既有场所限制，部署数字化新场景的成本较高。

四是关键数字技术有待突破。数字技术分析能力欠缺，对数字前沿分析能力挖掘不够，缺乏赋能文化消费的能力。数字技术创新全链条布局不完整，数字技术应用限于将传统文化内容生产、业务开展阵地等迁移至数字化平台，而从技术研发、技术拓展、技术共享等方面打造人工智能平台、数据库的数字技术还比较欠缺，文化产业的数字动能活力不足。技术研发力度不足，企业层面对文化数字化参与较多，但科研机构、事业单位等社会层面对文化数字化的接受度有限。

五是数字化人才有待引进。人才队伍建设意识有待增强，对于音视频制作、大数据、区块链、云计算等相关从业人员的育留重视不够。专业型人才政策有待完善，急需制订合理的人才引进培育政策，建立文化数字化人才培养基地，进一步增设文化数字化岗位、加强综合数字化人才储备。干事创业氛围还不够浓厚，缺乏健全的创新激励和保障机制，科技创新体制机制还需完善。

六是数字化文化安全建设有待加强。在数据采集加工、传输存储等方面需要更加关注安全。国家文化专网在全省布局推进缓慢，需要按照全国布局整体有序建设。在文化数据交易过程中，在关注便捷性的同时，还需强调安全性。

五　对策和建议

紧密结合河南实际，依托新型信息化技术，通过数字化赋能以中原文化、黄河文化为代表的中华优秀传统文化，加快创造性转化、创新性发展。紧密结合国家文化数字化战略、全省文旅文创融合战略实施，加快数字化在公共文化服务、文化产业、对外传播、乡村文化振兴等方面的融合创新，全力塑造“行走河南·读懂中国”品牌，努力为建设文化强省、推进中国式现代化建设河南实践注入文化新动能。

（一）守正创新，在推动中华文化全景呈现上体现河南担当

中华文化全景呈现是国家文化数字化战略的目标。作为文化资源大省，河南在这方面应该体现担当，大有作为。一是加大政府主导力度。聚焦国家文化数字化战略实施，加快河南文化资源数据库建设，依据相关标准，出台推进政策，推动各地文化文物单位、文博场馆等对自身文化数字资源规范化整理，进行高质量数字化建模采集，实现文博、非遗数据资产入库保护，同时为全省文旅文创融合发展提供高质量的数据服务和基础支撑。实施标准引领、试点示范和以奖代补等有效举措，对龙门石窟、殷墟、隋唐洛阳城、北宋东京城等大遗址进行“数字化升级改造”，运用新科技、融入新媒体、引

入新玩法，打造一批互动体验、沉浸式娱乐的新场景、新场馆，引领带动河南传统文旅机构全面升级，推动文旅文创产业成为支柱产业。二是加快数字化技术广泛应用。深刻总结提炼升华以《唐宫夜宴》为代表的“中国节日”系列节目的经营模式，持续深化创新，将5G、VR等技术充分运用于各类舞台表演中，赋予中华优秀传统文化以新的现代表达形式，丰富数字文化守正创新的河南范式。要勇于突破，积极探索新模式，在进一步再现场景、活化历史上下功夫，以数字化的时尚呈现和讲好传统文化故事，体现文化数字化的河南担当。

（二）城乡协调，在推进乡村振兴中彰显河南经验

文化振兴是乡村振兴必不可少的关键环节。以数字化赋能乡村文化振兴，强化文化服务渗透延伸，推进城乡文化健康协调发展。一是要以数字化重塑乡村文化形态，发挥数字技术的桥梁作用，推动乡村文化资源信息和外部文化资源信息的互联互通。推动各地加快推进公共文化服务数字化试点建设，促进公共文化服务向农村延伸覆盖，全面塑造新时代农村精神文化样貌。二是要以数字化激活乡村文化生态，依托数字技术推动乡村文化产业发展，加快非遗等农村特色文创的升级，丰富文化产品供给。支持汝瓷、钧瓷、确山小提琴、兰考古琴等特色文化产业进行技术改造和创意提升，用数字化手段进行传播展示和宣传推广。全面实施文化产业赋能乡村振兴计划，推进文化产业特派员制度试点建设，打造一批文创特色乡村。持续推动“非遗点亮计划”，持续举办“非遗购物节”“非遗新青年”“非遗进景区”等活动，推动非遗活化与文旅充分融合。以文化数字化助推乡村精神文明建设，促进文明乡风，优化乡村社会文化软环境。三是要将数字化融入乡村文化建设，解决乡村居民居住分散、文化活动相对匮乏、文化基础设施比较欠缺的难题，优化公共文化服务网络，加快推进智慧广电、数字化农家书屋、公益数字电影放映等民生工程建设，丰富基层群众文化生活。通过数字信息技术的覆盖优势，进一步提升公共文化服务的到达率、及时性，丰富乡村精神文化生活，让基层群众更有获得感、幸福感，促进精神上的共同富裕。

（三）成果共享，在提升公共文化数字化水平上体现河南作为

加大公共文化投入力度，在公共文化数字化方面给予有效政策和资金上的倾斜。一是加强公共数字文化设施建设。依托河南省美术馆，加快中国古代战史数字馆、中国历代名人数字馆等建设。鼓励基层加快数字影院、图书馆、博物馆、科技馆等公共文化设施的数字化建设，打造沉浸式、互动式体验场景设施等，完善数据中心、云平台等数字基础设施。面向行业通用需求，布局完善“云、网、端”基础设施，构建“数字化采集—网络化传输—智能化计算”的一体数字链条。二是加快数字服务管理平台建设。以重点数字文化惠民工程为抓手，建立完善公共文化数字化融合服务平台、公共文化服务云平台、文化大数据平台等，持续完善中原文化资源库、百姓文化云、文化豫约等平台建设。整合公共文化数字资源，建立公共文化资源共建共享数据库，丰富文化活动内容，建立健全全域共享、互联互通的公共文化数字化服务体系。三是推动公共文化服务与科学技术加速融合。依托现代科学技术，整合利用多源多维数据，为公共文化事业提供技术与方法，提升数字化装备水平，加强公共文化智慧营销、服务与技术应用，显著增强公共文化服务成效。持续推进省级文化和科技融合基地命名工作，打造一批有引领聚合作用的示范点，助力公共服务数字化发展。完善公共文化数字化服务模式，为群众提供开放兼容的服务内容，进一步延伸公共数字服务体系。

（四）转型升级，在实施文化产业数字化战略上体现河南特色

围绕深入实施文旅文创融合战略，把文化产业数字化作为推动文化资源大省向文化强省跨越的突破点，加强历史文化资源有效转化，持续推动数字科技和文旅产业融合发展。一是丰富文化资源数字化转化方式。积极探索博物馆、文化馆等机构的公共文化资源以及非遗等的数字化开发。借鉴故宫博物院馆藏文物数字化开发成功经验，推广河南博物院文创开发良好经验，在政策许可条件下，鼓励博物馆积极通过无限创意和新技术、新

应用，完成历史文化资源的现代化包装、时尚化呈现。二是提升文旅产业数字技术的应用水平。不断完善5G、物联网、区块链、人工智能、大数据等信息基础设施及新基建，积极推动音视频制作、游戏开发、动漫制作、电影拍摄及特效制作等传统数字文化生产技术的进步，引导文化产业从业者加强数字技术的学习和使用。持续加强数字文旅新基建、培育数字文旅新场景、发展数字文旅新消费，努力打造更多引领全国发展的智慧景区、智慧博物馆。三是健全文化产业数字化治理系统。整合现有网络平台和电子政务系统功能，构建完备的文化产业数字化治理系统，形成“发现—处置—反馈”的纠治闭环，对文化内容、产品、用户使用和交易数据等进行智能化捕获、分析、评估并做出相应处置，以治理效率提高促进产业发展增效。

（五）自信自强，在增强中华文明传播力影响力上体现河南使命

围绕加快构建中国话语和中国叙事体系，积极推动中华文明数字化传播，彰显中原文化影响力。一是用数字化手段传承弘扬经典。深入开展古籍保藏与利用专项行动，扎实跟进古籍普查登记，规划编撰“河南古籍稀见版本目录”；深入开展古籍数字化专项行动，建立中原文化数据库服务平台，加快建设中原古籍数字方志馆，打造古籍资源中心、骨干资源库等，用先进科技赋能经典传承保护。加强经典宣传推广，支持开展特色多样的经典古籍展览展示活动，多渠道、多媒介、立体化做好优秀经典大众化传播，传承弘扬中华优秀传统文化的丰富哲学思想、人文精神、教化思想、道德理念，确立中华文化对外传播的元素、标识和符号。二是紧跟时代潮流与时俱进。深刻领悟马克思主义基本原理同中华优秀传统文化相结合的科学论断，推动经由“结合”而形成的新文化成为中国式现代化的文化形态。发挥河南文化传播阵地优势，加强统筹策划，积极宣传推广马克思主义中国化的最新理论成果。加快建设中华民族的现代文明，推动建设人类文明新形态，在数字化时代充分展示出中华文化的永恒魅力和时代价值。三是借助数字化手段讲好中国故事。充分发挥河南国际传播中心作用，持续打造“中华源”

海外数字出版传播平台，做精做优内容，以黄河文化、中医药文化、武术文化等为重点，强化科学技术赋能，有效利用元宇宙、虚拟现实、增强现实、混合现实以及区块链、大数据、云计算等新技术、新应用，创新重大主题宣传，构建以内容建设为根本、先进技术为支撑的中华文明传播体系，讲好河南故事，为传播中华文化做出河南应有的贡献。

B.4
文化数字化背景下河南优秀传统文化传承模式及路径研究

范先立*

摘　要： 文化数字化给传统文化带来的产业革新拓展了传统文化在数字环境下的形态，不仅是国家战略目标，也是文化产业发展的必经之路。河南传统文化的数字化转型，立足实现强国强省战略、价值链整合与融合、助力文化产业建设、革新传统文化形态四个层面，充分展示数字时代河南优秀传统文化传承模式的创造性转化和创新性发展。但是，河南在优秀传统文化传承面临缺乏传统底蕴与数字能力兼善的复合型人才，缺乏有价值力和竞争力的数字文化品牌，缺乏高质量、成体系的数字文化运营平台等制约因素。因此，应建立健全河南“文化+数字”复合型与创新型人才培养机制、落实完善文化数字化的资金支持体系、完善文化数字化市场的多层次治理机制、搭建省内省际的优质数字文化共享互联平台、以数字产业化思维整合河南优秀传统文化资源，从而带动河南优秀传统文化传承的文化数字化升级转型。

关键词： 文化数字化　传统文化　传承模式　河南

河南是中华民族和华夏文明的重要发祥地之一，在漫长的历史发展中，中原大地始终是中华文明史演变的核心参与者。历史上中华民族文

* 范先立，河南省社会科学院文学研究所（黄河文化研究所）助理研究员，主要研究方向为中国古代文学。

脉的赓续、精神文明的传承，都以物质实体作为重要载体，而今天的数字技术为文明的延续和传承提供了新的模式，极大地拓展了文化生产的空间形态，也重塑了人们的文化消费心理和消费模式，催化了文化、科技、经济和社会的全面融合与发展。在致2021年世界互联网大会乌镇峰会贺信中，习近平强调：“数字技术正以新理念、新业态、新模式全面融入人类经济、政治、文化、社会、生态文明建设各领域和全过程，给人类生产生活带来广泛而深刻的影响。”① 2021年12月14日，习近平在中国文学艺术界联合会第十一次全国代表大会、中国作家协会第十次全国代表大会开幕式上发表的讲话中强调：“要挖掘中华优秀传统文化的思想观念、人文精神、道德规范，把艺术创造力和中华文化价值融合起来，把中华美学精神和当代审美追求结合起来，激活中华文化生命力。”② 2022年10月，党的二十大报告提出实施国家文化数字化战略，为社会主义文化强国建设指明了方向。河南优秀传统文化传承模式的创新路径正是在这一背景下展开的，体现了作为中华优秀传统文化的忠实传承者和弘扬者的文化大省的责任意识与担当意识。河南的文化数字化发展在国家战略的引导下逐步展开，并取得诸多成效，标志着数字经济时代的来临。在新形势下把握发展新趋势，河南立足丰富的传统文化资源，推动其文化数字化传承模式的创新转换成为重要的关注课题，既要立足本省文化资源优势，也需面对诸多发展困境，积极进行文化产业革新。

一　推动河南优秀传统文化数字化传承的价值意义

文化数字化不仅是国家战略目标，也是文化产业发展的必经之路。数字文化正改变着当代人的生活方式和思维习惯，拓展了传统文化在数字环境下

① 《习近平向2021年世界互联网大会乌镇峰会致贺信》，《人民日报》2021年9月27日，第1版。

② 《挖掘中华优秀传统文化的思想观念、人文精神、道德规范》，央广网，2023年6月6日，https：//news. cnr. cn/dj/sz/20230606/t20230606_ 526277610. shtml。

的形态，河南抓住了数字经济的发展契机，充分意识到传统文化数字化传承的价值意义，积极推动优秀传统文化数字化的传承创新。

（一）守正创新：以传统文化数字化转型实现强国强省战略

数字技术给传统文化带来新的传承模式，让河南丰富的传统文化遗产更“活”、更火。为实现文化强国强省建设，一方面数字技术助力了传统文化焕发新的生机和活力，不仅能够在历史上发挥其价值，而且能在今天依然为人们所认同和传承；另一方面数字技术推动了文化传播载体的革新，依赖数字化的存储、传播和共享，手机、平板等小型化移动化终端的发展，让文化的呈现方式更加灵活且高效。河南通过挖掘传统文化的优势资源，利用现代数字化技术，守正创新，将线下的传承转向线上，实现文化传承模式的革新，培养出一批具有中原文化特色的数字文化产品品牌，对于推动文艺、文博、非遗等传统文化资源数字化转型具有重要意义。守正即是守中国特色社会主义道路之正，创中国式现代化之新，文化数字化即是推动实施社会主义文化强国战略、实现中华民族伟大复兴、实现中华文化全面振兴的重要技术和文化支撑。河南提出全面实施“文旅文创融合战略”，打造数字文旅新基建即是这一方面成功实践的代表。

（二）跨界融合：推动传统文化数字化全要素价值链融合

文化数字化为河南优秀传统文化的传承提供了更广泛、更灵活的表现方式，推动传统文化数字化全要素价值链融合。鉴于河南地区丰富的历史遗存，通过数字技术对文化遗产进行数字化价值整合，实现文字、图像、音频、视频等多重元素融合，需要多个部门和领域支持，从而带动多个主体、多种链条、多项环节的有效实现，提高数字文化产业的跨界融合能力。借助河南丰富文化资源的独特优势，政府和文化企业积极配合，可以通过数字化技术加快文化内容的生产和传播，有利于推动河南的数字技术创新全链条布局，夯实文化产业转型根基，为优秀传统文化的传承模式提供更为广泛的受众，满足社会更为多元的文化需求。此外，大数据、云计算、物联网、区块链、人工智能等前沿数字技术在文化领域展开运用，为传统文化资源的开发提供了新的契机，催生了大量数字文化的从业者，有利于形成以技术带文化、以文化促经济的发展模式，尤其是数字经济的兴起与丰富的传统文化遗产相结合，通过数字技术将文化资源与文化遗产相融合，持续整合传统文化数字化全要素价值链，让河南优秀传统文化传承得到创造性转化、创新性发展，并承载当代价值和当代使命。

（三）数字赋能：以传统文化数字化助力文化产业建设

2022 年 5 月，中共中央办公厅、国务院办公厅印发的《关于推进实施国家文化数字化战略的意见》[①] 指出，促进文化机构数字化转型升级，加快文化产业数字化布局，实现全民共享的数字文化经济格局。在市场经济发展的过程中，数字文化逐渐展现出强大的经济产业能力，充分展现了社会效益和经济效益相统一的特性。因此，河南借助深厚的传统文化资源，通过数字技术不断挖掘传统文化的潜力，扩大文化产业管理和服务的范围，有助于加快全省的数字化、智能化和体验化深度交融的时代步伐。数字赋能，以传统文化数字化助力文化产业的发展与建设。以数字技术赋能河南优秀传统文化产业，有利于促进河南文化产业的转型升级，在实现文化产业的高效协同、经济集群等方面具有重要意义。此外，数字赋能文化产业，可以盘活信息的连通性，增强传统文化资源要素的流动性，萃取河南传统文化中具有历史传承价值的文化符号、标识和元素，将文化产业建设提升到新的高度，培育和扩大新消费群体以及消费市场，重构文化产业格局，让河南文化产业体系的技术基础更加广博厚实。

（四）生态重构：推动数字技术革新传统文化形态

“文化与科技融合”是推进文化数字化发展的趋势和关键，有利于推动

① 《中共中央办公厅、国务院办公厅印发〈关于推进实施国家文化数字化战略的意见〉》，中国政府网，2022 年 5 月 22 日，https：//www. gov. cn/zhengce/2022 - 05/22/content _ 5691759. htm。

文化传承再造和文化体系重构，同时，数字技术也塑造了新型的业态文化、创造了数字文化生产新模式、催生了新型数字文化劳动者。如2021年河南春晚的《唐宫夜宴》舞蹈节目即是利用文化数字化全要素实现价值链融合的典型，产生了广泛的社会影响，被《人民日报》、新华社等多家媒体点名表扬。“科学技术+传统文化”是这个节目获得成功的关键。商丘积极拓展数字文化体验新场景，“通过全息影像的制作及展示，全面记录和还原文物的历史原貌和故事，以解决过往展览面临的实物重、运输贵、保护难、展示不充分等问题”[①]。AR（增强现实）、VR（虚拟现实）和3D全息技术，极大地丰富了传统文化的体验方式。“行走河南·读懂中国”品牌推广暨元宇宙大赛打造的“元豫宙”虚拟现实，同样是利用数字、AIGC、三维建模等技术，成为河南文旅的知名IP。[②] 数字文化带来全新的消费链条，带领河南传统文化传承向数字化、智能化、集群化与平台化转型。数字技术让文化的传播突破时间和空间的限制，革新了文化的承载形式，让沉睡多年的传统文化宝藏重新焕发了生机，以一种全新的文化形态展现中华传统文化蕴含的独特魅力。

二 文化数字化在优秀传统文化传承中存在的问题

人才是数字文化发展的第一生产力和第一资源，是河南实现传统文化数字化转型的重要依托和题中之义。当前河南文化数字化在优秀传统文化传承中仍然面临诸多挑战，主要表现在以下几个方面。

（一）缺乏传统底蕴与数字能力兼善的复合型人才

目前河南的文化数字化发展取得了一定的成绩，如2021年中原科技城

① 丁艳、王胜昔：《守正创新，将文脉传承下去——河南商丘积极拓展数字文化体验新场景》，《光明日报》2023年9月19日，第5版。

② 《河南这样打造数字文旅新基建》，河南省人民政府网站，2023年8月2日，https://www.henan.gov.cn/2023/08-02/2789497.html。

数字人才产业园等10个特色园中园正式启动；2022年河南规模以上文化新业态特征较为明显的16个行业小类实现营业收入249.1亿元，比上年增长39.4%。[①] 但是在人才培养和人才储备方面仍然存在较多的不足。河南是人口大省，同时也是教育大省，人才资源丰富，但是“人才红利”并未得到充分释放，文化数字化从业人员更是紧缺，又受限于教育资源的分配，导致数字化人才培养方面存在较大差异，而且文化数字化本身具有独特性，文化和技术兼善的人才较为匮乏，这就使得传统文化的数字化缺乏创意，现有数字文化从业者创新动力不足，所生产的数字文化产品达不到预期的社会效益和经济效益，这些因素在很大程度上限制了河南利用优秀传统文化实现数字化转型的发展步伐。传统思维的学科壁垒造成文化数字化人才结构不合理、人才培养体系不完善。虽然河南高校众多，有着大量的人才资源，但是缺乏文化底蕴与数字能力兼善的复合型人才，不能满足当前的数字经济发展需求。另外，文化企业在人才培养方面缺乏主动性和积极性，对数字文化的产业转型缺乏长远意识，使企业的文化产品缺乏市场竞争力，不能发展成为数字经济的龙头企业，这些都导致河南传统文化数字化人才发展缺乏动力。

（二）缺乏有价值力和竞争力的数字文化品牌

数字技术的快速发展为传统文化的传承创新提供了新的驱动力，展现出强大的扩张和集聚能力，为传统文化传承和产业的形成发展带来源源不断的生机与活力。河南地区不断地吸纳省内外的优秀文化，并加以改造和创新，丰富了传统文化的内涵，展现了河南独有的文化特色，成为中华文明绵延长远的核心与基础。但是在实施文化“走出去”战略的过程中，缺乏能够形成具有价值力和竞争力的数字文化品牌，通过数字化彰显传统文化的精神价值和表现形态等方面的力度不足。在已经开发的文化品牌当中，除了“行

① 《孙冰：河南数字文化产业创意人才高质量培养的路径与对策》，大河网，2023年8月25日，https：//theory.dahe.cn/2023/08-25/1292718.html。

走河南·读懂中国”等少数几个成功的文化品牌，其他具备创新性的产品数量过少，质量有待提升，尤其是依托数字技术开发的文创产品、特色文化IP等的宣传力度和资金支持有待加强。一方面，河南在推动传统文化数字化的创造性转化和创新性发展方面有待发力。当下河南的数字文化品牌在数字技术的创造力方面有待提升，在传统文化资源的精神价值发掘、精品文化内容打造方面有待加强。另一方面，河南传统文化资源的符号化、品牌化打造需要进一步加强。河南目前在全国的文化竞争力中并不是走在时代的前列，面对数字化技术的发展机遇，培育一定数量具有特色的数字文化品牌，并不足以形成强大竞争力和品牌价值的产业集群格局，市场化的发展规模还有待扩大。

（三）缺乏高质量、成体系的数字文化运营平台

高质量、成体系的数字文化运营平台既体现了科技水平的发展程度，也体现了文化数字化产业的整合能力。河南地区保存了大量的文化遗产，利用这些文化资源构建高质量的文化运营平台有着得天独厚的优势。当前在人工智能、5G技术、自媒体等多元网络技术的不断冲击下，传统的以纸媒为主的文化传播方式越来越难以为继，大量的自媒体平台应运而生，虽然对传承河南优秀传统文化起到一定的作用，但是难以成规模、成集群的产业化运营，所以常常呈现快起快落的特点。为了解决这一散点碎片化的数字文化运营模式，河南相关文化部门应出台相关政策，整合分散的数字文化企业，对市场发展实施有效的鼓励和引导，构建高质量、成体系的数字文化运营平台。由于河南地理环境复杂，南北跨度大，协调资源的能力有待加强。要实现河南传统文化数字化发展，应借鉴学习成功范例，在充分协调资源和规范市场的前提下，对河南传统文化资源展开有效整合，加快文化产业迭代升级，建设河南中华文化数据库、国家文化大数据体系河南省域中心、河南文化数据服务平台等，以体系化的方式，逐步重塑河南传统文化形态，“以河南中华文化数据库为引领，充分发挥各级文化主体的资源优势，按照‘物理分布、逻辑关联’原则，全面梳理汇聚关联全省思想理论、文化旅游、

文物、新闻出版、电影、广播电视、网络文化文艺等不同领域不同形态的特色文化资源数据和文化数字内容，形成河南中华文化数据库矩阵”①。在此基础之上，积极发展其他相关的文化产业，发挥高质量、成体系的数字文化运营平台的文化价值和经济价值。

三　推进河南优秀传统文化数字化传承的路径建议

从整体上看，河南优秀传统文化数字化传承模式仍处在起步阶段，在探索优秀传统文化的传承与创新方面仍面临诸多挑战和困境，为了提升河南优秀传统文化资源的活化利用质量，培育河南优秀传统文化在文化数字化方向上的创新型转化，形成多元创新的传承新格局，政府和企业需要在人才培养、制度保障、资金支持、思路转换等方面采取有针对性和时效性的政策措施，为河南优秀传统文化实现数字化的可持续发展提供更多元的解决方案和探索路径。

（一）建立健全“文化+数字”复合型与创新型人才培养机制

第一，统筹数字文化产业的人才布局，大力培养既掌握现代技术又深研传统文化的复合型人才，推进河南优秀传统文化传承模式的创新发展。一方面，依托省内高校和科研机构，深化文化数字化这一新兴学科的建设，充分利用技术与文化融合的优势，瞄准前沿领域，培育既有传统文化能力又有现代科技水平的复合型人才，提升文化数字化的综合质量；另一方面，加大文化数字化人才的技术和文化培训力度，重视技术赋能与文化数字化，强化应用，提升河南优秀传统文化的技术性转化和文化传播效率。第二，推动河南优秀传统文化数字化人才智力智库建设，实现省内人才、数据、文化等资源的协调运作。一方面，通过文化名家暨“四个一批”人才培养，增加文化

① 《数字化助力文化强国建设》，河南省文化和旅游厅网站，2022 年 6 月 6 日，https://hct.henan.gov.cn/2022/06-06/2462778.html。

数字化人才的选拔比重，同时结合“中原英才计划”等重大人才工程，从项目和制度上给予更多的倾斜，整合人才数据，推动河南优秀传统文化数字化人才智力智库建设；另一方面，以数字化整合河南优秀传统文化资源，以传统文化提升数字化的价值驱动力，从理论和实践两个层面展开对传统文化数字化的指导和研究，建设文化旅游创意产业研究院、文化旅游研究中心等高端智库。第三，完善长效的文化数字化人才培养机制，注重文化与数字双重体系的创新建设，实现资源的合理配置。一方面，加强省内和省外高校之间、校企之间的交流合作，打破专业壁垒，从传统教育中的单一专业知识培养转向文理兼顾的综合人才培养，注重交叉学科、跨学科思维、创新思维的培养；另一方面，提升数字文化人才的就业和创业前景，合理利用和配置河南文化大省的优势资源，广泛拓展文化数字化的产业布局和建设，逐步建设“以人才兴文化、以文化带产业、以产业促创新”的可持续发展模式。

（二）落实完善文化数字化的资金支持体系

一是优化资金投入机制，支持文化数字化产业发展，充分发挥河南富庶的传统文化资源优势，以数字经济驱动传统文化传承模式的创新，鼓励河南优秀传统文化向数字化和经济化方向转型。河南应将文化数字化作为推动省内传统文化传承模式创新的重点加以扶持，在财政上给予大力支持，促进河南传统文化数字化向产业化、规模化方向转型，推动数字文化与经济文化互动互融，统筹建设数字技术与优势文化经济深度融合，以持续的经济发展促进长远的文化传承，以优质的文化内容带动数字文化产业化发展。将政府财政支出与文化产业创新创业相结合，充分调动社会各方的资本力量，对传承河南优秀传统文化的创新个人和企业实施奖励。二是引导河南本地文化企业合理融资，完善融资制度，降低融资成本。支持文化企业发行文化数字化的信贷产品，规范管理数字文化的市场竞争机制，统筹规划传统文化市场的开发和拓展，增强企业充分利用河南传统文化资源的优势，为文化创新能力突出、市场前景广阔的企业提供融资担保，为特色的文化创新产品提供税收上的优惠政策，同时设立文化产业投资基金项目，建设文化产业与数字技术融合发展的创新创业基地，提高社会资本的利用效率，为河南优秀传统文化传承助力。三是完善省内融资服务和配套机制，强化金融科技赋能，提高执行主体的能力和效率，为河南优秀传统文化数字化提供信贷支持。深化落实金融机构满足文化企业的合理化融资需求，为优势文化企业提供“绿色通道”，提高文化资本的融资效率。同时强化科技赋能，建立金融信用信息基础数据库，对文化企业融资实施监管和保护，提升数字化经营管理能力，确保文化融资做到专款专用。

（三）完善文化数字化市场的多层次治理机制

河南创建传统文化数字化的优质发展环境，需要在政府和法律的指导之下，建立健全由政府、企业、大学与科研机构、金融服务及相关产业机构等构成的多维层次的监督管理机制，文明有序展开对传统文化资源的开发和利用，坚持实施社会主义文化强国战略，打造真正有价值、有意义的数字文化产品。隐私保护、技术伦理、数字版权等都是在数字化背景下产生的新型网络问题，对健全市场治理能力提出了新的挑战。“数字时代背景下，现代文化产业体系建设需要提升治理能力和治理水平，以便更好推动适应数字时代要求的文化产业组织结构、组织体系、运营机制、营商环境等变革发展。”①河南在发展传统文化的过程中，需要从实际出发，探索合理方法，有效改善数字文化市场的弊端。一是深化改革市场治理机制，使其适应新的市场环境和经济文化需求。与时俱进的市场管理机制改革，是推动数字文化治理的前提和保障，能够提升各类数字文化标准在实施过程中的协调性，解决政策实施过程中与市场发展现状不匹配的问题，促进传统文化数字化在相关行业中的健康协调发展。对数字市场中出现的新业态展开有效评估和分析，及时修补网络漏洞，打击不法分子通过数字文化平台实施诈骗等违法行为。二是整合文化企业及相关部门的资源优势，搭建有序稳定的协调管理平台，促成整体性治理格局。由于河南在传统文化资源方面具备先天优势，这就需要参与

① 李小牧、王海文：《创新数字时代文化治理　加快健全现代文化产业体系》，《光明日报》2023年9月20日，第6版。

市场发展的文化企业之间保持竞争的有序性和公平性，政府在其中积极发挥引导和监督作用，扎实提升全省文化数字化产业的治理质量，稳步促成“数字文化—文化企业—市场效益”由点到面的发展格局。此外，在传统文化资源整合方面，根据传统文化数字化的独特性，及时转变单一的以权威主导的监管思维，注重各部门之间的协调，以提供公共治理服务和公共社会服务为指导原则，建立完备的数字文化生产与经营的市场标准，力求做到既可以利用数字化传承河南优秀传统文化，又能规范数字文化生产者的行为。三是注重知识产权、数据安全保护，完善相关领域的法律法规，加快推进数字技术的转化和利用，形成法律、政府、市场等跨部门、跨领域多元协同体系，强化数字文化市场的整体协调联动。完善数字文化的相关法律，加大对侵犯知识产权行为的处罚力度，实现技术服务文化发展的同时降低数字技术的潜在风险，从整体上明确数字文化的知识版权，保障文化信息安全。

（四）搭建省内省际的优质数字文化共享互联平台

运用数字技术对优秀的文化资源进行数字化改造，搭建优质数字文化共享互联平台，不仅仅展示本省的传统文化，也与省外数字文化团队合作，展现中原文化对周边地区的辐射和影响力，充分发挥数字技术的叙事能力以及视听触的全方位优势，让河南优秀的传统文化呈现新的价值和魅力。一方面，内容聚合共享平台要把河南的优秀传统文化内容作为重点加以改造利用，科学分类、规范标识、统一规则，打造河南中华文明发源地的品牌标签，持续维护品牌形象，深入挖掘河南优秀传统文化资源的精神价值和经济价值，展现中原文化的兼容并包，汇聚各地区的优秀文化资源，将共享互联平台的经营模式作为推动传统文化数字化转型的重点加以推广，尤其注重打造具有河南特色的文化产品和品牌，实现传统文化产品和品牌的有效传播与展示，让数字化成为河南优秀传统文化传承的新生驱动力量。另一方面，充分发挥文化聚合共享平台的网络宣传作用，实施文化“走出去”战略，向社会展示中华优秀传统文化的历史厚重感和独特魅力。依托现有政务大数据中心，聚合传统文化数字化相关的各类文化数据库和各类数字文化项目工程的优秀成果，借鉴和引进世界领先的数字化建设与成功的管理经验，为河南传统文化数据库建设提供各方面的有益支持。此外，需要充分发挥优质数字文化共享互联平台在资源、政策、流量等方面的集聚作用，不断升级改造运作方式和技术服务，实现传统文化数字化的现代产业转型，既利用内部所集聚的资源优势，又充分调动外部的技术、人才、管理等方面的优势，为河南优秀传统文化数字化建设打造焕发活力的共享互联平台。

（五）以数字产业化思维整合河南优秀传统文化资源

河南作为历史积淀深厚的文化大省，需要转变固有思维模式，以更加积极主动的态度、更有创意的思维形式、更为灵活多变的经营方式，在数字文化产业发展上提供更大的推动力。以数字产业化思维赋能河南的传统文化，不断探索传统文化数字化新的可能，不断整合文化产业中的优势资源，将河南地区的特色传统文化加以改造，积极提升文化产业集成和协同水平。第一，加快建设与数字文化相关的各种服务产业，充分利用人工智能、云计算、物联网、云计算等数字技术在传统文化中的集成应用与创新，夯实数字经济根基，将前沿的数字技术嵌入到河南优秀传统文化之中，以数字文化驱动相关产业的发展，形成数字产业与文化产业互助共赢的格局。第二，消费是带动产业升级的重要支持手段，政府要推动数字文化的产业布局，提升并完善文化产业的文创产品质量和服务水平，引导大众的消费理念和思维习惯，打造以传统文化为中心的数字文化产业链，从而带动就业和消费，为数字产业化提供良性运营模式。第三，政府和企业还要注重加强文化品牌的培育，在数字文化产业中打响河南传统文化品牌。河南在文化发展方面具备文化资源丰富的天然优势，在以数字产业化思维整合文化资源的过程中，大力开发多元的文化品牌，提升品牌价值，强化品牌发展的韧性，围绕优秀传统文化的历史积淀，打造一批具备较强竞争力的文化品牌，并持续完善品牌的产权保护和价值开发，将数字文化与实体经济的发展相融合，以数字产业化思维整合河南优秀传统文化资源，创新打造河南优秀传统文化产业集群。

B.5

以文旅文创融合战略推动新时代河南文化旅游高质量发展研究报告

张 军*

摘 要： 实施文旅文创融合战略以来，河南文化旅游进入规划引领下的高质量发展阶段，各地各有关部门积极探索文旅文创融合新路径，文化旅游亮点纷呈。但纵观全局，河南文化旅游发展仍然存在文化资源转化活化不足、核心城市支撑较弱、市场主体竞争力不强、新型文旅投资匮乏、高端人才队伍建设不足、工作推进不平衡等问题，需要精准把握文旅产业发展的新趋势、新特点、新机遇，从资源开发、遗产保护、业态布局、数智赋能、全产业链打造、文旅服务品质提升、文旅文创发展合力汇聚等角度构建起全方位的文旅文创发展新机制。

关键词： 文旅文创 文化旅游 高质量发展 河南

近年来，河南省委、省政府锚定“两个确保”，把文旅文创融合战略作为“十大战略”之一，高起点谋划、高质量推进，各地各有关部门积极作为、开拓进取，推动文旅文创融合发展取得阶段性成效。与此同时，三年疫情给文化旅游产业带来较大影响，也对文化强省建设造成了很大制约。客观来看，文化旅游业的外部环境发生了剧烈变化、内部结构经历了深刻调整，正在加速进入转型期、变革期、重塑期，旅游发展方式正在由“要素驱动”转向“创新驱动”，旅游供求关系正在由“供给发力”转向“需求管理”，旅游体

* 张军，河南省文化和旅游厅政策法规处三级调研员。

验形式正在由“线下游览”转向“虚实共生”，旅游治理模式正在由“部门管理”转向“共创共享”，等等。随着疫情防控平稳转段，文旅市场加快恢复、重现活力，需要我们进一步研究疫后文化旅游产业面临的新形势、新问题和新挑战，研究文化旅游发展的新规律，新思路和新举措，抢抓机遇、乘势而上，推动文旅文创融合发展迈上大台阶，推动新时代河南文化旅游高质量发展，加快将河南文化旅游资源优势转化为现代化河南建设的发展优势。

一 文旅文创融合战略实施以来的基本情况

实施文旅文创融合战略是河南省委立足现代化河南建设全局作出的活跃全局之举，是建设现代化河南，让中原更加出彩的重大举措。河南省委、省政府高度重视文旅文创融合发展，多次召开专题会议研究部署工作、推动任务落实，先后制定出台了《河南省“十四五”文化旅游融合发展规划》《实施文旅文创融合战略工作方案》《“行走河南·读懂中国”品牌塑造实施方案》等一批规划方案，形成了较为科学的政策体系，提出建设“中华文化传承创新中心、世界文化旅游胜地”两大目标，明确了加快文化旅游资源大省向文化旅游强省进军的路线图、任务书和时间表。2023 年 6 月，河南省委、省政府又召开了全省文旅文创发展大会，采取“文旅文创融合战略工作会议+产业招商+引客入豫+宣传推介+配套活动”的方式全面展示文旅文创融合战略取得的积极成效，线上线下推介“行走河南·读懂中国”品牌形象，激发市场活力，提振文旅消费，凝聚起了推动文旅文创产业成支柱、建设文化旅游强省的强大合力。近年来，河南旅游人次、综合收入保持全国前列，有效发挥了综合带动作用。遗产保护全面加强，举办仰韶文化发现暨中国现代考古学诞生 100 周年纪念大会、第九届中国博物馆及相关产品与技术博览会等重大活动，推进河南省文物考古研究院重塑性改革。文化传承发展更加有力、河南兴文化工程深入实施、“中国节日”系列节目等出圈出彩，为赓续中华文脉、讲好中国故事贡献了河南力量。积极推进文旅融合，谋划推进 138 个文旅文创重点项目，组建省文化旅游投资集团，4 家企业进入全国文旅集团品牌影响力百强榜，郑汴洛国际文化旅游目的地建设全面展开，太行山、伏牛山、大别山生态康养旅游区加快建设。文创产业亮点纷呈，只有河南·戏剧幻城等演艺演出广受好评，河南博物院考古盲盒等文创产品深受欢迎，“非遗点亮计划”让中华优秀传统文化迸发新活力。2023年春节假期，河南文旅市场全面复苏，累计接待游客3375.28万人次，实现旅游收入175.21亿元，较上年同期分别增长21.90%、34.00%；较2019年同期接待游客人次增长5.08%，旅游收入为2019年同期的97.18%，基本恢复到疫情前水平。2023年五一假期，河南共接待游客5518.00万人次，较2019年同期增长21.30%；实现旅游收入310.10亿元，较2019年同期增长7.69%。

二　文旅文创融合战略实施过程中存在的主要问题

文旅文创融合战略提出以来，各地各相关部门进行了积极探索和创新实践，并取得一定成效，但整个战略的布局、发展目标、重点任务和实现路径还不够深入、清晰，从全省来看，主要存在以下几个方面的问题。

（一）文化资源转化活化不足

河南历史文化资源丰富厚重，但活化、转化不够，许多资源“有说头、缺看头，有故事、缺场景，有建筑、缺业态”，很多文化遗产具有较高的知名度，但在创造性转化方面还有很大发展空间，文化遗产活化利用能力还需提升。以河南博物院为代表的一些文化单位正在积极尝试文物资源向内容生产转化，但仍有大量收藏在博物馆里的文物、陈列在广阔大地上的遗产、书写在古籍里的文字没有真正“活”起来，未能实现优质文化内容生产。考古遗址公园一定程度上存在“重申建、轻管理”的问题，遗址考古发掘、研究、阐释、利用等环节互相促进、协同发展的机制还没有形成，省级大遗址保护专项经费尚未设立，拆迁安置等文物保护补偿政策仍不完善，大遗址保护利用与城乡发展建设之间的矛盾仍然突出。

（二）核心城市支撑较弱

目前，河南加快推进郑汴洛国际文化旅游目的地建设，旨在发挥其龙头带动作用。但从旅游业整体发展水平来看，郑汴洛与先进省份中心城市，以及周边的西安、武汉相比，还存在不小的差距，尤其在国际化程度和入境旅游方面比较欠缺，城市品牌力、吸引力、亲和力的拓展上升空间较大。

（三）市场主体竞争力不强

目前河南头部文旅企业不多，高成长性文旅企业数量偏少，中小文旅企业培育不足，在引入培育知名文旅品牌方面需要下更大功夫。国有企业改革进程缓慢，新乡南太行、嵩山少林寺、信阳鸡公山等一批资源禀赋较好的景区存在体制机制问题，造成旅游创新发展活力不足、发展前景不明，始终未能走出一条独具特色的发展道路。民营企业规模普遍较小，同质化现象严重。

（四）新型文旅投资匮乏

受土地、生态、文物等多方面制约，太行山、伏牛山、大别山等旅游景区密集分布的区域，资源相似，品位较低，产品和服务雷同。全省以旅游演艺、主题公园、数字文旅、康养旅游、研学旅游、体育旅游、乡村民宿等为代表的新型文旅项目占比仍然较低。近年来，建业、银基、天瑞、瑞贝卡、春江等一系列大型企业集团不断转型，加快投资布局高等级景区和文旅小镇、旅游演艺等新业态，但其战略性投资未根本改变产业格局，产品竞争力和品牌影响力亟待突破。从文化和旅游部等联合公布的全国文化和旅游投融资项目遴选结果来看，河南推荐上报的隋唐洛阳城国家考古遗址公园、庙底沟文化旅游产业园等 10 个项目均属于传统文旅项目，新产品、新业态普遍缺乏。

（五）高端人才队伍建设不足

科技创新、文化创意、考古科研、旅游开发等高端人才匮乏，吸引理论研究、人才培养、艺术生产、融合创新等人才政策环境不完善，不能充分有效接入国内国际高端人才资源链。

（六）工作推进不平衡

河南省文旅文创融合战略工作专班的统筹协调和常态化调度作用发挥得还不够有力，专班成员单位横向沟通不够及时、全面，尚未形成“一盘棋”推进的工作机制。相对于西部、北部山区，河南东部、南部平原地域旅游业发展滞后，业态单一，对经济社会发展的拉动作用不明显。

三　解决问题的对策建议

推进文旅文创融合发展，是河南一定要做好也完全可以做好的一篇大文章。同时，文旅文创融合战略是一个大课题，在具体实施过程中需要大处着眼、小处入手。我们要提升思想认识，进一步增强实施文旅文创融合战略的责任感和使命感，充分坚定实施文旅文创融合战略的信心和决心，精准把握文旅产业发展的新趋势、新特点、新机遇，创新思路、务实肯干，以抓好具有震撼力、爆发力的重大项目和活动为牵引，坚持创意驱动、美学引领、艺术点亮、科技赋能、跨界融合，围绕把河南打造成为中华文化传承创新中心、世界文化旅游胜地的目标，不断开创新时代河南文化和旅游高质量发展新局面。

（一）构筑标识，塑造“行走河南·读懂中国”品牌

充分用好河南丰富的文旅资源，聚焦“读什么、在哪读、怎么读”，以“线上读带动线下行”为重要路径，完善文旅文创内容供给体系、宣传推广体系。深度开发文旅精品线路和景区，高标准规划建设博物馆群，积极构建中华文化超级IP矩阵，开展体系化推广推介工作，让更多人在行走河南中触摸历史、感知文明、滋养精神、读懂中国。一是建一批重大项目。高质量打造黄河国家文化公园重点建设区，全面启动建设隋唐洛阳城天街遗址、北宋东京城州桥遗址等50个核心展示园，高水平谋划建设郑州博物馆群，打

造一批“行走河南·读懂中国”的好去处。二是抓一批数字展示。重点做好河南博物院、龙门石窟、殷墟、隋唐洛阳城等博物馆和大遗址的数字化展演展示，推出沉浸式文旅体验空间。实施“行走河南·读懂中国”百大标识数字化展示工程，按照“根扎实、线联通、网织好、数用活”思路推进智慧景区建设。三是推一批文旅品牌。强化“老家河南”“天下黄河”“华夏古都”“中国功夫”四大文化 IP，推出仰韶文化、中国文字等 8 个文化 IP，打造历史名城、名镇、村落等 10 余个文旅 IP，形成“行走河南·读懂中国”IP 矩阵。

（二）赓续文脉，建设文物强省考古强省

坚持新时代文物工作方针，加大文化遗产保护力度，做好考古发掘和研究阐释工作，推进夏文化关键区域考古学调查和重点遗址勘探，尽快取得一批具有国际影响力的突破性成果，创新文化遗产展示传播，切实扛牢扛稳守护国家历史文脉、研究阐释中华文明的重大责任。一是加快河南省文物考古研究院的改革重塑。按照省文物考古研究院重塑性改革部署要求，加快制定科研工作规划、落实“三定”方案、组建内部机构、建设管理制度、启动人才招聘，确保完成重塑性机构改革阶段性重点任务。二是围绕中华文明探源进行集中攻坚。采用“一遗址一课题一专班”模式，多学科、多团队联合攻关，力争在文明形成、文明起源、国家诞生等关键问题上有突破，不断将中华文明探源工程推向深入。积极推进现有国家考古遗址公园建设，完善国家考古遗址公园保护管理体系，推动国家考古遗址公园创建一流的遗址博物馆。三是讲好中华文明故事。围绕河南重要遗址考古研究成果，重点阐释、宣传河南在中华文明多元一体格局形成过程中的核心引领地位，在中华文明总进程中的核心引领地位，在构建中华文明信史中不可替代的重要地位。

（三）讲好故事，建设具有国际影响力的黄河文化旅游带

以保护传承弘扬黄河文化为主题，加快建设黄河国家文化公园、郑汴洛

国际文化旅游目的地，推出黄河文化研学之旅，重点实施保护传承、研究发掘、文旅融合、数字再现等重大工程，让游客深刻感受中华文明的演进史、中华民族的治黄史、中原地区的发展史、黄河儿女的创造史。一是深入研究阐释。结合中华文明探源工程，持续深化仰韶文化、夏文化等黄河文化重大课题研究，实证中华文明起源、形成、发展的历史脉络。二是加快项目建设。加快殷墟遗址博物馆、汉魏洛阳城遗址博物馆等重大工程建设，打造一批黄河国家文化公园标志性项目。三是讲好黄河故事。以“中国节日”系列节目、“黄河之礼”文创产品等为重点，讲好新时代“黄河故事”，推动黄河文化创造性转化和创新性发展。

（四）用好资源，建设全国重要的休闲康养基地

以太行山、伏牛山、大别山地区为重点，以5A级景区建设为带动，提质发展乡村旅游，实施乡村康养旅游建设三年行动，引导各地推出风格与文脉相得益彰、外观与环境融为一体的民宿客栈，加快培育康养产业，推动医疗和疗养机构进小镇、进景区、进度假区，不断丰富休闲避暑、田园康养、温泉康养、山林康养、运动康养、中医康养等产品业态，打造各具特色的康养胜地。一是持续开展乡村康养旅游示范村创建。计划到2025年分三批打造400个乡村康养旅游示范村，打造一批站得住、叫得响、推得开的康养旅游样板村。二是推进民宿“走县进村”。打造太行山、伏牛山、大别山和黄河滩区民宿集群，培育“云上院子”“小有洞天”等本土民宿品牌，推动民宿发展从“增数量”到“提质量”转变、从“重建设”到“重运营”转变、从“引品牌”到“育品牌”转变。三是推进文化产业赋能乡村振兴。开展文化产业赋能乡村振兴试点县（市、区）创建工作，在全省建设50~100个特色乡村。引入优质团队，探索“政府+群众+资金+特派员”多轮驱动的文化产业特派模式。

（五）丰富业态，大力发展新文旅

做好“旅游+”“+旅游”的文章，加强颠覆性创意、沉浸式体验、年

轻化消费、移动端传播。发展工业旅游，把工业“锈”带变成旅游“秀”带、发展“绣”带；发展农业旅游，把农业发展与休闲娱乐结合起来，打造一批近郊乡村游休憩地、景区周边游承接地、农耕文化游体验地；发展红色旅游，推出更多红色文化主题景区景点，打造具有全国影响力的红色旅游载体和研学基地；发展体育旅游，以打造体育精品赛事、户外运动精品线路为牵引，统筹文化、旅游、体育基础设施建设。一是适应市场需求。整合全省文旅资源，策划推出研学旅游、康养度假、剧本娱乐、沉浸夜游、浪漫露营等新业态、新产品。二是发展城市旅游。将文化元素融入城市规划建设，结合城市有机更新，建设一批特色鲜明的历史文化街区；三是内容为王。开展形式多样、方便参与的群众性、民俗性文化活动，让文化旅游变得丰富多彩，留得住味儿、留得下人。

（六）深化创新，加快发展全链条文创产业

坚持文创主体、文创人才、文创产品一体推进，文创产业园区、文创街区、文创小镇、文创空间统筹布局。做强工艺美术产业，认定一批省级工艺美术大师，建立“传统工艺振兴目录”；发展影视动漫，推出一批具有中原文化元素的影视精品，培育一批河南原创动漫作品和品牌；推动非遗活态传承和创新发展，发挥好非遗传承人的引领作用，设立一批非遗创意工坊，开发非遗文创产品，推出非遗主题游。一是鼓励文博文创发展。加强传播交流、弘扬服务、开发利用，创新推广产品，促进产业对接，引发社会关注，连接现代生活。二是推动豫剧振兴发展。通过举办中国豫剧节、比赛及研学活动，促进豫剧的传承保护和产业创新。三是大力发展动漫产业。实施中华神话、中原精神、民间故事等动漫创作扶持工程，推出 30 部具有优秀传统文化特色和自主知识产权的动漫精品。持续举办金犀奖·动漫节，推进黄河动漫产业联盟发展。

（七）数智赋能，构建数字文旅新高地

在文旅资源的可视化呈现、互动化传播、便捷化消费上下功夫，打造数

字文旅新基建，全省统筹，统一规划、统一布局、有序推进；培育数字文旅新场景，加快传统文旅业态数字化改造，实施新兴业态培育行动；发展数字文旅新消费，创新“网络体验+文旅消费”新模式，发展云旅游、云演艺、云直播、云展览等数字化体验新产品，为文旅产业高质量发展插上“数字翅膀”。一是高质量完成智慧化标准编制与建设指导。完成省级智慧平台与景区、博物馆等场所的直接数据对接，形成“监测一张图、调度一盘棋、服务一张网”的智慧化标准。到2025年，争取4A级以上旅游景区、省级以上旅游度假区基本实现数字化转型升级。二是推进非遗数字馆和各级各类公共文化场馆的智慧化建设。不断丰富公共文化机构数字资源，贯通已建或在建文化专题数据库，持续开展丰富多彩的线上数字文化活动，推动数字文化服务网络不断完善。三是全面开展数字化人才能力提升和保障工作。联合北京大学CIO班、浙江大学等机构，对全省文旅行业的领导、高管和操作性人才进行分层数字化培训，为智慧旅游发展提供坚实的人才支撑。

（八）龙头带动，培育文旅文创旗舰劲旅

坚持招大育强，打造一流现代文旅集团，深化国有文化企业改革和战略性重组，加快壮大一批核心竞争力强的国有及国有控股文化企业集团，扶持高成长性文创企业发展，培育一批“专精特新”企业、“瞪羚企业”，积极引进国内文旅文创龙头企业，以企业强有力支撑产业强，鼓励省外大型文旅集团在河南设立投资基金或区域总部。一是培育龙头。发挥河南省文化旅游投资集团“头雁领航”作用，加快建设国内一流的数智型现代文旅集团。推动建业、银基、清园、云台山等一批文化旅游企业做大做强，加快上市。二是鼓励新锐。扶持豫博文创、唐宫文创等一批文化创意类高成长性企业。三是推动集聚。打造洛邑古城、皇家驿站等一批夜间文化和旅游消费集聚区。

（九）提升品质，完善“食住行游购娱”服务体系

提高景区品质，优化景区内部和周边环境、服务设施、管理模式；打造

舒适交通，围绕“快进慢游深体验”，推进交旅融合示范工程，以“黄河古都”“太行云天”“生态伏牛”“红色大别”四大一号旅游公路建设为牵引，加快建设安全性、专用性、智慧性的旅游公路网；推动豫菜振兴，建立豫菜产品库，推广特色小吃；提供优质住宿，提升国际化、高端化接待水平。一是挖掘消费潜力。积极开展好文旅消费季活动，发展夜间经济。二是强化综合治理。加大旅游市场执法力度，对欺客宰客、欺行霸市、以次充好、虚假宣传等行为坚决整治。三是推进文旅市场信用体系建设。完善旅游行业信用公示制度、守信联合激励和失信联合惩戒制度，加强文明旅游宣传教育。

（十）加强领导，汇聚文旅文创融合发展强大合力

以河南省文旅文创融合战略工作专班为抓手，加强统筹协调，按照项目化、清单化、方案化要求推进，形成上下联动的工作合力。要规范文化和旅游产业统计，加强文旅产业运行发展状况的动态监测，确保文旅文创产业健康发展。一是强化政策支持。落实好省里出台的支持文化旅游发展的政策措施，发挥好河南省文化旅游融合发展基金的作用，撬动社会资本加大投入，鼓励金融机构开发适合文旅文创企业特点的金融产品和服务，努力保障旅游建设项目用地，推动相关设施融合集聚建设。落实好河南省人民政府办公厅印发的《进一步促进文化和旅游消费若干政策措施》，推动各地出台配套政策措施。二是强化人才支撑。坚持项目引才、产业聚才，结合实施“中原英才计划”，集聚一批文化和旅游行业领军人才、高端人才和青年人才，引进一批专业化、职业化、市场化跨界人才，培育一批具备国际视野、拥有创新思维、善于经营管理的复合型人才，造就一批在业界有较强影响力的企业家。三是强化宣传推介。积极构建省、市、县三级推广体系，统筹用好中央媒体和地方媒体、传统媒体和新兴媒体、线上宣传和线下推广，全方位、多维度、立体式塑造河南文旅形象。加强对全球推介和国际营销体系构建的研究，提高河南文旅在国际市场的辨识度、吸引力。联合美团、抖音、腾讯、携程等平台，策划举办各类特色文化旅游宣传促销活动，最大限度地“引流”“变现”。

B.6

以优秀传统文化助力河南文旅文创融合发展研究

郭海荣*

摘　要：　河南是中华文明的重要发祥地，以优秀传统文化推动河南文旅文创融合发展是河南文化建设的应有之义，也是河南文化发展的必由路径。随着政策引导持续发力，优秀传统文化的影响不断扩大，文旅文创融合发展不断加强，文化产品打造也逐步迈上新台阶，河南文化建设迈出坚实步伐，但在具体建设过程中也逐渐暴露出一些不足，如优秀传统文化研究利用不够深入、优秀传统文化与文旅文创融合发展不足、高质量文化产品供给明显不足等。因此，河南需要深化理论研究、激活文化资源、坚持创意引领，在提炼优秀传统文化符号、深化文旅文创融合发展、培育文旅文创文化品牌等方面下功夫，真正实现以优秀传统文化助力河南文旅文创融合发展，推动河南文化强省建设。

关键词：　优秀传统文化　文旅文创融合　文化强省　河南

河南是中华文明的重要发祥地之一，以优秀传统文化推动河南文旅文创融合发展是河南文化建设的应有之义，也是河南文化发展的必由路径。2021 年 12 月河南出台《河南省“十四五”文化旅游融合发展规划》，2022 年制定印发《实施文旅文创融合战略工作方案》和《“行走河

---

* 郭海荣，河南省社会科学院文学研究所（黄河文化研究所）副研究员，主要研究方向为现当代文学。

南·读懂中国”品牌塑造实施方案》，以优秀传统文化推动文旅文创融合发展迈向新征程。

一 优秀传统文化助力河南文旅文创融合发展的新成效

河南是文化资源大省，在文旅文创融合发展方面有着天然的发展优势和便利条件。随着时代发展、行业变革及消费升级，以优秀传统文化助力文旅文创融合发展、提升文旅发展质量、提振文旅消费就成为河南文旅产业高质量发展的重要抓手。2023 年，随着政策引导持续发力，优秀传统文化的影响不断扩大，文旅文创融合发展不断加强，文化产品打造也逐步迈上新台阶，河南文化建设迈出了坚实步伐。

（一）政策引导持续发力

文化产业政策可以对地方文化产业调整、增强竞争实力、产业快速发展起到不容忽视的推动作用。为推动文化产业发展，近年来，河南出台多项支持促进文化产业发展的政策文件，为推动文化旅游产业发展注入强劲动能。河南省第十一次党代会提出要加快建设文化强省，将文旅文创融合战略纳入现代化河南建设的“十大战略”，要求聚焦建设中华文化传承创新中心，打造世界文化旅游胜地①；《河南省“十四五”文化旅游融合发展规划》对河南文化旅游融合发展的目标建设、体系构建和保障措施进行了清晰明确的具体要求；《关于抓好促进旅游业恢复发展纾困扶持政策贯彻落实工作的通知》从政策、金融、税收等多个方面对旅游业实行抒困帮扶；《河南省全面加快基础设施建设稳住经济大盘工作方案》通过网络基础设施建设，为产业升级打下良好网络信息基础，促进河南经济文化发展；《关于开展文化和旅游消费助企惠民行动的通知》为小微企业纾困减压，把促进文化和旅游

① 参见《中国共产党河南省第十一次代表大会关于中共河南省第十届委员会报告的决议》，河南省人民政府网站，2021 年 10 月 30 日，https：//www.henan.gov.cn/2021/10-30/2338155.html。

发展落到实处；《河南省公共文化服务保障促进条例》为完善河南公共文化服务体系建设，推动公共文化服务高质量发展提供法律保障；《河南省人民政府关于持续增加农民收入的指导意见》《乡村康养旅游示范村等级划分与评定》等政策、标准为推进河南乡村振兴发展战略、推动河南乡村文化旅游建设保驾护航；《关于进一步推动文物事业高质量发展的实施意见》为河南文物事业发展作出具体部署。这些政策的推动和实施为后疫情时代的河南文化旅游发展提供了有力支撑，也成为以优秀传统文化助力河南文旅文创融合发展的有力保障。文化发展有其内生动力及规律，同时也需要政策的支持与引导，中华优秀传统文化正在成为河南文化产业发展的着力点和亮点，因此，如何将河南厚重的历史文化资源转化为文化产业，以优秀传统文化助力河南文旅文创融合发展就成为当下河南文化产业政策推动产业发展的重点。

（二）优秀传统文化影响不断扩大

随着政策的不断推进、优秀文化产品的不断推出、文旅文创融合的不断深入，优秀传统文化在多方助力下的影响力不断扩大。中国历史源远流长，在几千年的发展进程中创造出了灿烂辉煌的中华文化，随着中国经济文化的不断发展和综合实力的不断增强，民族自信心不断提高，人民的文化自信心不断转为对中国传统文化的探索和需求。河南是中华文化的重要发祥地之一，拥有丰富且厚重的优秀传统文化，随着《豫见中国，老家河南》《心灵故乡，老家河南》等宣传片的不断推广，河南是中华文化根源的理念不断深入人心，以河南为根脉的传统文化更多地进入人们的日常生活和文化消费领域，传统文化影响力与日俱增。2021 年河南卫视春晚上的《唐宫夜宴》《天地之中》等节目，通过对河南优秀传统文化的现代演绎，甫一出现就登顶热搜榜。随后河南广播电视台的“中国节日”系列节目就成为河南文化的“门面”，每次节日将至，网络上就会有大量相关讨论，每每节目推出便会占据网络热度榜，成为重要的文化现象。最新一期的《2023 中秋奇妙游》当晚全网各平台直播在线观看人数超过 1000 万人，截至当日晚 22：00 全网阅读浏览量超过 37 亿次，占据抖音、今日头条、微博等多个平台热搜榜 101 个，《人民日报》《中国日报》等 20 余家央媒平台对节目进行海内外同步直播，百余家权威媒体给予深度报道，多家海外文化交流中心推介，多位网络“大 V”在多平台发布相关二次创作短视频。[①]“中国节日”系列节目获得观众与官方的一致肯定，2023 年先后荣获第 27 届电视文艺“星光奖”、第 16 届精神文明建设“五个一工程”奖、第 28 届上海电视节白玉兰奖最佳综艺节目等多个重量级奖项，成为近年来影响力最大、最出圈的现象级文化节目。河南卫视对传统文化的出色理解和优秀表达受到广泛认可，第 31 届世界大学生夏季运动会和杭州第 19 届亚运会先后邀请其拍摄形象宣传片，成片均引发大量关注，成为两次运动会的宣传亮点。博物馆作为传统文明文化的集中展示区也受到观众喜爱。2023 年 4 月 29 日，曹操高陵遗址博物馆正式对公众开放，当日参观游客达 8000 余人，专题展览《往事越千年——曹操高陵历史文化展》更是冲上中国博物馆热搜榜全国博物馆十大热搜展览第一名。2023 年五一期间，河南各大博物馆、纪念馆门票供不应求。据统计，“4 月 29 日至 5 月 3 日，全省博物馆、纪念馆累计进馆 192.9 万人次、开展惠民文化活动（线上与线下）2039 场、参与惠民文化活动（线上与线下）97.6 万人次”[②]，较以往均有大幅提升。此外，河南推出的“老家河南”“天下黄河”“华夏古都”“中国功夫”四大文化 IP，影响力和认可度不断提升，“老家河南”全网浏览量达 45 亿次以上，成为最受网民关注的话题之一。

（三）文旅文创融合发展不断加强

作为全国首个出台文化旅游融合发展规划的省份，河南始终坚持加强文旅文创融合发展，坚持以优秀传统文化推动河南文化旅游产业的转型升级，为更好地实现以中原优秀传统文化为代表的中国优秀传统文化的创造性转化

---

① 《这就是文化魅力！〈2023 中秋奇妙游〉完美收官，“新时代新文化”开拓节目新维度》，“河南卫视”腾讯网，2023 年 9 月 30 日，https：//view.inews.qq.com/k/20230930A 06MRZ00?no-redirect=1&web_ channel=wap&openApp=false。

② 《今年“五一”约 193 万人次参观博物馆（行走河南·读懂中国）》，“金台资讯”百家号，2023 年 5 月 5 日，https：//baijiahao.baidu.com/s? id=1765010816816936533&wfr=spider&for=pc。

和创新性发展而不懈奋斗。2023 年 6 月 30 日，河南省文旅文创发展大会在洛阳召开，大会提出要“加快塑造‘行走河南·读懂中国’品牌，推动文旅文创产业发展”，“着力推动形成文旅文创深度融合新格局，打造中华文化传承创新中心、世界文化旅游胜地”，会议集中签约包括国际 IP 品牌文旅项目、洛阳市文旅小镇项目在内的重点文旅产业项目 10 个，百万游客互送项目 5 个、航空客运合作项目 2 个、“引客入豫”项目 4 个。[①] 会议为河南文化旅游融合发展提供基本遵循，指出重心所在，河南文化旅游融合发展进入快车道。2023 年，全省文化和旅游融合度超过 80%，文化旅游新业态引流量和贡献率超过 60%。[②] 河南将优秀传统文化融入乡村建设，取得良好成绩，文化和旅游部组织筛选全国乡村旅游精品线路，河南共有 5 条线路入选。为推动以文促旅，河南省文化和旅游厅发布“行走河南·读懂中国”九大主题线路，包括华夏文明探源之旅、四大古都焕新之旅、老家河南寻根之旅、中国功夫体验之旅、千里黄河研习之旅、中国诗词写意之旅、红色基因传承之旅、山水休闲康养之旅和中原民俗风情之旅[③]，让游客在旅游中感受河南的深厚历史文化。随着文化与旅游的不断融合发展，河南旅游市场迎来新高峰，2023 年十一期间，仅 10 月 2 日当天，全省共接待游客 1163.8 万人次、旅游收入 68.7 亿元，分别为上年同期的 287.1%、366.7%。[④] 截至 2023 年 8 月，全省共接待游客 6.9 亿人次，旅游收入高达 6536 亿元，旅游人次、旅游收入同比实现了大幅增长。

（四）文化产品打造迈上新台阶

随着文化政策的不断推进，河南依托深厚文化资源打造文化产品的步伐

---

① 《2023 河南省文旅文创发展大会召开》，河南省文化和旅游厅网站，2023 年 7 月 2 日，https：//hct. henan. gov. cn/2023/07-02/2771062. html。

② 《老家河南全网浏览量超 45 亿人次河南以黄河文化为主流打造新理念、新业态、新传播》，河南省文化和旅游厅网站，2023 年 9 月 11 日，https：//hct. henan. gov. cn/2023/09-11/2813616. html。

③ 《“行走河南·读懂中国”9 条主题旅游线路共同开启河南之旅》，“大河网”百家号，2023 年 6 月 30 日，https：//baijiahao. baidu. com/s？id=1770103813344027807&wfr=spider&for=pc。

④ 《今年“双节”，河南文旅市场燃爆》，河南省文化和旅游厅网站，2023 年 10 月 3 日，https：//hct. henan. gov. cn/2023/10-03/2824978. html。

也随之加快。首先表现为文化节目精彩纷呈。2021 年河南广播电视台的“中国节日”系列节目，通过深入挖掘中国优秀传统文化内涵，以现代表达满足观众的审美需求与情感需要，引发现代观众与中国传统文化间的情感共振，节目一经播出就登顶热搜榜。自此，河南文化建设及文化产品设计打通“任督二脉”，在以优秀传统文化助力文化节目生产方面亮点频出。“中国节日”系列节目，包括《元宵奇妙夜》《端午奇妙游》《七夕奇妙游》等，每一期节目的适时推出都会引发观众热议，真正将以中原优秀传统文化为根脉的中华优秀传统文化带出圈，将历史深厚的中原城市群带到普通观众的面前。《风起洛阳》是爱奇艺和洛阳文保集团联合出品的古装悬疑剧，该剧以武周时期的神都洛阳为时代背景，符合历史文化的设计细节让这部剧颇受好评，也让古都洛阳又一次成为文化“网红”。

其次表现为文创产品品质提升。河南博物院一直努力用创意引领文创设计，2021 年河南卫视推出的节目《唐宫夜宴》《博物馆奇妙夜》以河南博物院的馆藏文物唐代女俑为原型，在节目火爆的同时也引燃了观众参观河南博物院的热情。河南博物院还适时推出考古盲盒、仕女手办等多种高质量文创产品，其中考古盲盒获评年度全国博物馆文创精品。河南省文旅投资集团推出“曌物志”品牌文创，以武周时期的洛阳盛世隋唐文化为基础，将河南传统文化之美和厚重中原文明以文创产品的形式加以呈现。为推动河南文创产品的提质增优，河南先后举办“聚焦 2021——国潮出圈的 N 种可能”文创发展研讨会、“2022 豫博文创·非遗来潮系列”、河南省博物馆文创大赛等多种活动，并在第二届全国文化创意产品推介活动中荣获 3 项大奖，这些优秀的文创设计为后续的商业化开发打下了扎实的工作基础。

最后表现为文化项目快速推进。《河南省“十四五”文化旅游融合发展规划》提出将厚重的历史文化资源优势加快转变为发展优势，引爆了河南以优秀传统文化作为文化产业发展重要着力点的发展思路。高质量文化项目纷纷上马，形成百花齐放的文旅新态势。2021 年，建业电影小镇和只有河南·戏剧幻城开业，虽然开业初期受到疫情影响，但优秀的节目设计和高质量的演出很快帮助项目吸引人气，成为极受人们喜爱的旅游项目。2023 年五一期间，只有河南·戏剧幻城共接待游客 11 万人次，其中省外游客占比近五成；建业电影小镇接待游客 18 万人次，景区热度持续上涨，旅游人次再创新高①。为满足游客的旅游需要，洛阳近年来打造了多个以洛阳历史文化为题材的演出项目。《寻迹洛神赋》是中国首部数字沉浸演艺项目，通过 AR、VR、水景特效等多种现代科技，实现观众与演出间的参与式交互体验，让观众零距离体验神都洛阳的风采神韵；《知道·老君山》将场地设在老君山金顶之上，以“问道”和展示老子思想为主线，通过实景演出，实现从简单的爬山观景向明心悟道的深度体验；天堂明堂和应天门景区均有相应的实景演出，将神都气象以具象的方式呈现在游客面前。这些文旅项目，以新的呈现方式把河南优秀传统文化融入演出的细枝末节，生动展示了河南自然风貌、名人风采、非遗技艺和风俗民情。

二　优秀传统文化助力河南文旅文创融合发展过程中存在的问题

以优秀传统文化助力河南文旅文创融合发展的过程，就是要通过深入挖掘优秀传统文化资源的文化价值、艺术价值与审美价值，以创意和科技实现与现代观众的精神共振。河南在这个方面做了大量努力也取得一定成果，但如何深入持续地推进将优秀传统文化资源转化为优秀文化旅游产品，就需要解决以下几个方面的问题。

（一）优秀传统文化研究利用不够深入

理论是实践的先导，在以优秀传统文化助力河南文旅文创融合发展的进程中，对传统文化的深入研究是推动其发展的重要条件。河南历史悠久，优秀传统文化数量极多，在推动文化发展方面本应有更好的作为，但受制于多

① 《超百万人次观剧！只有河南·戏剧幻城和建业电影小镇五一期间创新高》，“河南日报客户端”百家号，2023 年 5 月 5 日，https：//baijiahao.baidu.com/s？id=1764985992184578066&wfr=spider&for=pc。

种因素，并没有形成与之相匹配的科研团队和科研成果，对河南优秀传统文化的研究发掘明显不足。以老子为例，河南鹿邑为老子故里，文化资源丰富，有关老子的研究虽然始终在推进，但是和与之并称的孔子相比，有关老子的学术研究水平和研究规模都相差甚远，与之相对应的，有关老子的研究在国内的学术影响力和社会影响力也呈相应下降的趋势，与其在中国历史文化中的地位有明显错位，与孔子相关的研究始终稳定且稍呈上升的发展态势形成鲜明对比，更不必说与老子相关的文化旅游及产业开发。诸如此类的情况比比皆是，河南丰富的历史文化资源未经系统打捞整理难以形成可口的“文化美食”，这就需要以学术研究为先导，加强对优秀传统文化的深入研究。

（二）优秀传统文化与文旅文创融合发展不足

河南优秀传统文化与文旅文创融合发展仍然存在一些不足。首先是深层融合不足。河南历史文化丰厚，文旅文创资源丰富，多年来始终努力以优秀传统文化推动河南文化产业及旅游业发展，推动河南从文化资源大省向文化产业大省迈进，但是由于对优秀传统文化内涵的挖掘和开发利用不足，与文旅文创融合不够，很多时候表现为优秀传统文化与文化产品的简单叠加，文化内涵与旅游活动间存在隔膜，文化的社会效益难以带动旅游的经济效益，没能实现要素整合和产业联动，文旅文创融合发展的合力没有得到充分发挥。其次是地区发展不均衡。河南各地传统文化资源禀赋不同，差异较大，优秀历史文化资源主要分布在洛阳、开封、安阳、南阳、郑州等地，其他地市虽然也有分布，但数量相对较少，影响力也偏弱。这就要求政府在重点支持这几地文化旅游名城建设的同时，积极鼓励文化资源相对较弱的地市充分挖掘自身文化资源，通过创造性开发和创新性引领构建具有地方特色的文化开发方式，打造推动地方文旅文创融合发展的新路径。

（三）高质量文化产品供给明显不足

河南的高质量文化产品供给不足。一方面表现为高质量文创产品供给不足。河南文化产业发展多年，始终未能摆脱文创产品因循守旧、创意不足、同质化情况严重的限制。虽然河南省博物院、安阳殷墟博物馆等文化单位推出诸如考古盲盒、文创月饼等成功的高质量文创产品，但总体而言，缺乏创意的文创产品占据了主要的文化市场，河南文创产品的市场竞争力较弱，未能真正满足群众的文化消费需求。另一方面表现为高质量文旅产品供给不足。河南文旅产品总的来说因为文化内涵发掘和现代化表达不足，缺少具有龙头带动作用的头部文旅产品。文旅项目缺乏新型业态，科技应用程度较低，文旅消费以"一过性消费"为主，产业链条难以拓展。虽然目前有《大宋·东京梦华》、《禅宗少林·音乐大典》、只有河南·戏剧幻城、建业电影小镇等一些能叫得出、记得住的优秀文旅产品，但更多的文旅产品品牌不够突出，产品不够精良，游客数量稀少，游客二次参观意愿较低，没有发挥出应有的社会效益和经济效益。

三　推动河南文旅文创融合发展的对策建议

当前，在文旅文创融合发展战略的推动下，河南文旅文创发展取得长足进步。面对发展中存在的不足，河南需要深入理论研究、激活文化资源、坚持创意引领，在提炼优秀传统文化符号、深化文旅文创融合发展、培育文旅文创文化品牌等方面下功夫，真正实现以优秀传统文化助力河南文旅文创融合发展，推动河南文化强省建设。

（一）深化理论研究，提高优秀文化社会影响

要推动文化强省战略，必须加强相关理论研究，为以优秀传统文化助力河南文旅文创融合发展提供理论支撑。首先，要加强基础理论研究，筑好河南文化发展的理论基石。以实施河南兴文化工程为依托，深化河南当代发展研究、历史文化专题研究、重要历史名人研究、重要历史文化遗存研究、重要历史文献典籍研究等①，以理论为支撑，通过对中原地区文明化进程相关基

① 《"行走河南·读懂中国"品牌塑造实施方案》，河南省文化和旅游厅网站，2023 年 9 月 7 日，https：//www. henan. gov. cn/2023/09-07/2810963. html。

础理论的深入研究，确立一批可以开发的中华传统文化符号，打造出能真正推动河南文旅文创融合发展的当代文化，加强河南文化建设。其次，要加强实用型理论研究。理论研究既要向深又需向宽，既要能独坐书桌皓首穷经，也要能回应时代关切、满足时代需要。要将理论研究触角延伸至文化建设发展需要的最前端，以理论服务现实，将理论从“书桌”拉到“地头”。要研究河南文化建设面临的诸多现实难题，为“行走河南·读懂中国”品牌建设提供文化参考，为文旅文创融合战略提供思想依据。在文化大发展的背景下，各省市都在争夺文化资源，要对群众争议较大、文化价值较高的问题做出专业快速回应，如对网络上议论较多的西安洛阳文化资源之争、曹操高陵墓之真伪、洛阳是否为丝绸之路起点、二里头夏都研究进展等问题做出专业研究解释，厘清文化脉络、理顺发展思路，加强文化认同，增强群众文化自信。

（二）激活文化资源，深化文旅文创融合发展

一是以文促旅，积极做好传统文化的活化利用。要实施优秀传统文化IP孵化工程，对河南历史上具有重大价值、突出作用、关键影响的文化资源进行加工提炼，通过研究阐释包括元典文化、都城文化、根亲文化、黄河文化、文学文化、文字文化、功夫文化等在内的河南优秀文化所蕴含的意义价值，以文促旅，通过文化建设扩大中原文化影响，推动文化旅游项目的实施建设。安阳殷墟“一片甲骨惊天下”，为让文物考古走出“历史地表”，安阳在遗址保护、文物维修、考古发掘研究等方面努力提高民众参与度，通过科学普及、网上论坛、创意互动激发群众对殷墟文化的好奇心，提高向往度。曹操高陵遗址博物馆的开放、红旗渠精神的不断推广都极大地提高了安阳文化旅游的热度。2023年春节假期，安阳共接待游客136.33万人次，旅游综合收入11.57亿元。[①] 五一假期，安阳游客人数增至237.53万人次，同比增长456.02%，恢复至2019年同期的196.61%，旅游综合收入24.13亿

① 《安阳：春节假期接待游客136.33万人次，旅游综合收入超11亿元》，“河南省文化旅游手机报”百家号，2023年1月9日，https://baijiahao.baidu.com/s?id=1756319 87587045277 8&wfr=spider&for=pc。

元，恢复至2019年同期的190.45%，游客接待量和旅游收入均创历史新高。[①]二是以旅彰文，以“行走河南·读懂中国”为重要抓手，深入推进文旅文创融合发展。2022年，河南省委提出要全力塑造“行走河南·读懂中国”文化品牌，通过华夏文明探源之旅、四大古都焕新之旅、老家河南寻根之旅、中国功夫体验之旅、千里黄河研习之旅、中国诗词写意之旅、红色基因传承之旅、山水休闲康养之旅和中原民俗风情之旅九大文化旅游线路，充分展示河南历史文化底蕴，让游客在旅游途中了解中原厚重文化和时代风貌。例如，洛阳坚持打造全域旅游，通过举办牡丹节、汉服文化节等诸多节庆活动“招客引流”，同时练好内功，让游客在旅游中感受十三朝古都、中国最早王城的文化魅力。不断增加的游客数量、良好的旅游体验，让这座文化名城重新焕发生机，成为中国最具话题度的旅游目的地之一。2023年十一期间，洛阳累计接待游客879.77万人次，旅游收入75.05亿元，成为河南文旅文创融合的示范城市。

（三）坚持创意引领，培育文旅文创文化品牌

一要坚持创意引领。要坚持“讲”好故事与“讲好”故事并行，通过对优质文化资源文化价值、艺术价值的高水平开发和活化利用，提升文化旅游的审美品质和审美价值。要不断适应消费需求变化，坚持以创意发掘、呈现和丰富产品的文化价值、艺术价值和审美价值。要学习借鉴只有河南·戏剧幻城和建业电影小镇的成功经验，找准定位、创意开发，将丰富厚重的黄河文明以可看、可听、可动的形式立体化呈现，以产品满足群众的多元审美需求，打造出河南现象级文旅文创产品。二要加强科技创新。加大对现代科技的集成化、复合化应用力度，扩大数字产品的生产与供给。对河南各大博物馆、文化馆、美术馆等进行数字化改造，提供更多可视化、可参与、可感知、可体验的现代场馆，提升展出效果；要积极引进元宇宙概念，打造河南

① 《“五一”假期安阳游客接待量和旅游收入打破历史最高纪录》，“河南省文化旅游手机报”百家号，https：//baijiahao.baidu.com/s？id=1764929266003331163&wfr=spider&for=pc。

独有的元宇宙文创产品；各文化单位要积极探索新模式，充分利用各类网络平台，通过网上直播、网络展览、网络宣讲的方式，让更多观众足不出户就可以享受河南历史文化的饕餮盛宴。三要加强品牌打造。要充分发挥文旅文创融合创新实验室、省文旅文创融合创新（洛阳）基地的创新作用，自主研发完成一批文旅文创项目和产品；要激发省内文化企业活力，通过与国内外知名文化公司合作，打造一批具有河南本土特色和品牌影响力的文旅项目，以“老家河南”为核心，形成一批具有高影响力、高辐射力、高吸引力的文旅文创产品；要支持洛阳汉服文化建设，打造中国汉服文化之乡品牌，通过具有直观视觉冲击力的古代服饰，擦亮洛阳历史文化名城形象；要支持开封发展“剧本娱乐+文旅”，为古老的都城赋予年轻态的城市面貌，打造具有全国影响力的剧本文化娱乐中心。

参考文献

[1]《河南省人民政府关于印发河南省“十四五”文化旅游融合发展规划的通知》，河南省人民政府网站，2022 年 1 月 13 日，https：//www.henan.gov.cn/2022/01-13/2382423.html。

[2] 欧阳坚：《文化产业政策与文化产业发展研究》，中国经济出版社，2011。

[3] 程金龙、王淑曼、张瑞等：《文旅文创融合发展——理论诠释与实践探索》，社会科学文献出版社，2023。

B.7

2023年河南省新闻业发展研究报告

田 丹*

摘 要： 2023年，媒体融合发展进入第十个年头，媒体深度融合取得显著突破。2023年，随着社会经济各项工作的统筹推进，河南省新闻业呈现良好发展态势，新媒体产业缓慢复苏；以内容创新为根本、技术创新为支撑的融合创新推动新闻业朝向高质量发展迈进；推出一系列文艺精品佳作，文化河南形象传播更加深入人心。2023年，全媒体传播体系建设成为推动河南省新闻业融合发展的重要举措，在构建全媒体传播体系顶层设计的指引下，河南省媒体融合向纵深挺进，应对突发事件的舆论引导能力大幅提升。与此同时，媒体平台化建设与用户需求之间存在偏差、传媒产业收入持续下降、前沿技术应用投入产出不对等成为阻碍河南省新闻业发展的重要因素，亟待解决。在未来新闻业的发展中，智能化治理、传媒产业数字化、内容创新将仍是新闻业实现“破局”的关键。

关键词： 新闻业 媒体融合 全媒体传播体系 河南

2023年是以中国式现代化全面推进中华民族伟大复兴的开局之年，其重要性不言自明。2023年，河南省新闻业融合发展向纵深推进，全媒体传播体系建设发展迅猛，数字化成为激发媒体产业活力的关键“钥匙”。快速发展的媒介技术使媒介生态愈加复杂化，河南省新闻业面临平衡市场需求、增加产业收入、提高投入产出效率等挑战，但同时在优化平台建设、产业数

* 田丹，河南省社会科学院文学研究所（黄河文化研究所）助理研究员，主要研究方向为媒介文化研究、新媒体研究。

字化发展、媒介内容创新等方面迎来新的发展机遇。总体来看，河南省新闻媒体在促进文化旅游融合发展、打造“行走河南　读懂中国”文旅品牌方面的重要性越发彰显。

一　河南省新闻业发展概述

2023 年，河南省新闻业继续保持良好发展态势，新媒体产业缓慢复苏，数字经济引领传媒产业发展，数字化媒介产品、媒体产业数字化、全媒体产业链等得到有效发展；媒体融合创新催生多种新业态，推动行业高质量发展，为数字河南建设提供强劲引擎；文化传播出新出彩，海外传播取得明显成效，文化河南形象深入人心。

（一）新媒体产业缓慢复苏

数字经济是全球发展趋势，传媒产业是数字经济的重要组成部分。近年来，我国数字经济快速增长，数字经济规模居世界第二位。媒体行业进行数字化创新探索既是因势而动，也是媒体自身转型发展的需要。2020~2021 年，河南省报纸、期刊总印数小幅下降，图书总印数上涨，电影总票房大幅下跌；手机上网流量保持高速增长，2021 年较 2020 年增长 43. 22%（见表 1）。河南省传统媒体行业整体呈现萎缩态势，但是随着互联网特别是移动互联网用户、流量的增长，传媒产业积极延展全媒体产业链、布局数字经济产业项目，一定程度上扭转了传统媒体的营收颓势，进而带动行业整体发展向好。

表 1　2020~2021 年河南省传媒产业各媒介形态数据

年份	报纸种类(种)	期刊种类(种)	报纸总印数（万份）	期刊总印数（万册）	图书总印数（万册）	电影总票房（亿元）	网民总人数（万人）	手机网民规模（万人）	手机上网流量（亿 G）
2020	77	245	132314	6799	41155	21. 33*	8836. 5	8748. 1	95. 1
2021	77	245	129096	6585	44653	12. 84**	9082. 5	9000. 7	136. 2

注：*、** 分别为 2021 年、2022 年河南全省电影票房数据。

资料来源：根据《河南统计年鉴（2022）》、河南省互联网协会公开发表数据整理。

一是数字化、视频化媒介产品占主导，传统阵地与互联网阵地相互赋能。河南省传媒产业积极拥抱数字技术，将数字技术服务于内容生产，成功领跑新赛道。河南广播电视台在移动优先的战略布局下，集中发力短视频领域，深耕短视频产品，2023 年上半年河南广播电视台在新闻融合网络传播指数、新闻融合短视频传播指数、新闻融合微博传播指数方面均稳居省级台首位。① 二是布局数字经济产业，产业数字化向纵深推进。河南传统媒体积极推进传媒产业数字化改造，大力提升数字经济比重，强化开发数字经济产业能力。河南日报报业集团先后与华为、蚂蚁金服、豫信电科等在数字赋能和数字化转型方面开展合作，携手打造媒体行业可持续的数字化商业模式和运营模式。经过系列探索，河南日报报业集团总体经济规模实现明显增长。2021 年，河南日报报业集团资产总额达 97 亿元，在全国总体经济规模综合评价前 10 位的报刊出版集团中居第 6 位，比 2020 年上涨 1 个位次。② 三是延展全媒体产业链，强化数据运用。河南省媒体产业将数据运用、数据科学作为媒体数字化转型的重点，全力进行数据科学研究，加强数据深度应用，依托大数据资源，研发媒体数据产品。大河网依靠新闻数据优势成立大河舆情研究院；以政务数据为支撑成立大河智库；生产出大河网首款拥有自主知识产权的人工智能产品——智慧普查系统，在政府网站、政务新媒体季度普查中有效节约了人力成本和经济成本。

（二）融合创新推动高质量发展

数字技术与媒体产业深度融合，催生多种新业态。每年的“两会”新闻报道都是主流媒体在技术运用、创意策划、内容呈现方面的全面“PK”，“两会”融媒产品是当之无愧的主流媒体融合转型的“王牌之作”。2023 年

① 《2023 年上半年省级台新闻融合传播观察：深融变局》，流媒体网，2023 年 7 月 12 日，https：//lmtw. com/mzw/content/detail/id/226245/keyword_ id/8。

② 国家新闻出版广电总局：《2021 年新闻出版产业分析报告》，https：//www. nppa. gov. cn/xxgk/fdzdgknr/tjxx/202305/P020230530667517704140. pdf。

全国“两会”期间，大象新闻制作的创意短视频作品《马克思，且听龙吟!》及《水墨中原丨中国式现代化的河南实践》的总浏览量超过36亿次，收获微博热搜5个，在广大媒体用户中反响不俗。此外，大象新闻着力打造媒体MCN机构，旗下拥有全网账号300余个，总粉丝量超过2亿，其中4个账号已经跃升为千万粉丝“大V”。截至2023年8月，大象新闻抖音号粉丝量超2900万，居全省抖音平台新闻资讯类账号首位。大象MCN成为目前河南省数据规模最大的MCN机构，成功实现了成立一年即盈亏平衡的目标。

数字技术与媒体发展深度融合，助推数字河南建设。一方面，政务新媒体“出圈”，政府形象不断提升。各地政务号凭借敏锐的网络感知力，秉持平等互动的理念，以亲切、平等的对话扭转政务媒体“高冷”形象，积累了大量的粉丝，为政务部门成功塑造亲民形象。疫情防控期间，“河南疾控”官方微信公众号凭借“神回复”和自制表情包走红网络，多篇微信文章阅读量达到“10万+”，成功实现“新闻+政务+服务”的三重功能，在舆论场收获了诸多好评。另一方面，媒体融合加快推进基层治理体系和治理能力现代化。主流媒体依托内容生产、信息传播等优势，高度参与智慧城市建设，把融媒体作为基层治理的运营主体，推进全媒体传播体系和基层治理体系一体化发展。项城市融媒体中心以服务基层治理为出发点，建立可视化扶贫大数据、搭建智慧环保大数据平台，实现政务在线管理、在线办理，有效推动基层治理能力提升。

（三）文化河南形象深入人心

河南省立足黄河文化、中原文化、功夫文化、古都文化、红色文化等优势文化资源，推出一系列文艺精品佳作，在国内外产生较大影响，文化河南形象更加深入人心。一是“中国节日”奇妙游系列节目海外“出圈”。近年来，河南卫视打造的传统节日晚会大获海内外用户的关注和喜爱，《唐宫夜宴》《洛神水赋》《龙门金刚》《大戏登场》等节目多次被外交部发言人在海外社交网站上推广。“中国节日”系列节目以“文化+科技”的创作思路，打造文化精品节目，采用双语传播的形式，把中华优秀传统文化推向世界，讲好中国故事、传播好中国声音。二是深耕海外社交媒体平台，展现文化河南形象。河南媒体在国际传播中积极利用 Facebook（脸书）、Twitter（推特）、Instagram（照片墙）、YouTube（油管）、TikTok（抖音海外版）等海外社交媒体平台，与中国外交官、中国驻外使节、国外媒体及记者、海外“网红”等互关往来、双向互动，共同形成传播中华优秀传统文化的扩音器。郑州报业集团旗下的正观新闻于 2021 年 4 月上线海外社交媒体平台，其在 Twitter 上发布的“当老外遇到郑州文化”系列策划、《少林功夫的雨中浪漫》《当〈清明上河图〉活过来》等推文，获得了中国驻外使节的转发，短时间内获得了井喷式的阅读量。三是积极联通政府机构的海外账号形成传播合力。河南媒体在国际传播中积极与政府机构外设的海外账号进行联动，集体发声避免“单打独斗”。河南省文化和旅游厅依托省内丰富文化旅游资源，在多个海外社交媒体平台开设运营“Visit Henan”账号，展示中原文明深厚的历史文化底蕴，较好地提升了河南文旅的美誉度及国际影响力。河南媒体积极与“Visit Henan”账号联动，共同叫响“行走河南·读懂中国”品牌。

二　河南省新闻业年度发展特点

2023 年，河南省大力推进全媒体传播体系建设，全媒体传播体系布局朝系统化方向发展，省级媒体、地市媒体、县级融媒体中心上下贯通的融合发展格局基本实现。媒体融合向纵深推进，地市级媒体活力被进一步激发。2023 年河南省涉农舆情频发，新闻媒体迅速反应、积极应对，成功化解舆论风险。

（一）全媒体传播体系系统化布局

2019 年 1 月 25 日，习近平总书记在中共中央政治局第十二次集体学习时明确提出：“要形成资源集约、结构合理、差异发展、协同高效的全媒体传播体系。”① 2022 年 10 月 16 日，习近平总书记在党的二十大报告中强调，“加强全媒体传播体系建设，塑造主流舆论新格局”②。在习近平总书记系列重要讲话精神的指引下，河南省竭力构建全媒体传播体系，充分发挥好省级媒体中坚力量作用、发挥好地市级媒体中心节点作用、发挥好县级融媒体“最后一公里”职能，贯通省级媒体、地市媒体、县级融媒体三级主流媒体融合发展布局。

首先，河南日报报业集团重点建设大河云融媒机制和顶端新闻，以“一云一端”为抓手，就推进全媒体传播体系建设进行了生动实践。大河云融媒机制是集团全媒体产品生产和传播的“指挥舱”，总控所有的内容数据和用户数据，实现媒体产品内容策划、生产、传播及营销的一体化流程。顶端新闻作为河南日报报业集团倾力打造的平台型媒体，搭载了数据中台以及AI中台两大智能系统，使顶端新闻成为聚合 UGC（用户生产内容）、PGC（专业生产内容）、OGC（职业生产内容）和 MGC（机器生产内容）模式的融合资讯平台。其次，地市级媒体积极挺进新媒体主战场，搭建新媒体传播矩阵，有力提升了新闻媒体的传播力、引导力、影响力、公信力。郑州日报报业集团以“郑州发布”为核心，催生了“郑直播”“郑在办”“黄河评论”等百余个移动新媒体账号，推出了“Where Zhengzhou”对外传播融媒体中心，推动内宣、外宣联动，更加鲜明地展现河南故事及其背后的文化力量。南阳日报社高质量建成“诸葛云”全媒体指挥平台，做大做强“10+1”重点新媒体，共打造 68 个新媒体账号，粉丝量达 4800 万，其中“10+1”新媒体小屏行动入选中国报业融媒体“用得好”案例库。最后，县级融媒体中心建设走在全国前列。河南省共建成 104 个县级融媒体中心，实现了全省范围内融媒全覆盖。禹州市融媒体中心“云上问政”版块采用“媒体+问

① 《习近平：加快推动媒体融合发展　构建全媒体传播格局》，中国政府网，2019 年 3 月 15 日，https：//www. gov. cn/xinwen/2019-03/15/content_ 5374027. htm？ eqid＝bb11d856000027f300000005646c70ef。

② 《守正创新，更好激扬新时代主流价值——2023 党报评论融合发展论坛综述》，中国共产党新闻网，2023 年 9 月 27 日，https：//cpc. people. com. cn/n1/2023/0927/c64387-40086205. html。

政”方式高效率回应用户的意见需求，有效解决了群众急难愁盼问题，为群众解决各类问题的办结率和满意率分别达到97%和95%，成为沟通政民的“连心桥”。

（二）媒体融合向纵深挺进

根据中宣部等三部门联合印发的《推进地市级媒体加快深度融合发展实施方案》的安排部署，全国共遴选出60个市（地、州）作为试点开展市级融媒体中心建设工作，河南省有安阳市、鹤壁市、驻马店市、许昌市4市入选。自试点工作启动以来，各地市紧抓建设试点单位机遇，高标准、高效率、高质量推进媒体改革融合，有效避免了地市级媒体在全媒体传播体系建设中陷入“腰部塌陷”的尴尬境地。安阳市融媒体中心成立于2021年7月，具有先行者优势。2023年以来，安阳市融媒体中心重点打造“1+6+N”的新媒体矩阵，即围绕安阳融媒客户端1个终端，整合安阳融媒新浪微博号、微信公众号及视频号、抖音号、今日头条号、快手号等6个第三方平台账号，加上各频道、各部门、各县区中心站等N个第三方平台账号，共同构建全媒体传播体系。鹤壁市融媒体中心于2022年12月底举行揭牌仪式，象征着鹤壁市媒体融合正式进入快速挺进阶段。鹤壁市融媒体中心充分整合采编力量搭建报、台、网、端、微等矩阵平台，竭力打造集“新闻+政务+服务+商务”于一体的多元运营格局，媒体深度融合发展取得了阶段性成效。驻马店市融媒体中心于2023年2月正式挂牌成立，设置了指挥调度大厅、影视外采基地、影像中心、演播室等配套设施，配备有指挥调度系统、移动采编系统、大数据分析系统、舆情监测系统、智能媒资系统等九大系统，实现了各媒介平台资源共享，重大宣传活动统一指挥、调度。2023年2月，许昌市下发《许昌市融媒体中心试点建设实施方案》。根据方案，将以许昌市委宣传部为主导，由许昌日报社筹建市融媒体中心，着力推进以新闻信息服务、政务生活服务、智慧社区服务、舆情智库服务、城市形象宣传、传媒产业发展为内容的六大业务集群建设，力争建成新闻宣传、政务服务、民生应用、市场运营“四位一体”的市级融媒体综合体。

（三）突发事件应对能力明显提升

河南省是农业大省，肩负着保障国家粮食安全的重任。2023 年上半年，河南省涉农类舆情高发，引发网友高度关注。2023 年 3 月，杭州日报官方抖音号发布标题为《村民收割青小麦，“做饲料割回家喂牛”》的短视频，配音提示河南开封村民收割青小麦做饲料回家喂牛。视频一经发出，在抖音平台引起网友热烈讨论。此事件在网络上发酵后，先是当地农民发视频澄清村民们收割的是一种名为荠荠菜的野菜，而非青小麦。随后河南省各媒体平台快速跟进，#杭州日报“五谷不分”#的词条马上在全网传播开来，谣言不攻自破。2023 年 5 月底、6 月初，“河南遭遇烂场雨”“收割机滞留高速”事件集中爆发，引发社会广泛关注。2023 年 5 月下旬以来，河南多地出现大范围持续阴雨天气，降雨期与豫南地区小麦成熟期高度重合，严重影响正常的麦收工作。连续多日的降雨，导致小麦出现发芽、霉变。与此同时，在抖音平台上一位用户发视频称“河南南阳上百台收割机滞留高速”，造成农民无法及时完成收割。另一条消息来源，则是自称是收割机车手发布的，在视频中该车手表示因自已未办理“跨区作业收割证”在下高速时遇到麻烦，已在高速滞留 5 天。原本因果关系并不大的新闻，集中爆出后很快形成“收割机下高速被阻、延误收麦、导致小麦发霉”的传播焦点。事件发酵后，河南媒体迅速行动，顶端新闻报道指出河南大范围持续性降雨导致麦田积水严重，降雨前小麦不成熟未达到收割条件，降雨后刚刚成熟的小麦出现倒伏、发霉、发芽的现象，而积水也导致收割机无法立刻下地开展收割工作。针对网民关心的“收割机无法下高速”问题，媒体经调查后发现确有收割机未办理《超限运输车辆通行证》而导致查验缓慢造成出站通行缓慢，但网传“数百辆车拥堵 5 天”的情况并不存在，系为谣言。最后，针对降雨导致的农民小麦减产、质量问题，河南日报新闻客户端报道了省财政紧急下拨 2 亿元专项用于小麦烘干，顶端新闻报道了河南应急抢收、烘干晾晒重点措施。媒体的跟进报道及时化解了不良舆论进一步发酵的风险，并展现了河南全省上下千方百计保障夏粮颗粒归仓、最大程度降低农民损失的决心及实际行动，成功扭转了社会舆论风向。

三　河南省新闻业发展存在的问题及挑战

媒体技术在不停地更新迭代，新闻业发展与时俱进的同时，也伴随着诸多挑战。回顾河南省2023年新闻业发展历程，媒体平台发展整体上难以抵御商业平台的冲击，且与媒体市场需求之间存在一定偏差；传统媒体产业整体上呈现削减趋势，广告业发展动力不足，收入持续下降；随着生成式人工智能技术（AIGC）的发展，各类技术性概念被引入媒体行业，成为各级媒体争相探索的新方向，这就导致出现媒介前沿技术应用投入与产出不对等的问题。

（一）媒体平台与市场需求之间存在偏差

随着媒体深度融合的发展，培育自主可控的平台是各大主流媒体进行融合转型的重要举措，并在平台建设方面取得显著进展。但是随着媒介生态的不断演化，媒体市场及媒介用户对平台使用产生新的需求，但是主流媒体平台对此往往缺乏预见性及灵活性，因此媒体平台建设与市场需求之间的偏差难以避免。尤其是随着AIGC技术的成熟与发展，主流媒体平台的信息传播有效空间遭受到多方挤压，主流媒体平台面临传播破圈难的困境。纵观2023年河南省新闻业发展情况后不难发现，当前主流媒体融合已跨过以融合1.0的产品为主阶段，迈入以平台为主的融合2.0阶段，中央厨房、两微一端、“社交+服务”已经成为目前媒体平台的标配。但是在媒体技术快速迭代的背景下，媒介生态已经进入以智能生态为核心的融合3.0时代。AI、智能场景匹配、快应用等媒介技术已经融入用户日常生活，但是对于主流媒体而言仍需借助商业平台的渠道来实现智能媒体的技术实践。但仍有部分媒体平台建设停留在“平台靠外包　内容靠填充”的融合1.0阶段。媒体平台建设与媒体市场发展需求之间不匹配，导致用户黏性低、集聚度不高，不利于媒体平台的长久发展。

（二）传媒产业发展动力不足，收入持续下降

河南省传媒产业抓住数字经济发展机遇，大力推进产业数字化转型，虽在部分领域取得一定成绩，但是目前全省传媒产业整体实力在全国排名不容乐观。一是传媒产业整体优势不突出。一方面，传媒传统产业营收能力弱。图书、报刊、广电、广告、电影等作为传媒传统产业，整体呈现削减趋势。尤其是广告营业收入，自 2016 年后达到历史最高值后逐年下降（见表 2）。2019 年，河南省广告营业收入在中部六省排名中居第 5 位（见表 3）。另一方面，传媒新兴产业中新的经济增长点不显著。网络游戏、短视频、数字音乐、数字阅读等是增长潜力最大的细分市场，内容付费、数据贸易、粉丝经济在传媒产业数字经济增长中扮演着重要角色。目前，河南省传媒产业在新兴领域仍处于拓荒阶段，尚未形成明显的产业竞争优势。二是内容“变现”模式有待进一步明确。自河南卫视凭借“中国节日”系列节目打开知名度后，河南卫视团队先后承接拍摄了杭州第 19 届亚运会形象宣传片《弄潮》及成都世界大学生夏季运动会宣传片《蜀道开，大运来》，收获了全国各地网友的一众好评。此外，由河南卫视团队主创的河南省第 14 届运动会暨第 8 届残疾人运动会开幕式创意再现“万国来朝”的丝路盛景，获得网友盛赞。河南广播电视台成功立住了“文化河南”的 IP，并且成功赢得网友的喜爱和关注。如何进一步将文化内容优势转化为产业融合发展优势，是亟须解决的一大问题。

表 2　2015～2019 年河南省广告营业收入

单位：万元

2015 年	2016 年	2017 年	2018 年	2019 年
1408515	1432600	1390442	1382088	571880

资料来源：根据历年《中国文化及相关产业统计年鉴》数据整理。

表 3　2019 年中部六省广告营业收入

单位：万元

省份	经营额	省份	经营额
湖南	3553582	江西	875181
湖北	2303320	河南	571880
安徽	1652791	山西	198970

资料来源：根据历年《中国文化及相关产业统计年鉴》数据整理。

（三）前沿媒介技术应用投入产出不对等

2023 年，媒介前沿技术应用层见迭出，各类新技术、新概念涌向媒体产业，成为业界探索实践的新思路。2021 年的元宇宙概念、2022 年的 AIGC 概念给新闻产业带来巨大冲击，究竟应该如何运用前沿媒介技术赋能媒体深度融合发展、推动全媒体传播体系建设，成为困扰各级主流媒体的一大难题。简而言之，跟风般地布局前沿技术应用忽略媒体发展的实际基础、不注重投入产出比，最终可能影响全媒体传播体系建设成效，影响主流舆论新格局的塑造。以 AIGC 的发展为例，2022 年底、2023 年初 ChatGPT 问世，迅速引爆了 AIGC 的概念及技术应用落地。百度作为互联网企业迅速跟进，联合人民网推出了生成式对话产品“文心一言”。各大主流媒体在此基础上与百度开展合作，共有 30 余家媒体宣布接入“文心一言”，成为智媒生态合作伙伴，其中包括河南省大象新闻及大河网。客观地讲，主流媒体确应保持对新技术的敏感性，积极拥抱媒体产业的智能化转型。但是媒介技术具有复杂性和不确定性，尤其是 AIGC 技术在内容的生成、审查方面还存在一定缺陷，以及技术本身带来的版权问题、伦理问题都是主流媒体不得不面对的新挑战。此外，AIGC 技术的大规模应用，极有可能导致媒体内容的同质化、平庸化，会严重削弱内容的原创性及创新性。

四　河南省新闻业发展的未来趋势及发展建议

2023 年，河南省新闻业发展取得诸多成果，媒体产业缓慢恢复元气，技术融合创新推动新闻业高质量发展，文化河南形象在用户心中越扎越深。2023 年的新闻传播业在全媒体传播体系建设、媒体深度融合、应对突发舆情事件方面积累了充足的实践经验。但同时，媒体平台与市场需求之间存在偏差、传媒产业发展动力不足、前沿媒介技术应用投入产出不对等方面存在难以忽略的隐患。未来的新闻传播业将沿着智能化、数字化、创新型方向发展，持续提升媒体发展质量。

（一）智能化治理成为平台建设新思路

媒体平台建设是媒体主动融入智能互联媒介生态和国家治理体系的重要渠道。回看新闻传播业发展进程，可以发现媒体融合是一种手段、一种措施，建设全媒体传播体系则是终极目标，而全媒体传播体系则又服务于国家治理体系和治理能力的现代化。因此，媒体平台建设必须打破搬运媒体内容的僵化思维，而要努力激活媒体平台的社会治理及服务功能。对于地方媒体而言，应努力打造智能化区域综合治理平台，全方位连接政府、企业及个人，从而实现社会治理水平提升。媒体平台运用媒介技术为相关部门搭建服务系统，或是在媒体自身平台上开设社会治理服务功能，创新“媒体+政务+服务”模式，从而实现高效率的社会治理以及媒体用户黏性的增加。如，大河网为河南省人力资源和社会保障厅搭建“技能河南”平台，为技能人才打造全面化、高效能、精准化的政务服务平台，从而助推河南建设技能人才高地。

（二）传媒产业数字化发展趋势明显

2023 年，人工智能产业随着 ChatGPT 的爆火开始逐渐回暖，在此影响下传媒产业数字化的趋势进一步加强。随着《数字中国建设整体布局规划》发布，媒体发展与数字政府建设更加紧密，数字经济与实体经济加速融合，传媒产业中数字经济所占的比重将会不断攀升。河南新闻业应抓住产业数字化的发展机遇，努力扭转传媒产业优势不突出的不利局面。一方面，积极创新数字技术产业转换场景，找准发展数字经济切入点。如积极融入文旅文创融合发展战略，积极配合“行走河南·读懂中国”文旅品牌塑造，开展数字化文旅宣传，研发数字化文旅产品，从而提高文旅市场内智慧文旅市场的份额。另一方面，积极推动数字技术改造传媒产业，拓展数字经济增长空间。加快布局产业数字化项目，以数字化赋能传媒产业高质量发展。例如，中原出版传媒集团参与建设郑州数据中心，该中心打造的数字版权、数字服务、数字产品等非结构化数据的交易，将有利于推动中原出版传媒集团从传统的图书出版商向数字产品服务商过渡。

（三）内容创新是激活媒体潜力的关键

传媒行业所涵盖的内容无一不是在进行文化输出，展现好文化内核是影响传媒行业竞争力的关键。因此，内容建设既是媒体融合始终坚持的重点方向，也是关乎媒体发展活力、潜力的关键。2023 年，媒体融合进入到深入融合发展的第十年。十年间，5G、VR、AR 等媒介技术已经逐渐成为各级媒体的基础配置。在技术创新的大背景下，媒介内容创新依然是媒体生存的黄金法则。随着国潮文化兴起、“Z 世代”成为媒体占有及使用的“生力军”，传统文化要素的融入实现了对内容资源的盘活，激发了媒体的创新、创造活力。借助传统文化元素，有效提升了文化节目的深度与高度，同时也紧紧贴合了“Z 世代”用户的媒介使用需求，从而成功推动主流媒体实现内容“破圈”。如河南卫视 2023 年推出文化节目《中国家宴》，以“影视演绎+文化访谈”的形式带领观众体验传统文化中宴饮的礼仪之美和仪式感，网友们留言大赞节目“人美、景美、菜美、文化美”。新闻传播业的未来发展，应是技术创新与内容创新并驾齐驱，并且是以内容创新推动媒体影响力提升，从而驱动媒体实现高效融合与转型。

参考文献

［1］胡正荣、黄楚新主编《新媒体蓝皮书：中国新媒体发展报告（2023）》，社会科学文献出版社，2023。

［2］崔保国、虞涵：《2023 年中国传媒产业发展报告》，《传媒》2023 年第 15 期。

［3］郭全中、张金熠：《自主平台建设：地市级媒体深度融合的关键点研究》，《南方传媒研究》2022 年第 6 期。

［4］董林：《构建“两大枢纽”，建设现代传播体系——河南日报报业集团“一云一端”建设的探索与思考》，《新闻战线》2021 年第 23 期。

B.8

河南文化对外传播的实践与策略研究报告

秦 玉*

摘 要： 近年来，在省委、省政府的高度重视和大力支持下，河南依托省内深厚的历史文化底蕴，文化对外传播取得了一定的成就。通过搭建国际传播矩阵、举办节展赛事、开展研学活动、实施“翻译河南”工程等一系列措施，河南文化的国际影响力得到了进一步提升。但河南文化对外传播还存在一些问题：对外传播内容有待丰富，对外传播载体有待拓宽，对外传播受众分析有待深入。建议优化传播内容，夯实河南文化对外传播基础；构建多元化传播渠道，提升河南文化对外传播效能；加强对传播受众的研究，有针对性地提高传播效果。

关键词： 河南文化 对外传播 国际影响力

“一部河南史，半部中国史”，河南作为中华文化的重要发源地，有着悠久的历史文化。习近平总书记在党的二十大报告中指出，要“加强国际传播能力建设，全面提升国际传播效能，形成同我国综合国力和国际地位相匹配的国际话语权。深化文明交流互鉴，推动中华文化更好走向世界”①。这一重要论述为在新的形势下开展文化对外传播工作提供了根本遵

* 秦玉，河南省社会科学院文学研究所（黄河文化研究所）副教授，主要研究方向为外国语言学及应用语言学。

① 习近平：《高举中国特色社会主义伟大旗帜 为全面建设社会主义现代化国家而团结奋斗——在中国共产党第二十次全国代表大会上的报告》，人民出版社，2022，第46页。

循。河南文化是中华文化的重要组成部分，推进河南文化的对外传播是时代赋予的历史使命。因此，依托河南厚重的历史底蕴，整合文化资源，选择有效的对外传播策略来展示河南文化、助力中华文明走向世界，是当前社会各界义不容辞的责任和义务。

一　河南文化对外传播的基本现状

一年来，河南聚焦生动宣传阐释习近平新时代中国特色社会主义思想，进一步加强文化对外传播统筹谋划，推动文化交流、文化传播协同发展。着力打造“行走河南·读懂中国”文化外宣品牌，以特色文化资源为依托，加强对外文化传播。

（一）以搭建国际传播矩阵为契机，增强河南文化的国际表达力

传播矩阵一般由视频分享平台、社交媒体平台、新闻客户端、公众号等新媒体平台构成，利用每个平台的优势并建立联系，达到用户流量的互通和内容的传播，进而扩大受众规模和影响力。自 2022 年 5 月河南国际传播中心启动建设以来，发布信息覆盖了 100 多个国家和地区，信息总传播量多达 6 亿多次。[①] 该中心打造了一个河南的专属外宣品牌“HiHenan”（嗨，河南），包括 HiHenan. cn 英语网站，HiHenan 英语 App，覆盖了包括 Facebook、Twitter、YouTube、Instagram 等多个海外主流社交平台。这个传播矩阵围绕“老家河南”“天下黄河”“中国功夫”等文化 IP，以创新的方式传播河南优秀文化。河南省文化和旅游厅建立了以“Visit Henan”为 IP，覆盖了境外多个主流社交媒体的传播矩阵，该新媒体矩阵以原创图片和短视频为主要产品形式，以少林功夫、太极拳、甲骨文等富有河南地方特色的文化符号为话题，以“行走河南·读懂中国”品牌为导向，持续

① 《河南国际传播中心揭牌成立》，河南省文化和旅游厅网站，2023 年 6 月 22 日，https://hct. henan. gov. cn/2023/06-22/2765400. html。

向世界宣介河南文化精髓。2022 年新媒体国际传播综合影响力指数升至全国第二①，Facebook 的单项传播影响力指数排名跃居全国第一②。2023 年第一季度，共发布各类帖文 651 条，吸引粉丝超 96 万，吸引 30 多个中国驻外使领馆官方账号的点赞关注，视频“少林真功夫，轻功地躺拳”获赞 1.5 万余次，播放量高达 59 万余次，截至 3 月底，甲骨文相关的外宣报道传播量高达 147 万余次。③

（二）以节展赛事为平台，扩大河南文化品牌国际影响力

2022 年 10 月，第十届中原（固始）根亲文化节在河南固始举行，根亲文化节取得了良好的政治、经济、文化效益，已成为中原文化对外交流合作的重要平台。嵩山论坛 2022 年年会在郑州以线上论坛的形式举办，为华夏文明和世界其他文明提供了一个交流互鉴的平台，开辟了一条以“请进来”的方式促进中华文化“走出去”的道路。2023 年 4 月，来自海内外的华夏儿女齐聚河南新郑黄帝故里，拜祭人文始祖轩辕黄帝。寻根拜祖活动构筑了中华儿女的精神家园，增进了海内外中华儿女的民族认同感和文化认同感，是河南文化对外传播的重要窗口。2023 年 4 月，第四届世界古都论坛在洛阳举行，促进古都城市之间的交流，提升了河南古都文化的国际影响力。2023 中国（郑州）国际旅游城市市长论坛在郑州举办，吸引了众多国内外旅游城市的市长参会。本次论坛为河南搭建了国际展示、交流与合作平台，促进跨文化理解和交流，提升了河南的知名度和吸引力。9 月 16~18 日，2023 世界大河文明论坛在郑州举办。300 多位中外专家学者以“文明交流互鉴·发展共创未来”为主题进行交流研讨，加强同世界各地的文化交流，促进了文明互鉴。9 月 16~17

① 《河南省文化和旅游厅新媒体国际传播综合影响力居全国第二位》，河南省文化和旅游厅网站，2022 年 12 月 28 日，https://hct.henan.gov.cn/2022/12-28/2663381.html。

② 《河南省文化和旅游厅新媒体 Facebook 传播影响力居全国第一位》，河南省文化和旅游厅网站，2022 年 12 月 28 日，https://hct.henan.gov.cn/2022/12-28/2663383.html。

③ 《河南文旅外宣持续“出圈”》，河南省文化和旅游厅网站，2023 年 8 月 9 日，https://hct.henan.gov.cn/2023/08-09/2794345.html。

日，“嵩山论坛”2023年年会以“自强不息厚德载物——展望天下文明”为主题进行了国际学术研讨活动。2023年中国（郑州）黄河文化月活动在郑州拉开帷幕，该活动全景式展现了黄河文化之美，让世界通过黄河文化加深对河南的了解，进一步读懂了中国。2023年9月，第十一届中国·焦作国际太极拳大赛在焦作举行，这个活动进一步加深了太极文化符号的国际影响力。

（三）以研学活动为依托，赋能河南文化国际触及力

2022年8月，2022年线上中华文化大乐园——欧洲园（第十四期）在平顶山举办，来自英、法、德等国的400余名华裔青少年参加云端学习，本次活动展现了中原传统优秀文化的独特魅力。同月，20余国的30余名侨领参加河南海外侨领国情省情研修班，充分领略了河南传统文化、红色文化的魅力，增进了中外人文交流。2023年春节期间，组织全球太极拳弟子云拜年活动，相互送祝福、共练太极拳。2023年5~6月，“一带一路”国际青年走读河南活动在信阳举办。来自15个国家的专家和留学生在感受中华传统文化的同时，还体验了中国式现代文明的河南实践。2023年6月，南阳举办了十八国中外友人共话端午活动。来自多个国家的留学生和外教通过包粽子、做香囊等活动体验中国端午习俗，感受中华传统文化的魅力。2023年7月，2023年“Z世代”中国功夫（太极拳）国际化推广“请进来”活动训练营在焦作启动，60余名留学生开启太极文化感受之旅。通过与太极拳近距离的接触，留学生们对河南历史文化有了更深刻的理解，提升了河南历史文化在海外年轻人中的传播力。2023年8月，2023“一带一路”共建国家青少年“汉语桥”夏令营活动在河南开展，来自共建“一带一路”12个国家的20名营员参与了活动，进一步增强了河南文化的国际触及力。

（四）以“翻译河南”工程为抓手，提升河南文化国际阐释力

“中华源·河南故事”系列丛书助力河南外宣。为深入学习贯彻习近平总书记关于外宣工作的重要论述，2018年上半年河南省委外办启动了“翻

译河南”工程，此项工程旨在以语言为桥梁，将河南有代表性的文化符号推向全世界。“中华源·河南故事”以中原文化为依托，中外文对照编写，向全世界展示了发源于河南的中华优秀文化和新时代河南的发展成就。2020年和2021年间对外发布了两批二十个分卷双语套书，2023年7月对外发布了第三批十个分卷双语套书，丛书被中国外文局列入“中国思想文化术语多语种对外翻译标准化建设”重要项目成果。[①] 2023年4~5月，该丛书在巴黎博览会上受到国外读者的好评，引起强烈反响。

河南推进国际化语言环境建设。“翻译河南”工程的另外一个重要举措是制定外译标准和规范公共服务领域外语标识。标准的外语标识语能为境外游客提供更好的文化体验，为文旅文创融合战略提供语言基础。早在2019年5月河南省委外事办就发布了《河南省公共服务领域英文译写参考（试行）》，为河南各个行业英文译写提供了一个参考标准并上线了河南公共服务领域英文译写在线查询系统。2023年1月，河南省十四届人大常委第3次主任会议将《河南省国际语言环境和国际传播能力建设促进条例》列入2023年度调研项目。[②] 2023年4月，郑州市公共服务领域外语标识标准化技术委员会揭牌仪式暨第一届委员大会在河南大学郑州校区举行。该委员会根据郑州特色，制定郑州公共服务领域外语标识地方标准并推广实施。

二　河南文化对外传播存在的问题

尽管河南文化对外传播取得了一定的成就，在国际上的影响力有了相对的提升，在海外的知名度也有所提高，但与厚重的文化底蕴相比，河南文化的对外传播效果还是相对较弱。文化的传播力还没有完全被挖掘出来，文化

① 《第三批“中华源·河南故事”中外文系列丛书新闻发布会》，河南省人民政府网站，2023年7月6日，https：//www. henan. gov. cn/2023/07-06/2773884. html。

② 《“法式”生活丨扮靓河南“国际范”这个条例列入省人大常委会调研项目》，大河网，2023年2月27日，https：//news. dahe. cn/2023/02-27/1194454. html。

繁荣所带来的经济效益和社会效益也没有被充分激发。从目前的状况来看，河南文化对外传播存在的问题主要表现在以下几个方面。

（一）对外传播内容有待丰富

第一，对外传播的河南文化内容相对集中。河南是中华文化的重要发源地，具有丰富的文化资源。但是就目前来看，少林功夫、太极拳、甲骨文，洛阳、开封、安阳这些文化元素在海外具有一定的影响力，对外宣传的内容也大多集中在这些文化元素上，河南其他的文化元素在海外的知名度还是相对较低。因此，对外传播的内容需要囊括更多的文化元素，全方位多角度地向世界展示多彩的河南。

第二，河南文化对外传播内容还存在重传统轻现代的现象。在河南文化的对外传播过程中，内容多集中在优秀传统文化，对河南的革命文化和社会主义先进文化传播的比较少。传统文化是河南文化的“根”和“魂”，革命文化和社会主义先进文化也是中国特色社会主义文化的重要部分，对外宣传也需要给予足够的重视。

第三，对外传播的内容在河南文化的意蕴阐释上还不够深入。目前，河南文化对外传播侧重于文化表层意义的呈现，将典故、民俗、戏曲、景点、城市等当作文化符号以浅层展现，对这些文化符号背后所蕴含的深层哲理和价值缺乏足够的阐发。

（二）对外传播载体有待拓宽

“承载文化交流的载体应该是多元化、多渠道的，可以是政府与政府之间的以国家利益为中心的交流，学者与学者之间的文化交流，民众与民众之间的交流。”[①] 近年来，河南也开展了多种多样的文化交流，但大部分文化对外宣传主要是依靠行政渠道来实现的。官方的宣传形式通常是宏观的、规范的、理论化的，这种方式可能不会产生很好的宣传效果。官方

① 张颖：《全球视野下“中华文化走出去”的现实困境与对策思考》，《湖北省社会主义学院学报》2023 年第 2 期。

话语体系往往采用固定的语篇模式、严肃正式的语气，情感因素支撑不足，无法引起普通民众的兴趣，不能达到共情的效果。通俗的、非正式的叙述方式更容易引起大众的关注和共鸣。目前，河南对外文化传播主要由官方媒体来主导，民间力量参与的相对较少。河南的涉外企业，社会组织和个人也应该积极加入对外文化传播的大军之中，发挥自身优势，有意识地进行河南文化的国际传播。因此，需要进一步创新文化传播模式，丰富传播载体，充分调动市场积极性，形成多主体、多平台、多模式并行的文化传播渠道。

（三）对外传播受众分析有待深入

在文化对外传播的过程中，往往注重传播主体的能动作用，在一定程度上忽视了对传播受众的深入分析。在接收信息时，受众对于外来文化的感知是建立在自己原有的文化体系基础上的。由于文化习惯、思维方式、认知特点和精神需求的不同，不同文化语境的受众对于同一个传播材料的接受程度也是不同的。倘如对受众缺乏足够的研究，会使传播效果大打折扣。媒介文化理论家斯图亚特·霍尔认为，在信息传播过程中，只有当信息接收者接受并认同传播内容，传播才具有有效性。因此，要增强河南文化对外传播的效果，就要注重对受众接受特征的分析。根据受众所处的文化体系，采取其易于接受的传播方式，做到精准传播、有效传播。

三　河南文化对外传播的策略

美国传播学者拉斯韦尔提出传播五要素的概念，即传播内容、传播主体、传播渠道、传播受众、传播效果。其中，传播内容是传播行为的基础，起到重要的作用；传播渠道是信息传播和流动的通道，对于提升传播效能至关重要；传播受众是信息的接收者，是评估信息传播效果的关键所在。因此，河南文化对外传播要充分关注传播内容、传播渠道和传播受众三个要素，采用适当的传播策略。

（一）优化传播内容，夯实河南文化对外传播基础

传播内容是信息传播过程中的重要环节，一切传播行为的发生都是以传播内容为基础的。传播内容是否能够被受众接受，是评估传播行为成功与否的重要依据。河南文化对外传播的内容是讲好河南故事，提高河南文化国际影响力的基础。

第一，对外传播的内容应该尽可能涵盖河南文化的各个方面。河南是中华文明的起源地，文化资源丰富，比如名人文化资源、古都文化资源、寻根文化资源、戏曲文化资源、佛教文化资源、武术文化资源、文字文化资源、饮食文化资源等。对外传播的内容应该涉及到每一种文化资源，而不是集中在某些文化元素上。

第二，除了要传播河南优秀传统文化外，还应该包含反映河南人民大众革命精神的革命文化和蕴含着艰苦奋斗、勇敢向上的社会主义先进文化。比如代表中国共产党人初心使命的焦裕禄精神、令人惊叹的世界第八大奇迹红旗渠、习近平新时代中国特色社会主义思想在河南的生动实践、河南特色的乡村振兴之路、“四路协同”的创新模式等。

第三，对特色鲜明的文化元素进行提炼，推进文化的创造性转化和创新性发展。河南有着丰富的具有地域特色的文化资源，挖掘文化元素的时代意蕴并进行创造性转化和创新性发展，是对外传播、提升文化软实力的重要方向。例如，2021 年，由河南广播电视台打造的《唐宫夜宴》和《博物馆奇妙夜》两个节目对传统文化进行了转化和再创造，在国际社交媒体平台引起了广泛共鸣。同时，对外传播的内容如果只是口号式的抽象表达，只是对河南文化进行简单“搬运”，将无法展示其深厚的文化价值。综合运用图画、音乐、微视频等现代新媒体技术，以国外受众易于接受的方式来讲述河南故事，使其思想内涵“活”起来，贴近受众的生活，传播效果会事半功倍。坚定文化自信，整合河南文化资源，优化对外传播内容，夯实对外传播基础，全方位展示河南文化精髓，让世界深入了解河南。

（二）构建多元化传播渠道，提升河南文化对外传播效能

文化传播需要多元化渠道，多管齐下才能突破传播力不强的瓶颈，如果只依靠官方渠道，文化传播可能无法取得理想的传播效果。应该发挥多元主体的传播力量，打造一个立体、全方位的对外传播平台。

第一，以河南涉外企业为载体，探索文化传播新途径。企业要销售自己的产品或者对外合作，需要进行文化宣传，增进了解。文化认同是商业合作的重要基础，海外客户如果对一个企业的文化或者所在国家的文化有很高的认同感，有利于促成商业合作。

第二，以教育交流为平台，打造文化传播新高地。首先，随着高等教育的发展，越来越多的河南高校与海外高校合作建立中外合作办学项目，这也是文化交流的一个重要渠道。应该鼓励符合条件的高校根据自身学科优势，找准定位，在河南高校设置合作办学项目或者是在境外高校设置海外分校，“请进来”和“走出去”相结合。其次，在河南生活和学习的留学生也是文化对外传播的重要主体，应该充分发挥他们讲述河南故事的先天优势。因此，高校在课程设置时可以把具有河南特色的文化资源和留学生教育有机结合起来，加深其对河南文化的认同感，增强其传播河南文化的动力和意愿，成为河南文化的“国际讲述者”。

第三，以新媒体为依托，构建数字化的传播途径。当前，新媒体和传统媒体一道以文字声像并茂方式传播信息，极大地提高了传播效果。河南文化对外传播既要发挥传统媒体的优势，又要借助新媒体的长处，形成线上与线下相结合，全覆盖、多层次的文化传播载体。数字化、视觉化是当代全球信息传播的趋势，已经体现巨大的优势。新媒体能在短时间内对受众产生强大的情绪调动作用，引导舆论走向。河南文化对外传播要注重以新媒体为载体，加强信息数字化的转化，主动增强文化 IP 的数字化转化和创新，推进数字赋能文化对外传播的多元转化和创新模式。传播主体可以充分利用虚拟现实、增强现实等新兴科技为河南故事插上科技翅膀。目前，App 应用产品在人们信息生活中占有重要地位，

可以针对国外移动用户打造以河南文化 IP 为内容的 App 应用产品，提高河南文化的触及率。

（三）加强对传播受众的研究，有针对性地提高传播效果

受众是信息传播的接收者，是信息主体之外最重要的传播要素。尤其是在新媒体兴起的背景下，受众从信息被动接收者变成自主筛选者。当信息被受众认可时，他们很有可能通过点赞、转发等方式变成信息的二次传播者。传播受众对于信息的接受和判断会受到其所处的文化背景、生活习惯、社会阶层等因素的影响。如果不考虑受众的民族特征，信息的传播就会出现文化折扣现象。河南文化对外传播过程中，不能只传播我们自己想传播的，要根据受众的特点和反馈制定相应的传播策略。

第一，根据受众的文化背景，制定传播策略。不同的文化背景赋予了各个民族特色的文化，文化对外传传播要跨越思维、价值观的障碍。在深入了解区域受众的价值取向、意识形态，挖掘文化共同点，进而把要传播的内容以受众容易接受的方式阐释出来，有的放矢。对外传播河南文化，应该加强对传播受众文化背景的研究。例如，和亚洲邻国进行文化交流时，可以将河南文化中的儒家文化作为一个切入点，扩大文化共识，进而提高传播效果。向西方国家受众介绍张仲景时，可以把他和西方医学界的“医圣”盖伦进行比较，以两者在中西医的同等重要地位作为切入点，容易让受众产生文化共情，增强河南中医文化和名人的亲和力，促进跨文化交流。

第二，根据受众所处的媒介文化环境，制定传播策略。处在不同媒介文化环境的受众会形成不同的信息接收方式，对信息形式的选择也会有差别。当前，新媒体在全世界范围内发展迅猛，大大改变了人们的信息接收方式。大多数人的信息接收方式从传统媒体转向了新媒体，但仍然有一部分偏好传统媒体。例如，针对“Z 世代”青年，由于其接受新鲜事物能力强，擅长使用社交媒体平台，文化传播的内容和方式都要考虑其群体特征。河南文化对外传播要关注科技发展引起的传播渠道和传播形态的变化，同时结合“Z 世代”关注的信息主题，采用该群体易于接受的叙事方式。

第三，根据受众对传播信息的反馈，适时调整传播策略。反馈是指受众对接收到的文化传播信息做出的反应，传统的信息传播是单向的，传统信息传播渠道无法形成畅通的反馈通道。当下兴起的新媒体可以弥补传统媒体的这一缺陷，具有即时、高效、互动性强等特点。河南文化对外传播主体要及时关注社交媒体平台及 App 留言专区的评论，收集信息反馈并和传播受众建立联系。同时，也可以通过在国际传播平台开设论坛、发放调查问卷等形式获取受众数据，捕捉受众意向，精准掌握国际受众的喜好，根据他们的信息诉求和真实感受改进传播内容和形式，调整传播策略。

参考文献

[1] 王玉龙:《中华文化国际传播效能提升的现实困境与实践路径》,《文化软实力》2023 年第 2 期。

[2] 殷乐、申哲:《创新构建中华文化对外传播话语体系》,《新闻战线》2022 年第 6 期。

B.9

2023年河南省戏曲传承发展调查报告

张洪艳*

摘　要： 戏曲是中华优秀传统文化的瑰宝，对于传承和建设中华民族现代文明具有示范和导向作用。河南作为戏曲演出和戏曲种类大省，拥有豫剧、曲剧、越调、坠剧、四平调等数十种地方剧种。目前，河南在戏曲的制度保障、建设良性演出生态、对外交流、剧本扶持、奖项引领等传承方面做了很多工作，但要实现戏曲传承的深入发展，尚需要采取打造文旅戏曲品牌、深化云端展演、创新展示载体、构建人才遴选机制等有效措施。

关键词： 戏曲　文化传承　河南

河南地方戏曲种类繁多，其中以豫剧最具代表性。豫剧又名河南梆子，是中国四大剧种之一，以声腔高亢激昂、表演生动活泼而著称。2023 年，河南深入贯彻落实《关于支持戏曲传承发展的若干政策》《关于实施中华优秀传统文化传承发展工程的意见》等文件的相关部署，以习近平总书记在文化传承发展座谈会上的重要讲话精神为指导，充分发挥戏曲在传承中华优秀传统文化和建设中华民族现代文明中的独特作用，深入挖掘和盘活具有河南特色和符合时代精神的戏曲资源，推广优秀戏曲文化事业的传播普及以及传承发展。2023 年也是河南戏曲发展创新之年，有关部门在队伍建设、剧本创作、舞台演出、公共服务、文旅研究等方面稳扎稳打，对于打造新的河南文化名片、提升河南文化影响力、助力河南城市现代化建设起到了积极的作用。

* 张洪艳，河南省社会科学院文学研究所（黄河文化研究所）助理研究员，主要研究方向为中国现当代文学。

一　发展现状

习近平总书记在文化传承发展座谈会上的讲话[①]，指明了新时代中国文化发展的方向，成为建设传承中华民族现代文明的根本遵循。为了更好地发挥戏曲艺术在建设中华民族精神家园、打造华夏历史文明传承创新区中的独特作用，河南紧紧围绕建设文化强省的责任目标，戏曲传承发展工作正在稳步推进。

（一）不断优化顶层设计，完善相关制度建设

政策是戏曲整体发展的重要保障。近年来，河南省人民政府、河南省文化和旅游厅等相关部门对河南地方戏曲的传承发展给予高度关注，先后出台了一系列政策文件，给予政策支持和资金保障，其目标在于夯实戏曲发展的文化自信，构建戏曲演出的生态基础，激活戏曲传播的基层活力。河南省人民政府办公厅《关于支持戏曲传承发展的实施意见》自2016年实施以来，河南积极开展地方戏曲剧种普查和保护工作，实行地方戏曲振兴工程，开展戏曲文化研究，支持各级文化部门为戏曲展演提供场所，重点资助基层与民营戏曲团体，鼓励现实主义戏曲剧目创作，加强戏曲青年表演人才培养。为进一步拓展戏曲传承发展的路径，提高戏曲在青少年群体中的文化影响力，2016年河南出台《关于印发河南省“戏曲进校园”活动工作方案的通知》，至2023年，“戏曲进校园”活动使戏曲艺术有效融入校园文化建设，戏曲课堂、戏曲社团、戏曲演出等文化形式丰富了学生的业余生活，培养提升了学生的审美观。

2018年，郑州探索建立健全扶持戏曲发展的长效机制，进一步促进郑州市戏曲艺术事业的繁荣发展，在充分调研了市属戏曲院团、各县级基层戏

---

① 《习近平在文化传承发展座谈会上强调　担负起新的文化使命　努力建设中华民族现代文明》，《人民日报》2023年6月3日，第1版。

曲院团和民营院团的现状的基础上，出台《郑州市支持戏曲传承发展实施方案》，方案提出实施精品剧目创作工程、实施剧本创作扶持工程、实施戏曲文化惠民工程、实施戏曲人才培养工程等多个方面的具体措施。《郑州市支持戏曲传承发展实施方案》的突出特点在于，致力于出精品、出名家、传下去的扶持目标，探索戏曲艺术的发展创新之路。

2018 年 10 月，河南新郑召开全国戏曲进乡村工作交流会[①]，来自全国的 150 多位戏曲工作者和文化宣传部门负责人就“戏曲进乡村”工作交流经验。自《关于戏曲进乡村的实施方案》出台以来，“戏曲进乡村”活动提供多种形式的文艺演出，在推动乡村文化振兴、完善乡村文艺教育、增强农民群众获得感方面取得显著成效。“戏曲进乡村”活动现已成为河南部分地市的文化惠民工程，多举措持续开展，以驻马店、商丘最为突出。2022 年驻马店“戏曲进乡村”演出任务实际完成 2051 场[②]，2023 年驻马店计划开展戏曲下乡惠民演出 1250 场。截至 2023 年 10 月，商丘柳琴戏传承保护中心开展的“戏曲下乡”演出活动覆盖商丘 25 个乡（镇）、6 个街道的 772 个行政村（社区），开展共 280 场演出任务，挖掘了优秀民间文化资源，活跃了农村文艺舞台，刺激了农村文艺市场，推动了农村优秀文化传承发展。

（二）切实创新演出方式，建设良性戏曲演出生态

演出是戏曲文化事业发展传承中的关键环节，也是 2023 年戏曲文化传承发展中的热点词汇。这不仅源于河南文化市场中戏曲演出的场次稳步增加，戏曲演出的种类多种多样，还在于在繁荣的文化市场中形成了良好的戏曲演出生态和机制。总体来看，戏曲名家的剧场演出精彩不断。2023 年 9 月，郑州大剧院第二届“南腔北调”戏曲节举办，戏曲节持续至 11 月中旬，特邀曲剧、评弹、黄梅戏、昆曲、豫剧等领域的多位戏曲名家齐聚郑州，包括《花

① 《全国戏曲进乡村工作经验交流会在新郑召开》，河南省人民政府网站，2018 年 10 月 19 日，https：//www. henan. gov. cn/2018/10-19/711857. html。

② 《2022 年度驻马店市“戏曲进乡村”演出任务完成 2051 场》，河南省人民政府网站，2023 年 1 月 16 日，https：//www. henan. gov. cn/2023/01-16/2674344. html。

木兰》《包青天》《穆桂英挂帅》《林冲》《宇宙锋》等经典剧目接连上演。除此之外，河南“梨园春”戏曲品牌持续推出名家专场，为戏曲观众奉献多场演出。河南广播电视台举行《梨园春》特别节目——《“喜迎二十大 好戏看中原”河南戏曲名家演唱会》，演唱会会集河南省20多位中国戏剧梅花奖获得者、70多位国家一级演员，数百位戏曲艺术家同台献艺。

除了传统的剧场演出之外，河南的戏曲演出依靠文旅活动，不断丰富戏曲的演出方式。2023年5月，新乡市第二届戏曲艺术年开幕，从吴素真的《白蛇传》到袁国营的《秦雪梅》等14个经典曲目名段轮班上演。同月，漯河举办2023第20届中国（漯河）食品博览会，漯河豫剧团在食尚年华、沙澧河、河上街、漯湾古镇等景区联演40余场戏曲节目。2023年6月，平顶山举办“宣传二十大 梨园颂盛世”惠民戏曲周活动，5个知名专业戏曲院团在平顶山市文化艺术中心为戏迷观众奉献多场戏曲演出。

戏曲电影是另一种传承戏曲文化、提升戏曲影响力的重要方式。在第四届、第五届中国戏曲电影展上，由开封市文化广电和旅游局监制、开封市东京豫剧祥符调传承发展中心出品、郑州市赢冠文化传媒和河南永冠影视文化传媒联合拍摄制作的戏曲电影《三拂袖》荣获第四届中国戏曲电影展“优秀戏曲电影”大奖。[①] 戏曲电影《三拂袖》由著名豫剧表演艺术家刘昌东、柏青、王艺红，豫剧唐派首位梅花奖获得者颜永江，曲剧表演艺术家李振乾，京剧表演艺术家王盛芳等省内戏曲名家参与演出。近年来，线上演出成为戏曲文化工作的重要演出阵地。根据抖音发布的《2022抖音戏曲直播数据报告》的统计，河南的戏曲观众和主播数量位于全国前列，豫剧是五大最受观众欢迎剧种之一。线上直播成为戏曲界的新舞台，也成为年轻观众接触戏曲唱段和戏曲演出的重要途径。

（三）扩展对外戏曲交流，提升河南戏曲影响力

戏曲根植于传统文化的沃土，承载着地域性特征，是对外交流的重要地

① 《河南戏曲电影〈三拂袖〉喜获第四届中国戏曲电影展“优秀戏曲电影”大奖》，河南省人民政府网站，2022年11月8日，https：//www. henan. gov. cn/2022/11-08/2636320. html。

域名片。2023年3月，由河南豫剧院、西安演艺集团、河南省戏剧家协会主办，北京梅兰芳大剧院、河南李树建戏曲艺术中心承办的“大戏看北京——豫剧晋京展演周”活动，汇集了李树建、申小梅、金不换、虎美玲、贾文龙、李金枝、王惠、孟祥礼、柏青等戏剧名家，向北京观众精彩展演了《穆桂英挂帅》《焦裕禄》《朝阳沟》《七品芝麻官》《花木兰》《中原风情》《李天保娶亲》《中国红》《破洪州》《老子》《五世请缨》等具有中原文化底蕴的经典剧目。2023年6月，在香港举办的“中国戏曲节2023”上，河南省曲剧艺术保护传承中心携经典剧目《卷席筒》精彩亮相，并以最佳阵容圆满完成了两场演出，活动中共演出3场经典剧目，极大地促进了内地与香港的文化艺术交流。7月，2023第二届黄河流域戏曲演出季在山东聊城举办，河南豫剧院一团王震，河南省越调艺术保护传承中心赵艳琳，河南省京剧艺术中心邢鹏远、刘津、王志华等11名优秀青年演员参加演出，演出了《红梅记·鬼怨》《打金砖·太庙》《阴阳河·担水》等豫剧经典剧目，演出促进了沿黄九省的文化交流，展现了河南对黄河文化的传承与保护。

（四）加大剧本扶持力度，推出精品戏曲新剧

剧本创作是戏曲文化发展中的重中之重。如何创作出观众喜闻乐见的、符合时代精神的、与现代人情感相融通的优秀作品是新阶段戏曲传承发展的关键。由于国家文化艺术基金等艺术部门的大力支持，原创戏曲作品成为河南推进戏曲创作发展的重要举措。自国家艺术基金成立以来，河南每年面向省内各级各类文化艺术单位、文化企业、高校、文联各协会、社会文化团体和艺术工作者组织召开申报工作培训会，通过各种渠道宣传发动，并为申报主体提供专业支持与全程辅导，有力推动了河南艺术基金工作的开展。2022年2月，河南省级公共文化服务专项资金资助项目——豫剧现代戏《大河安澜》在郑州举行结项汇报演出。自2019年下半年开始，该剧的主创团队多次赴黄河沿岸进行采风，通过实地考察、专家研讨、排练沟通等方式，不断调整打磨剧本。剧组通力合作，在呈现方式、唱腔音乐、舞美构成等方面精心创作，打造出一部新时代“不一样的”豫剧新篇。2022年7月，国家

艺术基金项目豫剧《黄河滩上的女人》在河南省人民会堂进行专场演出。豫剧《黄河滩上的女人》由河南作家邵丽的原创小说《黄河故事》改编而成，由河南豫剧院三团精心创排，由国家一级编剧陈涌泉执笔创作。2022年9月，国家艺术基金（一般项目）2022年度资助项目豫剧现代戏《黄河儿女》在郑州大剧院首演。《黄河儿女》以抗战时期为背景，以展现民族大义的豫商精神为主旨，由国家一级编剧陈涌泉执笔创作。

2023年3月，国家艺术基金（一般项目）2023年度资助项目名单公示，河南省越调艺术保护传承中心的越调《华佗》和河南豫剧院的豫剧《张良》入选大型舞台剧和作品创作资助项目，河南豫剧院的豫剧《蔡文姬》巡演入选传播交流推广资助项目。[①] 2023年7月，河南豫剧院二团创排的豫剧《蔡文姬》在河南儿童影剧院首演。作为国家艺术基金（一般项目）2023年度资助项目，豫剧《蔡文姬》由国家一级编剧李古娥执笔创作，以展现蔡文姬传奇的情感经历和复杂的心路历程为切入点，著名豫剧表演艺术家、国家一级演员柏青，著名豫剧花脸演员、李派传人李根旺，国家一级演员刘晓光等主演。

（五）奖项引领戏曲文化，多层次促进专业交流

赛事和奖项是打造和推动戏曲文化发展的重要方式，不仅引领当前戏曲文化发展的方向，还成为文旅融合进程中未来戏曲文化创新发展的方向。河南省戏曲红梅奖大赛是由省文联、省戏剧家协会共同打造的戏曲品牌活动，是河南戏曲人才梯队建设的重要一环。戏曲红梅奖大赛创办于2003年，每两年举办一届，通过该比赛已选拔出一大批优秀戏曲人才。2023年9月13日，第13届河南省戏曲红梅奖大赛在济源启动。大赛设置戏剧表演和器乐演奏两个比赛项目，参赛剧种包括豫剧、曲剧、越调、京剧、昆曲、宛梆等，来自全省各地的112名演员和53名演奏员参加了比赛，其中29名选手

① 《国家艺术基金（一般项目）2023年度资助项目名单公示》，国家艺术基金网站，2023年3月3日，https：//www. cnaf. cn/project_ detail/3165. html。

获得演员组金奖、12名选手获得器乐组金奖。此外，2022年7月，第19届河南省少儿戏曲小梅花大赛在济源如期开赛。丰富的戏曲赛事进一步激活了民众参与戏曲文化建设的热情，多层次促进了戏曲专业交流。

二 存在的问题

新时期以来，随着信息化、网络化和文化多样性的发展，传统戏曲的发展受到很大冲击，传承发展传统戏曲是摆在我们面前亟待解决的问题。在各方面的努力下，2023年河南戏曲文化的传承发展在制度、演出、对外交流、剧本、奖项等方面取得不错的成绩。整体而言，河南戏曲文化的传承发展已经初见成效，但仍存在一些问题。

（一）传统戏曲的观众数量不断萎缩，观众年龄结构失衡

近年来，戏曲发展面临许多困难，包括戏曲团体萎缩、戏曲演出收入减少、戏曲发展停滞等，其根源在于戏曲失去了观众，准确来说是失去了年轻观众。戏曲如何吸引年轻观众不仅仅是河南戏曲传承发展的问题，更是中国戏曲文化发展面临的关键性课题。根据冯建志关于大学生戏曲知识和戏曲兴趣的调查研究[①]，目前阻碍青年群体了解和喜欢戏曲的主要原因是“听不懂”。事实上，对于不了解戏曲舞台知识、唱段历史背景、戏曲表演身法的青年群体来说，很难领会戏曲唱词的意蕴和情感。另外，随着教育的普及、文化的发展、信息的流通，当代年轻人普遍思想解放、追求自由，对于历史知识、人性善恶、高台教化等兴趣不足，自媒体、大数据、短视频等新生事物带来了文化方式的变革，一些陈旧的戏曲剧目已经无法打动年轻观众。

（二）传统戏曲的展示载体不够，缺乏创新性开发和转化

本质上说，戏曲是农业时代的产物，发展于广大的平民大众中，演

① 冯建志：《濒灭剧种青年观众流失问题分析》，《南阳师范学院学报》2007年第7期。

出于乡村平地上用木板临时搭建的舞台之上，弦乐奏起，演员登场。影像是戏曲传播的重要展示载体，配合电影流动放映的演出方式，戏曲以影像的方式进一步得到传播。《穆桂英挂帅》《陈三两》《寇准背靴》等多部河南戏曲电影[①]在新中国历史上发挥了重要作用。21 世纪以来，戏曲电影虽然赢得了部分农村观众的心，却很少在城市的院线上映，这在一定程度上限制了戏曲的传播和推广。根据范雪娇的调查研究，尽管戏曲电影在农村存在一定的观影群体，有些电影如豫剧电影《农家媳妇》甚至在农村取得了不错的票房，但戏曲电影还未能真正成功进入城市院线。[②] 此外，21 世纪另一个引人注目的事件是科技发展，随之而来的是观影方式的变革。目前的戏曲演出以农村公益性演出与城市剧场演出为主，相关的线上直播演出也在稳步推进中，但是显然这还不能满足进一步推广戏曲文化的需要。只有采用多种多样的展示载体，才能让戏曲走进更多人的视野。

（三）戏曲人才培养机制需要加强，戏曲代际传承面临困难

首先，剧团是戏曲传承发展和演出运营的主要方式，近年来的许多政府扶持保护工作都是围绕剧团展开的。目前对于戏曲剧团的定位，还存在混乱和错乱的情况。根据王馗的调查研究，目前文化部门对于戏曲剧团的管理，还存在机制不顺、政策无法落实的问题。[③] 其次，戏曲人才培养的最重要的学校是戏曲大中专学校，河南的戏曲大中专学校还存在师资不足、专业设置落后、理论建设不足的情况，戏曲学院的建设和剧团的现代化建设以及管理需求相脱节的情况。最后，戏曲演员需要具备扎实的表演基本功，往往从儿童时期就开始学习，传统戏曲表演人员的培养周期长，很多演出者有着长达

① 陈佳倩：《传统戏曲的时代新貌　河南戏曲电影艺术的发展考述》，《中国戏剧》2022 年第 7 期。

② 范雪娇：《戏曲电影期待“挺进”城市院线》，《中国艺术报》2015 年 4 月 8 日，第 1 版。

③ 王馗：《而今迈步从头越——2018 年中国戏曲发展研究报告》，《民族艺术研究》2019 年第 1 期。

十年的学习经历，但是成为职业演员后工资偏低，无法满足基本生活需求，导致剧团人才流失严重。

三　对策建议

河南为戏曲传承的发展，在制度保障、建设良性演出生态、对外交流、剧本扶持、奖项引领方面做了很多工作，但要实现戏曲传承的深入发展，急需从制度和实践两个层面加强对品牌打造、传播运营、展示载体、人才选拔、剧本创作等多个方面的系统化规划。

（一）加大投入：结合文旅品牌，打造河南戏曲文化 IP

近年来，河南紧抓发展机遇，把握文旅创新发展、中原城市群建设的重大机遇，落实党中央的决策部署，在产业融合、文化引领、创新合作等方面为文旅发展赋能，推动文旅品牌建设。河南戏曲文化资源丰厚，脍炙人口的戏曲形象包括商丘的花木兰、开封的杨门女将和包青天、南阳的诸葛亮、河洛地区的小苍娃、兰考的焦裕禄等，在传统的、固定的中心化及垄断式内容平台都将受到严重冲击的新时代背景下，要专注于细分观众群体。河南郑州曾成功建设打造建业足球小镇，除了足球公园之外，还有非遗文化、戏曲文化等，实现了“足球+戏曲”的文旅品牌模式。事实上，戏曲文旅品牌的打造，其最为重要的是建设一种戏曲文化传承发展生态。对于河南的戏曲文化品牌来说，其核心吸引力在于地域性的文化特征，通过角色塑造、故事孵化、价值共鸣，可以吸引特定群体。做好科学合理的品牌形象定位，会使河南的戏曲文化 IP 打造及运营取得事半功倍的效果。

（二）精细运营：深化“云端”展演，拓宽戏曲演出的交付体验场景

进入移动互联网时代，人们生产、传播及消费信息的渠道与方式发生了重大转变，人们更喜欢用移动终端了解信息资讯并实时传播。当人们能够通

过移动终端随时随地获取自己想要的内容后，传统的电视、报纸、杂志、广播电台甚至是门户网站的地位都明显下降。人们获取并消费信息时的移动化及碎片化特征，使人们的消费更个性化及差异化。在这种背景下，戏曲演出方式必须不断创新。近年来，线上直播成为热点，河南很多剧团都尝试进行线上演出直播，但是相关的情境创设、表演体验、观众互动、支付场景等方面都需要进一步深化，才能形成“表演+互动+支付+传播”的完整产业链。

（三）破圈传播：创新展示载体，联动借势促进戏曲可持续发展

所谓戏曲的破圈效果，指的是一个剧种突破了隶属于的区域限制，吸引其他区域观众群体以及更年轻的观众群。对于目前的河南戏曲文化传承发展来说，“戏曲进校园”“戏曲下乡”“戏曲进乡村”等政策的落实，给戏曲文化带来新的活力，但是要实现戏曲文化传承的可持续发展，还需要深入研究当前的文化发展规律，真正贴近文化市场诉求。就戏曲观众而言，由于彼此有共同的兴趣爱好、价值观而聚集起来，戏曲剧团的运营可以借助微信、微博等自媒体工具与粉丝实现无缝对接，二者能够以双向网状的信息传播方式互动交流，粉丝在朋友圈的主动传播推广能够使戏曲剧团的影响力得到进一步提升。频繁的互动交流，能够让剧团与粉丝建立良好的信任关系，从而为剧团的发展打下坚实的基础。所谓品牌跨界传播，就是通过联合多个品牌进行跨界联动，从而达到 1+1 大于 2 的营销效果。让品牌的渠道变多，以覆盖到更广泛的目标人群。

（四）建立机制：牢记现实主义创作原则，完善戏曲人才遴选机制

戏曲人才是戏曲文化传承发展的关键。首先，对于政府部门来说，对于戏曲剧院团的特殊性应该具备充分的评估，及时出台政策对于戏曲传承发展进行扶持和帮助。其次，需要尊重戏曲作品演出规律，建立一支编、导、音、美、演门类齐全的剧院团队伍。积极申报国家艺术基金资助项目，争取更多对外艺术交流机会，持续不断支持基层戏曲团体的发展。同时，戏曲工作者要坚持现实主义创作原则，坚持尊重戏曲创作艺术规律创作，坚持把优

秀传统文化作为戏曲作品创作的源泉，结合现实生活，推出更多呈现当代人情感需求、贴近当代生活、符合现实规律的作品。最后，加强赛事和奖项在戏曲文化发展的管理，构建人才遴选机制，促进戏曲人才后备力量的培养，加强与戏曲职业院校的合作，不断完善产业融合，探索灵活有效的剧院管理机制，促进戏曲发展良性文化生态。

参考文献

［1］刘跃进：《推动文化传承发展，建设中华民族现代文明》，《文学评论》2023年第4期。

［2］陈涌泉：《探索戏曲发展的创新之路（坚持“两创”铸就辉煌）》，《人民日报》2023年10月12日，第20版。

B.10

河南省红色旅游高质量发展路径探析

李中阳*

摘　要：　河南省作为传统红色旅游大省，推动红色旅游高质量发展对传播河南传统文化、提升河南旅游品牌影响力有着重要的作用与意义。河南省红色旅游资源十分丰富，并在发展实践中尝试科技赋能，重视消费拉动，寻求区域合作，取得显著成效。当前河南省红色旅游发展还存在文化挖掘力度有待加大、景区参与体验有待提升等问题。推动河南省红色旅游高质量发展，应当坚持挖掘宣传与体系扩张相结合的总方针，从深入挖掘人文内涵、培育扩张产业体系、持续创新体验形式、提升网络宣传热度、增强夜间红色体验等方面入手，持续提升红色旅游发展活力。

关键词：　红色旅游　高质量发展　河南

党的二十大报告提出，"弘扬以伟大建党精神为源头的中国共产党人精神谱系，用好红色资源，深入开展社会主义核心价值观宣传教育。"① 红色旅游作为一种特殊旅游形态，是传播革命文化与社会主义先进文化的重要媒介与载体，在陶冶情操的同时，更具有增进历史认同、政治认同，巩固全党全国各族人民团结奋斗共同思想基础的重要价值。据《红色旅游蓝皮书：中国红色旅游发展报告（2022）》统计的数据，全国红色旅游接待人数从

* 李中阳，河南省社会科学院纪检监察研究所助理研究员，主要研究方向为政治生态建设。

① 《习近平：高举中国特色社会主义伟大旗帜　为全面建设社会主义现代化国家而团结奋斗——在中国共产党第二十次全国代表大会上的报告》，共产党员网，2022 年 10 月 25 日，https://www.12371.cn/2022/10/25/ARTI1666705047474465.shtml。

2004 年的 1.4 亿人次增长到 2019 年的 14.1 亿人次，实现了 9 倍增长。河南省作为传统红色旅游大省，拥有以大别山红色旅游区为代表的优质红色旅游资源，长期处于全国发展红色旅游第一梯队，2021 年河南省出台《河南省革命老区振兴发展促进条例》，进一步推动了革命老区建设发展。在新的时代条件下，进一步探讨河南省红色旅游发展的应然逻辑、技术赋能、品牌打造，推动河南省红色旅游高质量发展，不仅能够有效带动就业增长与经济平稳发展，对传播河南传统文化、提升河南旅游品牌影响力也具有重要作用与意义。

一　红色旅游的功能内涵

红色旅游一般指“以参观游览红色景观为主要内容，以接受爱国主义教育和革命传统教育为主要目的的旅游活动”①。我国红色旅游开发时间较晚，直到改革开放前，对红色旅游资源的利用仍以政治接待为主。改革开放后，随着党和国家领导人的关注重视，一些革命老区才开始尝试进行旅游资源开发与独立经营。此后，国内红色旅游进入迅猛发展阶段。由于我国红色旅游发展具有鲜明的政府导向与符合时代需求的发展内涵，因此，其天然承载了较之传统旅游更多的独特功能内涵。

（一）爱国主义教育的具象化表现形式

习近平总书记强调：“爱国主义是我们民族精神的核心，是中华民族团结奋斗、自强不息的精神纽带。”② 长期以来，爱国主义教育作为凝聚我国公民政治认同、激发我国公民情感共识的主要内容与载体，其引发传播、共鸣的主要媒介就来自各类革命文物、纪念品等对新民主主义革命史、新

① 尹晓颖、朱竑、甘萌雨：《红色旅游产品特点和发展模式研究》，《人文地理》2005 年第 2 期。

② 《习近平：在纪念五四运动 100 周年大会上的讲话》，共产党员网，2019 年 4 月 30 日，https：//www.12371.cn/2019/04/30/ARTI1556627564195443.shtml。

中国建设史、改革开放史的实景化展现。时代的不断发展，推动了社会结构的多元化与扁平化，也决定了爱国主义教育必然要实现由“精英向”向“大众向”、由“静态展示”向“情景交融”传播教育模式的转变。红色旅游依托于长期革命战争时期、新中国建设时期保存下来的红色景观，其天然具备了大众化、全景式展现中国共产党人奋斗历程的传播功能，是爱国主义教育天然的具象化表现形式。同时，红色旅游的发展又离不开政府的主导与支持。自2004年以来，我国政府就出台多项支持红色旅游发展的政策措施，直接推动了国内红色旅游的快速发展。因此，爱国主义教育不仅是红色旅游发展的逻辑起点，也具有红色旅游产品供给的质性特征。也正基于此，国内许多红色旅游景区都以爱国主义教育和革命传统教育基地作为市场宣传口号，特别是近年来各级党组织对主题党日活动开展质量要求的日益提高，使红色旅游景区成为愈加重要的革命传统教育、爱国主义教育开展场所。

（二）历史地位与生态营造相结合的产品吸引力特质

红色景观作为一种具有特殊历史内涵的人文景观，是中国共产党百年奋斗历程中重要历史节点的具象化展现。因此，其旅游产品吸引力的主要来源就在于其所处历史节点对推动革命历程发展的重要作用，即历史地位。同时，历史地位作为红色景观的质性特征，也直接决定了该红色景观在红色旅游业态中的先天地位。从历史视角看，诸如西柏坡、延安、井冈山等在新民主主义革命史中占据着特殊历史地位的红色旅游景区，对于广大游客具有无可撼动的先天吸引力。另外，由于革命战争时期中国共产党对“农村包围城市”以及游击战、运动战策略的广泛运用，使当前得以保持的红色景观大多处于偏僻山区，具有秀丽风景与良好生态环境基础。这就使红色旅游资源能够兼具历史人文景观与自然景观各自所长，在拓展红色旅游资源空间、内容体系的同时，以优美自然景观打造红色旅游资源的持续产品吸引力。当前一些著名红色旅游景区如井冈山、红旗渠等在资源开发中也大多采用这种“红色搭台，绿色唱戏”模式，以红色景观历史地位作为产品吸引力的先天禀赋，之后以其优美的绿色景观和生态环境作为旅游产品的核心吸引力持续吸引游客到来。通过历史地位与生态环境的内在耦合构成红色旅游产品的核心吸引力。

（三）承载了带动老区振兴的发展期许

由于许多红色旅游景区地处偏远，这就造成长期以来很多革命老区的经济产业发展落后于周边发展区位优势明显地区。正基于此，党中央将红色旅游开发作为革命老区的一条重要发展举措。旅游业态作为推动国民经济发展的重要劳动密集型产业不仅能够强劲拉动就业水平、增加居民收入，更能够在推动第一、第二、第三产业融合方面发挥得天独厚的联结作用。因此，红色旅游资源的开发天然承载了带动老区振兴的发展期许。在现实实践中，很多红色旅游景区也正是依托旅游产业发展带动了当地第一、第二、第三产业融合发展，成为当地的支柱性产业，如井冈山、延安等。而在新的时代条件下，无论是对现有红色旅游景区的进一步完善扩张，还是对尚未开发的红色景观进行发掘建设，都涉及对地区地理、自然、人文资源的规划与开发。因此，红色旅游产业承载的老区振兴发展期许在新的时代条件下又具象表现为在推动乡村振兴中发挥重要作用。

二　河南省红色旅游资源概况与发展特点

河南省拥有丰富的红色旅游资源。河南省文化和旅游厅公布的数据显示，截至 2023 年 12 月，河南省共有 5A 级红色旅游景区 1 个，4A 级红色旅游景区 5 个。共拥有不可移动省级与国家级革命保护文物 366 处。具备发展红色旅游得天独厚的强大优势。在河南省各级党委与政府的支持与引导下，近年来河南省红色旅游发展呈高质量发展态势。据《红色旅游蓝皮书：中国红色旅游发展报告（2022）》对各省（区、市）红色旅游发展指数分析，在综合旅游经济发展水平、红色旅游发展基础、旅游发展创新支撑等各项指标基础上，河南省红色旅游发展总指数居第一位。

（一）河南省红色旅游资源分布概况

河南省整体红色旅游资源丰富，且无论从时间还是空间维度上，都呈均匀分布态势：从时间维度上看，河南省红色革命遗迹横跨大革命以来的各个历史时期，既有纪念大革命时期“二七工人大罢工”的二七纪念塔和纪念堂，又有展现社会主义建设时期河南时代精神的红旗渠，见证了从土地革命到改革开放以来历代英模艰苦奋斗的难忘事迹；从区位维度上看，河南省红色旅游资源涵盖了各地市地区，从城镇到乡村、从豫北到豫南，都具有一定的红色旅游资源分布；从地理维度上看，河南省红色旅游资源特别是抗战时期革命遗址多分布于山地山前及山脚区域；从内容维度上看，河南省红色旅游资源内容差异化明显，在豫北主要以展现河南时代精神的红旗渠旅游景区为代表，在豫南则主要以长征时期红四方面军、红二十五军、红二十八军创建成长的大别山红色旅游景区为代表，在豫中则以大革命时期“二七工人大罢工”事件发生的二七纪念塔和纪念堂等为代表。

从总体上看，河南省红色旅游资源既有专题教育性红色旅游产品，又有能够与自然风光有机联动的大众性红色旅游产品。既有全国知名的经典红色旅游 IP 如红旗渠、大别山等，又有适宜休闲参观的小型红色旅游景观。在丰富的红色旅游资源基础上，河南省不断推动、打造旅游精品线路，2021 年 6 月，为庆祝中国共产党成立 100 周年，河南省文化和旅游厅推出“建党百年红色旅游十条精品线路”（见表 1）。

表 1　建党百年红色旅游十条精品线路

路线名称	具体线路
砥砺初心——焦裕禄精神游	兰考焦裕禄纪念园——焦桐——兰考东坝头黄河湾风景区——焦裕禄精神体验教育基地——“美丽乡村”东坝头镇张庄村——“中国民族乐器村”堌阳镇徐场村
峥嵘岁月——红旗渠精神游	红旗渠纪念馆——石板岩南湾村（古村落）谷文昌纪念馆——石板岩供销社扁担精神纪念馆——林州大峡谷——高家台村（古村落、画家村）——林虑山国家滑翔基地——安阳中国文字博物馆——安阳殷墟博物院

续表

路线名称	具体线路
红色信仰——大别山精神游	信阳商城金刚台(西河)——光山县城——司马光油茶园——光山文殊乡东岳村——光山槐店乡曹畈寨(司马光小镇)——光山砖桥(王大湾会议旧址)——光山县花山寨会议旧址——新县八里畈镇丁李湾村(中国传统村落)——新县鄂豫皖苏区首府革命博物馆、烈士陵园、首府旧址——田铺大塆——许世友将军纪念馆——箭厂河革命旧址群(吴焕先故居、列宁小学、红田)——新县县城
血脉永续——黄河红色传承游	三门峡八路军渑池兵站、刘少奇旧居——济源市愚公移山精神展览馆——济源坡头镇留庄村留庄英雄民兵营纪念馆——济源坡头镇泰山村杜八联革命英雄纪念馆——洛阳“中共洛阳组”诞生地纪念馆——巩义豫西抗日纪念馆——河南博物院(河南红色文化陈列展)——郑州二七纪念馆——开封兰考东坝头——濮阳台前将军渡
大河安澜——黄河治理成就游	三门峡黄河生态廊道——三门峡黄河大坝——黄河小浪底风景区——嘉应观——郑州黄河文化公园——黄河博物馆——沿黄生态廊道——兰考东坝头黄河水利风景区
饮水思源——南水北调水利工程游	南阳淅川南水北调渠首——平顶山鲁山县沙河渡槽——郑州黄河博物馆——古柏渡丰乐樱花园(南水北调穿黄口)——焦作温县南水北调中线总干渠——焦作南水北调天河公园——新乡辉县市苏门山渡槽
伟大征程——红二十五军长征游	信阳光山县花山寨——罗山县何家冲——桐柏县叶家大庄——鏖战独树镇纪念地(南阳方城县)——平顶山鲁山县尧山——洛阳嵩县车村镇——栾川三川镇——三门峡卢氏文峪乡——卢氏官坡镇兰草红二十五军军部旧址——豫陕交界处铁锁关
热血忠魂——抗日战地游	新密豫西抗日纪念园——登封豫西抗日根据地纪念馆——巩义豫西抗日纪念馆——洛阳八路军驻洛办事处——南阳镇平彭雪枫纪念馆——驻马店确山竹沟革命纪念馆——杨靖宇将军纪念馆——周口扶沟县吉鸿昌将军纪念馆——商丘夏邑县的彭雪枫将军纪念馆
英雄壮歌——中原解放战争游	安阳马氏庄园——鹤壁石林会议旧址——濮阳清丰县单拐革命旧址——台前县刘邓大军渡黄河纪念地——永城县淮海战役陈官庄战斗遗址——平顶山宝丰县中原解放纪念馆——信阳息县刘邓大军渡淮纪念馆——光山王大湾会议旧址纪念馆
多彩田园——乡村振兴游	洛阳市嵩县天桥沟村——栾川县重渡村——栾川县抱犊寨——新乡市新乡县刘庄村——新乡县京华村——卫辉市唐庄——辉县市裴寨村——辉县市回龙村——辉县市郭亮洞——信阳市新县田铺大塆村——司马光油茶园和东岳村

资料来源:《“传承红色基因　砥砺奋斗精神”——庆祝中国共产党成立100周年河南十大红色旅游精品线路发布》,河南省人民政府网站,2021年6月11日,https://www.henan.gov.cn/2021/06-11/2163686.html。

（二）河南省红色旅游发展特点

首先，市场锚向以省内为主。由于红色旅游自身的教育性等特点，加之河南省内拥有显著的人口优势，在红色旅游发展初期，河南就将省内市场作为发展红色旅游的主要市场锚向，并依托红色资源建设里包括红旗渠干部学院、南水北调干部学院等干部培训机构，保证了红色旅游资源的充分利用。在此基础上，河南省又推动“研学游”为发展红色旅游的重要增长点，依托省内丰富红色资源设计推荐了包括红旗渠·太行大峡谷旅游区、中国一拖东方红工业游基地在内的多家研学旅游示范基地。随着近年来河南省郑万、郑济高铁相继投入使用，各地市间沟通互动更为便利，可以预见的是河南省红色旅游产品在省内的辐射吸引力将会更强。虽然河南省拥有如红旗渠、大别山等国内著名红色旅游 IP，但从长期发展角度来看，短时间内，河南省的红色旅游发展仍应当以锚定省内旅游市场为主，以打造“周边短途游”作为发展红色旅游经济的重要增长点。

其次，积极尝试科技赋能。利用现代信息互动技术提升游客的服务体验、增强游客的代入感与体验感是解决传统旅游模式下游客缺乏趣味感、参与感的一种有效手段，也已经成为各地发展旅游产业的潮流。由于红色旅游自身的爱国主义教育内核质性，其教育效果的实现更依赖现代科技技术的提升。正基于此，河南省在发展红色旅游实践中积极尝试利用 VR、全息投影等技术与红色主题教育相配合，同时积极打造智慧票务服务、智慧景区导览等智慧旅游场景，增强游客的体验感。例如，2018 年红旗渠景区就通过航拍制作大量现场场景及画面，利用 5G、VR 和 AR 等技术让游客更加直观地体验当年修建红旗渠时的壮观景象。可以预见，今后科技赋能依然是推动红色旅游高质量发展的重要手段。

再次，重视消费拉动作用。旅游消费是推动旅游产业发展的重要动力来源。游客在景区的消费不仅能够为景区经济发展提供持续动力，更能够带动地方群众有效增收。但影响旅游消费增长的因素很多，其中门票的定价、景区内收费项目的多寡都是其中之一。对旅游消费的拉动不仅需要高质量的产品服务，也需要地方政府普惠政策的支撑。正基于此，河南省在发展红色旅游实践中，十分注重通过于民让利、刺激消费的方式拉动旅游经济增长。例如，2022 年郑州市就多批次开展文化旅游惠民消费活动，通过享受门票优惠、发放文旅消费券等形式，鼓励市民景区消费，有效拉动了地方旅游经济的增长。正由于对刺激消费的高度重视，推动了河南省近年来红色旅游经济的高质量发展。据《红色旅游蓝皮书：中国红色旅游发展报告（2022）》统计的数据，河南省在各省（区、市）红色旅游发展具体指数排名中，旅游经济发展水平指数高居全国第二位。

最后，积极寻求区域合作。由于红色资源在地理上的延展性，河南省内一些重要红色景观如太行山脉、大别山脉等，横跨包括河南在内的几个省级行政区划。这就为红色旅游资源的开发利用设置了行政壁垒。在缺乏区域合作的条件下，各行政区往往从本地经济发展角度出发，忽视了红色景观的差异性，进而造成“一拥而上、互相雷同”的开发局面，不利于地方红色旅游产业的可持续发展。正基于此，在开发红色旅游资源过程中，河南省积极寻求同周边省份的区域化协作，通过区域合作、共同开发，有效打破红色旅游发展的行政壁垒，畅通生产要素的跨区域流动。例如，2023 年 5 月 28 日，山西、河北、河南三省文物局共同签署了《晋冀豫革命文物保护利用片区工作联盟框架协议》，有效推动了太行山脉红色旅游资源的跨区域开发与协作。

三　当前河南省红色旅游发展存在的不足

由于红色旅游发展开始时间较晚，发展的不均衡、不充分性依然明显。河南省红色旅游资源时间跨度长、内容涉及广、地理覆盖范围大，在发展红色旅游实践中也面临诸多问题和困难，主要包括以下几个方面。

（一）文化挖掘力度有待加大

一方面，对红色旅游资源开发不平衡。虽然当前河南省对于诸如红旗渠精神、大别山精神等国内著名红色旅游资源进行了全面、深入地挖掘，但对于一些相对热度不高、尚处在开发阶段的红色旅游资源，特别是一些县域、乡镇中还未被列为保护对象的革命文物，还未能引起相关景区的足够重视，对其背后思想价值、时代价值的挖掘还不充分，存在红色旅游资源开发不平衡问题；另一方面，对现有红色旅游资源的挖掘仍不充分。虽然目前已经对一些省内高质量红色旅游资源开展了持续挖掘和保护工作，但对其背后的历史故事、英雄人物、革命精神等的全面发掘还不充分，目前仅有少数高质量红色旅游资源形成了较为系统的社会科学类研究成果，也缺乏对资源整合、文旅产品设计规划等方面的深度考量，系统性、综合性的提升空间较大。对红色旅游资源文化内核的挖掘，是拓展红色旅游资源产品内涵与辐射外延的主要支撑，必须予以重视。

（二）景区参与体验有待提升

河南省红色旅游资源包括革命遗址、重大工程、名人故居、烈士陵园等，具有较为丰富的种类与庞大的数量。由于同一类别资源历史地位的差异，在与资源级别高、网络热度高的红色旅游景区的竞争中，如果缺乏对其文化内核、思想价值的深入挖掘与构筑，就极易使资源级别相对一般的红色旅游资源在开发、打造中陷入同质化窠臼。当前省内一些县域红色旅游资源产品吸引力不强、市场辐射能力弱，就是由于在开发过程中缺乏同省内其他同类旅游资源的比较挖掘，景区参观形式主要为看文物、看照片，有些纪念馆甚至在照片、文物展示上与其他红色旅游景区多有雷同，缺乏创新性。这不仅造成红色旅游资源开发的模式单一和低水平重复建设，也不利于提升游客景区观光的参与体验感。

（三）网络传播热度有待提升

据《红色旅游蓝皮书：中国红色旅游发展报告（2022）》统计的数据，虽然河南省在红色旅游发展具体指数排名中各项位次都较为靠前，但河南省红色旅游网络热度排名仅居 20 位，前三位分别为北京市、湖南省与河北省，而在全国红色旅游18个重点城市网络热度排行中，河南省仅有安阳市上榜，居第6位，前三位分别为长沙市、湘潭市与延安市。造成这一现象的原因，一方面是河南省除红旗渠旅游景区外，其余红色旅游资源在开发宣传上起步较晚，还未产生对省外旅游市场的较大辐射；另一方面是除红旗渠精神被全国人民熟知外，其余如竹沟革命纪念馆、二七纪念堂等缺乏能在全国范围内进行宣传阐释的有效媒介如电视剧、纪录片等，所以未被全国人民了解熟知。

（四）夜间红色旅游发展相对滞后

当前河南省夜间红色旅游发展相对滞后，虽然郑州市等一些地区也出台了一些刺激夜间旅游的政策，但大多局限于对地方餐饮的拉动扶持，缺乏对夜间旅游本身游玩项目的开发与拓展。从整体来看，大型红色旅游景区除部分景区如红旗渠旅游景区开发了一些夜间红色演艺项目外，其余红色旅游景区仍未有质量上乘、游客参与度高的红色演艺、红色体验等夜间红色旅游项目。包括餐饮、民宿在内的传统夜间旅游项目设置也较为匮乏，难以激发游客的夜间游玩热情。而对于一些小型的红色旅游景区，如纪念馆、纪念堂等下午闭馆时间又都较早，且周边也不具备能够刺激短途、本地游客消费的持久型消费服务业态，使游客在参观学习之余无法产生其他消费欲望。总体上看，当前河南省还没有形成较为完整的夜间红色旅游业态链，各红色旅游景区夜间旅游发展依然滞后于红色旅游高质量发展需要。

四　推动河南省红色旅游高质量发展的对策建议

随着爱国主义教育的持续深入，可以预见，未来红色旅游市场需求仍将持续扩张，推动河南省红色旅游高质量发展仍具有重要的政治意义与经济价值。应坚持挖掘宣传与体系扩张相结合的总方针，通过加强网络宣传、培育产业体系等方式，提升服务水平、拓展旅游市场、刺激旅游消费，进而推动河南省红色旅游高质量发展。

（一）深入挖掘人文内涵

以进一步增强红色旅游资源爱国主义教育功能为目标，在吸取省内较为成熟的红色旅游景区经验的基础上，对省内硬件设施较为成熟、历史地位较高、人文内涵较厚重的红色旅游资源开展进一步挖掘阐释。第一，系统性挖掘省内资源。以县域、乡镇中尚未开发的红色旅游资源为重点，联合省内相关研究机构与高校，对全省仍具潜力的革命历史文物开展深入考察，系统性梳理挖掘省内革命历史文化资源，为进一步优化省内红色旅游资源规划发展提供参考依据。第二，专题性探讨历史人文精神。可依托现有省内媒体、研究机构和学术性研究协会，选取挖掘潜力较大的红色旅游资源，对其背后的时代精神与人文内涵开展专题性挖掘。可以通过书籍编撰、纪录片摄制、开展专题学术研讨等形式形成成果载体，在扩大红色旅游资源影响力的同时，为开展研学项目提供理论基础支撑。对红色旅游资源人文内涵开展深入挖掘阐释，在进一步增强红色旅游资源教育功能的同时，增强河南省红色旅游资源在全国红色旅游市场中的辐射吸引力。

（二）培育扩张产业体系

以进一步发挥红色旅游对乡村振兴的带动作用为目标，通过推动红色旅游与农业、工业、文化产业的深度融合，培育地方红色旅游产业体系。首先，探索推进红色旅游城乡全域化。依托地方特色，将红色旅游开发同地方农副产品生产、工业生产、民宿餐饮等第三产业发展以及地方特色生态环境有机结合，通过政策扶持、政府保障等形式，发挥红色旅游对乡村振兴的带动作用。其次，持续推进区域联动。在吸取太行山、大别山红色旅游景区跨省协同发展成功经验的基础上，持续推进省内市县之间、地市之间跨区域联合机制建设，通过加强区域、部门联动，进一步整合区域红色旅游资源，为打造红色旅游特色品牌奠定基础。最后，引导多元主体参与。社会主体的广泛参与是推动红色旅游高质量发展、提升红色旅游资源影响力的重要手段。以打造人民共治共建共享红色旅游产业体系为目标，在引导文旅企业参与红色旅游资源开发的基础上，积极引导当地居民、社会组织参与对红色旅游资源的日常治理、宣传、维护，以多元主体的广泛参与推动红色旅游产业高质量发展。

（三）持续创新体验形式

创新游客的观光体验形式，是进一步提升游客参与感、体验感，进而更好发挥红色旅游教育功能与提高旅游产品吸引力的重要手段。一方面，应当坚持对红色旅游资源网络虚拟场景的持续打造。利用现代数字媒体技术，对省内更多的红色旅游资源在网络上设置虚拟实景，使旅游者足不出户就能预先体验红色旅游景区的秀美风光，增强游客实地观光动机。另一方面，应当坚持对景区数字化体验项目的普及。从现实实践来看，基于 VR 等新数字技术的数字化体验项目对游客的参与感、体验感具有较好提升效果，在下一步实践中，可在更多具有良好资源基础的红色旅游景区普及多样化数字体验项目，使游客在观光游览中充分感受红色旅游景区背后蕴藏的历史事件、人文内核。

（四）提升网络宣传热度

提升网络宣传热度是提高红色旅游产品吸引力与市场辐射力的重要手段。应当以城市或乡镇等行政、地理区域为单位，通过宣传历史底蕴、打造特色品牌等手段打造一批省内红色旅游的“网红”城市、红色小镇，在提高市场辐射能力的同时整体拉动城市旅游经济发展。一方面，积极宣传区域历史底蕴。在系统挖掘红色旅游资源历史人文内核的基础上，以纪录片、宣传片、短视频等形式将能够集中展现城市、乡镇历史人文魅力的内容放置网络，采用多频运营方式，增加网络声量。另一方面，积极打造红色旅游品牌 IP，将红色旅游同传统文旅发展相结合，可以举办美食节、民俗节、夜游日等形式，将红色资源特色加以明晰嵌入，在提高红色旅游体验的同时传播地区历史文化，打造红色旅游资源特色 IP。

（五）增强红色旅游夜间体验

在夜间旅游已经成为重要旅游消费方式的当下，增强红色旅游的夜间体验无疑对推动红色旅游高质量发展具有特殊意义。首先，进一步延长红色旅游景区开放时间。根据红色旅游资源自身的区位、交通条件，适当延长红色旅游景区的开放时间并根据实际需要适当完善夜间开放景区所需配套设施建设，如照明、安保、卫生等。其次，进一步拓展红色旅游景区夜间体验形式。就目前看，红色演艺依然是当前红色旅游最主要的夜间体验形式，可对省内一些其他具有资源禀赋、市场潜力的红色旅游资源进行挖掘梳理，形成新的红色演艺项目，并可采取露天演出、场外演出等形式增强红色演艺的影响力与吸引力。最后，进一步拓展周边服务业态。对于省内交通、地理区位较好的红色旅游资源，进一步提升其周边服务业态刺激旅游消费能力，通过打造具备鲜明红色文化与地方特色的餐饮、民宿等，刺激拉动红色旅游夜间消费，进而增强夜间旅游的发展活力。

参考文献

[1]《河南省A级旅游景区名录》，河南省文化和旅游厅网站，2019年11月6日，https：//hct. henan. gov. cn/2019/11-06/992871. html。

[2]《河南省第二批不可移动革命文物名录》，河南省文化和旅游厅网站，2019年11月6日，https：//hct. henan. gov. cn/2019/11-06/992871. html。

[3] 王金伟主编《红色旅游蓝皮书：中国红色旅游发展报告2022》，社会科学文献出版社，2022。

[4]《河南省首批55家研学旅游示范基地》，河南省文化和旅游厅网站，2019年11月6日，https：//hct. henan. gov. cn/2019/11-06/992871. html。

[5]《红旗渠景区新推5G+VR全景直播，快来体验红旗渠“时空穿越”吧》，“周边河南”网易号，2018年12月28日，https：//www. 163. com/dy/article/E443QVC205454Q0K. html。

[6]《2022郑州文化旅游惠民消费第二季活动启动》，河南省文化和旅游厅网站，2019年11月6日，https：//hct. henan. gov. cn/2019/11-06/992871. html。

[7]《太行精神薪火传　文旅融合启新篇——第十一届八路军文化旅游节燃爆三晋》，《长治日报》2023年5月31日，第6版。

案例篇

B.11

河南打造传播中华优秀传统文化新平台新载体调研报告

王仁海*

摘　要：　在推进社会主义文化强国建设进程中，河南广播电视台立足河南深厚的历史文化资源，推动中华优秀传统文化的时尚化表达和创新性传播，持续打造了以“中国节日”系列节目为代表的文化节目矩阵，注重传统文化的国际表达，讲好中国故事，深度融入文物、文博、景区，推动优质爆款IP产业多维开发拓展。但也存在内容持续创新能力不足、运作体系不够科学、内容IP产业化水平不高等问题。调研认为，应该从打造文化节目集群、构建多元经营模式、加快建设文化园区等方面寻找困局的突破口，进一步激发河南广播电视台的文创活力。

关键词：　文旅文创融合战略　中华优秀传统文化　文化节目　新载体

* 王仁海，河南广播电视台党组书记、台长。

习近平总书记在文化传承发展座谈会上强调，“中国文化源远流长，中华文明博大精深。只有全面深入了解中华文明的历史，才能更有效地推动中华优秀传统文化创造性转化、创新性发展，更有力地推进中国特色社会主义文化建设，建设中华民族现代文明”①。这些关于新时代文化建设的新思想、新观点、新论断，为我们进一步做好中华优秀传统文化的创新传播指明了方向、提供了遵循。

当今世界正处于百年未有之大变局。坚定文化自信，讲好中国故事，推进社会主义文化强国建设，建设中华民族现代文明，迫切需要传承发展以中原文化、黄河文化为代表的中华优秀传统文化。实施文旅文创融合战略，加快河南文化强省建设，以文化创意创新支撑国家创新高地建设，以文化旅游高质量融合发展引领经济社会高质量发展，迫切需要打造传播中华优秀传统文化的新平台、新载体。

河南广播电视台作为省级主流媒体，长期坚持“新闻立台、改革强台、文化兴台”，立足河南深厚的历史文化资源，以河南卫视为宣传窗口，推动中华优秀传统文化的时代表达、创新传播，打造了以“中国节日”系列节目为代表的文化节目集群，在大小屏掀起了国风国潮，推动中华优秀传统文化走向世界。同时从节目内容出发，以产业开发赋能，河南台闯出了“以优质内容生产打造品牌，以移动互联传播扩大品牌影响，以品牌带动产业发展”的省级广播电视发展新路径。取得成果的同时，也遇到了创作瓶颈和发展瓶颈。在本次调研中，河南广播电视台聚焦当前遇到的主要问题，进一步找准问题症结，明确了下一步工作思路。

一　发展的基本情况

（一）文化节目 IP 打造情况

自 2021 年河南春晚出圈以来，持续打造了以“中国节日”系列节目为

① 《赓续历史文脉　谱写当代华章——习近平总书记在文化传承发展座谈会上重要讲话引发热烈反响》，人民网，2023 年 6 月 5 日，http://politics.people.com.cn/n1/2023/0605/c1001-40005910.html。

代表的文化节目矩阵，得到中央宣传部、国家广播电视总局对于河南文化传播实践的高度关注，在国内外极大地宣传了河南形象。“中国节日”系列节目以“依托文化、构思精巧、技术赋能、制作精良”为创作理念，在文化遗产、文物考古、文学艺术、典籍著作、人文风俗等题材上深耕细作，生动演绎武术、戏曲、书法等优秀传统文化的精神标识和文化精髓，赋予其鲜明的时代意义，把每一个节目都注入文化的灵魂，讲好中华民族的故事、中华文化的故事、中国精神的故事。截至2023年10月30日，节目已制作播出3季21期，全网阅读量超过900亿次，覆盖全球72个国家和地区，多位外交部发言人和58家驻外使领馆向全球推介，节目先后荣获第16届精神文明建设“五个一工程”电视类优秀作品奖、第27届电视文艺“星光奖”优秀电视综艺节目奖等多个国家级奖项。创新推出“中国节气”系列节目，故事化呈现二十四节气的文化内涵。文化剧情舞蹈节目《舞千年》以“舞蹈+剧情+综艺”三重融合的方式，以舞为载，以史通今，在展现舞蹈艺术的同时，讲述其中蕴含的华夏故事，科普优秀传统文化。探索纪实节目《闪耀吧！中华文明》，深入殷墟等六大考古现场，用年轻语态、潮流文化展现民族文化高光。大型诗词展演节目《天地诗心》以习近平总书记在重大场合讲话中引用过的诗句为脉络，融合戏剧、歌舞、多媒体报告剧等艺术手法，辅以AR视觉、CG特效等新媒体技术，引领观众走进跨越千年的一段段时代故事中。

（二）国际传播情况

深入学习贯彻习近平总书记关于加强国际传播能力建设的重要指示精神，河南广播电视台在文化对外传播过程中，突出“中国文化、国际表达”，以共情的视听体验为媒介，增强全球对中华优秀传统文化的认可、对中华民族精神的认同。不断拓展“走出去”的载体和渠道，对接《中国日报》、中国文化中心、华人头条等海外平台矩阵，进一步为海外宣传加码赋彩；充分借助油管（Youtube）、脸书（Facebook）、推特（Twitter）等海外主要新媒体平台，加强与驻外使领馆的沟通，构建国际化传播体系。外交部将“中国节日”系列节目作为中国文化的一张亮丽名片予以推介，多名外交部发言人在海外社交账号持续宣推；中外文化交流中心开展了数十次全球线下推介和展映活动，推动了中华优秀传统文化走向世界。在外宣部门的支持下，河南广播电视台还拓展联络了我国驻外使领馆等驻外机构和机构官员，搭建海外传播合作平台。已经与我国驻美国、英国、印度、越南、俄罗斯、比利时等地使领馆、旅游办事处、工业园区取得联系，持续扩大海外新媒体传播矩阵。

（三）文旅文创开发情况

抓住文化节目持续出圈效应，深度融入文物、文博、景区，推动优质爆款 IP 产业多维开发拓展。开发唐宫文创品牌，推进现有品牌节目 IP 和中国文化 IP 的创意研发和产业化，实现文创产品实体化、生活化、动漫化、影视化，使中国文化更广泛地浸润年轻人的生活日常。截至 2022 年底，与国际国内 200 家头部品牌和机构合作，开发文创产品 300 余款，涉及美妆彩妆、时尚轻奢、汽车科技、食品快消、生活家居、潮玩文具等领域。IP 合作企业销售突破 5 亿元，品牌曝光超 500 亿次，签约数藏企业 50 余家。“唐宫夜宴”IP 成功入选“2021 十大年度国家 IP”。坚持“以文塑旅、以旅彰文”，推进文化和旅游深度融合发展，以业态创新提升文旅产业竞争力。积极与省内文旅单位开展合作，深入挖掘、系统开发河南丰厚的文化资源、红色资源、生态资源，为河南周口时庄村、修武沙墙村、信阳南雷村提供文创产业发展及乡村旅游振兴策划等服务。与全国的文旅城市合作，在无锡荡口古镇、广东肇庆、甘肃张掖、安徽宏村、四川塔公草原、宁夏中卫、江西婺源、浙江杭州取景拍摄，开展定制化的节目宣传，有效促进当地旅游产业发展。

二　存在的主要问题

（一）内容持续创新能力不足

“中国节日”系列节目已拍摄 3 季，节目制作越发精良，但节目样态没有太大突破，宣推越来越艰难且效果不理想，观众产生一定的审美疲劳、消减了观看热情。后续节目如何保持源源不断的创新力是面临的重大考验，也是能否长期赢得受众、打造 IP 体系的关键。多品牌战略实施缓慢，推陈出新乏力，文化创意人才匮乏，创作团队生产力没有得到有效释放，一些创新节目研发缓慢。比如“中国节日”系列节目没有跳出窠臼，依然沿用“网剧+网综+国风舞蹈音乐”的呈现形式，题材视野不够开阔，节目形态不够丰富，新推出的节目亮点不足。

（二）运作体系不够科学

与市场专业视频制作公司和商业互联网公司相比，观念不够解放，运营方式不够工业化、流量化。河南卫视和全媒体营销策划中心的一体化运营改革不够深入，创作资源力量的整合只完成了相加，没有完全相融，工作室机制没有有效建立起来，从导演、商务到策划、制片的分工不够明确，导致创作力量分散、运营效率不高、团队消耗过大。比如，导演工作室把过多的精力投入商业活动的运作中，导致在节目研发创新上投入精力不足，这种运作方式是对品牌影响力的消耗，也影响了多品牌的塑造。人力、财力、物力资源的投入不合理，存在“撒胡椒面儿”式的平均用力，没有将核心资源投入核心业务中。

（三）内容 IP 产业化水平不高

商业变现能力弱，难以为内容创作提供坚实的资金保障。缺少前瞻性谋划，没有及时有效建立文化产业链条，文创产品、沉浸式体验等衍生文化消费产品供给滞后，没有形成规模，没有使内容 IP 与受众产生深度链接，没有融入日常生活。比如，唐宫文创步伐走得不够快，经过两年多的发展，产品创新开发能力不够强，存在同质化跟风、创意性不足的问题，还没有找到特色化、可持续、高效益的文创开发道路。

三 思路和对策

（一）打造文化节目集群，以新视听焕发中华传统文化新活力

以“中国节日”系列节目的出圈为突破口，把创作优质内容、打造强势IP作为中心环节，实施中国文化多品牌战略，延伸中华传统文化创新传播长线。

强化内容创新。找准新时代传统文化表达的节奏点和突破口，做到思想更先进、艺术更精湛、技术更前沿、审美更高级，加快推进《中国发明》《中国家宴》《中国好艺术》《中国功夫》《闪耀吧！中华文明第二季》等创新文化节目的策划制作，形成文化节目集群，形成内容IP矩阵，多角度呈现优秀传统文化魅力，成为品质和匠心制作的代言词，成为中华优秀传统文化的创造性转化和创新性发展的先锋者，助力全省“行走河南·读懂中国”品牌的擦亮。

强化技术赋能。建设“大象元”元宇宙平台，力争打造成为河南规模最大的数字生态平台。以元宇宙技术赋能内容生产、传播方式的创新，拓展“传媒+元宇宙+N”新场景、新应用，提供沉浸式、交互式的产品服务，让信息传播得更快、更广、更精准、更生动，开启全新传播生态，全面参与未来传播形态竞争。特别是发挥元宇宙对于中国文化创新传播的优势，用科技加持文化节目生产制作，丰富受众沉浸式、科技感的文化新体验，打造优秀传统文化节目传承创新新天地。

强化创作力量。推进全台文艺生产资源重组，梳理好节目制作、导演团队、研发创新、产业经营、综合服务等各个生产单元，探索设立艺术总监、制作总监、技术总监、商务总监等，使其术业有专攻，各司其职，融合高效。建立对外合作机制，借助全国资源、世界资源为我所投，利用其人力、物力、财力资源服务节目生产。厘清重点、集中突破，认准“中国文化新时代多品牌战略”“‘大象元’元宇宙”的平台打造这两个核心突破口，集中全部人财物优势资源，向重点工作全面发力。

（二）构建多元经营模式，以新业态推动文旅文创融合新发展

与内容 IP 打造联动，将内容优势转化为产业优势，拓展文旅文创产业链条，构筑内涵丰富、内容饱满的文旅文创消费新场景、新业态，开辟精品内容创制与产业开发相促进、两壮大的“IP+文旅文创+千行百业”大视听产业运营广阔发展空间。

做强做大唐宫文创集团公司。未来唐宫文创着力构建“IP+N”的模式，持续在数字藏品、国潮动漫、国风游戏等方面持续发力，努力发展成为行业领先的国潮文创公众公司。创意化开发文创产品，重点打造中国节日·中国礼文化周边，运作好“中国节日·游研学之元典少年游研学”项目，与清明上河园和太行山景区以“游研学+主题空间演艺”等模式进行深度合作。做好 IP 授权，打造“IP+文旅+文创”多维度项目落地，重点以“生肖”和“中国式大婚”为主题开发场景应用双 IP，在七夕和中秋奇妙游中预热，触达品牌授权新增量。与武汉欢乐谷、澜沧古茶、AKF 美妆、万仟堂等开展延伸文商旅合作。让唐宫夜宴文创馆在全国落地，打造北京河南大厦唐宫夜宴官方形象店、北京亦庄唐宫文创·云果潮玩旗舰店、上海光海书局唐宫文创区、信阳博客小街文创街区等实体门店，使其发展成为链接中原古今、享誉全国的互动体验式文化商业样板，引领全新的“Z 时代”国潮生活消费 Young 模式。

拓展沉浸式文旅产业链条。将优质文化类节目与国内、省内各地区资源特色紧密结合，与重点关联企业建立长期、深度合作，弘扬中华优秀传统文化的同时实现文旅文创产业的创新性、持续性发展。以城市文旅共融为主线，与合作城市成立合作公司，依托节目景点，运营 IP 落地产业，持续推进焦作陈家沟度假村民宿群、焦作修武沙墙理想村、洛阳龙门度假酒店、信阳动漫基地等项目，在视听内容生产、品牌形象塑造、沉浸式演艺引入、文创产品开发上提供定制化服务，共同打造文旅新场景、新生态。

（三）加快建设文化园区，以新平台构筑文化创新创意新高地

党的二十大报告提出，“通过实施重大文化产业项目带动战略，推动文

化产业高质量发展”，要求我们以创新为核心驱动力，加快内容品牌优势转化。

河南广播电视台将高起点、高标准推进大象文创园建设，牵引全国创意、技术、人才等优质资源要素向河南文旅领域集中、向创意产业聚合，构筑文化创新创意新高地、新平台，为持续推动优秀传统文化奠定坚实基础，为河南省文旅文创融合发展增势赋能。大象文创园的建设，将以文化创意为内核，以中原文化、中华文化的挖掘、创意、传播为主体，集聚全国文化创意、技术、人才等优质资源要素，制作传播更多具有中国特色、体现中国精神、蕴藏中国智慧的文化精品和品牌 IP，力争发展成为国际知名文化创意高地、国家著名文化创意产业孵化基地、河南核心文化创意人才培养基地，成为传播中原文化、中华文化的新平台、新载体。

四　调研成果转化情况

聚焦调研中发现的问题，河南卫视和全媒体营销一体化运营团队、文旅文创产业办公室等部门立即行动、推进落实，成效初步显现。

（一）文化节目矩阵渐次上新

“中国节日”系列节目之《2023 清明奇妙游》播出，节目紧扣清明踏春出游的自然内涵和祭祀先祖、慎终追远的文化内涵进行创作，以曲水流觞的剧情形式串联，穿越魏晋、唐、宋等不同朝代，带领观众连接不同时空的文人故事和节日习俗，首播当晚直播观看总量超 4000 万次，全网阅读量超 16 亿次。《2023 端午奇妙游》响应“中华文明探源工程”的号召，深入挖掘“端午之源”，探索华夏民族的龙文化、对爱国英雄人物的礼赞。“中国节气”系列节目开启《小满奇遇记》新篇，从大美山河与文化自信多方延展，结合山水美景、非遗文化、诗词歌赋、民族音乐等元素，采用“一镜到底”的拍摄形式，通过小满先导片、小满茶话会、小满雅宴、渔舟唱晚等环节的自然衔接，展开对话二十四节气、对话自然的心灵之旅。节目播出后，全网阅读量达1.5亿次，创造10个热搜，晚间黄金档电视节目融合传播指数排名第一。国潮美食节目《中国有好菜》通过寻找全国各地的顶尖名师名厨，挖掘中国经典顶流美食中的“精妙之作”，为“守正创新”的中国美食提供展示的舞台。《中国神话》以青春视角探寻国风文化，以中国神话故事为线索、以元宇宙为视觉看点，打造国风全明星闯关类真人秀，运用大量前沿技术，将历史感与未来感相融合，在任务中传递中国品质精神。

（二）文化国际传播可圈可点

《小满奇遇记》的海外传播，得到中国驻巴基斯坦大使馆文化参赞兼巴基斯坦中国文化中心主任张和清的支持，陆续在Twitter平台推送了相关节目内容。《环球时报》在海外账号发布了节目的视频片段。《清明奇妙游》通过《中国日报》旗下YouTube、Meta等7个海外账号以及华人头条客户端在海外5大主流平台，面向美国、加拿大、墨西哥等23个国家进行直播，综合浏览量超340万次。在YouTube、Twitter、Instagram、Meta、Meta Page等5个海外平台开设“中国节日”“河南春晚官方”双账号，宣传推广中国节日、中国发明、中国神话等综艺文化类节目，粉丝累计超43万。

（三）文旅文创开发拓展新路

深入探索文化表达新样态，尝试融入城市文化名片塑造，与信阳市委、市政府合作，承办第31届信阳茶文化节系列活动，构建文旅全产业链服务体系和新型文旅生态圈，在“行走河南·读懂中国”中叫响“美好生活看信阳”城市品牌；与洛阳市委、市政府合作，共同打造第40届中国洛阳牡丹文化节，刷新洛阳的城市名片；与海南省五指山市委、市政府携手打造文旅融合创新项目——《奇遇·五指山》大型实景演出，为文化节目的创作和革新探寻新的方向。唐宫文创拓展文创产品品类，在全国率先提出“中国节日·中国礼”概念，推出山河共国风　盛世展宏图、万彩美好钧为你、河南春晚nice兔·万事利丝巾、超凡出粽端午礼盒等60款新品；推出中国少年文化研学先锋品牌“元典少年”游研学项目，立足河南广播电视台

“中国节日”系列节目的优秀传承，致力于将中国文化通过系列研学营的形式传送给孩子；打造沉浸式文化体验场景，郑州首家唐宫夜宴·唐饮文创饮品体验店开业，致力于打造成为集文创产品、茶饮、兼具文化、吃茶体验空间功能于一体的文化驿站；星河里·唐宫夜宴实景文化主题街区面世，以中国传统节日、二十四节气等传统文化 IP 为底色，把文化、旅游、美食深度融合，为大众提供形式更多元、制作更精良、互动体验更丰富、审美品位更高雅、文化意涵更丰富的优质文化服务。

（四）大象文创园建设稳步向前

加快推进项目立项，赴国家发展改革委对接项目立项、政府债发行等事宜，将很快进入资料审核环节。推进项目合作洽谈，与中国（河南）自由贸易试验区开封片区的开封经开数字文投公司进行两轮洽谈，探讨项目的可能性；与河南民航发展投资集团有限公司、河南新田房地产旗下的禾奥（河南）旅游管理有限公司等省内知名文旅运营机构座谈，为园区预招商做准备；与国艺中联科技集团会谈，针对园区运营以及发展本地夜游经济等谋求合作；与中关村智酷座谈，探讨文创园定位和相关资源整合，探讨河南文旅数字大脑平台建设；与相关金融机构沟通金融服务相关政策，围绕政府专项债的申报发行等工作进行咨询和准备；接待多家建设单位、投资机构和运营机构来访，围绕项目资金、建设和运营进行研判沟通。

B.12

河南省大遗址保护利用调研报告

任 伟*

摘 要： 大遗址是中华文明的重要见证。河南省高度重视大遗址保护利用工作，围绕考古发掘研究、专项立法建设、保护规划编制、保护展示工程实施、遗址博物馆建设、考古遗址公园建设等开展了大量深入细致的工作，并积极探索生态保护、文旅融合、城市风貌提升等大遗址保护新形态，实现文化遗产与经济社会发展共赢。当前，河南大遗址开发还面临大遗址发掘缺乏统筹布局、发掘成果展示利用不够、保护利用形式单一等问题。需要系统做好大遗址考古研究、空间管控、保护管理、开放展示工作，创新大遗址保护管理利用体制机制。

关键词： 大遗址 遗产保护 考古遗址公园 生态保遗

党的十八大以来，习近平总书记对文物、考古、中华文明探源等工作作出了一系列重要论述和指示批示，河南省委、省文旅厅党组也多次就河南省文物工作提出新的要求。这些内容为我们做好新时期文物工作指明了前进方向，提供了根本遵循。大遗址，是指文物保护单位中那些年代跨度大、占地面积广、价值高、内涵丰富、结构复杂，在中国古代文明发展历程中具有特殊重大意义、具有资源优势转换潜力的大型遗址或遗址群。河南省地处中原腹地，是中华民族和华夏文明的重要发祥地之一，是全国重要的文物资源大省，河南省境内的古代聚落、都城遗址、帝王陵寝等大遗址分布密度令世人

* 任伟，河南省文化和旅游厅党组成员，河南省文物局党组书记、局长。

瞩目，实证了中华文明的历史脉络、卓越创造和辉煌成就。大遗址保护利用是激扬中华传统文化自信，推进社会主义文化强国建设的一项重要工作。为进一步做好河南大遗址保护利用工作，传承弘扬中华文明、建设中华民族现代文明、落实省委文旅文创融合战略、塑造“行走河南·读懂中国”品牌，河南省文物局对河南省大遗址保护利用情况进行了深入细致地调研，现将有关情况报告如下。

一 大遗址保护利用的基本情况

“十三五”时期国家确定的152处大遗址中河南省占22处，其中18处为单独的大遗址，另外有长城、大运河、丝绸之路、万里茶路等4处线性大遗址；“十四五”时期，全国150处大遗址中河南省占16处，另有涉及长城、大运河两条线性遗址5处，总数达21处，数量位居全国榜首，且具有集中整体连片、时代连续、内涵丰富、形态多样、古今城市重叠、深埋地下等特点。根据这些特点，近年来，河南省大遗址保护利用主要围绕考古发掘研究、专项立法建设、保护规划编制、保护展示工程实施、遗址博物馆建设、考古遗址公园建设等重点内容开展相关工作。同时，全省各地积极探索大遗址保护新形态，充分发挥考古遗址公园建设积极作用。围绕生态保护、文旅融合、城市风貌提升，统筹大遗址保护与人居环境改善、相关产业发展。城市特色、文化品位不断提升，实现文化遗产保护与经济社会发展共赢。

（一）大遗址考古发掘硕果累累

多年来，河南省各考古单位共针对隋唐洛阳城遗址、邙山陵墓群、汉魏洛阳故城、殷墟、二里头遗址、北宋东京城遗址、小双桥遗址、平粮台古城遗址等24处大遗址开展了126项考古发掘，累计申请中央考古发掘经费2.17亿元。其相关考古发掘研究成果，对于相关大遗址的保护展示、规划编制、遗址公园建设等工作起到了至关重要的支撑作用。《二里头（1999—2006）》

《偃师商城（第1卷）》《隋唐洛阳城——1959~2001年考古发掘报告》《邙山陵墓群考古调查与勘测第一阶段考古报告》《曹操高陵》《安阳大司空：2004年发掘报告》《殷墟小屯村中村南甲骨（上、下册）》《安阳孝民屯（三）殷商遗存·铸铜遗物》《安阳孝民屯（四）殷商遗存·墓葬》《舞阳贾湖（上、下卷）》《三门峡庙底沟（全3册）》《宝丰清凉寺汝官窑》《郑州小双桥——1990~2000年考古发掘报告》等32部大遗址相关考古发掘报告陆续出版，考古发掘研究取得长足进步。

（二）大遗址保护法律法规日臻完善

多年来，河南省共推动《洛阳市汉魏故城保护条例》（2006年）、《洛阳市隋唐洛阳城遗址保护条例》（2008年）、《洛阳市偃师二里头遗址和尸乡沟商城遗址保护条例》（2009年）、《洛阳市邙山陵墓群保护条例》（2011年）、《郑州市郑韩故城遗址保护条例》（2014年）、《开封古城保护条例》（2020年）、《河南省安阳殷墟保护管理条例》（2021年）、《巩义市宋陵保护管理办法》（2021年）、《洛阳市二里头遗址保护条例》（2022年）等9部大遗址保护地方性法规、政策出台，为相关大遗址的保护提供了长期的、制度性的法律保障。同时，河南省也持续高标准推动大遗址保护规划编制、审批和公布工作。24处大遗址的保护规划全部编制完成，均获得国家文物局批复并由河南省人民政府对其规划进行了公布。这些保护规划的编制、批准和公布，整体上保证了河南大遗址保护工作的规范化和科学化。

（三）大遗址保护工程稳步推进

多年来，河南省积极实施大遗址保护展示利用工程和安全防范工程，共实施大遗址本体保护、展示利用、环境整治类工程191个，实施大遗址安全防范、技术防范、消防工程37个，共申请到国家大遗址保护专项补助经费合计22.3亿元。地方财政用于环境整治、居民拆迁、基础设施建设方面的配套投入已超200亿元。确保隋唐洛阳城定鼎门遗址保护展示工程、明堂天堂遗址保护展示工程、九洲池遗址保护展示工程等一大批重要大遗址保护展示工程得以顺利实施。大遗址保护工程的实施，不仅使这些大遗址中的重要节点得到了保护，使大遗址本身的价值得到了阐释，而且推动了与大遗址保护展示工程相关的考古发掘研究、环境整治、配套基础设施建设等工作，使大遗址保护总体工作取得全面进步。

（四）大遗址展示利用日新月异

多年来，河南省在原有工作基础上，不断加快考古遗址博物馆和考古遗址公园建设。建成郑州商都遗址博物馆、郑国车马坑遗址博物馆、二里头夏都遗址博物馆、隋唐洛阳城应天门遗址博物馆、天堂明堂遗址博物馆、宝丰汝窑博物馆、庙底沟遗址博物馆、曹操高陵遗址博物馆、贾湖遗址博物馆等14座遗址博物馆并对外开放。另有大河村遗址博物馆新馆、北宋东京城遗址顺天门遗址博物馆、汉魏洛阳故城遗址博物馆、殷墟遗址博物馆新馆、平粮台古城遗址博物馆等5座遗址博物馆正在建设中。此外，考古遗址公园建设也获得蓬勃发展，2022年12月第四批国家考古遗址公园名单公布，河南省已经建成或部分建成的挂牌国家遗址公园增至7处，另有10处考古遗址公园入围国家考古遗址公园立项名单。

（五）考古遗址公园建设创新发展

一是探索生态保遗，增强绿色效益。郑州市立足国家生态文明建设战略，结合城市生态绿地建设需要，坚持先行先试、大胆创新，于2017年初全面实施“生态保遗”工程。“生态保遗”工程坚持以政府为主导、以突出展示遗址文化内涵为特色、以实现遗址本体和环境安全为前提，采用生态绿化模式，促进遗址保护优化、生态环境提升、休闲空间拓展、城市形象凸显，协调做好文物研究、保护、传承、利用和发展各项工作。目前郑州市遗址生态文化公园建成开放51处，选址依托23处全国重点文物保护单位、7处省级文物保护单位、20处市级文物保护单位和1处县级文物保护单位，绿化面积约万亩，遗址本体安全得到保护，极大改善了周边环境风貌，促进了文化遗产保护与生态文明建设的有机融合，遗址生态文化公园传承文脉、服务社会、优化环境、带动发展的积极作用得到充分发挥。二是推动文旅融合，增强经济效益。洛阳市高度重视国家遗址公园规划建设工作，积极探索大遗址保护新形态，着力打造独具魅力的隋唐文化标识，叫响洛阳“盛世隋唐”文旅品牌。隋唐洛阳城遗址相继承接了央视秋晚、央视戏曲春晚等重大活动，对天堂明堂、应天门、九洲池（一期）等遗址进行市场化运作，植入多种文旅业态，开展研学教育、现场演艺、沉浸式体验等各类活动，盘活遗产资源，实现自我造血，提升综合效益。景区数字化展示、沉浸式体验、文创潮品等体验项目深受广大游客喜爱，已成为河南省最受欢迎的网红打卡地之一，实现社会效益和经济效益双丰收。三是改善城市风貌，增强社会效益。自 2007 年以来，洛阳市统筹推进隋唐洛阳城国家遗址公园规划、征迁、建设等工作，已累计投资 80 多亿元用于征迁和环境治理，为遗址保护展示工程的实施及遗址公园建设奠定良好基础。制定《隋唐洛阳城遗址保护总体规划》，确定“一区一轴一带、两片三环”保护展示空间格局。明确遗址保护展示面积 8300 亩，实现规模和质量的新跨越。重点实施定鼎门、两坊一街、天堂明堂、九洲池、应天门、含嘉仓、回洛仓、南城墙遗址等保护展示工程。在推进遗址保护展示过程中，把当地居民的居住、就业等需求摆在突出位置，实现和谐征迁，改善环境条件，增加居民收入。在里坊区保护过程中，按照“宜留则留、宜搬则搬、就近就便”原则，对必保项目、恢复性工程和历史主路网区域居民予以搬迁，其他非必要搬迁居民实现有序整合、集中安置，完善基础设施配套，结合遗址保护，引入研学教育、生态田园等产业，实现历史文化遗产保护与城镇化建设和谐共赢。

二 存在的主要问题

近年来，河南省大遗址保护利用工作在各地、各部门积极探索与创新实践中取得了一定成效，但在推进过程中，其所面临的困难与问题仍然突出。主要表现在以下几个方面。

（一）大遗址发掘缺乏统筹布局

目前在河南省从事考古发掘的队伍主要有4支，即中国社会科学院考古研究所驻河南各工作队、河南省文物考古研究院、郑州市文物考古研究院、洛阳市文物考古研究院。其中，中国社会科学院考古研究所驻河南各工作队受国家文物局直接指派，对偃师二里头遗址、洛阳偃师商城遗址、安阳殷墟遗址、汉魏洛阳故城遗址、隋唐洛阳城遗址等都城性质的重要大遗址持续开展考古发掘研究工作，相关工作持续的时长基本都在40~60年以上，殷墟发掘已持续近100年，研究成果丰硕。而河南省各考古单位因为缺少统筹布局、人员短缺、配合基建考古任务繁重等原因，很少针对某一重要大遗址连续多年开展主动性考古发掘工作，导致大遗址考古基础薄弱，研究成果对后续的保护展示利用、考古遗址公园建设等工作支撑不够。

（二）发掘成果展示利用不够

近年来，河南省大遗址考古工作屡获重要新发现。截至2022年，河南省荣获“全国十大考古新发现”的项目总数已达53项，高居全国各省榜首，其中23项考古新发现均与大遗址考古相关。但是，大遗址考古主要以研究为目的，相关重大考古新发现很多没有后续的大遗址保护及展示利用工程与之相衔接、同步跟进。53项重要考古新发现中，有26项因为土遗址长期保护难度较大、展示利用工程所需经费巨大、省级又没有大遗址保护专项经费等原因，无法得到及时保护和展示利用，只能采取最简单的回填保护方式进行保守保护，未形成考古发掘、研究、阐释、利用的完整链条。23项与大遗址相关的重要考古新发现中，有9项没有得到有效的展示利用，大遗址发掘研究成果展示利用不足。

（三）保护利用形式单一、效果不佳

从河南省大遗址当下的保护展示利用现状看，保护利用形式主要分为遗址格局形制模拟复原展示（如二里头遗址宫殿区格局模拟复原展示）、遗址

功能模拟复原展示、建设保护展示设施进行展示（如隋唐洛阳城应天门遗址展示设施、天堂明堂遗址展示设施）、建设遗址博物馆对出土文物进行展示、利用数字化技术进行场景再现展示等几种方式。因受原真性、完整性、安全性等遗产保护原则的限定性制约，规划设计要求高、难度大，总体上展示利用主题定位把握不准，展示形式较为单一，对大遗址核心价值表现和阐释不足、体验感不强，社会公众无法充分感受到大遗址、重要考古发现的价值和意义。

（四）缺乏顶层设计、协同发展

河南省大遗址资源相对集中，带状布局明显。除安阳殷墟遗址外，沿黄河南岸从西到东依次有庙底沟遗址、仰韶村遗址、汉魏洛阳故城遗址、偃师二里头遗址、洛阳偃师商城遗址、双槐树遗址、郑州商城遗址、大河村遗址、北宋东京城遗址等，沿线有洛阳、郑州、开封三大古都，承接着黄帝时期和夏、商、周、汉、魏晋南北朝、隋、唐、宋历朝历代，长期是我国的政治、经济、文化中心，是实证、史证“行走河南·读懂中国”的丰富文化资源。但从目前的遗址保护利用和四大古都协同发展现状来看，这一资源优势因区域分割被化整为零，各谋其政，没有形成合力。重要大遗址的保护工作主要由县级文物保护单位承担，大遗址保护管理机构的层级偏低，专业人员匮乏，保护展示利用的专业性严重不足。同时，大遗址往往占地面积巨大，不同程度存在村庄占压等问题，制约遗址核心区考古发掘研究，拆迁安置等文物保护补偿政策不完善，对大遗址价值挖掘、展示利用造成影响，文化资源优势没有得到充分发挥。

三　解决问题的思路和对策

大遗址保护利用是具有中国特色、符合中国国情的文物保护利用模式，是中国文化遗产保护利用的重大创新。河南省作为全国重要的文物资源大省，要深刻把握、落实好《大遗址保护利用“十四五”专项规划》，坚持国家属性、考古支撑、保护第一、合理利用、创新驱动、融合发展等基本原则，系统做好大遗址考古研究、空间管控、保护管理、开放展示工作，创新大遗址保护管理利用体制机制。

（一）强化大遗址发掘工作的统筹与引领

坚持全省考古发掘“一盘棋”，充分发挥省文物局统领作用，整合全省考古发掘力量，以河南省文物考古研究院为龙头，以中国社会科学院考古所河南工作站为外援，以市、县考古院（队）为中坚，以郑州大学、河南大学考古力量为补充，混编组建大遗址考古工作站，统一意志，协同作战，一张蓝图绘到底。同时，切实加强省、市、县文物管理机构和专业队伍建设，着力提升河南省考古研究及大遗址保护展示利用整体水平，推动大遗址价值阐释和展示利用高质量发展。

（二）深化大遗址考古研究与内涵价值挖掘

围绕建设中国特色、中国风格、中国气派的考古学，聚焦关键课题，持续推进“考古中国”重大专项“中原地区文明化进程研究”和“夏文化研究”项目，策划实施文明起源阶段研究和商文化研究项目。启动偃师二里头、安阳殷墟、郑州商城、隋唐洛阳城等大遗址基础信息数据平台搭建工作。推动省委宣传部主导的黄帝时期、夏代时期、商代时期、春秋时期四个分时期的专题历史文化研究。加快国家夏商文明考古研究中心建设，建立央地合作机制，努力形成一批突破性、标志性成果。同时，通过系统考古发掘研究，充分挖掘阐释大遗址所包含的历史、科学、艺术等各方面价值，为大遗址保护展示利用工作提供源源不断的智力支持。

（三）构建大遗址保护利用新格局

将大遗址发掘保护利用和四大古都融合发展汇入黄河流域生态保护和高质量发展国家战略，以大遗址分布带为主线，以四大古都为支撑点，打造具有鲜明历史特征的中原文化遗址走廊，绘制“行走河南·读懂中国”地标。持续推进郑州、洛阳大遗址保护利用片区建设，构建中华文明精神标识和文化地标。积极培育二里头遗址申报世界遗产预备项目。重点实施殷墟王陵区和宗庙区、隋唐洛阳城中轴线、开封州桥及顺天门等一批保护展示和环境提升工程，加快建设殷墟、大河村、汉魏洛阳故城等7处遗址博物馆，逐步构建三门峡—洛阳—郑州—开封—安阳世界级大遗址公园走廊。

（四）加强顶层谋划，提升各方协同力度

建立省级统筹、调度机制，吸收省直相关单位和有关市、县参加，按照百年大计，谋划顶层设计，加强规划引领，制定大遗址发掘、保护、利用中长期规划和“四大古都”文化遗产中长期发展规划，并将二者有机结合，统筹布局，积极探索大遗址保护利用的新模式，加大政策、资金、项目支持力度，协同发展。同时，按照国务院印发的《关于进一步加强文物保护工作的指导意见》要求，发改、财政、自然资源、文物等部门形成合力，建立健全文物保护补偿制度，研究制定大遗址文物保护补偿办法，更好地协调解决经济发展和大遗址保护利用工作中存在的矛盾和问题。

B.13

以河南世界文化遗产赋能“行走河南·读懂中国”品牌塑造研究报告

刘思琦*

摘　要： 党的十八大以来，习近平总书记多次对文化遗产保护工作作出重要指示批示，对中华优秀传统文化保护传承工作作出一系列战略性部署。文旅文创产业是传承发展中华优秀传统文化的重要方式和依托。盘活文物资源、文物活化利用和活态化展示是推动中华优秀传统文化创造性转化、创新性发展的重要路径。做好文化遗产的活态化展示、具象化传播、创新性表达能够加快塑造“行走河南·读懂中国”品牌，打造中华文明连绵不断的探源地、实证地和体验地，在担负新的文化使命、建设中华民族现代文明中展现河南新担当，做出河南新贡献。

关键词： 世界文化遗产　活化利用　“行走河南·读懂中国”品牌

世界文化遗产作为重要的文化地标和精神标识，在我国建设社会主义文化强国、推动人类命运共同体建设、人类文明交流互鉴等方面发挥着不可替代的重要作用。是河南实施文化强省建设和文旅文创融合发展战略的重要抓手，在塑造“行走河南·读懂中国”品牌中发挥着举足轻重的作用。

---

* 刘思琦，河南省社会科学院科研管理部职员，主要研究方向为公共考古、媒介考古。

一　河南世界文化遗产背景及整体情况

河南是文化资源大省，也是文物大省、考古大省，悠久的历史文化孕育了华夏文明主根、历史文明主脉。据最新统计数据，河南文物数量和质量位居全国领先地位，现有不可移动文物 65519 处，位居全国第二，其中世界文化遗产 5 处[①]，这些珍贵遗产是遗产地城市及区域文化事业和文化产业可持续发展的有力支撑。

（一）党和国家对世界文化遗产保护工作高度重视

国家高度重视历史文化遗产事业发展，长期以来，把文化建设放在突出位置。2021 年以来，国家出台《国有文物资源资产管理暂行办法》《中国石窟寺考古中长期计划（2021—2035 年）》《大遗址保护利用“十四五”专项规划》《“十四五”文物保护和科技创新规划》《“十四五”石窟寺保护利用专项规划》《“十四五”考古工作专项规划》《“十四五”文化发展规划》等国家级专项规划，并多部门联合印发《黄河文化保护传承弘扬规划》《黄河文物保护利用规划》等更有针对性的国家级规划。《2023 政府工作报告》提出“弘扬中华优秀传统文化，加强文物和文化遗产保护传承”[②]。以上这些充分表现了党中央、国务院对历史文化遗产保护传承工作的重视。

（二）河南世界文化遗产工作得到政策上大力支持

党的十八大以来，河南省委、省政府有关部门认真贯彻落实党中央关于历史文化遗产工作的决策部署，重视文物保护工作，发挥河南中华文明重要发祥地、中华文明探源地等优势资源，文化产业得到空前发展，制定并印发

① 《河南文化概况》，河南省人民政府网站，2023 年 4 月 12 日，https：//www. henan. gov. cn/2023/04-12/2723575. html。

② 《2023 政府工作报告——2023 年 3 月 5 日在第十四届全国人民代表大会第一次会议上》，中国政府网，https：//www. gov. cn/zhuanti/2023lhzfgzbg/index. htm。

了《实施文旅文创融合战略工作方案》《河南省“十四五”文化旅游融合发展规划》《黄河文化保护传承弘扬规划》《黄河国家文化公园（河南段）建设保护规划》和《“行走河南·读懂中国”品牌塑造实施方案》等一批省级规划方案。《河南省国土空间规划（2021—2035 年）》着重提出了“文化保护与特色彰显之构建历史文化遗产整体保护空间规划，推进文化与遗产活化利用”①。

2023 年 7 月召开的全省文物工作高质量发展工作会部署了“担负文化新使命、展现河南新担当、推动新时代文物事业高质量发展”② 的工作内容。《河南省文物保护和科技创新实施方案》中，提出拓宽文物展示利用途径，全面促进文旅深度融合，传承中华优秀传统文化，提升河南文物保护研究利用水平。

（三）新时代新征程下，河南世界文化遗产保护与传承工作进展情况

河南现有洛阳龙门石窟、安阳殷墟、登封“天地之中”历史建筑群、丝绸之路河南段、大运河河南段 5 处世界文化遗产。龙门石窟和殷墟由于立项时间较早，拥有比较成熟的研究成果，并逐步发展成为我国 57 处世界文化遗产中具有标识性和引领性的世界文化遗产。河南 5 处世界文化遗产近期工作重点情况如下。

1. 龙门石窟区域性石窟寺保护研究基地建设

石窟寺保护长期以来为我国文化遗产保护领域内重点建设内容之一。河南持续推动龙门石窟研究院建设区域性石窟寺保护研究基地，推进洛阳龙门石窟寺科研基地平台建设，深化石窟寺的学术研究和价值挖掘，提升石窟寺

---

① 《关于公开征求〈河南省国土空间规划（2021—2035 年）〉》意见建议的公告》，河南省自然资源厅网站，2022 年 12 月 8 日，http：//wap. dnr. henan. gov. cn/2022/12-08/2653662. html。

② 《楼阳生对全省文物工作作出批示　担负文化新使命　展现河南新担当　推动新时代文物事业高质量发展》，河南省文物局网站，2023 年 7 月 11 日，https：//wwj. henan. gov. cn/2023/07-11/2776297. html。

的综合展示水平。在基础设施方面，实施了龙门石窟奉先寺大型渗漏水治理和危岩体加固保护工程。该保护工程于2022年7月圆满完工，并入选2022十大文博年度影响力榜单年度保护工程。石窟寺文物数字化保护国家文物局重点科研基地（浙江大学）龙门石窟研究院工作站的古阳洞四大龛数字化复原项目，是目前国内石窟寺数字修复最高水准。龙门石窟在超高清三维重建技术探索、数字虚拟修复、重建和鉴别方面也走在技术前沿。

2. 推进殷墟国家考古遗址公园建设

安阳殷墟是中国现代考古学诞生之地，也是中国历史上第一个有文献可考，并为甲骨文和考古所证实的商代古都城遗址。2021年，殷墟遗址被写入《中华人民共和国国民经济和社会发展第十四个五年规划和2035年远景目标纲要》，成为首个“文化遗产保护传承”项目，同时被重点列入《大遗址保护利用“十四五”专项规划》《“十四五”文物保护和科技创新规划》《“十四五”考古工作专项规划》等国家级专项规划，以及“十四五”时期文化保护传承利用工程项目储备库。2022年，河南省文物局发布的《河南省文物博物馆事业发展“十四五”规划》中，明确提出提升殷墟国家考古遗址公园建设水平。殷墟遗址博物馆作为国家重大专题博物馆，新馆于2023年底建设完工并面向公众开放，建成后的殷墟遗址博物馆作为国家文化地标之一，将成为向世界研究展示殷商文明，展示“一片甲骨惊天下”的国际先进文物展示中心、中华文化国际交流传播与文化产业创新平台，是数字化、智慧化博物馆的典范。

3. 推进登封“天地之中”历史建筑群示范性保护维修工程建设

历年来，河南高度重视登封“天地之中”历史建筑群保护管理工作，具体包括以下几个方面：不断对登封“天地之中”历史建筑群总体规划进行修订与完善；做好登封“天地之中”历史建筑群世界文化遗产监测中心在遗产本体（含附属文物）、古树名木、影响因素、保护管理、安全保障、检测工作实施保障6个方面的检测工作；持续做好汛期内世界文化遗产现场勘查和病害调查；强化基础数据库信息数据库建设；等等。目前，《世界文化遗产“天地之中”历史建筑群总体保护管理规划》《嵩山古建筑群总体保护规划》《嵩山少室阙保护规划》等13个专项规划和系列设计的登封“天地之中”世界文化遗产保护规划主要内容已基本完成。

4. 推进以大运河世界文化遗产点段为支撑的大运河国家文化公园建设

随着《大运河文化保护传承利用规划纲要》《长城、大运河、长征国家文化公园建设方案》相继出台，突出大运河遗产活态变迁、活态延续、活态传承的文物特性，更加重视在“保护、利用、传承”方面的实践应用。结合河南考古实际，强调大运河考古遗址保护与研究，强化考古遗址公园模式。其中，以洛阳含嘉仓160号仓窖遗址、回洛仓遗址为依托，建设的隋唐大运河文化博物馆和洛阳浚县黎阳仓遗址，作为大运河遗产点项目入选“行走河南·读懂中国”国家文化公园代表性展示项目。

5. 丝绸之路河南段服务“一带一路”建设和促进文明交流互鉴

丝绸之路：长安—天山廊道的路网项目是一项跨国世界文化遗产及线性文化遗产，丝绸之路河南段包含汉魏洛阳城遗址、隋唐洛阳城定鼎门遗址、新安汉函谷关遗址和崤函古道石壕段遗址4个遗产点，是古往今来东西方人类文明交流互鉴的实证，也是丝绸之路沿线国家秉持共商共建共享原则进行文化和经济交流合作的平台，更是发挥河南在文化上融入“一带一路”倡议的抓手之一。丝绸之路河南段作为线性文化遗产，融入“一带一路”建设，对文旅文创产业做出积极的探索与尝试。作为丝绸之路东方起点城市的洛阳，2023年受邀以联盟创始会员身份加入丝绸之路旅游城市联盟。

二　河南世界文化遗产对于建设“行走河南·读懂中国”品牌的意义

世界文化遗产作为重要的文化和精神标识，发挥着引领性和旗舰性作用，保护与传承历史文化遗产，要坚持守正与创新。河南高质量打造“行走河南·读懂中国”品牌，致力于文化遗产活态化展示建设，是贯彻落实习近平总书记讲好中国故事，推动中华优秀传统文化创造性转化和创新性发展河南实践的生动体现。

（一）“行走河南·读懂中国”品牌背景及意义

文化旅游是文化遗产活态化展示的具象化与创新性的展示与表达。河南省委、省政府高度重视文旅文创工作。2021 年河南省第十一次党代会把实施文旅文创融合战略作为锚定“两个确保”的十大战略之一，提出构建“中华文化传承创新中心、世界文化旅游胜地”两大目标。这两大目标是推进中国式现代化河南实践的具体体现，体现了“第二个结合”的丰富内涵，展现了“第二个结合”在文旅文创融合发展上河南智慧。

（二）河南世界文化遗产活态化展示的方式

世界文化遗产保护和利用的核心是活化利用，通过国内外世界文化遗产活态化展示的优秀案例，结合河南发展现状，可以总结归纳出以下 3 种方式。

1. 文化遗产数字化交互

数字化技术推动了文物活态化展示，发挥了数字化平台与智慧文旅平台的作用。将数字技术与文化遗产数字化复原保护结合起来，带给公众更加细腻的跨越时空的立体感受，沉浸式感受文物的文化、历史和艺术价值；将数字化管理与运营智慧化景区结合起来，通过对景区日常运行全时空监测，实现对景区内参观人员流量的动态化展示与精细化管理，如数字化项目“夜游龙门”已成为国家级夜间文化和旅游消费集聚区的杰出代表。

2. 文化遗产品牌建设

文化遗产品牌建设对促进遗产地城市弘扬厚重文化底蕴，推广遗产地特色文化，树立遗产地文化标识、文化 IP，吸引人才落户，促进投资，推动地方经济产业升级，促进文化产业、文旅产业蓬勃发展具有重要作用。郑州在中华文明和黄河文化起源、形成、发展过程中具有特殊地位，2023 年 8 月，首届世界大河文明论坛向世界展示了“天地之中”“华夏之源“功夫郑州”的城市品牌。品牌中三个理念均与世界文化遗产有着密切的关联，其中“天地之中”“功夫郑州”是登封“天地之中”历史建筑群世界文化遗产的体现，“华夏之源”是大运河世界文化遗产郑州段的体现。

文字承载着中华文明基因，是中华文脉绵延不绝的根基。安阳作为世界文化遗产城市，依托“殷墟”“甲骨文”中华文明标识和历史文化标识，打响了“中华字都”的城市品牌。

3. 文化路线建设

根据大运河世界文化遗产承担漕粮运输路线功能作用和跨越省级路线的空间地域特征，大运河河南段的文化路线建设着重于增加空间与时间交互体验感，着重表现为“两个结合”的具象化体验；丝绸之路河南段属于跨越国家空间地域的文化遗产，文化路线建设融入“一带一路”倡议，现阶段突出强调考古工作，例如河南与丝绸之路其他沿线国家进行中外联合考古活动，与沿线国家建立联合保护机制、机构等。

（三）世界文化遗产旅游助推“行走河南·读懂中国”品牌建设

2015年联合国大会第70届会议上通过《2030年可持续发展议程》，首次将文化作为可持续发展目标之一，强调了文化遗产结合文化创意产业是促进经济社会与环境发展的重要驱动力。河南5处世界文化遗产是文化旅游的重要目的地，成功融入“行走河南·读懂中国”文旅品牌建设中。

河南围绕塑造“行走河南·读懂中国”品牌，围绕“奋力建设中华文化传承创新中心、世界文化旅游胜地”的目标，策划推出16条主题文化线路，分别为人类起源、文明起源、国家起源、王朝历史、逐鹿中原、先贤追寻、姓氏寻根、元典思想、治黄史诗、科技发明、文字诗词、文明互鉴之旅、四大古都之旅、中国功夫之旅、考古发现之旅、红色中原之旅。这16条线路涵盖了河南以中原文化、黄河文化为代表的中华优秀传统文化，涵盖了省内5处世界文化遗产。

三 河南世界文化遗产活化利用在塑造“行走河南·读懂中国”品牌中面临的挑战

河南省委、省政府高度重视文化遗产与文物工作，遗产保护和文旅文创已形成较为系统的规划体系，在世界文化遗产工作方面，保护工作不断注入科技力量、传承观念发生悄然变化、活化利用全面进展、利用效率不断提升、传播方式不断拓展，取得的成就有目共睹。但与文化强省建设的要求相比，还存在问题和面临挑战。

（一）自然环境因素影响扩大，世界文化遗产保护管理工作有待加强

由于自然灾害的突发性和不确定性，河南世界文化遗产保护管理工作也面临多重挑战。河南处于黄河流域中下流，近几年主汛期内降水量明显增大，暴雨较多，汛情较重的可能性增加，部分地区发生极端性强降水的可能性增大。2021 年 7 月，受强降水影响，河南多处不可移动文物面临洪涝灾害的威胁。雨水侵蚀加剧了文物受损风险，如大遗址等古建筑周边自然山体滑坡、坍塌；考古发掘现场等被积水倒灌；龙门石窟伊河龙门段水位暴涨；古建筑墙体坍塌、屋顶被侵蚀。这些自然灾害给河南世界文化遗产保护工作带来更多的不确定性和不稳定性。因此，应围绕自然灾害给世界文化遗产保护工作带来的挑战，加大对遗产保护基础性工作的保护投入力度，做好世界文化遗产监测工作，做好灾害性天气预警保护工作。

（二）遗产地中华优秀传统文化深入挖掘和阐释不足，世界文化遗产传承力度有待加强

河南省作为中华文明的重要发源地，在 5000 多年的文明史中，涌现出了如老子、庄子等大批影响中国历史进程的思想家，孕育出了“天下为公、民为邦本、以政为德、革故鼎新、任人唯贤、天人合一、自强不息、厚德载

物、讲信修睦、亲邻友善”等优秀传统文化。我国世界文化遗产与中华优秀传统文化存在共生关系。以丝绸之路河南段为例，丝绸之路作为人类文明交流互鉴的杰出代表，传播了思想、科技、艺术和宗教，促进了沿线国家经济和文化的发展。丝绸之路所代表的和平合作、尊重平等、包容开放、互学互鉴、互利共赢与中华优秀传统文化中的讲信修睦、亲仁善邻、天下为公等观念不谋而合。现阶段对世界文化遗产和中华优秀传统文化相结合的学术研究成果、专著等还存在深入挖掘和阐释不足的问题。

（三）考古研究成果对遗产价值展示仍需加强，世界文化遗产活态化保护传承有待强化

结合河南实际，世界文化遗产活态化展示也可以理解为是对文物的活态化展示，考古工作对世界文化遗产的结合主要围绕考古挖掘、文物保管等展开。由于考古研究成果的专业性，如何提高考古成果的公众性和普及率，提高考古研究成果对遗产价值展示的转化率，是迫切需要解决的一个问题。遗产地城市品牌建设是文化遗产（文物）活态化展示的样本。现阶段5处世界文化遗产所在地城市都在打造属于自己的文化品牌，例如，洛阳打造“行走洛阳·读懂历史”城市品牌，安阳打造以中国特色考古学为主的“中华字都”城市品牌，郑州打造“天地之中”“华夏之源”“功夫郑州”城市品牌等。由于大运河和丝绸之路的线性文化遗产特征，如何打造大运河和丝绸之路沿线遗产地的城市品牌，值得有关部门关注和研究。

（四）考古与遗产地保护结合不足，世界文化遗产研究利用范围有待拓展

在深挖世界文化遗产的旅游价值、经济价值的同时，更要注重对遗产背后蕴藏的文化价值的研究利用，保证遗产的文化资源“可持续发展”。考古工作助推世界文化遗产研究利用，但是河南在二者结合方面还存在以下问题。技术上，传统考古学和文物学一起，通过考古挖掘工作佐证了世界文化遗产的历史价值和文化价值。但是文物上附着的例如植物纤维、袍子微粒等

微观的信息则需要环境考古学、动物考古学、农业考古学等科技考古学进行进一步研究阐释。传统考古学和科技考古学相结合，代表着世界文化遗产研究利用的未来发展方向，因此需要加大对科技考古学的投入力度。研究成果转化上，面临专职从事世界文化遗产研究的考古学科人员较为短缺的局面；与世界文化遗产结合的交叉学科建设仍处于探索阶段；考古学科理论阐释世界文化遗产考古报告、专著在数量和深度上仍需提升；考古学领域研究阐释世界文化遗产的课题相对较少等。

（五）国际交流合作平台有待发展，世界文化遗产传播弘扬方式方法有待强化

近年来，河南以“中国节日”系列节目为代表的文化类节目频繁出圈，并在海外获得好评，成为响亮的文化名片。河南省处于国家发展战略的中部地区，国际交流传播平台发展处于发展阶段，仍需各级人民政府、各部门从法律法规、资金扶持、人员培养上给予支持和帮助；同时，还面临缺乏更有力的海外传播渠道；在借助“根亲文化”弘扬世界文化遗产价值的方式方法上，还存在创新性不足等问题。

四　对策与建议

中国的世界文化遗产承载着中华文化和中华文明，是人类文明史的重要组成部分。如何发挥世界文化遗产优势，做大做强文旅文创产业，助推“行走河南·读懂中国”品牌塑造，推动文化强省建设，应从以下几个方面着力。

（一）加强科技引领，提高世界文化遗产保护专业水平

由于世界文化遗产的不可再生性，世界遗产组织更加注重世界遗产监测管理。这是一项专业性很强的工作，当前我国已建成三级遗产管理体系，面临着体制机制有待完善、监测系统和建设系统技术含量有待增加、监测系统

从事专业检测人员比例有待提高、从事监测专业人员学科背景有待培训再提升等问题。因此，建议对相应的机构建设和人员配置进行强化，加大政策倾斜力度，增加更多的配套资金，增加更多的人才培养项目。在遗产地科技引领上，加大对数字化技术、人工智能、大数据的普及推广，如普及大数据对遗产地景区动态管理技术，加强大数据对遗产地游客动态、人性化管理，强化数字化技术的推广应用，满足国内日益高涨的文化旅游消费需求；强化数字化技术的引领和突破，创新数字化技术对大规模群体游客体验文化遗产的沉浸式体验感受等。

（二）加强遗产的文化内涵阐释，加大世界文化遗产传承力度

河南作为“华夏历史文明传承创新区”，更当借助世界文化遗产传承性，发挥河南省哲学社会科学优势，更加注重推进河南兴文化工程，推进中华优秀传统文化创造性转化、创新性发展；将中国式现代化、人类文明新形态、构建人类命运共同体三个核心内涵与世界文化遗产传承性结合起来，推出一批深入研究阐释中华优秀传统文化与世界文化遗产相结合的研究课题、学术成果、学术著作。加强世界文化遗产在公共教育领域的普及推广。鼓励宣传部门面向中小学生举办形式多样的征文、新媒体拍摄等活动，激发广大青少年的学习热情，形成浓厚学习氛围；更加专业和细化以世界文化遗产为主题的研学路线的内容和形式，加大公众对世界文化遗产的传承力度。

（三）实现与考古学科的联动和资源共享，提高世界文化遗产活态化展示转化效率

河南各遗产地按照习近平总书记提出的建设“中国特色、中国风格、中国气派”的考古学目标，积极开展各项考古工作。其中，龙门石窟和殷墟陆续出版了与遗产地相关的《龙门石窟考古报告：东山万佛沟区》《安阳殷墟大司空东堤 M123 发掘报告》等考古报告，这些有关遗产地的考古成果为解决重大历史性问题提供了答案，更是河南认真践行文物保护 16 字方针，落实“中华文明探源工程”和“考古中国”重大项目具象化传

播、创新性表达的具体体现。因此，更应该加大考古学科和世界文化遗产的联动与资源共享，为世界文化遗产“走向未来”注入新的生机和活力。文化遗产的活态化展示还体现在大遗址保护利用上。建议加快制定和出台相关地方性文件；加大对国家大遗址文化公园建设、国家考古公园建设的资金投入力度；加强对大运河河南段和丝绸之路河南段的大遗址保护利用，重视大遗址考古工作，加大对相关遗产项目考古挖掘的有关投入力度；深化理论制度研究与科技应用、提升大遗址展示利用水平。

（四）发挥博物馆对世界文化遗产的保护和传承优势，扩大世界文化遗产研究利用范围

博物馆是河南丰富文旅文创业态、延伸产业链的具体体现，也是文物“活”起来的重要载体，世界文化遗产保护和传承离不开博物馆对文物活化的研究利用。应加大对博物馆科技支撑的投入力度，加大科技经费投入力度；注重对博物馆专业团队人才的选拔和培养；注重对文博专业相关学科的细化分类；有针对性地建设一批博物馆与世界文化遗产结合的交叉课程；加强博物馆对遗产地文物的科技转化，培育更多可视化强、互动性高、沉浸感佳的创意产品，为河南文旅文创产业发展注入新活力。持续高质量做好规划建设博物馆群工作，打造以河南博物院新院、黄河国家博物馆为代表的国际知名大都市博物馆群落；推动以洛阳博物馆、二里头夏都遗址博物馆为代表的“东方博物馆之都”城市品牌建设；持续做好以安阳殷墟遗址博物馆为代表的重点专题博物馆建设。

（五）搭建世界文化遗产国际交流平台，助推“行走河南·读懂中国”品牌走向世界

河南世界文化遗产保护与传承工作积极践行“开放包容，守正创新”的理念。在加强国际传播能力建设、促进文明交流互鉴方面，对扩大中华文化国际传播影响力进行积极探索和尝试。建议深入挖掘河南世界文化遗产与“一带一路”倡议相关联，积极拓展国际文化交流、推动文化遗产平台建

设，将新媒体、影视、学术讲座等纳入平台建设中；加强建设丝绸之路文化交流中心；发挥河南古都资源丰富优势，加强与世界各国历史名城的文明交流互鉴；借助黄帝故里拜祖大典、中国（郑州）国际旅游城市市长论坛和中国（郑州）黄河文化月等活动，促进国际人文交流合作；积极做好突出中华文明核心要素的文化源头地位的关圣文化申遗工作，促进文明交流互鉴。在话语权建设上，继续发挥“翻译河南”工程的优势，加大对世界文化遗产研究成果的翻译力度；增加以讲述世界文化遗产背后富含的中国精神、中国故事的相关课题的研究投入；着重培养一批具有时代前瞻性，拥有国际视野，熟悉国际政治、经济、传播学的复合型人才，切实提升河南在对外文化交流方面的国际传播影响力，为增强对外话语权做出贡献。

参考文献

[1]《全省文物局长会议在郑州召开》，河南省文物局网站，2023 年 3 月 2 日，https：//wwj. henan. gov. cn/2023/03-02/2699554. html。

[2]《建设世界级遗址博物馆——记者带你探访殷墟遗址博物馆项目建设现场》，河南省人民政府网站，2022 年 2 月 25 日，https：//www. henan. gov. cn/2022/02-25/2404587. html。

[3]《抢先看！河南最新推出 16 条文化路线都有哪些“看点”?》，河南省人民政府网站，2022 年 2 月 8 日，https：//www. henan. gov. cn/2022/02-08/2395418. html。

[4]《高举中国特色社会主义伟大旗帜　为全面建设社会主义现代化国家而团结奋斗——在中国共产党第二十次全国代表大会上的报告》，中国政府网，2022 年 10 月 25 日，https：//www. gov. cn/xinwen/2022-10/25/content_ 5721685. htm。

B.14

河南省文博资源高质量发展研究报告

陈智勇*

摘　要：　河南省在文博资源的顶层设计统筹规划、项目建设稳步推进、文博活动丰富多彩等方面进行了一定的探索，并取得了一定的成果。但是，仍然存在高质量发展有待提高、现代化展览有待加强、科研能力不够突出、智慧文博建设步伐不快、治理能力和水平需要提升等问题。需要在加强文博场馆建设、激活文博资源、推进文物活化利用、打造智慧文博品牌、推动文博交流互鉴等方面予以加强，从而助推"行走河南·读懂中国"品牌体系的打造。

关键词：　文博资源　高质量发展　河南

习近平总书记指出，"让收藏在博物馆里的文物、陈列在广阔大地上的遗产、书写在古籍里的文字都活起来"①。各地博物馆在加强保护传承文化遗产资源的同时，注重深入挖掘文物价值，深入阐释文物藏品蕴涵的思想理念、人文精神、价值观念等文博资源，讲好中国故事，让文物活起来。河南省紧紧围绕建设文化强省的战略目标和实施文旅文创融合战略的重要任务，积极探索现代化河南建设的文化实践，充分发挥河南省文博资源的发展优势，大力助推"行走河南·读懂中国"品牌体系的打造。

* 陈智勇，河南省社会科学院文学研究所（黄河文化研究所）副研究员，主要研究方向为中国古代史。

① 《河南践行"两创"精神让传统文化活起来》，河南省文物局网站，2022年12月9日，https：//wwj. henan. gov. cn/2022/12-09/2654250. html。

一　河南省文博资源发展的现状

中华文明上下五千年，留下了灿若星辰的文物、古迹、遗址等文化遗产，河南省地处中原大地，具有独特的文物资源优势，拥有丰富的文博资源，在文博资源的挖掘与阐释、宣传与弘扬方面做了大量的工作，并取得了一定的成效。

（一）顶层设计统筹规划

第一，顶层设计目标明确。河南省人民政府印发了《河南省“十四五”文化旅游融合发展规划》，明确依托河南博物院、河南省文物考古研究院等，实施中华文明探源、考古中国、夏文化研究、中原地区文明化进程研究等重大工程。保护利用殷墟、汉魏洛阳城、隋唐洛阳城、北宋东京城等古都大遗址，展现华夏文明和中国历史演进脉络，绘制“读懂中国”文博文化图谱。建设贯通科技、教育、文博、商业、旅游、娱乐的一体化线上文化虚拟平台，打造线上文博文化旅游空间。河南省人民政府办公厅印发了《关于进一步推动文物事业高质量发展的实施意见》，强调要坚持新时代文物工作方针，加快建设文物强省、考古强省，加强文物资源系统性、科学性保护，推动考古研究取得突破性成果，建设中原特色博物馆体系，推进文物治理体系和治理能力现代化，努力推动文物事业高质量发展。河南省文物局发布了《河南省文物博物馆事业发展“十四五”规划》，提出要打造中华文明标识体系，塑造“读懂中国”文化品牌，提升考古能力，建设现代考古管理和技术体系，加强大遗址保护利用，强化文物资源管理和文物安全工作，加强文物科技创新，强化文物古迹保护，加强革命文物保护管理利用，推进博物馆事业高质量发展，大力推进让文物“活”起来，加强文物价值阐释，围绕文旅文创融合战略推动文物资源活化利用，加强文物交流合作，促进国际交流合作多元化。

第二，统筹规划推进实施。根据《关于推进博物馆改革发展的指导意见》《"十四五"文物保护和科技创新规划》等文件精神，河南博物院制定了《河南博物院"十四五"发展规划》，提出要推动文博事业在新的起点上实现跨越发展，努力把河南博物院打造成世界文明交流平台、国家重要文化地标、中华文化传承创新中心、世界著名博物馆。对全面提升科研水平、推进文旅文创融合发展、强化博物馆智慧化建设、积极推进文物活化利用与创新发展、深化文明交流互鉴、加强革命文物展示利用保护等方面进行了高水平的规划。郑州市文物局发布了《郑州市文物博物馆事业发展"十四五"规划》，提出要健全博物馆体系，打造博物馆之城；加强革命文物保护利用，赓续红色血脉；坚守文物安全底线，强化文物资源管理。洛阳市文物局发布了《洛阳市"十四五"文物博物馆事业创新发展规划》，梳理细化了"十四五"时期全面加强文物保护管理、深化文明历史研究、创新世界文化遗产和大遗址保护利用、加快推动文物活化利用、深化文物保护利用改革五大方面主要任务，科学制定了全面加大文物保护工程力度、加强黄河文化遗产保护传承利用、加强革命文物保护利用等 15 项重点任务。安阳市文物局发布了《安阳市"十四五"文物博物馆事业创新发展规划》，在强化文物资源管理和文物安全工作、增强文物科技创新能力、提升考古工作能力、加强文物古迹保护、加强革命文物保护管理运用、加强石窟寺文物保护管理运用、推动博物馆高质量发展、着力推进让文物"活"起来等方面强化规划的落实。濮阳市编印的《濮阳市"十四五"文化旅游融合发展规划》指出，构建文化旅游空间格局，其中包括"四片区"即上古文化展示区、杂技文化示范区、红色文化传承区、现代体育体验区。上古文化展示区依托濮阳县城西水坡遗址等，打造具有文物展示、研学体验、文化创意等功能的文化休闲研学片区。健全博物馆特色体系。改建扩建市博物馆、中原杂技博物馆、仓颉文化博物馆，提升馆藏文物品位，做到接地气、有温度。

（二）项目建设稳步推进

第一，坚持重大项目导向。围绕中华文化基因和黄河文化"根"与"魂"，集中实施一批在中华文明演进历程中具有标志性意义的重大工程和重大项目，凝练一批具有强大影响力和冲击力的中华文明标识。

第二，加快文化公园建设。充分发挥黄河、大运河、长城、长征国家文化公园在河南省的叠加优势，整合沿线具有突出意义、重要影响、重大主题的文物和文化资源，实施公园化管理运营，形成具有特定开放空间的公共文化载体，集中打造中华文化重要标识，探索新时代文物和文化资源保护传承利用新路。

第三，开展保护遗址项目。推进仰韶村、贾湖、庙底沟、大河村、二里头、郑州商城、三杨庄、偃师商城、城阳城址等 9 处国家考古遗址公园立项单位建设。重点开展殷墟遗址、隋唐洛阳城遗址等大遗址文物本体保护，周边环境综合整治，文物安全防护和展示利用设施建设项目。推进仰韶村、北阳平遗址、大河村、平粮台古城、二里头、偃师商城、郑州商城、小双桥、殷墟、郑韩故城、邙山陵墓群、汉魏洛阳城、安阳高陵、北宋东京城、巩义宋陵、清凉寺汝官窑等大遗址开展保护展示工程。

（三）文博活动丰富多彩

第一，河南省博物馆主题旅游线路推广活动积极开展。2023 年 6 月 29 日，河南省文化和旅游厅启动了“行走河南·读懂中国”文化旅游季暨第五届全球文旅创作者大会，在全省推出百家博物馆展览季等活动。7 月 28 日，“行走河南·读懂中国——博物馆展览季”在河南博物院启动。8 月 9 日晚，河南省博物馆主题旅游线路在郑州商都遗址博物院启动，活动现场发布了历史文化主题博物馆、革命纪念主题博物馆、自然科技主题博物馆 3 条博物馆主题旅游线路。本次活动，是 2023“行走河南·读懂中国”文化旅游季的组成活动之一。活动期间，全省博物馆、纪念馆集中推出特色的线下展览 500 余个、线上展览 300 余个，研学旅游、公益讲座、专题展演、文化创意等系列活动 600 个、4000 余场。

第二，“行走河南·读懂中国”考古发现集中采访活动启动。2023 年 8 月 7 日，“行走河南·读懂中国”考古发现集中采访活动在郑州启动。来自《人民日报》、新华社、中央广播电视总台、《光明日报》等中央驻豫媒体和省市主流媒体的记者，现场调研采访了登封“天地之中”历史建筑群中的观星台、启母阙、嵩阳书院、嵩岳寺塔等处。随后，考古发现集中采访团8月9日采访了古都开封，8月10日采访了古都安阳，8月12日集中采访了古都洛阳，8月13日集中采访了三门峡市的虢国博物馆。这次深度采访，让那些沉睡的文物和遗址变得鲜活有趣，使采访团成员对丰富的文博资源有了更深刻的认识，他们纷纷盛赞这些古都的历史文化底蕴深厚。

第三，博物馆文创大赛有声有色。一是由河南博物院主办、许昌市博物馆承办的第九届河南省博物馆文创大赛成功举办。以“聚焦许昌三国文化、打造全球文化IP”为主题，号召全球创作者用多元设计手法诠释许昌三国文化，深入挖掘和展示许昌三国文化的丰富内涵和精神实质。大赛共吸引了省内外125所高校和30余家优秀企业报名参赛，是历届河南省博物馆文创大赛吸纳报名高校最多、覆盖省份最广的一次，传播触达面和社会影响力均创历届之最。二是中国文字博物馆的文创开发有创新。参加第九届中国博物馆及相关产品与技术博览会，获得“弘博奖”优秀展示奖，节目《甲骨文字秀》受到热烈追捧。与清华大学美术学院品牌授权（IP）设计研究所合作，打造的文字博物馆首个IP形象——“小仓颉”正式发布并陆续开发系列衍生文创产品。以科技创新激活博物馆数字文创，在线上阿里资产推出“祈福”系列数字文创作品、“中国甲骨文趣味系列数字作品”、5·18国际博物馆日打造《宋公栾簠》数字文创产品。2023年6月5日，中国文字博物馆在第二届全国文化创意产品推介活动中，蝉联“全国文博百强文创产品单位”。

第四，夜游博物馆活动有所创新。2023年6月22日，河南博物院首次夜间对公众开放，推出“端午夜未央”主题活动，吸引了全国各地观众前来感受“奇妙的博物馆之夜”。为了让观众沉浸式感受博物馆夜游魅力，河南博物院采取“展览+特色活动”方式，挑选了与端午节相关的三个展厅进行开放，并增加了丰富多彩的互动品鉴项目。2023年6月29日，“行走河南·读懂中国”文化旅游季暨第五届全球文旅创作者大会启动。启动仪式上发布了“行走河南·读懂中国”主题旅游线路和促进文旅消费、引客入豫等政策措施，进一步激发文旅消费新活力，推动全民共享文旅高质量发展成果。全省各地策划推出夜游等六大类文旅消费活动，规模性活动达到 863 项，如“醉美 · 夜郑州”、洛阳“古都夜八点”、开封“大宋不夜城”、“活力夜焦作”、“夜许昌 · 悦三国”等系列夜游活动点亮河南“夜经济”。

第五，文博节庆添光彩。2023 年“5 · 18 国际博物馆日”成功举办。河南博物院在微信视频号、官方微博、官方抖音、哔哩哔哩网站（B 站）等平台推出新展览探展、华夏古乐演出等直播活动。郑州博物馆联合媒体开展展览直播活动，加强展览对外宣传。洛阳博物馆对以“八大古都”为主题的临时展览进行线上直播活动。中国文字博物馆对移动科普展板进行展示，放置“文字发展史”“一片甲骨惊天下”“我们的汉字”等移动科普展板向观众展示宣传。安阳博物馆开展“博物馆里的美好生活——从殷墟到大邑商展览”线上直播活动。漯河市博物馆举办“我在漯博拍文物”线上摄影比赛。

二　河南省文博资源发展中存在的问题

河南省的文博发展在资源挖掘、成果展示等方面取得了不小的成绩，但是河南省文博事业的发展环境仍面临深刻而复杂的变化，制约河南省文博资源高质量发展的深层次问题也不断凸显。

（一）高质量发展有待提高

河南博物院综合实力有待提升，与世界一流博物馆还有差距。博物馆教育资源梳理凝练有待强化，高品质文化服务供给不够丰富。藏品体系结构不平衡，新入藏文物的质量、数量与其国家级博物馆的地位不匹配。融合创新发展有待加强，现代化的文物保护设备还不完备，运用新理念、新技术、新手段开展文物保护的能力不够强。

（二）现代化展览有待加强

发掘文物价值内涵，“让文物活起来”的手段和方法不多，文物展示利用创新不够。河南博物院展览内容的知识性、趣味性有待丰富，展陈空间受到限制。洛阳博物馆馆内展陈内容陈旧、单一，形式落后。洛阳的文物、大遗址保护场所沉浸式体验效果不强，文旅融合和活化利用成效不能满足社会新期待。

（三）科研能力不够突出

河南省博物馆存在科研能力不够突出、高水平科研成果较少的现象。郑州博物馆的科研潜力没有发挥出来，在文博资源的研究、阐释方面略显不足。洛阳博物馆科研力量整体薄弱，科研成果与其一级博物馆的地位不匹配，在文物研究、河洛文化阐释等方面有明显不足。

（四）智慧文博建设步伐不快

部分基层文博单位的基础设施相对落后，设备、设施老化。洛阳博物馆馆舍已运行超过 13 年，多处设备、设施老化，特别是石刻展厅由于空调管道漏水威胁文物安全，夏季已不能开放。河南博物院智慧文博建设步伐不快，现代化的展示传播体系不够完善，网红、明星文创产品还需持续打造，文创产品知识产权保护体系还不健全。

（五）治理能力和水平需要提升

部分地方文物部门存在管理机构不健全、人员短缺等情况。部分地方对文物保护的财政投入不足。洛阳市文物保护工程经费大部分来自国家与省级拨款，地方财政受经济发展水平制约，投入十分有限，导致大量省级以下文物保护单位和一般不可移动文物保护资金紧缺，大量古建筑因缺乏保护资金得不到及时修缮而面临损毁。河南博物院治理能力和水平需要提升，专业人才队伍结构不优，全国知名专家、领军人才匮乏，青年拔尖人才、传统工艺人才偏少，创新型、复合型、应用型人才不足。洛阳博物馆数字化影院和数字化互动体验区项目结算支付工作进展缓慢，与施工单位、各审批机构的沟通有所欠缺，缺乏敢闯敢拼的干劲和精神。

三　推动文博资源高质量发展的对策建议

河南省的文博资源高质量发展是河南省文化建设的重要内容，是落实“行走河南 · 读懂中国”品牌打造的具体实践。为实现河南省文博资源的高质量发展，需要根据河南省文博资源发展的实际情况，结合存在的有关问题，做出正确的路径选择，予以完善加强。

（一）加强文博场馆建设，强化文博发展空间

第一，推进博物馆新院项目落地建设。积极推进河南博物院新馆、黄河国家博物馆、中国文字博物馆二期、洛阳隋唐大运河文化博物馆、殷墟遗址博物馆、曹操高陵遗址博物馆、贾湖遗址博物馆、北宋东京城顺天门遗址博物馆、嘉应观治黄博物馆、南水北调淅川移民展览馆、鄂豫皖苏区首府革命博物馆建设及改造提升工程。推进河南博物院新院项目落地建设。主动对标国家、省级重点战略，加强前瞻性思考、全局性谋划、战略性布局，以世界眼光和国际视野积极主动参与规划设计和工程建设，完善功能需求，高起点规划、高标准设计、高质量建设一座规模宏伟、功能强大、设施先进，集收藏、展示、教育、研究、休闲功能于一体，具有超链接、全开放、多元化、超共享特征的现代化世界著名博物馆。推动河南博物院老馆改建利用。坚持新旧联动，按照互补发展、错位发展、一体发展模式，把老馆改建为“河南革命历史博物馆”，打造为爱国主义教育、革命传统教育的重要基地，实现老馆提品质、新院高品质。

第二，陈列展览实现更大提高。博物馆的展陈发展要达到这样的目标，即展览体系、运作模式日趋成熟，展览理念更加先进，展览手段更加丰富，展览品牌更加响亮，展览数量和质量同步提升。策划河南博物院大型主题陈列展览。依托丰富的省内文化遗存和馆藏文物资源优势，立足河南省作为中华民族和华夏文明重要发祥地的历史地位，创新展陈模式和功能定位，展示河南省在中华文明形成与发展中的根源性、核心性、连续性、包容性与创新

性，揭示源远流长、博大精深、开放变革、天下为公的中华文化精神，成为“行走河南·读懂中国”重要品牌标识。打造河南博物院特色陈展体系。坚持展览主题原创化、展览形式多元化，丰富陈展内容、创新展示手段，策划推出一批精品展览，满足人民文化需求、增强人民精神力量。在创新展览模式、深度打造原创展览、策划特色临时展览等方面加大力度，构筑以基本陈列、主题展览、专题展览为主，以临时展览为辅的陈展体系，加强博物馆联合办展、巡回办展、流动办展、网上办展，推进展览进学校、进社区、进乡村、进企业、进军营。

第三，加强博物馆群建设。加强全省各级博物馆建设，完善以河南博物院为龙头、以市县级博物馆为主体、以行业和非国有博物馆为补充的具有中原文化特色的博物馆体系。积极推进河南博物院新馆、中国文字博物馆二期、黄河国家博物馆等项目建设；加大世界一流博物馆创建计划实施力度。进一步完善和提升郑州市百家博物馆和洛阳市“东方博物馆之都”博物馆群建设；探索在文化资源丰厚的市、县（区）建设博物馆群。进一步加强遗址博物馆、工业遗产博物馆、农耕文化博物馆以及乡土文化馆建设，构建中华文明标识体系和中原文化基因记忆库。郑州博物馆旨在健全博物馆体系，打造博物馆之城。深化百家博物馆建设战略，打造“主体多元、结构优化、特色鲜明、富有活力”的博物馆整体格局，支持社会力量参与博物馆建设。洛阳市积极打造以五大都城遗址博物馆为引领的博物馆群。一是做好重点博物馆建设，加快汉魏洛阳城遗址博物馆建设步伐；二是加强博物馆考核管理，不断推进“东方博物馆之都”提质增效。

（二）激活文博资源，推动文旅文创融合

第一，文博资源在发展方向上要大力推动文创发展实现更大突破。文创产业体系基本完善，文创业态更加丰富多元，文创消费空间进一步扩大，文创消费热点充分激活，文创品牌在国际市场崭露头角，IP 打造实现新突破，文创规模实力、产品销量位居国内前列。

第二，实施“文化赋能、品牌打造、数字创意、平台共享”战略。拓

展文创产业宽度，提升文创消费新空间，培育文创新业态，打造文创高地，争当全国文创排头兵。要致力于拓展文创功能，创新产品设计、销售，品牌推广、授权等工作管理方法。挖掘现有空间，建设融创意设计、产品销售、活态传习、创意餐饮、观众沙龙等多功能为一体的特色文化创意服务空间，打造可学习、可观赏、可购物的文创主题展区。

第三，加强文创立体研发、智慧开发、健全文创体系。拓宽院藏文物向文创产品、服务设计开发转化的路径，通过知识产权授权、入股等形式吸引社会力量共同开发文创产品。紧跟潮流市场，创新推出文物手办、拼装模型等文化集合品牌，丰富文物价值表达和形态呈现，增强文创产品多样化、数字化、时尚化、品牌化。加强文创立体研发、智慧开发，打造“非遗来潮”“豫来遇潮”等核心品牌。举办博物雅堂文化沙龙、文创市集等文创活动，持续掀起时尚风、国潮热。建立“企业+用户”“产品+服务”“粉丝+智囊”模式，培育一批创新企业、产学研用联合体。搭建开放共享的文创产品版权交易平台和电子商务线上交易平台，建立完整的知识产权保护体系、标准化体系。积极主动在实体书店、旅游景区、公共文化空间、重点商圈、机场、高铁站等区域开设专卖店或文创展销点，举办艺术品交易会、文化创意大赛，拓展文创销售空间，实现文博行业全国领先。

（三）推进文物活化利用，着力创新发展

第一，推进文物活态传承动态展示。建设音乐文物声学实验室，开展青铜器、石制乐器测音、出土音乐文物综合调查及研究，出版《中国古代乐器小百科》等科普读物。建设古代音乐传承研习基地，开展古代音乐系列展演，开发主题性、特色类演艺产品，推出实景体验活动，策划推出《商韵》《华夏郑声》《诗的圣音》《远古魔笛》《诗经回响》等原创剧目，实施“华夏古乐数字化应用与传播”系列项目，打响“华夏古乐”“汉服婚礼”等品牌。

第二，创新融媒体传播。完善融媒体机制，巩固传统媒体、完善网络媒体、发展移动新媒体，构建技术先进、传播快捷、覆盖广泛的线上线下传播

体系。开发抖音“数字博物馆”小程序，整合多元化的新媒体平台资源，建成具有一流影响力的新媒体传播矩阵。建设运维“河南博物院”学习强国号，树立文博领域强国号标杆。

第三，创新文创产品科技化表达。以文旅文创融合战略为抓手，瞄准数字化发展大势，运用数字技术赋能，用好大数据、短视频、直播、虚拟现实等手段，推进文创产业“上云、用数、赋智”，加速与影视、演艺、动漫、游戏等融合发展，构建业态集聚、功能融合的文创载体、文化空间，推动文创产业专业化、品牌化、数字化、标准化发展，加速“破圈”“出圈”。

（四）打造智慧文博品牌，推动河南文博发展

第一，智慧化建设实现更大发展。文化创造力、传播力、影响力不断增强，初步建成现代化博物馆文化传播体系。新技术充分应用，基本实现智慧化展览、智慧化教育、智慧化服务、智慧化保护、智慧化传播、智慧化管理。

第二，“智慧豫博”建设加大力度。以物联网、云计算、大数据、移动互联等新技术为支撑，运用 VR、AR、5G、AI 等新技术，建设河南博物院智慧机房、大数据资源中心及智慧化应用平台，搭建文物保护修复大数据平台、院藏文物保存环境监测可视化管理平台，升级改造数字资产管理系统、藏品管理系统、图书资料管理系统、智慧文保系统、OA 办公管理系统，推进博物馆资源共享化、办公协同化、运行一体化，构建信息互联、智能融合的智慧博物馆管理体系。

第三，文物数字资源库建设与中原文化数字化体验馆建设同步进行。持续开展博物馆馆藏珍贵文物三维影像信息采集，建设文物分析检测数据资源库、文物保护修复数字化资源库、革命文物大数据库、文化遗产专题数据库。依托中原历史文化，立足藏品数字信息，建设动态、沉浸式中原文化体验空间。拓展网络服务阵地。加强河南文化网、河南博物院网站提升建设，打造 1~3 个专题特色品牌栏目，制作精品文物数字展览，实现主题展览精准实景复刻和虚拟数字化展示。

（五）继续深化改革，推动文博交流互鉴

第一，推动国际交流更大化。国际交流日益广泛，文化交流载体更加多样、内容更加丰富多元，交流合作层次更高，中原文化的国际影响力、传播力进一步提升和扩大。

第二，拓展文化交流平台化。创新文化交流模式，搭建文化交流平台，与国内外文博机构在更大范围、更宽领域、更深层次上加强人文交流。推动合作交流机制化。促进与国际博协、欧洲博物馆行业联盟等国际文博组织的合作交流，积极与国际知名博物馆开展项目合作。强化与国内外文博单位、高等院校、协会组织、科研机构的横向合作，持续开展学术交流、技术引进、项目合作、人才培养等业务活动。

第三，促进展览交流多样化。深化与共建“一带一路”国家文化交流合作，开展精品文物外展推介和向不同国家和地区推介黄河文化、中原文化、大河文明等专题展览，推动中华优秀传统文化走向世界。掌握文博巡展最新信息，引进不同国家、地区的特色展览，推动文明交流互鉴。

参考文献

［1］《河南省人民政府关于印发河南省“十四五”文化旅游融合发展规划的通知》，河南省人民政府网站，2022 年 1 月 13 日，http：//www. henan. gov. cn/2022/01-13/2382423. html。

［2］《河南省人民政府办公厅关于进一步推动文物事业高质量发展的实施意见》，河南省人民政府网站，2023 年 8 月 31 日，https：//www. henan. gov. cn/2023/08-31/2806820. html。

［3］《〈河南省文物博物馆事业发展“十四五”规划〉发布》，河南省文物局网站，2022 年 4 月 27 日，https：//wwj. henan. gov. cn/2022/04-27/2439687. html。

B.15
短视频助力城市文旅出圈传播的思考和建议

李　珂*

摘　要：　移动互联时代，短视频平台日益成为网络流量的集散地，成为城市文旅营销的新风口，塑造了多个网红景区、网红城市，促进了“线上引流”到“实地体验”的良性互动，有效拉动了城市文旅消费，提高了城市知名度和影响力。本文通过内容分析法，观察“郑汴洛”在短视频中的呈现特点，并以郑州为具体抓手，提出郑州城市文旅宣传可充分发挥短视频优势，善用短视频传播的社会功能，从传播主体、传播内容、传播策略上下功夫，促进传播结构的优化和城市品牌的打造，不断提升线上热度，实现数字化精准营销，刺激并带动旅游消费升级，进一步助力“行走河南·读懂中国”品牌塑造。

关键词：　短视频　城市文旅　出圈传播

党的二十大报告提出，坚持以文塑旅、以旅彰文，推进文化和旅游深度融合发展。2021 年底以来，国家相继出台了《“十四五”旅游业发展规划》《关于推进实施国家文化数字化战略的意见》等一系列政策文件，为文旅产业数字化发展指明了方向。在互联网高速发展的今天，新媒体特别是短视频已经深刻地改变了人们的生活方式，搭上短视频的快车，淄博、西安等旅游地成功出圈成为网红地，其制胜法宝在于极具燃爆点、创意点的内容和强有

* 李珂，河南省社会科学院新闻与传播研究所研究实习员，主要研究方向为文化传播。

力、社交性的传播方式，将“用户”变为“游客”，实现从“云上旅游”到“线下体验”的转化。“短视频+城市文旅”充分展现了新时代数字赋能文旅融合的产业魅力。“手握千年文化王牌，河南出圈有底气。”河南文旅资源丰富，中国八大古都中河南独占其四，古都文化的时代价值亟须借助短视频传播的风口进行全方位、多角度的展现，将厚重的历史文化资源优势转化为社会效益、经济效益。

一　短视频与文旅产业发展的内在需求相契合

当前，数字技术和社交媒体已经成为文旅产业发展的重要手段，特别是短视频宣传已经成为旅游市场发展的助推器，吸引人们通过视频终端去寻找“诗和远方”，用户被短视频“种草”引发旅游需求成为当下旅游的新趋势。[①] 据巨量引擎城市研究院数据，2023 年一季度，抖音旅游兴趣用户数量超过 4 亿人，“旅行”相关内容发布人数占全行业比重居第二位，“文化教育”相关内容发布人数占全行业比重居第一位，文旅正在走向深度融合。短视频与文旅产业的发展深度交织。

一方面，短视频深刻影响了文旅产业的需求端。媒介化社会，全民都是记录者和传播者，旅游空间的媒介化特征越来越明显，可以说，消费者的旅游全过程都伴随着短视频的使用。出游前，用户习惯性地参考网络媒介信息，查找游玩攻略，形成对目的地的初始印象；行程中，依赖在线平台与线下实际价格进行比较，追求游玩性价比；此外，短视频的高互动、强社交、移动性等技术指标满足了用户的分享欲望，游客以第一视角的主观镜头记录当地美食美景、城市特色、人文风俗，并通过定位的方式进行打卡，其真实的旅游体验、分享和评价能够激发观者的好奇心与期待感，引导观者产生到实地旅行的想法，形成“观看—打卡拍摄—分享—他人观

① 孙九霞：《文旅产业发展的新动向与新趋势》，《人民论坛》2023 年第 9 期，第 98~102 页。

看”的传播循环[①]，再次为身体缺席的用户提供了虚拟在场的游玩体验，同时也为城市文旅提供了源源不断的内容支撑。

另一方面，文旅产业的供给端也越发依赖网络社交媒介。“善用短视频营销，提升城市知名度和影响力，刺激并带动当地旅游消费升级，产生实际经济、社会效益”，近年来已经成为诸多城市大力打造城市形象的共识基础。政府、旅游机构、平台服务商等依托短视频传播窗口，使文旅融合的新业态、新路线及新产品迅速获得流量，进而成为爆款，一些小众景区或二、三线城市也有机会获得较高的关注度，带来客流量。十三朝古都西安近年来不断推出文旅新项目，已成为国内最具旅游热度的城市之一，这与当地充分挖掘盛唐文化资源并利用短视频传播不无关系。早在 2018 年，西安市旅游发展委员会就与抖音展开全面合作，对西安进行全方位的包装推广，特色文旅场域依托短视频社交平台，在短时间内实现裂变式传播，不断催生新的文化消费增长点，长安十二时辰、古诗词街、盛唐秘盒等相继成为热门打卡地。

二　短视频中河南城市文旅的呈现特点

郑州、开封、洛阳 3 座古都，拥有丰富的文化旅游资源，具有核心竞争力，是塑造“行走河南 · 读懂中国”品牌的重要抓手，是河南实施文旅文创融合战略的龙头，也是省内热门旅游城市，在短视频中传播热度较高，具备能够走红的“网红基因”。抖音是现象级的短视频传播媒介，日活跃用户数破 8 亿，例如，选取“#郑州”“#开封”“#洛阳”主话题下关注度较高的不同类型的抖音账号作为样本如政务账号、主流媒体账号、企业账号、达人账号等，分析其发布的相关内容如地方美食、人文历史、自然景观、城市景观等，以此略观“郑汴洛”在短视频中的呈现特点。

---

① 路鹃、付砾乐：《“网红城市”的短视频叙事：第三空间在形象再造中的可见性悖论》，《新闻与写作》2021 年第 8 期，第 59~67 页。

（一）郑州城市文旅的传播呈现

在抖音平台搜索“#郑州”话题，通过发布账号的名称、简介、认证等信息判断账号属性，观察不同账号主体发布的内容，发现郑州国际化的城市建筑、只有河南·戏剧幻城、银基国际旅游度假区等沉浸式主题乐园成为用户/游客传播打卡的热点。

1. 主体属性

一是政务抖音号。“@郑州文旅”是郑州市文化广电和旅游局的官方抖音账号，粉丝数2.3万[①]，发布作品31个，旨在推介郑州文旅产业，结合城市定位全力塑造“华夏之源”“天地之中”“功夫郑州”等城市IP；二是主流媒体官方抖音号。“@郑州日报”（粉丝数65.4万）、“@郑州广电全媒”（粉丝数106.8万）、“@郑州晚报”（粉丝数141.6万），旨在立足郑州本地，讲好郑州故事，传播郑州声音，一定程度上展现了郑州的政府形象、社会形象；三是企业抖音号。从事文旅产业的企业借助短视频推介旗下的文旅景点和商业项目，主要介绍景区的攻略玩法、门票优惠等。如“@银基动物王国”（粉丝数62.0万）、“@郑州方特”（粉丝数61.7万）、“@只有河南戏剧幻城”（粉丝数26.8万）等。四是达人抖音号。如“@阿狸玩转郑州”（粉丝数100.3万）、“@郑州攻略”（粉丝数99.6万）、“@吃定郑州”（粉丝数98.5万）等，多为郑州本土账号，主要包括美食探店、历史人文、休闲旅游、生活记录等垂直细分领域。多主体账号共同展现郑州丰富立体的城市形象。

2. 内容特点

一是大气航拍展现郑州现代化城市景观。如“@郑州文旅”发布的标题为“发现郑青春、郑州交通”的短视频，以无人机航拍的方式，展现郑州米字型高铁枢纽网，同时融入夜幕下的郑州东站、玉米楼、绿地双子塔等现代地标建筑，通过炫酷的航拍剪辑和科技感的配乐，彰显郑州国际化大都

① 本文数据截至2023年9月20日。

市的时尚活力气息。二是文旅主题乐园成为必打卡的“网红地”。银基国际旅游度假区、只有河南·戏剧幻城、建业·华谊兄弟电影小镇、星河里唐宫夜宴、皇帝千古情旅游景区等，相关内容的分享体验多、游玩攻略多，是短视频中塑造郑州城市文旅的重要文化符号。三是美食体验传播热度较高。达人账号“@阿文哇哦”发布的“在郑州24小时都吃了些啥”的短视频中，既有胡辣汤、小油条、葛记焖饼、四厂烩面等本土美食，又有红油米皮、花生奶酪、鲜芋圆等大众美食，美食碎片经由短视频的汇集拼合，使郑州美食图景呈现本土与外来、传统与现代交织融合的纷繁态势。视频点赞量26.8万次，评论量4.3万条，转发量31.9万次，登上“挑战24小时吃遍郑州”抖音热榜。

（二）开封城市文旅的传播呈现

在抖音平台搜索“#开封”话题，观察开封在短视频中的媒介呈现，美食小吃、特色夜市、宋文化非遗、民俗表演等得到广泛曝光，宋文化魅力充分释放，吸引用户/游客的传播与体验。

1. 主体属性

一是政务抖音号。“@文旅开封”是开封市文化广电和旅游局的官方抖音账号，粉丝数7.2万，发布作品820个，主要制作有关开封重大活动、景区信息、美食文化等方面的内容。“@文旅开封非遗”粉丝数2.3万，由开封市文化广电和旅游局监督指导成立，旨在传播汴京非遗文化。二是主流媒体官方抖音号。“@开封日报社”（粉丝数144.1万）、“@大河报开封新闻”（粉丝数163.4万）、“@大象开封”（粉丝数100.3万）等，主要发布本地新闻、民生信息等；三是企业抖音号。“@清明上河园”（粉丝数104.9万）、“@开封万岁山大宋武侠城”（粉丝数24.4万）等。四是达人抖音号。如“@开封美食小吃”（粉丝数171.7万）、“@舌尖上的开封”（粉丝数104.2万）、“@探开封”（粉丝数56.3万）等。

2. 内容特点

一是历史文化景观出现频率较高。如清明上河园、开封府、万岁山大宋武侠城、大相国寺、包公祠等，与之相关的还有景区内的沉浸式实景演出如《大宋·东京梦华》《大宋·东京保卫战》《岳飞枪挑小梁王》等，这些历史文化景观是抖音平台塑造开封城市文旅的重要符号，也是线下游客打卡的热门景点。二是特色小吃成为传播热点。开封美食是游玩攻略中的热门内容，一些博主以探店者的身份深入开封的大小餐馆、夜市街头，以生活化的视角展现热闹非凡的人间烟火气和市井生活气息，如河大西门夜市、西司夜市等，通过品尝美食的声音和画面，刺激观众的感官和味蕾，引起观众的打卡兴趣和品尝热情。三是传播宋文化非遗。举办“欢乐周末 & 非遗市集”活动，将开封非遗文化融入短视频传播矩阵，如抖音账号“@文旅开封非遗”通过展示地道正宗的开封小吃、非遗技艺等，让更多人成为非遗的见证者、体验者，助力开封非遗的传承和发展。

（三）洛阳城市文旅的传播呈现

在抖音平台搜索“#洛阳”话题，观察有代表性的主题账号发布的视频，可以发现洛阳文旅产品供给丰富，汉服文化炙手可热，洛邑古城成为打卡坐标，老君山等自然景观传播热度持续上升，屡屡登上热搜榜单，融合厚重历史的沉浸式文旅体验成为洛阳的流量密码。

1. 主体属性

一是政务抖音号。“@洛阳旅游”是洛阳市文化广电和旅游局的官方抖音账号，粉丝数55.5万，发布作品1327个，开设“旅游攻略”“行走洛阳”“潮起潮洛”等栏目，活跃度和更新频率相对较高，致力于打造独具洛阳特色和魅力的隋唐文化标识。二是主流媒体官方抖音号。“@洛阳网”（粉丝数392.5万）、“@大河报洛阳新闻”（粉丝数370.4万）、“@掌上洛阳·洛视频”（粉丝数259.3万），内容多聚焦于洛阳热点新闻事件；三是企业抖音号。“@河南老君山风景名胜区”（粉丝数149.0万）、“@洛阳白云山旅游度假区”（粉丝数18.0万），致力于提高景区本身的知名度，增强对外吸引力。四是达人抖音号。不仅有本土账号“@这里最洛阳”（粉丝数71.7万），还有知名旅游博主如“@房琪KiKi”（粉丝数2351.2万）等进行宣传推介，多元传播主体向短视频受众提供了一个值得“到此一游”的城市空间。

2. 内容特点

一是“洛阳·有礼了”引发汉服打卡热。2023年4月，在第40届中国洛阳牡丹文化节赏花启动仪式上，上千名身着汉服的观众共行“叉手礼”，向海内外宾朋发出热情邀请。“#千名汉服小姐姐共行叉手礼”“#四月为爱奔赴洛阳”“#总要来洛阳穿穿汉服”等话题随即在抖音平台走红，点击量突破千万次，“洛阳汉服妆造”“洛阳汉服攻略”成为热门内容，视频中游客身穿汉服沉浸式体验神都洛阳，深度融入城市景观，呈现“三步一公主，五步一贵妃”的浓厚汉服氛围。二是洛邑古城等历史遗迹成为打卡新坐标。“一定要来一趟洛邑古城，穿上汉服感受一下梦回隋唐。”在抖音公布的平台热门汉服打卡地TOP5里，洛邑古城高居榜首。古城内的文峰塔、河南府文庙、妥灵宫、四眼井、金元古城墙遗址等高频出现在短视频中，再现洛阳深厚的历史文化底蕴。三是老君山等自然景观传播热度较高。在“行走河南·读懂中国”话题页面，选择“最热”，可以发现传播热度最高的TOP3视频中，“老君山风景名胜区”占了2个。短视频中，老君山金顶、天然晚霞、峰林仙境、云海奇观等构成了绝美画面，吸引更多游客前来“远赴人间惊鸿宴，一睹人间盛世颜”，老君山亦成为2022年抖音用户最想去的十大景点TOP1，在短视频中传播热度持续不减。

三　短视频视域下郑州城市文旅出圈传播的建议

郑州是中国八大古都之一，作为历史文化名城文旅资源丰富。当前，在文旅产业发展中，数字技术的渗透已经不可阻挡，在此背景下，应紧抓数字时代的浪潮，实现文旅营销的跨越式发展。可以短视频为切口，在传播主体、传播内容、传播策略上下功夫，更广泛地传播和弘扬郑州文旅资源，放大“网红城市”的文旅效应，全面叫响“天地之中”“华夏之源”“功夫郑州”城市品牌。

（一）多元主体传播，共同塑造郑州城市形象

城市文旅出圈传播需要发挥政府、媒体、达人、公众等多元主体的力量，同时整合、协同各方优势资源，以不同视角合力传播，相互配合，共同展示郑州不同维度的物质文化资源、精神文化资源，丰富城市形象的书写方式。

1. 官方代言，提高传播的信度和效度

近年来，各地文旅局局长主动入驻短视频平台，宣传推介本地文旅资源，一时间吸引无数目光，引发热议，成为引人关注的超营销现象。2023中国（郑州）国际旅游城市市长论坛举办前夕，郑州市市长何雄向全世界发出邀请，“来郑州，感受天地之中、华夏之源、功夫郑州、千年商都的永恒魅力!”短视频中，嵩阳书院、中岳庙、观星台、双槐树遗址、商代王城遗址、黄帝故里拜祖大典、少林古刹、只有河南·戏剧幻城等众多历史文化景观一一映入眼帘，市长形象可亲，代言性强，以同期声讲述了丰富多彩的城市文化，引发网友热烈点赞。公职人员代言，结合了互联网平台的信息传播优势和官方政府的信誉保证，有利于塑造可信的旅游目的地形象，提高旅游目的地美誉度，实现即时有效的旅游营销。

2. 本地主流媒体做好文旅融合传播

以河南广电、《河南日报》、正观新闻等为代表的主流媒体发挥内容生产优势，结合郑州城市战略定位，制造符合城市品牌调性的话题和事件，开发继“奇妙游”之后的新 IP，不断吸引受众关注。借助重大活动，联动抖音、快手等短视频平台同步设置话题，打造矩阵式传播；提高视频设计吸引力，利用 5G、VR、AR、元宇宙等技术手段创新文旅产品供给形式，优化视听体验，激发用户旅游灵感。2023 中国（郑州）国际旅游城市市长论坛开幕前夕制作的郑州文旅宣传片，以时空穿越的形式讲述郑州历史发展脉络，探索旅行的意义，视频极具科幻感，集结了创意、技术、内容和营销，带给受众强烈的视觉冲击，引发互动热议与分享；探索运营城市文旅智库，为城市文旅发展提供前沿性、创意性、国际化价值，提供全方位文旅创新智慧，搭建城市文旅服务“金字塔”。

3. 发挥旅游博主等平台网红的引流作用

以旅游博主为代表的抖音达人拥有较高的粉丝数和较强的影响力，与粉丝之间的互动黏性高，属于强连带关系。在诸多网红城市的短视频中，都能看到旅游博主的身影，其推荐的景点景区、当地美食能够在短时间内获得较大流量，迅速成为网络爆款，让粉丝争相前往实地打卡。郑州文旅的宣传推介可强化与旅游博主、探店达人等平台网红的合作，让更多专业且富有创作力的网红参与到文旅内容生产中，实现短视频的深加工。组织达人去发掘更多的“打卡地”，探寻郑州文化气息，分享不同的游玩体验，记录真实的城市生活，并将其自然地呈现在镜头中，达到口碑营销的效果，为城市文旅发展注入活力。同时鼓励本地居民、外地游客共同参与内容生产，进行价值共创。

（二）聚焦文化符号，传播郑州独特文化气质

巨量引擎城市研究院发布的《2022 美好城市指数白皮书》显示，“文化魅力”成为城市最受关注的因素。文化有着鲜明的地域差异性，文化资源是文旅融合内容生产的基础源泉①，短视频中的文化传播更容易塑造独特的城市形象，增强城市的主体性和提高城市的辨识度，加深用户记忆点。

1. 深入挖掘、展示黄帝文化

黄帝文化是黄河文明的重要载体，讲好黄帝故事、赓续文化根脉，是“行走河南 · 读懂中国”的重要内容。要协同城市主体的优势资源，共同传播黄帝文化 IP，充分展示黄帝文化、姓氏文化的精神内核，以深层文化意义输出提升城市形象认同度；将黄帝文化元素融入日常社交场景，促进短视频用户的自我表达、互动传播与再生性创作，如黄帝故里推出的首款有熊 IP 形象“能能的拜祖邀约”系列表情包，画风轻快不失庄重、配文诙谐幽默，赢得用户喜爱，同时有助于丰富视觉认知，拉近情感距离；依托黄帝千

---

① 邵明华：《文旅融合的内容生产及其三重向度》，《人民论坛》2023 年第 18 期，第 98 ~ 102 页。

古情大型展演，将精彩演出剪辑成切片短视频投放到微博、抖音、快手、小红书等平台，吸引年轻观众互动，扩大黄帝文化的传播度和影响力。

2. 讲好地标性建筑的文化内涵

文化是一座城市的灵魂，“地标建筑”则是这个灵魂的可视符号，其不仅是城市内涵的“文化名片”，更是城市旅游的“形象代言”。郑州城市形象短视频中，时常可见郑州东站、二七纪念堂、千禧广场、绿地双子塔等现代地标建筑，充分彰显了国际化大都市的气息，但是却鲜少挖掘、讲述其背后的文化故事。可借鉴《文物会说话》的创作理念，制作《建筑会说话》系列短视频，将郑州各大地标建筑的精密设计、建造密码、历史故事等通过大众喜闻乐见的方式给予呈现。如郑州东站的设计灵感来源于“镇国之宝”司母戊鼎，将现代景观符号蕴含的传统文化元素作为“卖点”进行传播①，多方位展示郑州区别于其他城市的经济、文化特色。

3. 打造“中医+美食”文化品牌

在大众用户拍摄的短视频中，以美食元素为主的短视频更容易吸引用户前去打卡，建立人对城市感知的一种新模式。② 美食作为重要的文化符号极易引爆旅游目的地，如柳州的螺蛳粉、淄博的烧烤、重庆的火锅等。时下，中医备受年轻人追捧，与中医相关的美食在短视频社交平台悄然走红。2023年9月14日，“#郑州中医馆食堂爆满”登上抖音话题热榜，引发网友热议，市民排长队打卡在中医馆就餐，以期健脾胃、助消化、促减肥、降血糖。郑州可借此契机另辟蹊径，大胆创新，抓住用户消费心理，打造“中医+美食”文化品牌，讲述美食背后的中医故事，传达养生理念，以“养生药膳”吸引更多本地居民和外地游客前来体验消费。

（三）善用传播策略，激发全民参与热情

爆款短视频不仅需要优质的传播内容，还需要科学合理的传播策略。需

① 苗江超：《短视频媒介环境下 CIS 理论在城市形象传播领域的创新研究——以河南郑州为例》，《新闻文化建设》2022 年第 5 期，第 6~8 页。

② 孙玮：《我拍故我在 我们打卡故城市在——短视频：赛博城市的大众影像实践》，《国际新闻界》2020 年第 6 期，第 6~22 页。

结合短视频平台的传播特点，总结传播规律，借力热点、创造热点、吸引流量，激活用户自发传播的潜力。

1. 策划主题活动

郑州可充分发挥在校大学生的总量优势，聚焦“年轻力”，顺应新玩法，利用抖音、快手等短视频平台，联动特色小镇、知名景区、酒店民宿等文旅商家、文旅达人，围绕吃住行游购娱策划推出有创意的主题活动、优惠活动、挑战活动等，迎合大学生特种兵旅行的消费心理，同时强调体验与氛围感的塑造，激发大学生的参与热情，实现年轻人与文旅品牌的双向奔赴。如2023年9月1日，只有河南·戏剧幻城发起了一场“出道吧，我的大学”投票活动，获胜学校可以将校训投影到只有河南·戏剧幻城328米的夯土墙上，同时校友也可享受99元只有河南·戏剧幻城特惠票，这一活动瞬间引发广大高校学生的强烈关注，在互联网平台掀起了一场激烈的“夯土墙之争”，大学生积极响应参与投票，引发网友围观热议，最后实现景区、高校、短视频流量的共赢。

2. 添加话题标签

在抖音平台，添加话题能够让系统快速分辨内容、领域，从而更精准地推送至目标群体，实现有效引流，同时促使用户更深入、充分地参与内容互动，大大提升视频的浏览量、点赞量和转发量。一方面，要提高郑州城市主话题的影响力，引导用户在上传郑州城市形象短视频时，主动添加“#郑州”话题，一方面提高话题区分度，另一方面能够实时更新该话题下的短视频，不断丰富受众对郑州的认知，避免刻板印象的生成。通过分析主话题下的热门短视频数据，能够及时掌握城市动态热点和受众兴趣焦点，为后续有关部门的话题发起和活动开展提供重要参考依据。此外，还要注重话题的热度，紧跟城市热点事件、大型活动设置话题，如在郑州举办的“#黄河文化月”“#2023世界大河文明论坛”“#中国图书馆年会”等，形成线上话题为线下活动提供关注流量、线下活动为线上话题提供短视频创作素材的良性循环。

3. 创作城市音乐

用户对短视频的观看体验，往往伴随特定的背景音乐。“城市因人而兴，亦可因歌而旺。”短视频时代，“一首歌带火一座城”已不足为奇，早期现象级歌曲《西安人的歌》《成都》已成功解锁西安、成都的出圈密码。2022年末，《早安隆回》配以梅西夺冠的画面，在短视频社交平台形成裂变式传播，获得数百亿流量，成为一段时间内最火热的短视频背景音乐，让名不见经传的“湘中小城”隆回县成为网红旅游城市。郑州亦可借助音乐传播城市文化，鼓励音乐爱好者为郑州写歌，激活城市创意活力。从普通人的视角出发，刻画城市细节，讲述城市故事，结合二七纪念塔、千禧广场、中原福塔等传统城市地标或二砂创意产业园区、瑞光创意工厂等网红新兴地标，拍摄短视频，实现城市画面与城市音乐的巧妙结合。通过挖掘城市代表性元素，赋予郑州城市音乐地方性特征，增强本地人的归属感和文化认同感，增强文化凝聚力，同时，也能让异地网友牢记有关郑州的声音符号，从而对郑州心驰神往。

B.16

以中原根亲文化助力“行走河南·读懂中国”品牌塑造研究报告

靳瑞霞*

摘　要：　2021年河南省第十一次党代会提出将实施文旅文创融合战略作为“十大战略”之一。其中一项重要内容，就是塑造“行走河南·读懂中国”文化品牌。在随后发布的《“行走河南·读懂中国”品牌塑造实施方案》中，多个重点版块、多条文旅线路均与中原根亲文化密切相关。依据根亲文化发展现状，建议继续升华根亲文化中的信仰与情感因素，着力细化全省根亲文化中的具体点位，重点转化蕴藏中华优秀传统文化根源性特质的乡村特色文化，推进中原根亲文化繁荣发展，进而对“行走河南·读懂中国”品牌塑造形成强势助力。

关键词：　根亲文化　“行走河南·读懂中国”　品牌塑造

为推进河南文化遗产的保护和文旅事业的发展，河南省第十一次党代会提出将实施文旅文创融合战略作为“十大战略”之一。文旅文创融合战略的一项重要内容，就是塑造“行走河南·读懂中国”文化品牌。《河南省“十四五”文化旅游融合发展规划》进一步提出：到2025年，文旅文创成为全省战略性支柱产业，“行走河南·读懂中国”文化旅游品牌形象深入人心；到2035年，以黄河文化、中原文化为代表的中华优秀传统文化全面复

* 靳瑞霞，河南省社会科学院文学研究所（黄河文化研究所）助理研究员，主要研究方向为文艺学。

兴，“行走河南·读懂中国”文化旅游品牌形象广受国际认同。“行走河南·读懂中国”品牌建设已经成为河南文旅工作的重中之重。

2022年2月8日，河南省文化和旅游工作会议在郑州召开，会议就如何塑造“行走河南·读懂中国”品牌体系明确了八大工作重点，包括推线抓点、龙头带动、博物馆引领、数字赋能、研学提速、“工艺+豫菜振兴”、考古旅游突破、品牌擦亮。稍加留意即可发现，多个重点板块都与中原根亲文化有直接的紧密联系。如推线抓点方面推出的人类起源、文明起源、国家起源、先贤追寻、姓氏寻根、元典思想、四大古都、考古发现等16条主题文化线路，其中人类起源、先贤追寻、姓氏寻根等多条线路都与中原根亲文化紧密相关。因此，“行走河南·读懂中国”品牌体系建设离不开中原根亲文化的高质量发展；深度挖掘中原根亲文化必然对“行走河南·读懂中国”品牌塑造形成强有力的支撑与助力。

一　中原根亲文化发展现状分析

河南自古为中原腹地，历史文化悠久灿烂。其中根亲文化独树一帜，是河南独具特色和具有较大发展空间的历史文化资源。典型如中华姓氏、文字沿革、功夫文化和轩辕故里等根亲文化资源十分丰富。河南历届领导对根亲文化发展都非常重视，组织相关人员进行了持续的研究、宣传和开发，取得了不少成果，相关的品牌节会声势和规模也日益壮大，对多地人才的会聚、经济的拉动、社会的发展都起到了良好的影响。但随着时代发展，新生代精神文化消费需求发生转变，文旅文创融合发展趋势越来越明显，根亲文化的发展也面临转型，亟须转换思维，积极融入文旅融合大潮，主动融入文旅文创发展战略，助力“行走河南·读懂中国”品牌塑造，获得更广阔的开发和发展空间。

（一）根亲文化资源积淀丰厚

河南根亲文化资源积淀丰厚，首先表现在中华人文始祖之根多在中原。中华民族的始祖伏羲、女娲、炎黄二帝、颛顼、帝喾、少昊及尧舜禹等的出生之地、建都之地以及主要活动范围，多在中原。河南留存有诸多人文始祖遗迹，如新郑黄帝故里、淮阳太昊陵、灵宝铸鼎原、泌阳神农山、内黄的颛顼帝喾二帝陵、登封的阳城遗址、西华县还有女娲城、西平县嫘祖（黄帝正妃）故里等，都与中华人文始祖有关。其中在新郑黄帝故里每年举行的黄帝故里拜祖大典最为规模宏大，广受认可。其次，中原也是中华姓氏之根所在。据河南省社会科学院研究统计，在前300个中华大姓中，有171个起源于河南或部分源头在河南；其中98个姓氏的郡望地均在河南，河南当之无愧是中华姓氏资源第一大省。中华民族的血脉之根在中原，全球华人祖根在中原。另据统计，河南尚存有姓氏文化相关遗存1098处，河南籍历史名人多达2947个。有历史文献，有遗存史迹，有当代认可；姓氏文化链接过去，烛照当下，联结全球华人情感，关涉颇多，可开发价值较大。再次，中原也是古国古城之根。地处黄河流域中原腹地，古代的河南拥有多个古国和古都城。八大古都中有4个在河南——洛阳、开封、郑州、安阳。洛阳是十三朝古都，开封是七朝古都。郑州、安阳是商朝的都城，新郑是郑国的都城，鹤壁淇县是卫国的都城，商丘是宋国的都城。古国古城的历史给河南留下来的不仅是众多的文物与人文遗迹的宝藏，还有日常生活中习焉不察的建筑风格、语言、习俗、思维习惯、娱乐方式等方方面面的文化特征，值得我们去研究、辨析、保护、传承和弘扬。最后，还有历史名人、元典思想等多个类别的文化之根深扎在河南，值得我们去探索、挖掘、转化和开发。

（二）根亲文化研究持续深入

根亲文化研究约始于2006年，源于河南信阳的姓氏文化和祖根文化命名为“根亲文化”。“根亲文化”已在河南省内、国内和海外被广泛使用，成为独具特色的文化现象。国内尤其是河南省内对于根亲文化的理论研究形成热潮，并通过相关会议，推动相关研究，持续至今，有大量的期刊文章和著作发表和出版，有根亲文化主题相关杂志期刊等创刊。研究人员组成方面，从最初的信阳一县一市的姓氏文化相关研究人员，到省内高校及河南省社会科学院文史研究专家，再到两岸相关研究人员的介入，形成从地市级到省级地方政府大力支持的、国家相关部门认可的、专业性强、辐射面宽且层次日益丰富的研究队伍。在研究对象方面，对根亲文化概念的研究，有付玉成、雷海栋、徐金星、张新斌等研究者进行的专业细致的辨析与界定；关于根亲文化内容，郭立场、雷海栋、赵学通、李立新、张新斌等从多个层面进行了论述。在概念、内容和范围基本明确的框架下，产生了对根亲文化特征和影响的研究，以及对根亲文化传承、创新、开发与传播层面的研究。从地域上看，根亲文化研究已经从河南省内的局部地域研究（如以信阳市固始县为主）向多个市县播散，出现多篇以信阳固始、郑州、新郑、洛阳、漯河等为对象的根亲文化资源开发研究文章，其中尤以信阳固始根亲文化资源相关研究最盛。

（三）品牌节会活动声势壮大

在根亲文化研究日渐兴盛的同时，河南举办的多个根亲文化节事活动也在蓬勃发展，规模不断壮大，声誉日隆。有以祭祖拜祖为主题的祖根文化祭典，如新郑黄帝故里拜祖大典、淮阳太昊陵祭典、内黄祭祀颛顼帝喾大典等。其中，新郑黄帝故里拜祖大典最为盛大。新郑“三月三，拜轩辕”的祭典活动最早可追溯至春秋战国时期，历上千年之久，从官方主持到民间自发组织，源远流长。新郑市于2006年由官方重启“黄帝故里拜祖大典”活动。祭典先后入选河南省级和国家级非物质文化遗产名录，2012年首次由党中央和国务院批准举办。目前，黄帝故里拜祖大典由河南省人民政府和中国人民政治协商会议河南省委员会、国务院台湾事务办公室、中华全国归国华侨联合会、中华全国台湾同胞联谊会、中华炎黄文化研究会等多个国家级部门与组织联合主办，影响远播海外，联结着世界各地的华夏儿女的血脉之情。淮阳另一中华人文始祖之伏羲氏的祭典——太昊陵祭典，同样历史悠久、规模宏大。中国古代对于始祖伏羲的崇拜信仰从未中断过。该祭祀大典与祭祀期间的古庙会相结合，声名远播，成为民间信仰、祖根文化与经济社会交流沟通的纽带。除此之外，还有以历史名人或姓氏文化为主题的庆典或节会，如鹿邑的老子祭典、商丘的国际华商文化节、固始的中原根亲文化节等也都办出了自己的特色。其中固始县发掘当地侨乡文化特点，以人文遗址为基础，以祖根文化和茶文化为主题，坚持多年举办固始与闽台渊源关系研讨会、海内外姓氏宗亲联谊会等经贸、文化交流活动，成效显著。

近年来，河南在相关根亲文化资源研究、相关节庆祭典举办和宣传开发等方面做出了成绩，创出了品牌，提升了河南的文化形象和影响力。但与所拥有的文化资源优势相比较，河南尚有较多资源没有得到挖掘或者开发程度过浅。与姓氏文化和人文祖根文化获得大力支持和有序推动相比较，古国古城文化、历史名人文化、元典文化等多项根亲文化内容有待深度开发。尤其在与文旅文创结合、转化落实，与省委“行走河南·读懂中国”品牌塑造相结合方面，尚需走出高质量发展的创新路子。

二 中原根亲文化于“行走河南·读懂中国”品牌塑造的意义

2021年，河南省第十一次党代会提出将实施文旅文创融合战略作为“十大战略”之一，并提出打造”中华文化传承创新中心、世界文化旅游胜地”两大目标，推动河南厚重的历史文化资源优势转化为发展优势。为了实现这两大目标和一个转化，2022年2月河南省文化和旅游工作会议明确提出，要围绕八大工作重点塑造“行走河南·读懂中国”品牌体系。也就是说，品牌体系塑造的根本，是对河南厚重历史文化资源优势的创新转化。而中原根亲文化既是河南厚重历史文化资源优势中很重要的内容，同时，在聚集海内外华人人才资源和开拓海内外文化“走出去”市场方面，根亲文化也独具优势。

（一）根亲文化是“行走河南·读懂中国”品牌提升海内外传播力的有效支撑

2023年6月30日，2023河南省文旅文创发展大会在洛阳召开。河南再次明确“打造中华文化传承创新中心、世界文化旅游胜地”的目标。其中

“世界文化旅游胜地”的实现，必须以文旅品牌海内外传播力的持续提升为途径。根亲文化作为凝聚海内外华人资源的纽带，既能为河南的文旅文创融合聚揽海内外人才，也可为文旅文创品牌传播提供广阔空间。

现在，根亲文化部分节事祭典已经在国内、两岸甚至海内外形成了一定的文化影响力，是“行走河南·读懂中国”品牌塑造的有力支撑。如闻名海内外的新郑黄帝故里拜祖大典，举办17年来，由核心的祭祖大典仪式向文化论坛、豫商大会以及书画作品展、电影短片大会等经济、文艺领域辐射。拜祖大典已经成为“行走河南·读懂中国”的重要载体抓手，“拜祖热”为河南旅游产业的发展带来了千载难逢的机遇。部分节庆则以姓氏文化特色为当地甚至河南吸引了人才和经贸投资。如中原（固始）根亲文化节，自2009年以来，历届根亲文化节的成功举办都吸引了海内外众多姓氏宗亲到固始寻根谒祖、交流研讨、投资兴业、捐资助学等，为信阳甚至河南带来了良好的政治、经济、文化和社会效益。中原（固始）根亲文化节连续多年被国务院台湾事务办公室批准为对台交流重点项目，已成为加深中原与闽台亲情联系的核心纽带、交流合作和招商引资的重要窗口，必然也能为“行走河南·读懂中国”品牌的建设提供地方支撑。

（二）根亲文化是“行走河南·读懂中国”品牌具体线路落实的重要基底

2022年，河南提出要塑造“行走河南·读懂中国”品牌体系。八大工作重点中的“推线抓点”板块，推出人类起源、文明起源、国家起源、先贤追寻、姓氏寻根、元典思想、四大古都、考古发现等16条主题文化线路打造重点项目，其中多条与根亲文化有紧密联系，离不开相应的根亲文化内容的具体化和可操作化。以先贤追寻线路为例，目前给出的相关展示项目包括伏羲（淮阳太昊陵）、黄帝（新郑黄帝故里），属于人文始祖类；周文王（汤阴羑里城）、曹操（曹操高陵、曹丞相府）属于帝王类；诸葛亮（南阳武侯祠）、关羽（关林关公数字文化展示中心、许昌春秋楼、霸陵桥）、岳飞（汤阴岳飞庙）属于将相类；韩愈（孟州韩园）、朱载堉（沁阳朱载堉纪念馆）属于文化艺术历史名人类；赵匡胤（陈桥驿）也属于帝王类。在具体设计和线路的安排方面，毫无疑问离不开相关专家学者对相关人物和历史事件的专业研究。大到线路的整合、推介，细到每一个人物、事件展示哪些内容、品格，都需要以相关的历史名人文化研究为基础。“人类起源”和“国家起源”等宏大的历史命题线路，固然离不开考古学等实证类的学科支撑，但根文化所涵括的历史文献、神话传说、文学作品等同样是非常重要的佐证资料。因此，“行走河南·读懂中国”品牌的打造和传播都离不开中原根亲文化的基础支撑。

（三）根亲文化为“行走河南·读懂中国”品牌内容的多层次延展提供有效母本

根亲文化从文献资料的角度对“行走河南·读懂中国”品牌的塑造起到支撑作用。实际上不管是“行走河南”的线路制定还是“读懂中国”的文化内容选择或设计开发，都离不开根亲文化的母本支持。换句话讲，这是一个传统文化的创新性转化问题，转化的基础是传统文化。那么，“行走河南·读懂中国”品牌的塑造依然由河南现有的文化资源来决定。以“元典思想”中的《道德经》为例，对这一传统文化资源的创新性转化，可以有无限个当代文化艺术形式，如可以拍摄影视剧、创作文学作品、制作短视频、开发文创产品、举办节庆活动等，可以延展出无限种资源开发形式，使其具有时代化特征，切合时代精神，满足当代人的精神文化需求，融入当代人的日常精神生活，达到文化品牌化的目的。但这一切的开发都建立在老子文化研究的基础之上。老子文化是这些延展形式的最根本母本。而根亲文化可以提供非常多类似的文化项目的母本，如《周易》（安阳汤阴）、玄奘故里（洛阳偃师）、《庄子》（商丘民权）、魏晋玄学（焦作修武竹林镇）、程朱理学（嵩县两程故里）、许慎（漯河许慎文化园）、杜甫故里（巩义）、韩园（孟州）、三苏园（郏县）等。河南籍历史名人资源多达2947个，每一个资源都是一个文化母本，每一个母本都为传统文化的创新性转化提供向当代延展的无限可能，都为“行走河南·读懂中国”品牌的塑造提供多方位、立体化的基础支撑。

三　推进中原根亲文化繁荣发展的对策建议

河南拥有独具特色的根亲文化资源优势，又面临文旅文创融合战略机遇，在“行走河南·读懂中国”品牌体系塑造方面一定要多方谋划，发挥中原根亲文化的作用，要大力推进中原根亲文化的繁荣发展，抓住机遇，融入“行走河南·读懂中国”品牌体系塑造。

（一）继续升华根亲文化中的信仰与情感因素，以祖根系心，以乡愁留人

根亲文化作为具有强大凝聚力和维系功能的文化符号，具备两大根本特征——信仰和情感。“天下之本在国，国之本在家”。家与国的同构型的紧密联结，是我们中华民族独特的、宝贵的信仰结构。根亲文化的弘扬与传承创新，正是对全体中华儿女心灵深处的家国情怀的呼应与彰显。我们应该有效提取和展示多个祖根根亲文化项目中的信仰凝聚优势，以祖根系心，将海内外中华儿女团结在一起，形成一个精神的统一体，达成文化认同、国家认同和民族认同，向“人民有信仰、国家有力量、民族有希望”的大目标前进。

“根”的一大含义也指向“家”。根亲文化的另一大特征是对家的情感的深度维系。弘扬和传承根亲文化，除了应重视以祖根文化系心，还应重视发掘和提炼“家”的文化符号，引发身在异乡游子对“家”的思恋，以乡愁留人。2015 年 1 月 20 日，习近平总书记在大理市湾桥镇古生村考察工作时讲道：“新农村建设一定要走符合农村实际的路子，遵循乡村自身发展规律，充分体现农村特点，注意乡土味道，保留乡村风貌，留得住青山绿水，记得住乡愁。”[①] 那么如何“留住记忆”“留住乡愁”？一要妥善保护现存的乡土特色

① 《习近平：因村制宜，打造各具特色的现代版“富春山居图”》，“党建网”百家号，2022 年 6 月 15 日，http://baijiahao.baidu.com/s?id=1735661184545672542&wfr=spider&for=pc。

建筑与民俗文化。以河南省固始县为例，该县早在2008年就建设了根亲博物馆，收藏保存了53个姓氏近600本族谱，方便游子寻根访祖。二要恢复或重建更适宜的富含乡愁韵味的建筑、民俗等。以固始县老东关古街为例，老东关古街是固始县留存较为完整的历史文化街巷。2022年以来，固始县以“映像·东关”为主题，参考相关书画影像资料等对老街区进行了统一改造。走进街区，仿佛进入了历史的“回眸”，是对当代社会情境下日益共通化的乡愁之思做出本土化的精心回应。

（二）着力细化全省根亲文化中的具体点位，打造多元线路，研发精品文创

从具体文旅线路推介方面出发，根亲文化依然有非常多的线路和点位需要着力细化，精心设计开发。可以从文化内容方面进行分类。如人文始祖相关之拜祖线路，可以整理盘活泌阳和桐柏的盘古文化，结合淮阳太昊陵、西华女娲城、沁阳神农山、西平嫘祖故里、南乐仓颉故里、内黄颛顼帝喾陵等。一方面，可以借鉴黄帝故里拜祖大典，以节庆祭典及附带的古庙会等特色民俗节会来固定日期，将资源展示和转化周期化、规律化、长期化；另一方面，需要辅以配套文化内容或特色文创产品，使整个资源的开发建立起层次，拓宽内容覆盖面，拉长文旅文创产业链，将客流引过来、经常来，甚至留下来。在姓氏起源类文化资源方面，可以串联打造姓氏寻根暨家族探访文化旅游线路，如王姓起源地偃师、李姓起源地鹿邑、张姓起源地濮阳、刘姓起源地鲁山、林姓起源地卫辉、郑姓起源地荥阳、黄姓起源地内黄、陈姓起源地淮阳等，不仅以专题拜访游览的形式出现，还可以作为情感媒介为经贸活动的客方赋予情感交流，达到经贸与文旅的互相推动。此外，还可以从地理相邻相近的属性方面进行分类。以豫东、豫南、豫西、豫北等地理划分，将特色根亲文化资源相串联或关联，进行相关资源联动，推出套票优惠。在线路和点位具体设计落实的同时，要及时推出具有文化内涵相关性的文创精品，既可以是精品剧作或视频直播等新媒体的演绎，也可以是饰品摆件文玩等可居家、可携带的创意产品。在细化具体点位和推出精品文创时，要注意

从特色资源中提炼关键点，并使之与当代审美趣味和精神需求的关键点相契合，真正使资源优势转化为发展优势。

（三）重点转化蕴藏中华优秀传统文化根源性特质的特色文化，紧扣河南特色，彰显中国元素

中原根亲文化资源内容丰富厚重，全面开花式发展难度较大。要贴合省委文旅文创融合战略发展思路，依照“行走河南·读懂中国”品牌体系塑造要求，精选根亲文化核心内容的着力点，下大功夫挖掘开发有影响力的历史人物、文明遗迹或重大历史事件。这些核心内容，既要能代表中华优秀传统文化，具备根源性，又要独具河南特色，能同其他省份和地区鲜明区别开来，还要能挖掘出其中所蕴含的中国元素甚至全球适用的元素，这样才能行走在河南，却能读到和读懂中国的文化。以历史名人项目和元典思想项目为例。老子的诸多思想在当今社会和世界有着很大的影响力。而有关老子和《道德经》的研究在海内外学界也具有相当广泛的基础，这使得海内外交流拥有了良好的条件。但目前来看，河南鹿邑对老子和《道德经》文化资源的开发虽然非常重视，也在持续推动、努力打造，但各个层面还是有所欠缺。景区相关硬件设施的基础投入得到较大改善，高层次的老子文化论坛也形成了一定影响，但推出的《唐皇祭祖》《孔子问礼》《李姓传说》等老子相关的“沉浸式”实景演出与一流演艺还有较大差距，文创产品的推出也未能掀起消费热潮。2021年“老子祭典”虽然成功申报为国家级非物质文化遗产代表性项目，但在影响力的提升和后续的发展上还要下功夫。结合“行走河南·读懂中国”品牌塑造这一思路去考虑，老子文化资源的开发也应该立足于“读老子、懂中国”这一方向，思考设计以怎样的“读”的形式，去读懂“中国”的什么内容。把内容确定好，精确找准需求主体，再辅以当代的文艺形式巧妙呈现，才有可能使之成为“行走河南·读懂中国”品牌塑造中的重要一环。其他根亲文化内容的挖掘开发也是同样的道理。只有积极改变思路才能既成就自身，也对整个河南文旅文创战略形成助力。

参考文献

[1]《李立新：姓氏根亲文化是河南独具特色的优势文化资源》，“老家河南家谱馆”百家号，2022 年 10 月 21 日，https：//baijiahao. baidu. com/s？id = 17472624150483 05744。

[2]《在拜祖大典中读懂文化自信丨焦点网谈》，“南阳网”网易号，2023 年 4 月 21 日，https：//www. 163. com/dy/article/I2RJGEIV0550TZ1A. html。

[3]《天下之本在国，国之本在家》，中国共产党新闻网，2018 年 10 月 18 日，http：//theory. people. com. cn/GB/n1/2018/1018/c40531-30348264. html？ivk_ sa=10 24609v。

B.17

“行走河南·读懂中国”背景下杜甫文化资源现代化转化的路径研究

孔令环*

摘　要：　杜甫是中国文学史上伟大的诗人，也是对后世影响深远的诗人。其影响早已跨越诗歌的边界，对中国文学和文化都产生了深远的影响。2022年，河南明确提出要塑造“行走河南·读懂中国”品牌体系，杜甫显然是其中最耀眼的名片之一，实现杜甫文化的现代化转化对于弘扬中华民族优秀文化，提升河南的文化形象具有十分重要的现实意义。本文主要就目前河南杜甫文化资源开发利用的现状，对杜甫文化资源现代化转化的可能性路径进行了探讨。主要包括以下几个部分：一是杜甫在文学史和文化史上的意义；二是河南杜甫文化资源概述；三是河南杜甫文化资源开发现状；四是他山之石：成都杜甫草堂杜甫文化资源现代化转化的启示；五是杜甫文化资源现代化转化的路径探索。

关键词：　杜甫　文化资源　现代化转化

杜甫是中国文学史上伟大的诗人，也是对后世影响深远的诗人。由于他一生忧国忧民的济世情怀和民胞物与的仁爱思想具有穿越时空的精神价值，其影响早已跨越诗歌的边界，对中国文学和文化都产生了深远影响，历经千年而不衰。时至今日，杜甫文化早已走出国门，杜甫成为世界级的文化名

---

* 孔令环，河南省社会科学院文学研究所（黄河文化研究所）副研究员，主要研究方向为中国现当代文学。

人。2020年4月，英国广播公司（BBC）推出了由迈克尔·伍德主持的纪录片《杜甫：最伟大的中国诗人》，从西方的视角解读杜甫，又一次在国际上掀起一股“杜甫热”。河南作为杜甫的故乡，历来就是文人墨客乃至寻常百姓拜谒杜甫的朝圣之地。2022年，河南明确提出要塑造“行走河南·读懂中国”品牌体系，杜甫显然是其中最耀眼的名片之一，实现杜甫文化的现代化转化对于弘扬中华民族优秀传统文化、提升河南的文化形象具有十分重要的现实意义。如何挖掘如此厚重的文化资源，赋予其崭新的生命力，实现杜甫文化资源的现代化转化和创新性发展，是值得深入研究并付诸实践的重大课题。本文主要就目前河南杜甫文化资源开发利用的现状，对杜甫文化资源的现代化转化的可能性路径进行了探讨。

一 杜甫在文学史和文化史上的意义

中国自古以来就是诗的国度，唐诗更是达到了诗歌史上的巅峰状态。杜甫和李白是并立的两座巨峰。如果说李白是盛唐昂扬向上的浪漫主义的文化精神的代表的话，杜甫则是由浪漫趋向写实、开一代诗风的承前启后、继往开来的文学巨擘。“子美集开诗世界”（王禹偁《日长简仲咸》），杜甫在文学史上的最重要的意义就是他在题材、主题、诗体、语言、风格等各方面的开拓与创新。从诗歌题材和主题来看，杜甫的诗歌极大地拓展了中国诗歌的疆域。大至家国变迁，小至日常生活，杜甫一一纳入诗中，形成“高”“大”“深”的特点：“杜诗高、大、深俱不可及。吐弃到人所不能吐弃，为高；涵茹到人所不能涵茹，为大；曲折到人所不能曲折，为深。”[①] 如果说“诗史”主要指的是以诗歌记录时代变迁而具有历史意义的话，杜甫的诗歌除了具有“诗史”意义，还是一部带有深挚丰富感情和温度的个人生活史。从诗体来看，律诗这一在唐代逐渐定型的新兴诗体在杜甫手中走向成

① 刘熙载：《艺概·诗概》，郭绍虞编选，富寿荪校点《清诗话续编》第4册，上海古籍出版社，2016，第2292页。

熟与新变，尤其是七律，更是千古独步，无从超越。从语言来看，杜甫的诗歌不避俗字俗语，从容出入于雅俗之间，开启了宋代诗人以俗为雅的诗风。从风格来看，杜诗风格千变万化，而以沉郁顿挫为主。正如王安石所云："故其诗有平淡简易者；有绮丽精确者；有严重威武，若三军之帅者；有奋迅驰骤，若泛驾之马者；有淡泊娴静，若山谷隐士者；有风流蕴藉，若贵介公子者。……此甫之所以光掩前人，而后来无继也。"[①] 至于杜甫与前代文学传统的关系，最恰切的评语就是被公认的"集大成"，正如元稹所说："至于子美，盖所谓上薄风骚，下该沈宋，古傍苏李，气夺曹刘，掩颜谢之孤高，杂徐庾之流丽，尽得古今之体势，而兼今人之所独专矣。"[②]

杜甫在文化史上的意义并非一成不变。自宋至清，杜甫被尊为诗圣，他的诗歌也被比附六经，其根本原因的是杜甫对儒家思想的践行，主要包括忠君思想、忧国忧民的济世情怀和民胞物与的仁爱思想。随着封建社会的终结，建立在等级制度基础上的忠君思想被时代抛弃，杜甫真正的超越时空的文化价值更加彰显出来，而且得到世界各国越来越多的认同，正如闻一多所说，杜甫是"四千年文化中最庄严、最瑰丽、最永久的一道光彩"[③]。杜甫在文化史上的意义主要表现在三个方面。

首先，杜甫诗中所体现的儒家思想是儒家文化中最积极、也最具普遍意义的"仁政""民本"思想和仁者爱人的仁爱精神。"致君尧舜上，再使风俗淳"（《奉赠韦左丞丈二十二韵》）、"上感九庙焚，下悯万民疮"（《壮游》）、"穷年忧黎元，叹息肠内热"（《自京赴奉先县咏怀五百字》）等诗句，直到今天，仍能从中感受到诗人对国家和广大人民深沉的热爱。其次，杜甫一生对社会公平正义的坚守对陶铸中华民族的民族性格具有示范意义。杜甫在诗中反对穷兵黩武，抨击杨氏家族的骄奢淫逸，慨叹社会的贫富不均，控诉野蛮的征兵制度，痛斥官兵军阀的残暴，等等，

① 萧涤非主编《杜甫全集校注》，人民文学出版社，2014，第6839~6840页。

② 元稹：《唐故工部员外郎杜君墓系铭并序》，元稹著，冀勤点校《元稹集》，中华书局，2010，第691页。

③ 闻一多：《杜甫》，《闻一多全集》第6册，湖北人民出版社，1993，第74页。

无论自己穷达荣辱都坚持为底层百姓代言，是当之无愧的“我们的诗人”。千百年来，杜甫的伟大人格精神吸引了无数仁人志士效仿实践，为追求公平正义而不懈奋斗。最后，杜甫海纳百川的文化胸襟对文化的发展与创新具有启示意义。“不薄今人爱古人”，杜甫的诗歌之所以成为不朽的经典，与他集古今诗文之大成，同时集古今文化之大成有着密切的关系。盛唐文化的开放与包容在他的诗中得到了最充分的展现，为后世文学与文化的创新树立了典范。

二　河南杜甫文化资源概述

杜甫创作的不朽诗文和相关典籍、传说、遗迹，以及他的伟大精神力量等，都是弥足珍贵的文化资源。杜甫的童年、青年时期生活在河南，他的诗歌的卓越成就和他的以儒家思想为内核的人格精神，都是从河南这片有着深厚文化底蕴的土地出发的。河南处处留下了诗圣杜甫成长时代的足迹。712年，杜甫出生于河南巩县南瑶湾村笔架山下的一座窑洞中，至今窑洞仍在，被誉为“杜甫诞生窑”。自出生到他746年去长安之前，虽然有过长达数年的吴越、齐赵之游，但大部分时间都在河南，时间长达20余年。从他的诗歌中可知，他的主要活动范围在巩县、洛阳一带，幼时曾在郾城（今属漯河市）观看过唐代著名的舞蹈家公孙大娘的剑器舞：“开元五载，余尚童稚，记于郾城观公孙氏，舞《剑器浑脱》，浏漓顿挫，独出冠时。”（《观公孙大娘弟子舞剑器行并序》）7岁开始学诗，9岁开始练习书法，十四五岁出入洛阳一代文坛结交郑州刺史崔尚、豫州刺史魏启心等前辈：“往昔十四五，出游翰墨场。斯文崔魏徒，以我似班扬。七龄思即壮，开口咏凤凰。九龄书大字，有作成一囊。”（《壮游》）杜甫住过的庭院前种植有梨枣之类的果树，他经常上树采摘：“庭前八月梨枣熟，一日上树能千回。”（《百忧集行》）741年，杜甫在洛阳东的首阳山下筑室为他去世的父亲杜闲守制，杜闲墓地与其先祖相邻，杜预墓遗址在今偃师市西首阳山下之杜楼村，北临陇海铁路，其西、其南分别有杜预后世子孙唐朝诗人杜审言之墓和杜甫之墓

（杜甫在河南的另一处墓地在巩县，真伪至今未有定论）。744 年，与李白、高适一道有梁宋（今商丘一带，一说开封、商丘一带）之游，梁园（位于商丘市梁园区）是他们的主要游览地，三人登台怀古，留下千古佳话："忆与高李辈，论交入酒垆。两公壮藻思，得我色敷腴。气酣登吹台，怀古视平芜。"（《遣怀》）吹台遗址有两处，一处在开封，位于开封城墙为的东南部禹王台公园内，西邻繁塔，今改名禹王台；一处位于商丘，平台又叫古吹台，在示范区平台村，有一块清光绪十九年所立的平台寺碑记，上面记载了平台的由来和历史沿革。平台是春秋时期宋平公所建的高台，梁孝王将其发扬光大，在其上建行宫，为梁园"七台八景"之一。据说春秋时期晋国的音乐大师师旷曾在此演奏过乐曲。还曾渡过黄河，入王屋山访道士华盖君。杜甫的祖母居住在陈留郡，即今开封市，杜甫也应常去探望。杜甫还曾游览过龙门奉先寺，其遗址位于龙门西山阙口南侧、魏湾村北的一高台地上。758 年，杜甫曾回归东都洛阳，在湖城县（今河南灵宝）城东遇孟云卿，作《湖城东遇孟云卿复归刘颢宅宿宴饮散因为醉歌》一诗，其间回偃师陆浑庄暂住。759 年，杜甫由洛阳回华州，就沿途所见所闻，写下流传千古的"三吏""三别"（《新安吏》《石壕吏》《潼关吏》《新婚别》《垂老别》《无家别》），其中新安县和石壕村均属今河南境内。新安县，隶属河南省洛阳市，位于洛阳市西部。石壕村，在今河南陕县东观音堂镇西北部山区。之后的漫长岁月中，河南就成了杜甫诗歌中魂牵梦绕却再也回不去的故乡。

三　河南杜甫文化资源开发现状

河南对于杜甫文化资源的开发主要集中在巩义对杜甫故里的打造上。2007 年，巩义按照国家 4A 级旅游景区标准，投资 1.5 亿元，将杜甫故里打造成园林式文化观光景区，之后经过不断升级改造。杜甫故里开始向世人呈现新的面貌。

目前，这一景区为国家 4A 级旅游景区，河南省重点文物保护单位。规划面积 248116 平方米，建筑面积 21606 平方米，绿化率达 68%。主体建筑均为唐代风格，以木质结构为主体，以红色为基调，配以灰色顶瓦。

景区分为诗歌展区和诗人展区两大部分。诗人展区以“来自这片土地，又回归这片土地”为主题，线路为：杜公祠—瞻雪阁—诞生窑—上院—壮游园—三友堂—怀乡苑—万汇园。核心景观为笔架山和杜甫诞生窑，杜甫诞生的窑洞被命名为“杜甫诞生窑”，现存窑洞高4.6米、宽2.9米、深20米，洞内正中矗立着一尊杜甫的雕像，院内西墙上嵌有河南府尹张汉清于雍正五年（1727年）重修“杜甫诞生窑”后树立的“诗圣故里碑”，为“唐工部杜文贞公碑记”。窑洞后面的笔架山，形如笔架，与杜甫传说中为“文星典吏”的身份暗合。诗歌展区主要集中在诗圣堂，依托高科技手段，系统介绍了杜甫的生平和诗歌成就。

杜甫陵园位于河南郑州巩义市老城西北约6公里康店乡康店村西的邙岭上。陵园占地34亩，坐北向南，主体建筑由大门楼、杜甫大型雕像、双层亭、诗圣碑林、杜甫墓、吟诗亭、望乡亭、草亭、献殿等组成。墓地坐北面南，由东到西并排3个土冢，西为杜甫墓，向东依次为长子宗文、次子宗武之墓。墓冢呈漏斗状，高约10米，墓周长约72米。冢前有石碑两通，高约2米。前碑楷书“唐杜少陵先生之墓”，后碑书“杜少陵墓”。

另外，偃师也有一座杜甫墓，位于偃师城关三中校园后面，墓前有“唐工部拾遗少陵杜文贞公之墓”墓碑。为清代偃师县知事汤毓倬修墓后所立。杜甫墓旁边还有杜甫祖父杜审言和杜甫远祖杜预的坟墓①。究竟哪一座是真墓，还有待考证。

为了让杜甫文化融入巩义整个城市中，巩义近年来举办了各种与杜甫相关的文化活动，进一步推动杜甫文化资源的现代化转化。2022年，相继推出杜甫故里抖音短视频大赛、第八届杜甫国际诗歌周、杜甫故里夜游、《杜甫归来》系列沉浸式实景演出等活动，2023年，春节期间举办了梦回大唐中国年园游会活动。4月25日，第四届中华诗人节暨第九届杜甫国际诗歌

① 《洛阳偃师杜甫及家族墓》，个人图书馆，2018年7月10日，http://www.360doc.com/content/18/0710/10/40684663_769241330.shtml。

周活动开幕，巩义被授予“中华诗城”称号，成为全国第二个“中华诗城”。9月24日举办了中华经典诗词论坛，邀请全国各地的诗词文化学者共同探讨诗词文化在当代的传承与发展。

郑州也为宣扬杜甫做了一些工作。2023年9月21~27日，第七届中国诗歌节于在河南郑州举办。9月22日上午9：00，河南日报社顶端新闻联合新黄河客户端、二三里资讯、川观新闻、新湖南客户端5省媒体发起“中国诗歌节·寻路杜甫”大型联动直播活动，通过直播镜头带领大家前往四川成都杜甫草堂、河南巩义杜甫故里、山东济南历下亭、陕西西安杜公祠、湖南长沙杜甫江阁，跨越时空与杜甫对话。据不完全统计，全网累计传播量突破1000万，微博话题累计阅读量突破526万，央视频、新华每日电讯、《河南日报》、《四川日报》等30多家媒体参与直播，在顶端、抖音、视频号、微博等平台“刷屏”。[①] 同日，市豫剧艺术中心新编历史剧《杜甫·大河之子》在郑州大剧院精彩首演。[②]

河南的这些举措，对推动杜甫文化资源的现代化转化进行了多方面的探索，但是，相较于同类型的成都杜甫草堂，以及同属名人文化资源的如绍兴对鲁迅文化的开发等做得比较成功的案例而言，河南还有较大的提升空间。

四　他山之石：成都杜甫草堂杜甫文化资源现代化转化的启示

中国与杜甫文化关系最为密切的有巩义、西安、天水、成都、夔州5个城市。从目前来看，成都杜甫草堂是做得最为成功的案例。

① 《全网传播1000W+！“中国诗歌节·寻路杜甫”5省联动多平台刷屏》，顶端新闻网，2023年9月22日，https：//www. dingxinwen. cn/detail/5024127。

② 《〈杜甫·大河之子〉昨日首演　激荡历史回声　彰显家国情怀》，“正观新闻”百家号，2023年9月23日，https：//baijiahao. baidu. com/s？id=1777788787792668585&wfr=spider”&for=pc。

杜甫草堂最突出的特色就是浓郁的文化气息，这与杜甫草堂建设的悠久历史有一定关系，更与杜甫草堂的精心规划和与不断创新有关。

从建筑与景观来看，建筑景观的题名都与杜甫密切相关，大雅堂、诗史堂、工部祠等自不必说，小的建筑景观也皆是如此，比如“柴门”出自杜诗“柴门不正逐江开”（《野老》），“花径”出自杜诗“花径不曾缘客扫”（《客至》），等等，处处可以感受到杜甫文化的气息。近年来，杜甫草堂建成“杜甫千诗碑”碑廊并重建了草堂书院，更增添了浓厚的文化韵味。以宋、元、明、清及近现代40位书家名家的58件传世杜诗书法精品为底本，刻于齐鲁青石之上。[①] 草堂书院由两重三进四合院的中国传统古建筑院落和一幢单体古建筑组成，分为开放读书区、科研教学区、青少年专区，为读者打造一个古典、诗意的阅读美空间。[②]

从博物馆藏品来看，有书画、古籍、碑刻石像、陶瓷器杂件、家具匾联等诸多类型。其中书画类藏品定级的珍贵文物存藏最多，有1100多件，以杜诗书画为主，包括张瑞图、董其昌、傅山、张大千、齐白石、吴昌硕、徐悲鸿、傅抱石等自明清到当代书画名家的书画和老一辈革命家陈毅、朱德、董必武等人书写毛主席诗词的书法作品等。古籍类有历代杜集版本一万余册，其中南宋淳熙年间的刻本《草堂先生杜工部诗集》是海内孤本。碑刻共25通，其中明何宇度所作的杜甫石刻像为一级文物。陶瓷器杂件囊括有自唐至现代的大量艺术精品，其中唐代藏品以唐代遗址出土文物为主，宋代有宋白釉瓷碗、北宋方砖等，杂件中印章收藏数量较多，共近400枚。家具匾联类多为清代及民国时期藏品。[③]

除了硬件设施以外，杜甫草堂的文化活动令人应接不暇。如人日游草堂的活动、中国传统节庆活动、各种诗歌主题活动以及其他不定期举办的活动

---

① 《浣花溪畔“六艺”合一　树“诗圣”丰碑》，四川在线，2018年12月14日，https：//sichuan. scol. com. cn/dwzw/201812/56749312. html。

② 《28日，正式开放!》，澎湃媒体，2021年4月21日，https：//m. thepaper. cn/baijiahao_12310535。

③ 《藏品概述》，成都杜甫草堂博物馆，https：//www. cddfct. com/go-c31. htm。

等，尤其是草堂一课、“草堂读诗”文化沙龙、“成都诗圣文化节”、“文化名人进草堂”等诗歌主题活动，以诗会友，对于弘扬杜甫文化起到了卓有成效的推动作用。草堂还十分注重与当地从事杜甫研究的专家学者的联系，经常举办学术活动，邀请海内外专家学者在草堂举办研讨会，开办学术讲座，提升了草堂的文化品位。

杜甫草堂秉承与时俱进的精神，注重文旅文创的创新融合。杜甫草堂文创馆将“润物细无声”作为品牌核心精神，多数文创产品都是为杜甫草堂量身定制，富有诗意和创意，主要有杜老茶铺、浣花香物、诗词书房、诗意栖居四个系列，分别经营与茶、香、书房有关的用品及富有诗意的小物件。近年来，杜甫草堂还推出了数字文创藏品，如会动的杜甫《昔游》图、清代王素的《江村人物图轴》等。并积极开展跨界合作，如与肯德基合作开设杜甫草堂主题餐厅，与知名护肤品牌薇姿合作推出草堂文创化妆品等。

在数十年几代人的苦心经营下，杜甫草堂已经成为集游览、收藏、文创、科研、文化交流于一体的文化圣地，对于弘扬、传播杜甫文化，实现杜甫文化资源现代化转化做出了卓越贡献。

从杜甫草堂这一成功案例中我们可以获得不少有益的启示，择其要者，有以下几点。

首先，要具有挖掘、提炼杜甫文化资源中具有生命力的元素的能力。杜甫作为能与莎士比亚、但丁并肩的世界一流诗人，是文学史和文化史上的无价珍宝，如何挖掘、提炼其中仍有生命力的元素，是需要深入研究的课题。如果仅停留在随机摘取杜诗装点门面的层面，是根本不可能实现杜甫文化资源的现代化转化的。杜甫草堂一方面十分注重内部的人才建设，引进高层次人才，一方面善于借智借力，以创办的刊物《杜甫研究学刊》为平台，与国内外杜甫研究专家、学者建立起友好关系，尤其与本地院校如四川大学、四川师范大学、西南民族大学等高校的相关专家、学者的关系更为密切，凝聚了众多一流专家、学者的智慧，方能对杜甫的文学、文化价值有比较准确的把握，在此基础上，挑选、鉴别杜甫身上有生命力的元素，才能触手生春，游刃有余。

其次，要具有激活杜甫文化资源的能力。“创造性转化，就是要按照时代特点和要求，对那些至今仍有借鉴价值的内涵和陈旧的表现形式加以改造，赋予其新的时代内涵和现代表达形式，激活其生命力。创新性发展，就是要按照时代的新进步新进展，对中华优秀传统文化的内涵加以补充、拓展、完善，增强其影响力和感召力。”[①] 因此，实现创造性转化的关键，就是要寻找到承载传统文化资源的符合现代人文化、审美需求的现代表达形式，让杜甫走进当代、活在人们的日常生活里。杜甫草堂经过长期的探索与实践，开发了诸多人民群众喜闻乐见的表达形式，诸如别具匠心的“杜甫千诗碑”，接地气的背诗挑战活动、草堂一课，以“茅屋”“花径”“竹林”为设计元素的文创雪糕等，使杜甫走进人们的内心。

最后，要有精益求精的精品意识。杜甫草堂能取得今天的成绩，是数十年几代人共同努力的结果，其中一以贯之的就是精品意识。大到园林的整体布局，小到一条小路、围墙，甚至树木的种植，都经过了精心的考量。比如树木的引进，除原有的古树之外，新植树木大多与杜甫寓居成都时的诗作有关。再如“杜甫千诗碑”建成后，接着就建成了“春夜喜雨园”、杜诗摘句造景等配套景观与之呼应。连周围人行道上铺的地砖都留有杜诗的印迹，尽显自然与人文融合之美。

五　杜甫文化资源现代化转化的路径探索

河南杜甫文化资源的现代化转化虽然已经取得了一定成效，但仍然仅处于起步阶段，根据河南杜甫文化资源精神层面的多，相关遗迹少的现实基础，借鉴杜甫草堂及其他文化资源现代化转化的成功案例，就杜甫文化资源现代化转化的可能性路径提出以下建议。

---

① 《习近平关于社会主义精神文明建设论述摘编》，中央文献出版社，2022，第214页。

（一）做好杜甫文化资源现代化转化的顶层设计

目前，河南杜甫文化资源现代化转化的主力是巩义，巩义尚未树立起鲜明的文化城市的形象，在推动杜甫文化资源现代化转化上显得心有余而力不足。而杜甫诗中的故乡更多的指的是洛阳或者更大层面的河南，洛阳也是杜甫青年时代活动的核心区域，但洛阳一直并未意识到与这件事的紧密关联。杜甫的墓地除了巩县外还有偃师杜甫墓，至今尚无定论，诗人之归处本应引起高度的重视，却一直屈居与中学校园后院。杜甫在河南的足迹还有商丘、开封、石壕村、新安县等地，更是从未引起过关注。这种局面的扭转首先需要以河南为整体、以巩义为主导，对实现杜甫文化资源现代化转化进行全方位的顶层设计。“行走河南·读懂中国”品牌塑造的展开正为此提供了绝好的契机。可以借此机会，制定整体规划设计方案，文旅、文创、宣传同时推进，合力推动杜甫文化资源的现代化转化和创新性发展。在文化旅游上，将杜甫曾驻留之地都串联起来，形成“行走河南·读懂诗圣”旅游链，修缮偃师杜甫墓，启动梁园再造工程，让游客在行走河南中走近杜甫，领悟唐诗的魅力。在文创产品上，打造富有创意的文创产品，让杜甫在故乡“活”起来。在宣传上，拓宽杜甫文化的宣传渠道，全方位扩大杜甫故里在国内和国际上的影响。

（二）研究与创意相结合，激活杜甫文化资源

要想实现杜甫文化资源的现代化转化，需要做以下两方面的工作。一方面，是通过对杜甫的深入研究，挖掘、提炼杜甫文化中富有生命力的元素。一部杜诗，“浑涵汪茫，千汇万状，兼古今而有之”（《新唐书·杜甫传》）每个时代的阐释相当于杜诗与那个时代文化的隔空对话，从中挖掘、提炼与时代精神相契合的元素需要有敏锐学术眼光和创新意识。因此，需要集合高水平的科研力量对此进行研究。针对杜甫研究人员分散的现实，可借鉴杜甫草堂的做法，采取多种合作形式。另一方面，要将文化资源中可与时代融通的元素赋予现代的形式，转化成为可投资、可流通、

可保护的文化资产。这又需要文化创意人才的参与。因此，还应制定相关政策，促成这两支队伍的交流合作。可以考虑设立相关基金，支持杜甫研究的重点成果和文化创意项目；搭建从研究到创意的交流平台，促进两支队伍的深入合作；等等。

（三）与外省联动，打造“诗圣之路”杜甫遗踪线路游项目

借鉴“浙东诗人之路”的思路，打破地域壁垒，与相关省市联动、通力合作，打造“诗圣之路”杜甫遗踪线路游项目。可以根据游客群体的差异设计不同的线路。在打造适合普遍游客的普适性的线路之外，可以针对杜甫研究专家及对杜甫有浓厚兴趣的“杜迷”群体，设计更为深入的杜甫遗迹深度游线路，将杜甫研究中未有定论的遗迹也包括进去，凡杜驻足之处，皆可包括入内，以游杜甫旧地来体验杜甫当年心情；针对亲子游，增加轻松愉快的游戏类的项目；针对青年群体，增加时尚的线上3D虚拟旅游等。

（四）科技与创新相结合，推动文旅文创的融合发展

与杜甫草堂得天独厚的文化资源和自然资源优势不同，河南的杜甫文化资源中精神层面的多，物质层面的相对不足。需要借助科技与创意的力量补齐短板。可以利用AR、VR技术，AR、VR、裸眼3D等技术，借鉴迪斯尼、方特大世界等常见的综合运用高科技，把虚拟空间和物理空间相结合，实现对杜甫文化的深入体验。比如，运用裸眼3D技术，借鉴方特大世界舞台剧《梁山伯与祝英台》，打造反映青少年时代杜甫经历的一系列全息舞台剧（剧名可以选用《壮游》《少年杜甫》《鹏风行》《梁园梦》《剑器舞》等），借助光学影像等增强现实技术与真人表演相结合的方式，综合全息成像技术、舞台特技技术、影视表演技术等，实现多场景的灵活切换，塑造“性豪业嗜酒，嫉恶怀刚肠。脱略小时辈，结交皆老苍。饮酣视八极，俗物都茫茫”的少年杜甫形象。再如，可以借鉴方特大世界“飞越极限”项目模拟飞行游览祖国山河的相关技术，让游客穿越时空，与杜甫一起经历大唐兴

衰，体验杜甫在颠沛流离中的心情和诗歌中丰富复杂的思想情感内涵。通过精心的选址、设计，将实地游与虚拟游结合起来。在文创产品上，可以主要围绕青少年杜甫做文章，从与盛唐文化精神合拍的意气风发的少年杜甫、忧国忧民的杜甫、思乡的杜甫、杜甫乡音等与杜甫和河南皆有关联的内容中提取文化元素，力图再现诗国凤凰青少年时代的风采和他身上体现的盛唐文化精神。

区域篇

B.18 以“四地”支撑“全国重地” 建设“文化强市”

郑州市政协“四地一重地”建设课题组*

摘　要：　文化兴则国运兴，文化强则民族强。近年来，郑州市坚持以人民为中心的工作导向，着眼满足人民日益增长的美好生活需要，擦亮郑州历史文化品牌，推动中华优秀传统文化创造性转化、创新性发展，坚持“把马克思主义基本原理同中国具体实际相结合、同中华优秀传统文化相结合”，以“中华儿女的寻根之地、中华文明的朝圣之地、中华文化的体验之地、国学教育的实践之

* 课题组组长：杜新军，郑州市政协党组书记、主席。课题组副组长：石大东，郑州市政协党组成员，副主席。课题组成员：王天宇，郑州市政协文化和文史委员会主任；丁言兆，郑州市政协一级调研员；张新斌，河南省社会科学院历史与考古所原所长，河南省姓氏文化研究会副会长，黄河文化研究会副会长；张保盈，郑州市政协文化和文史委员会兼职副主任，河南九鼎德盛旅游规划设计有限公司董事长；宋朝丽，郑州市政协文化和文史委员会兼职副主任，河南省社会科学院文学研究所（黄河文化研究所）研究员；肖建勇，河南大学教授，郑州市政协委员；郑鹏，郑州大学教授；戴庞海，郑州大学教授；王松鹏，河南中医药大学副教授；常松木，郑州市政协文化和文史委员会办公室主任；王娜，郑州市政协文化和文史委员会办公室一级主任科员；宋华，郑州报业集团主任记者；李娜，《郑州日报》主任记者。

地"为支撑，以"华夏历史文明传承创新基地中的全国重地"建设为总纲，加快建设"文化强市"，努力推动中华民族现代文明的"郑州实践"。

关键词： 四地　全国重地　文化强市

文化兴则国运兴，文化强则民族强。文化自信是更基础、更广泛、更深厚的国家自信，是更基本、更深沉、更持久的发展力量。文化潜移默化、沁人心脾、开启民智、启迪思想、延续文明、激发创造，是一个国家和民族的精神源泉。

习近平总书记指出："一个国家、一个民族的强盛，总是以文化兴盛为支撑的，中华民族伟大复兴需要以中华文化发展繁荣为条件。"① "我们要坚守中华文化立场、传承中华文化基因，展现中华审美风范。"②

习近平总书记在文化传承发展座谈会上强调，"在五千多年中华文明深厚基础上开辟和发展中国特色社会主义，把马克思主义基本原理同中国具体实际、同中华优秀传统文化相结合是必由之路"，"只有全面深入了解中华文明的历史，才能更有效地推动中华优秀传统文化创造性转化、创新性发展，更有力地推进中国特色社会主义文化建设，建设中华民族现代文明"③。

近年来，郑州坚持以人民为中心的工作导向，着眼满足人民日益增长的美好生活需要，擦亮郑州历史文化品牌，充分发掘、放大、展示郑州历史文化资源禀赋和特质、气质。以"中华儿女的寻根之地、中华文明的朝圣之地、中华文化的体验之地、国学教育的实践之地"为支撑，以"华夏历史文明传承创新基地中的全国重地"建设为总纲（以下简称"四地一重地"），加快建设"文化强市"。

① 《习近平关于社会主义精神文明建设论述摘编》，中央文献出版社，2022，第 18 页。

② 《习近平关于社会主义精神文明建设论述摘编》，中央文献出版社，2022，第 184 页。

③ 《在文化传承发展座谈会上的讲话》，中共中央党校（国家行政学院）网站，2023 年 8 月 31 日，https：//www.ccps.gov.cn/xtt/202308/t20230831_ 159093.shtml。

在“四地”之中，“寻根之地”是灵魂、“朝圣之地”是主线、“体验之地”是载体、“实践之地”是传承；“四地”建设是基础，“重地”建设是目标，只有“四地”建设成功，“重地”建设才会实现；“重地”建设是“文化强市”的内核，“文化强市”是发展愿景。推动“文化强市”建设，讲好郑州故事，做好国家文化自信的“郑州样本”，是郑州加快国家中心城市建设的内生动力。

郑州厚重的历史、文化、人文需要重读和推广，而“重读郑州”，以“文韬武略、功夫郑州”为主线，将郑州全域内沉睡的历史文物、山水名人，同吃、住、行、游、购、娱多个环节的文旅项目串珠成链、连线成面、建面成体，实现文旅深度融合。

以“四地”支撑“全国重地”，建设“文化强市”，离不开“寻根之地”的灵魂支撑，离不开“朝圣之地”的内容生产，离不开“体验之地”的产品打造，离不开“国学教育”的切身体验。

“重读郑州”需要对郑州市独有的文化旅游品牌进行精心设计和包装推广。点线面结合，形成1天、3天、5天的精品人文线路，吸引全球游客走进郑州、了解郑州、读懂郑州，延长在郑停留时间，沉浸品味郑州的文化魅力，使郑州真正成为国际旅游目的地。

本报告以“四地一重地”为中心，集中探讨了“四地一重地”建设中存在的问题，对郑州的发展优势进行了分析，对全国主要文化城市的建设经验进行了梳理，最后提出以“四地一重地”为支撑建设“文化强市”的路径和举措，全面概述了“文化强市”的核心逻辑，为郑州建设文化强市提供决策依据。

一 郑州建设“四地一重地”亟待解决的问题

（一）城市定位需要进一步明确

郑州，自古以来就是文化发展的核心区，是华夏文明的重要发祥地、国家历史文化名城、米字高铁交汇、八大古都之一，在这片黄土地上，分布着浩若烟海的文化遗迹、历史名人、圣山圣水，传承千载，生生不息。然而，人们对于郑州城市的认知依旧停留在“火车拉来的城市”、“河南省会”，来郑州不知道看什么、玩什么，而来到郑州听完讲述后才知道“郑州是一个来了都说‘中’的地方”，不来不知道“中”在什么地方。郑州的城市形象与定位需持续强化和彰显，也要进行持久的宣传和推广。

（二）历史挖掘需要进一步深入

郑州并不缺乏历史文化底蕴，比如黄河文化、嵩山文化、黄帝文化、商都文化、河洛古国、少林功夫文化等，但是整体需要深度挖掘和清晰呈现。如黄帝文化、商都文化都距今太过久远，在记忆恢复和历史共建上还有差距，对游客的吸引力明显不足。再如黄河文化、嵩山文化，虽然听上去名声很大，但是可落实的、可游玩的景点和场景太少，无法彰显郑州文化的博大精深。

（三）传承逻辑需要进一步清晰

从历史与文化传承的角度看，郑州古代、近代、现代的文化链条没有得到很好的分析研究和梳理传承，在古与今之间不时出现中断现象。特别是近现代郑州的文化没有得到相应的保护，比如铁路文化、纺织文化、老街区文化，这是郑州之所以成为文化郑州的重要标志，但是现在很少看到这些历史遗迹。郑州需要重新梳理自己的文化DNA和文化脉络，目前应选择有时代价值的、能凝聚中华民族共识的、能够为建设和谐社会发挥作用的、能提高人民文化修养的优秀传统文化进行传承和发展。

（四）创新思维需要进一步打开

对于一个现代城市来说，新兴业态的文化往往较为缺乏。尽管我们可以说郑州有西区四个中心、芝麻街、高新区的863软件园、中原广告产业园、石佛艺术公社、良库工舍、瑞光创意工厂以及河南艺术中心、方特欢乐世界、建业电影小镇、只有河南·戏剧幻城、银基动物王国等，但新兴文化、创意文化、先锋文化、时尚文化依然是郑州的短板，郑州目前没有一个像成都太古里一样的时尚街区和像西安袁家村、甘肃天水古镇那样有文化气息的消费场所，这就使得郑州的文化传承乏力，城市文化缺少创新活力。

未来，郑州需紧密围绕“把马克思主义基本原理同中国具体实际、同中华优秀传统文化相结合”，探索优秀传统文化传承创新“郑州模式”。立足于国别竞争、区域竞争、城市竞争和市场竞争，充分利用现代科学技术进行全方位创新，以人性、人文、人本为理念，充分吸收重庆、武汉、西安、深圳、成都等地相关经验，创意创新打造出具有中原文化特色、符合郑州定位、符合市场需求的时代引领性项目。

（五）执行主体需要进一步强大

郑州文旅产业高质量发展已经有了显著性的成效，通过推行沉浸式、丰富化、主题化的文旅产品，从根本上促进了郑州经济的快速增长。但是郑州文旅产业仍然处在初级发展阶段，特别是现行文化旅游投资体制制约了文旅产业的进一步发展，导致投资数额严重不足、投资渠道过于单一、投入与产出不匹配等。郑州已经成立郑州文化旅游和体育集团有限公司，该集团公司尚处于运作初期，人员、资产、管理、资金等都不到位，还不具备大规模开展业务的能力。郑州其他与文化有关的产业发展机构，也还处于小散弱的阶段，不能为郑州文旅产业发展提供强大的支撑和助力。

二　郑州建设“四地一重地”的自身优势

（一）“四地一重地”的文化基础独特

郑州作为国家历史文化名城，是中华文明5000多年绵延不断、生生不息的实证地和中华文明精神标识的集中区。

从上古氏族社会到煌煌国家文明，中国不同历史时期都在郑州留下了具有重大影响的历史遗迹。10万年以内到商代遗存的文明史和文化史从未中断过，这片天地历史悠久，人类生存绵延不绝。郑州以“四地支撑重地”，具有较为强大的文化基础。最远包括距今 10 万年的织机洞遗址，距今 5 万至 3 万年的老奶奶庙遗址，距今 1 万年的李家沟遗址，距今 8000 多年的裴李岗遗址，距今 6800 多年的大河村遗址，距今 5300 多年的双槐树遗址，距今 4100 多年的王城岗遗址，距今 3000 多年的商城遗址。

郑州区域内目前拥有世界文化遗产 2 处，国保单位 83 处，还拥有二十四节气世界非物质文化遗产，少林功夫、黄帝故里拜祖大典、天地之中历史建筑群等国家级非物质文化遗产，这些都具有广泛的影响力。5 个国家文化公园中，郑州有长城、大运河、黄河 3 个国家文化公园。

（二）“四地一重地”的产业架构突出

郑州作为“郑汴洛”国际旅游目的地的核心城市，拥有引领全国文旅产业发展的产品创新优势。通过“文旅+演艺”，以科技赋能、以文化赋魂、以故事赋情，创新文旅演艺产品，《禅宗少林·音乐大典》等常演不衰，更是推出了《唐宫夜宴》《只有河南·戏剧幻城》等现象级作品；银基国际旅游度假区、方特旅游度假区、建业电影小镇、黄帝千古情、海昌海洋公园等重大文旅项目不断涌现。

（三）“四地一重地”的交流平台凸显

作为共建“一带一路”国家重要节点城市，郑州近几年借助战略东风，空中、陆上、网上、海上 4 条“丝路”蓬勃发展，正在加速崛起为内陆地区开放高地。郑州作为国家中心城市，已承办上合组织成员国首脑会议、黄帝故里拜祖大典、国际摩联 F1 摩托艇世界锦标赛、中国超级跑车锦标赛、中国（郑州）国际旅游城市市长论坛、中国（郑州）国际少林武术节、郑州国际马拉松赛、中国（郑州）国际街舞大赛等世界级大型节事活动，全国少数民族传统体育运动会、中国金鸡百花电影节等重大节事也都圆满举办。特别是近期全面建设空中丝绸之路起点城市更是为郑州赋能。近年来，多项国家战略在郑州汇集，形成明显的叠加优势，大幅提升了郑州在中原城市群中的影响力，郑州的对外交流平台优势凸显。

（四）“四地一重地”的枢纽门户独有

郑州居中原腹地，自古为天下缩毂、九省通衢之地，2 小时高铁圈可覆盖国内 4 亿人口的生活和消费，2 小时航空圈可覆盖全国 90%的人口和市场，具有对接中东西部、辐射全球的区位交通优势。郑州是全国八大铁路枢纽之一，是目前全国普铁网中唯一“双十字”中心和全国高铁网络首个“米”字形中心；郑州是国家公路网主枢纽之一，以郑州为中心的中原城市群是中国高速公路网密度最大的区域之一；新郑国际机场是全国八大区域性枢纽机场之一，客运、货运规模持续保持中部地区“双第一”；郑州是“铁、公、机”三网联合的现代综合交通枢纽和立体交通城市。

郑州依托河南“大交通、大枢纽”的优越地位，构建了内地独有的航空港区，不仅走出了独特的发展路径，也跃升为国家中心城市、国家重要综合交通枢纽城市、中原城市群中心城市。

（五）“四地一重地”的现代文明初具

从郑州城市文明发展来看，1949 年新中国成立以来到现在，郑州的城区面积增加了 243 倍，位居全国核心城市第一，从最初的 5.5 平方公里扩容至 1342 平方公里左右；常住人口由 19 万人增至 1275 万人，增加了约 66 倍，位居全国核心城市第一；地区生产总值由 1949 年的 0.9 亿元增至 2021 年的 12691 亿元，增加了 14100 倍，位居国家核心城市第一。城市建成区面积、人口、地区生产总值等数据是判断城市发展规模和阶段的重要指标，是判断城市发展水平的重要依据，反映了城市的综合经济实力与现代化水平，也是城市现代文明的核心体现。

2016 年，郑州被国务院批准建设为国家中心城市，这是郑州城市文明史上最为重要的一件事。郑州在城市品牌发展上，也获得了市场高度认可，涌现了宇通、三全、河南能源、安图、思念、巴奴、蜜雪冰城等全球知名品牌，城市形象得到了极大的提高。

2012~2022年，郑州高新技术企业数、研发投入强度、技术合同成交额、万人发明专利拥有量等科技创新的核心指标，分别增长13.3倍、0.7倍、14.6倍、4.7倍，年均增长幅度均居国家中心城市第一位，为国家中心城市文明建设提供了强力科技支撑。现代郑州，已经初具中国新时代城市现代文明的雏形，也是“两个结合”具体实践的“探索样本”。

三 郑州建设“四地一重地”全国城市经验借鉴

（一）西安聚焦“盛唐文化”的项目建设

近年来，西安先后建成“大唐不夜城”“大唐芙蓉园”“长恨歌”“长安十二时辰主题街区”等项目，其中仅《长恨歌》一台旅游演艺累计实现收入14.36亿元，带动周边酒店民宿、康养、文创综合收入超70亿元。

西安文旅发展经验对郑州的启示：要组建强大的市场主体，并将各种资源集中到市场主体来使用，对于重大项目要建立特殊的管理体制，比如建立园区管委会，对于土地集中开发区域，还要赋予一定的土地开发自主权。

（二）成都聚焦“市井烟火”的品质提升

成都以世界文化名城建设为目标，以“雪山下的公园城市·烟火里的幸福成都”为总体形象，先后打造了太古里、锦里、宽窄巷子、春熙路、街子古镇、三圣花乡、平乐古镇等一大批旅游休闲街区和旅游小镇，市井烟火气已经成为成都的独特城市气质和显著标志。

成都文旅发展经验对郑州的启示：要集中精力将文化渗透到街区，对于不同文化主题的街区，要给予不同的场景设计，街区规划设计要融入旅游六要素，如吃、住、行、游、购、娱要全面融入发展，一站式解决游客在街区的实际文旅需求。

（三）杭州聚焦“会展节事”的形象打造

会展经济是城市的“面包”，普遍被认为是高收入、高赢利的行业。据专家测算，国际上展览业的产业带动系数大约为 1∶9。会展活动，特别是具有国际影响的大规模会展活动除了能提高举办地的知名度、树立举办地的城市形象外，还可以对会展城市的建设起到不可估量的促进作用。

“办好一个会，提升一座城”。以会展兴市，已成为世界上很多城市实现飞跃发展的首选之路。杭州就紧紧抓住 G20 峰会、亚运会等重大节事的历史性机遇，着力打造城市历史和现实交汇的独特韵味，城市整体形象得到大幅跃升，一举挺进国际大都市行列。

杭州文旅发展经验对郑州的启示：以重大历史事件为带动，集中解决一批当前最急需的文旅服务提档升级工作，以杭州西湖作为核心文化资源点，辐射带动整个城市的文化旅游发展，实现景区的跨越式发展，充分利用重大历史机遇，以高科技植入提升景区和城市的发展品质。

（四）重庆聚焦“网红产品”的传播营销

自媒体短视频传播已经成为市场营销利器，重庆多年蝉联“抖音美好城市排行榜”TOP1。洪崖洞、穿楼轻轨、迷宫立交、长江索道、公交卡电梯等都是游客拥趸的热门打卡地，“魔都”“3D 重庆”“最宠游客的城市”是外界赋予重庆的独特称谓。

重庆文旅发展经验对郑州的启示：以重庆城市为大 IP，以众多城市分 IP 为烘托，集中全部资源发展城市 IP 形象，在全国游客中树立被充分尊重的氛围，以此作为引流利器，谋划创新发展理念，建立“无中生有、造势推广、从有到优”的文旅发展路径。

（五）苏州聚焦“生活方式”的要素构建

“精细、雅致、慢悠悠、有腔调”是苏式生活的基本特征。现如今，苏式生活已经演化为一种生活美学，形成了新苏式生活。新苏式生活是对城市生活各个要素的精品化、精致化、精美化、人性化的提升。

苏州文旅发展经验对郑州的启示：通过提供各种城市生活要素，让所有人感觉到新奇、美不胜收、独特享受，让城市在文旅发展中达到自我更新、自我革命、自我完善。

（六）深圳聚焦“市场导向”的主体建设

深圳作为“文化沙漠”，文化产业增加值占国内生产总值的比重却达到8%以上，涌现出腾讯、华侨城、华强方特、雅昌集团等一批具有全国影响力的文旅企业，并举办了深圳文博会等重大节事活动，市场化导向的主体建设遥遥领先。

深圳文旅发展经验对郑州的启示：以高科技、数字化引领文化旅游发展，让高科技、数字化为文化旅游赋能，强配套、好政策，通过发展音乐、游戏、电竞等新文化旅游业态让深圳文化旅游站在时代的前列，成为中国新时尚文化潮流的时代引领者。

建议借鉴西安、深圳的文化旅游发展经验，在郑州成立大规模的投资集团，涵盖文化、旅游、体育、非遗、传媒、影视、国学、教育、人才等领域，至少成立两家资产规模不少于500亿元的大类别文化投资集团公司；郑州各区、县、市也应有不少于1家在上述领域设立的大类别文化投资集团公司，每家投资公司的资产规模不少于50亿元。

建议组建郑州市文化旅游改革发展建设领导小组，市委、市政府主要领导任组长，相关市四大班子副职任副组长和单一项目组长，文旅、文物、金融、发改、规划、财政、土地、税务、属地主管副职为成员，统筹各方有效资源，实行实体化运作，倾力打造，为文化活市、文化强市做出“郑州实践”和“郑州探索”。此外，借鉴深圳科技提升文旅创意创新、成都精细打造文化街区的方法，推动科技植入郑州文旅、谋划郑州文化古镇和文化街区的建设。

四　郑州建设“四地一重地”的发展路径

（一）以黄帝故里和姓氏文化为核心，打造中华儿女的寻根之地，解决文化传承问题

黄帝文化是中华优秀传统文化的核心组成部分，是中华文明的主根主脉，是中华儿女自强不息的精神源泉。每年举办的黄帝故里拜祖大典是黄河文化、黄帝文化具有历史震撼力和时空穿透力的文化生动体现，已经成为推动中华优秀传统文化创造性转化和创新性发展的具体实践。但独具魅力的黄帝文化传承未来仍需在仪式感、神秘感、神奇感、神圣感，产业化、市场化、科技化、全球化等方面进行拓展和开发，通过进一步深入挖掘历史文化蕴藏的精神内核，强化城市的精神图谱。

姓氏根亲文化是河南独具特色的优势文化资源，是凝聚全球华人强有力的纽带和桥梁，是增强中华民族文化凝聚力的重要载体，是扩大中原文化对外影响力的重要平台。百家姓前 100 个姓氏中，有 78 个姓氏发源于河南。历届中原（固始）根亲文化节做得有声有色，吸引了海内外众多姓氏宗亲到固始寻根谒祖，为构建海内外华人的心灵故乡提供了平台、凝聚了力量，获得了不屈向上的澎湃精神动力。

1. 努力将黄帝故里拜祖大典提质升级

推进黄帝故里拜祖大典升格为国家层面举办，对郑州打造“全球华人的拜祖圣地、中华儿女的心灵故乡”具有重要时代意义和重大现实意义。因此，要以郑州市政协“大典办”为主力军，调动全市各种资源，全力推动拜祖大典升格为国家层面的重要文化交流活动。

应当积极谋划，写好黄帝文化与时代精神相合的大文章，提升拜祖大典在社会各界和海内外的影响，打好理论支撑牌、上层影响牌，筑牢拜祖大典升格“国拜”的理论基础、文化基础。

2. 努力将黄帝故里园区建设成5A 级景区

拜祖大典升格举办，既需要硬件提档升级，也需要软件提质增效。建议

将现有的黄帝故里园区扩大为黄帝故里文化传承发展试验区，整合具茨山岩画公园、风后岭、始祖庙、郑韩古城、车马坑、南街古巷、轩辕湖、洧水公园、接旨胡同、老县衙等历史文化资源，同时传承创新打造中华姓氏林、中华姓氏古镇、《黄帝内经》中医药文化体验园等新建文化项目，有效提升黄帝故里文化传承发展试验区的建设质量和建设规模，力争把黄帝故里园区创成国家5A级景区，助力拜祖大典升格。同时，推动“拜祖大典”的科技化和数字化，打造“黄帝故里”数字博物馆，建设“网上拜祖大典数字化平台”，推动发展全球华人网上拜祖新途径、新渠道。

一是尽快建成黄帝文化博物馆和中华姓氏博物馆（以下简称“两馆”）。在抓好园区硬件工程拾遗补阙、验收整改的同时，当务之急是尽快实质性启动黄帝故里园区内两馆的展陈工作，研究确定展陈方案，争取在2024年新中国成立75周年时，也就是习近平总书记提出“黄河战略”5周年之际，“两馆”展陈能够面向全球华人正式推出，体现中国气派、中国风格、中国特色，为传承发展中华文化、打造“行走河南·读懂中国”品牌、建设文化强市树立精品“样板”。

建议黄帝文化纪念馆展陈以中华文明的5个突出特性——连续性、创新性、统一性、包容性、和平性为主题，创造性打造5个展馆，重点阐释好黄帝与五帝（邦国时代）、黄帝与黄河、黄帝与“中”文化、黄帝与中华文明、黄帝与时代精神之间的内在联系，以知识性、趣味性、文化性为引领，进行科技考古和考古科技的科技赋能，充分运用现代数字科技和游戏互动场景，让游客在沉浸式、体验式、交互式中切身感受黄帝文化的独特魅力和中华文化的博大精深。

建议中华姓氏文化馆展陈以姓氏的起源、迁移、发展和变化为主线，呈现史料清晰、脉络完整、学界认证、大众接受的姓氏起源图谱。让前来拜祖的中华儿女都能找到自己姓氏的起源、家风家训、郡望堂号和姓氏迁移脉络，唤醒最古老、最深沉的血脉记忆，充分彰显姓氏根亲文化是河南独具特色的优势文化资源，是凝聚全球华人强有力的纽带和桥梁，是增强中华民族文化凝聚力的重要载体。

二是建设中华姓氏古镇。新郑有黄帝文化和姓氏根亲文化的历史底蕴，在新郑合适区域选址建设中华姓氏古镇，与拜祖大典相呼应。姓氏古镇可以百家姓院落形式构成，比如张府大院、王府大院、李府大院、赵府大院、习府大院、毛府大院、邓府大院、江府大院、胡府大院等。

每个大院都由姓氏起源、姓氏祠堂、姓氏名人堂、餐饮民宿构成，核心是以姓氏为纽带，弘扬中华民族优秀的血脉相连的根亲文化和餐饮民宿。大院里有关于姓氏根亲文化的历史古籍、名人名家、宣传片介绍和寻根祭拜仪程，同时利用数字化技术构建移动化、全沉浸、交互式的姓氏祠堂，开发独具本姓特色的文创展示。

每年的每个星期筹办一个姓氏的全球性寻根问祖活动，政府引导，姓氏宗亲会主办，姓氏爱心人士牵头，根亲活动具有浓厚的乡亲味道。姓氏大院分期建设，方案全国网上征集讨论，形成传播热点，成熟一个、建设一个、推出一个，让中华姓氏古镇成为全球华人寻根拜祖的主要根亲场所，提升活动内涵和拜祖大典的传播长尾效应。

三是打造中华姓氏林。借鉴甘肃天水、山西洪洞等祭拜地和每年植树的惯例，在每年拜祖大典礼成后，国家领导人、省市领导和全球嘉宾分区集体乘车到中华姓氏林共同种下自己的姓氏树。姓氏树上可以挂上带有自己姓名的祈福牌，重要嘉宾的名字、当年职务和年龄，简历用二维码体现，扫一下便可了解到详细信息。通过数字化管理实现准确定位，可在最短时间内找到自己的姓氏树。

四是拓展拜祖活动。将“集中拜”与“日常拜”结合起来，拓展沉浸式、体验式、科技感强、适合民拜的日常拜祖项目。利用“三月三、六月六、九月九”以及中秋、春节、清明、端午等传统节日和五一、十一等节假日，婚丧嫁娶、学生高考等重要日子，筹划相关活动，邀请民俗、礼制专家，研发更多适合各类群体、各个时节、各种需求的 6 分钟、9 分钟、15 分钟“民拜”礼仪，形成形式多样、各具特色的民拜典礼，让“高大上”的拜祖大典成为接地气、有人气、焕生机的新民俗。

周周有活动、天天有人拜，引导带动群众参与拜祖互动。让“我在新郑拜黄帝”成为最时尚的口号，将“月拜”“周拜”“二十四节气拜祖”等庄严拜祖仪式，像周口太昊陵一样打造成为游客祈福纳祥的体验项目。将“我在黄帝面前许个愿”，打造成为每一位到河南旅游者的必然选择。同时，推广并宣传“黄帝故里就是全球华人的心灵家园”的承诺，黄帝故里景区对所有国内外游客免除门票，可根据游客的不同需求和请香、献花、供品等不同的标准，收取合理祈福费用。

五是推广拜祖文化。将黄帝故里园区固化为外地党政考察团、参访团、旅游团来到河南的首访站，并按照规制礼仪进行官方拜祖，增强寻根拜祖的感召力，在全球五大洲和东南亚、中国港澳台做好每年境外拜祖活动，凝聚全球华人力量，提升拜祖大典影响力。

丰富黄帝故里园区的文化体验，在故里园区融入更多可参与体验线上数字化游戏和互动场景，让更多海内外华人和外国人感受中国文化的独特魅力。

3. 打造中国传统文化家祭祠堂之中华祖祠

据多方考证研究，嵩山是华胥老母的诞生地和享祭地，华胥氏所处的母系氏族社会时期，“野象”（河南简称豫的来源）遍布、“雷泽”（华胥氏怀孕生伏羲之所）处处、“九河”（华胥氏史书记载名为九河天女）密集，华胥氏是有史记载以来第一个有名的中华远祖，华胥氏是女娲和伏羲的母亲，在众多祭拜祖先的中华区域，独有华胥氏老母“起源于”嵩山没有争议，以大嵩山西部区域中灵山华胥老母文化为核心，推出中华母亲节，建设中华传统文化家祭殿堂“中华祖祠”，主殿供奉中华老母华胥氏和三皇五帝，这里也是国家“民族英雄纪念祠”，记录立牌位并祭祀自古以来的中华民族英雄，让中华民族英雄英魂有归处，祭奠有拜处，引导群众爱国情怀可控释放。中华祖祠、轩辕故里、炎黄二帝像，共同组成郑州中华民族家祭殿堂的核心系统。

4. 打造《黄帝内经》中医药体验园

岐黄文化是中华民族优秀传统文化的重要组成部分，郑州作为岐黄文化的发源地、《黄帝内经》思想的形成地、“岐黄文化发祥圣地”，建议深挖

《黄帝内经》中医药文化内涵，探寻中医药文化之源，在适当地点选址建设《黄帝内经》体验园。在体验园内，规划建设《黄帝内经》纪念馆、中医药研究院、国医大讲堂、中医养生苑、国医堂等，增设医养、药养设施，融入中草药种植，打造集中医药科普研学、康养疗养、文化旅游于一体的国际一流的中医药康养、修养体验文化圣地，实现“一园一中医产业集群”的融合发展新格局。

（二）以四圣文化为核心，打造中华文明的朝圣之地，解决郑州城市定位问题

打造“中华文明朝圣之地”的总体定位应该是立足早期中国文化遗存，打造“圣山、圣河、圣人、圣迹”四圣文化。“圣山”是指中岳嵩山，“圣河”是指母亲河黄河，“圣人”是指轩辕黄帝及历代圣贤，“圣迹”是指早期中国人类活动遗址。以四圣文化为核心，打造中华文明的朝圣之地，明确郑州的城市定位，解决朝圣过程中仪式感不强、体验感不足、朝拜地缺失等问题。

1. 明确文韬武略、功夫郑州的城市定位

从全球非华人的视角来看，“功夫、长城、故宫”是民调统计上外国人对中国最为熟悉的 3 个汉语词汇，而“功夫”一词位居首位。功夫作为一种文化符号是外国人最容易接受的文化形式，无论大人还是孩童对“中国功夫”文化几乎都能耳熟能详，这是任何广告都无法企及的高度，“功夫”一词的市场价值巨大。郑州作为全球少林功夫传统文化之源，传统文化功夫对全球华人和非华人都有着巨大的影响力。而郑州最近提出的文武双全、文武兼备、文韬武略，切中肯綮，一语中的。中国功夫不用解释，世人皆知，只是用适当方式进行重读，功夫为郑州市的城市血脉和内涵，更是城市特质，一个“用心”的城市。郑州的“武”除了“功夫”，也是经济实力的象征，近 1.3 万亿的 GDP 在省会城市排名中名列前茅。基于此，建议以文韬武略、功夫郑州作为郑州城市品牌形象，文韬武略中的文韬是指郑州文化历史厚重，武略是指武术功夫深

厚，功夫郑州是指郑州是一个用心、忠心、贴心的城市，是中国功夫的来源之地。通过大力推广宣传和策划系列文化活动奠定郑州“华夏之根、黄河之魂、天地之中、文明之源”的黄河历史文化主地标城市地位。

2. 强化嵩山朝圣仪式感，建设“大山门”项目

登封是有“天地之中”历史建筑群、二十四节气两项世界遗产的历史富矿，挖掘武则天、汉武帝登封封禅的历史故事，打造朝圣场景，营造时空历史穿越感。在嵩山合适区域规划建设“大山门”项目，可结合实际选择33级、66级、99级台阶分别建设多梯次大山门，用于社会各界特别是武校学生开学季以班级为单位组织的“拜嵩山—拜山门”活动，可以通过全球直播对嵩山功夫盛大典礼——拜山门进行宣传推广。

3. 设立铜人阵项目

在嵩山少林寺附近，适用于武校毕业学生“毕业季”文化场景项目，铜人阵项目按照中国传统武术文化的记载和创意进行设计，打造真正的大型文化演绎场景。在毕业季武校毕业生需要通过铜人阵考验方能毕业，整个铜人阵考核通过全球直播形式对外宣传，以铜人阵项目向全球推广功夫文化。

4. 重塑嵩山禅宗文化新地标

选择嵩山合适位置如达摩洞重塑达摩像，选择黑色的火山岩石进行雕塑，植入神秘、神奇和神圣之感，作为禅宗发源地的文化新地标，大众拜谒禅宗祖师的神圣之地。

5. 再现中岳庙庙会盛景

做好民间信仰传承，依托现有每年3月和10月的中岳庙庙会，进一步丰富完善庙会内涵和业态，将其打造成民众嵩山朝拜的重要民俗活动，定期或不定期举办不同主题、不同时段的庙会。考虑到上半年有拜祖大典，可选择下半年的10月结合少林国际武术节近10万人的规模，打造嵩山永不落幕的庙会盛景。

6. 推动少林功夫项目进奥运会

"天下功夫出少林"，功夫起源于嵩山。河南是中华武术文化的重要发祥地，孕育出的少林功夫、太极拳是功夫文化的典型代表，功夫已然成为全球通行的重要文化符号标识，在全球知名度排在长城和故宫之前。积极筹办中国功夫"争霸赛""邀请赛""世锦赛""明星赛"等功夫文化赛事，建设中国功夫大赛大典场馆，建设功夫大师小镇，联合太极拳，在河南设立中国功夫节，加快少林功夫、太极拳等武术项目在全球的推广，持续推动"少林功夫项目进奥运会"。

7. 谋划建设中国功夫大学和中国功夫城

以嵩山少林寺和塔沟武校为中心，全面整合登封市武校资源，谋划在登封设立中国功夫大学，带动吸引全球武术爱好者在登封学习中国功夫文化，集国内外百万学员为功夫聚登封，形成功夫文化的全球教育中心。强化素质教育与功夫教育同步发展，丰富更多传统武术文化专业，实现功夫教育产业最大规模的提升，形成具有国际影响力的新型业态体系。以郑州市区为核心，通过布局建设 10 所左右功夫产业学院、成立中国功夫研究院、打造中国功夫产业园区。以功夫文化为核心建设登封"中国功夫文化特区"，建设中国功夫国际旅游目的地和"中国功夫城"，全面确定功夫文化在郑州"文化强市"中的地位和支撑。

8. 积极筹备世界功夫论坛和中国功夫馆

就国际武术功夫与产业发展、国际功夫标准建立、功夫文化推广传承等问题进行深入探讨和交流，最终将其打造成全球功夫爱好者交流的平台、世界武术圣地，从而真正推动中国武术走向世界。全球布局中国功夫馆项目，做好功夫系列衍生产品。在全球主要国家的主要城市设立"中国功夫馆"，作为中国对外文化交流的战略性项目，以功夫推广为核心，兼具中华优秀传统文化、特色餐饮、中医药、汉文化、传统服饰等文化"走出去"，做好中国功夫文化出口工作。建设中国功夫全球动漫中心、影视中心等，投资拍摄中国功夫动漫、电影、电视剧等影视作品以及系列中国功夫主题的数字文创藏品，将独具中国特色的少林功夫文化具象化、IP 化、数字化。

9. 重塑黄河母亲河文化主地标

黄河被誉为中华民族的母亲河，郑州是黄河历史文化主地标城市，中原文化是黄河文化最集中的体现。依托巩义河洛汇流处、虎牢关、汉霸二王城、惠济区花园口、黄河风景名胜区、桃花峪景区等沿黄重要文化资源，建设郑州黄河国家文化公园。选择巩义河洛汇流处、惠济花园口或炎黄二帝像处等适当位置建设“归心塔”或者“祖塔”，演绎黄河母亲的伟大形象，作为黄河文化朝圣新地标，营造体验黄河文化朝圣地氛围。

10. 举办黄河祭拜活动

规划在炎黄二帝巨塑处附近或者花园口附近区域重建河渎庙，对照历史上“河祭”，在9月举办黄河祭拜活动，与黄帝故里拜祖大典一体联动。策划开展系列黄河祭拜、歌舞盛赞、祈福安澜、黄河大合唱等重大文化体验活动，全面塑造和提升黄河作为全球华人“母亲河”的形象和地位。

11. 将郑州建设成“雕塑之城”

雕塑被誉为城市的“灵魂”。依托郑州现有“300米见绿、500米见园”的空间规划，打造以“山河祖国”和名人名家命名的“雕塑之路”。比如，以“山”在嵩山路建设功夫、嵩山禅宗群雕等；以“河”在黄河路建设“黄河大合唱”群雕等；以“祖”新命名或更名一些道路，如始祖路，建设“黄帝部落”群雕等；以“国”新命名或更名一些道路，如河洛古国路，建设“早期中国”文化群雕等。

关于新命名或更名一些道路，可以河南25个圣人命名25条郑州街道，将老子、杜甫、刘禹锡、白居易、李商隐、韩愈、韩非子、商鞅、张仲景、张衡、范蠡、鬼谷子、许慎、岳飞、苏秦、贾谊、张良、潘安等雕塑和新媒体介绍与路名和游园相结合。比如在现有的列子路建设列子像、列子故事、列子寓言故事等系统性的全场景文化体验道路，在雕塑周围，以知识性、趣味性、文化性为引领，沉浸式呈现“圣山、圣河、圣人、圣迹”的普及文化体验。

前期可以进行全国征集，建设老子、岐伯、杜甫、刘禹锡、白居易、张仲景、范蠡等6条示范道路再逐步推广，通过新媒体屏的展播、二维码介绍和同步网上的AR体验，让全球游客能在沉浸参与互动中感受厚重郑州和文化郑州的魅力。通过城市雕塑融合“山河祖国”和历史名人，让郑州沉睡的厚重文化和“圣山圣河圣人圣迹”重新“立”起来、“活”起来，打造弘扬中华优秀传统文化在国内独有的雕塑文化街区。

12. 将城市路名牌打造成城市超级符号

郑州是国家历史文化名城，历史文化资源丰富，拥有不可移动文物近万处，其中世界文化遗产 2 项，国保单位 83 项，在全国直辖市和省会城市中排名第二。郑州是中华文明 5000 多年绵延不断、生生不息的实证地，建议将城市路名牌打造成城市超级符号，在郑州主干道和城市地标路名牌上呈现具有科技感的文旅景点介绍和导流。比如，在 CBD、CCD、金水路、中州大道、紫荆山路等路名牌上标注“距距今 10 万年的织机洞遗址×××公里”“距距今 1 万年的李家沟遗址×××公里”“距距今 8000 多年的裴李岗遗址×××公里”“距距今 6800 多年的大河村遗址×××公里”“距距今 5300 多年的双槐树遗址×××公里”“距距今 4100 多年的王城岗遗址×××公里”“距距今 3000 多年的商城遗址×××公里”等，让厚重历史和体验文旅真正融入城市文化之中。

（三）以中华文明主题乐园为核心，打造中华文化的体验之地，解决文化创新问题

1. 倾力打造中华文明主题乐园

作为黄河文化旅游带的核心节点城市，郑州拥有层次丰富、类型多样的文化资源体系，但是缺乏以优秀传统文化为引领的大型文化娱乐类沉浸体验式旅游产品体系，无法实现优秀传统文化的创造性转化和创新性发展。

紧抓沉浸式文旅体验和数字科技赋能的风口，借鉴迪士尼乐园、环球影城、广东长隆、日本浅草寺等文化 IP、文创赋能的做法，以娱乐性、趣味性、体验性、参与性作为项目设计原则，在“中国式现代化”理念引领下，高标准规划建设具有中国特色、中国风格和中国气派的中国式“迪士尼”综合体——中华文明主题乐园。

通过沉浸式演艺实现游客参与式互动和行进式体验，解决主题乐园建设

过程中文化过渡堆积和文化过于突出的问题，以文化引领，以制造快乐、贩卖快乐、“穿越中华文明5000年”沉浸式体验为核心，采用5D、VR、AR、XR、动漫、激光全息等情景再现、角色进入等多种表现形式，生动真实地展示和还原考古遗迹和遗物，以通俗易懂的方式呈现中国古代文明的核心元素。

以“中华文化主题乐园元宇宙浓缩版”为突破口和先行项目，以文化为引领，以中国特色、中国风格、中国气派为支撑，采用5D、激光全息等情景再现、角色进入等多种表现形式，全面活化、生动展示、立体还原考古遗迹遗物和盛世中华等景象，打造“穿越中华文明五千多年”沉浸式体验场景和模式，创新建设“中华文化游客体验长廊”。借鉴日本浅草寺的消费场景和模式，在游客排长队行进中设置科技感、体验感强的人工智能展示交互系统，通过付费方式，长廊可为每一位游客打造一个行进式的相对封闭的个人空间，在这个“从天而降”的空间里，游客可以不受高温酷暑等不利天气的影响，也可以自助获取饮料、美食、音乐、电子书籍等，让游客尤其是青少年在等待中重读郑州的历史文明和现代文明，让等待不再成为一件枯燥烦闷的事情，使其真正意义上成为“两个结合”的时代样板和中华文化的“东方迪士尼”乐园，使其具有中国特色、体现中国精神、蕴藏中国智慧、传播中国价值，让全国乃至全球青少年在游玩中体会传播辉煌灿烂的中华文明，积极打造全国第一个中国式主题乐园范式。

2. 建设黄河市民休闲文化旅游带和市内沿河休闲廊道

将黄河文化传承与市民休闲体验相结合，建设沿黄市民休闲体验中心，通过打造黄河文化主地标、文化与康养融合生态廊道、黄河文化创意产业示范基地等项目，把中心城区与沿黄乡村串联起来，把郑州黄河文化元素节点串联起来，让黄河融入城市的发展，打造集“自然风光+黄河文化+慢生活”于一体的深度休闲体验风光带，打响郑州黄河文旅融合体验文化品牌。

通过对郑州城区内河流进行综合整治，打造集生态、休闲、观光、科普、健身、文化、美食、户外、露营等于一体“四季常绿、四季花香”的郑州市内沿河生态休闲体验廊道，形成“美食城市”“烟火城市”“户外城市”“休闲城市”整体文旅发展氛围，再现德化街盛景，借鉴武汉、成都经验，建设郑州市内水上休闲娱乐中心，在有条件区域实现河道通航、低空飞行，推出以郑东新区为中心的“五湖三站”的低运量空铁轨道旅游观光系统。

3. 打造一带一路风情小镇

依托绿博园或者园博园现有基础设施，将其改建提升为一带一路风情小镇，以丝绸之路传统文化为主题，以共建“一带一路”国家特色建筑为载体、汇聚丝绸之路经济带沿线国家不同类型、不同风格、不同定位的商家及商品，包括特色商品、特色餐饮、特色演艺等内容的文化特色体验园区、美食特色体验街和现代休闲体验特色街。建设“一带一路”高峰论坛河南主会场，为未来“一带一路”高峰论坛在河南召开做好基础设施准备。

4. 建设高科技全息激光水上音乐会

以郑州北龙湖金融岛为中心，建设现代高科技、数字化、全息激光的水上大型音乐会，运用高科技、数字化、文化创意、信息集成等技术手段，免费为市民提供夜晚休闲娱乐体验场所，以此提振郑州夜生活消费。

5. 全力打造郑州市国家级旅游度假区

以方特、银基国际等旅游度假区为核心，推动市场化、产业化、品牌化发展。以巩义长寿山、新密伏羲山为核心，建设国家级旅游度假区，重点解决长寿山核心吸引物和配套服务等问题，新密伏羲山要解决好度假的业态、居住的条件等问题，争取在 2025 年前，将长寿山区域和伏羲山区域申报成国家级旅游度假区，真正解决郑州市民周末休闲度假无处去的问题。

6. 建设电竞时尚之都

以郑州报业大厦为主场地，通过引进 MTG 猛虎电子竞技俱乐部、支持举办 KGL 职业联赛等头部电竞赛事、加强 IP 授权合作等方式促进郑州“电竞+文旅”“电竞+商业”“电竞+教育”等产业模式创新，助力形成电竞产业发展生态群，打造电竞时尚之都。

（四）以嵩阳书院为核心，打造国学教育的实践之地，解决历史挖掘问题

国学是落实立德树人目标，推进人才培养质量提升的重要文化理论依托。从国学出发，以弘扬中国优秀传统文化为导向，逐步引导学生养成自强不息、厚德载物的君子人格，拥有忠诚奉献和勇于担当的家国情怀，使郑州乃至河南成为开展国学教育的重要阵地。

嵩阳书院是中国四大书院之首，是古代民间的最高学府，被国人誉为“宋朝的北大”。嵩阳书院是“三教合流”最真切的实例，作为中国新儒学“洛学”的发祥地之一，在中国思想史、文化史和教育史上发挥了重要作用。如何使国学教育中的文化经典、国粹、国艺等走入学生、家庭和大众日常中，也是建设“文化强市”的一个重大现实课题。

1. 打造嵩阳书院国学总校系统

以嵩阳书院为核心，统一调整和规划郑州国学教育布局，在嵩阳书院西跨院设置国学教育实践平台，进一步完善相关教育配套设施，将整个登封城打造成“嵩阳书院国学教育总校（学院）”，建立管委会给予发展的充分权利。在郑州其他县区的合适区域设置嵩阳书院分校区，全面扩大教学规模，将嵩阳书院打造成郑州、河南乃至全国的国学教育总部。整合全省书院资源，组建中原书院联盟。以嵩阳书院为龙头，组建中原书院联盟，设立书院文化研究会，整合全省及周边省份书院资源，构建以嵩阳书院为龙头的国学教育实践基地体系。

2. 构建国学教育标准系统

推出国学书。成立郑州国学文化研究会或郑州国学文化研究院，推进国学相关学科建设，通过制定一整套系统的国学教育课程，实现对全市乃至全省中小学的国学教育有效指导，实现对郑州国学教育的标准化和规范化管理。

明确国学课。推动中小学开设优秀传统文化教育必修课，通过开设国学、国艺、国粹等课程，让每一个学生都能深切感受中华优秀传统文化的魅力。

建设国学街。在郑州建设50个国学实践教育基地和100个国学实践教育主题街区，全面保障国学教育的地理空间和规模格局，营造国学教育实践场景氛围。

开展一系列国学教育实践活动。国学教育要推动校园、企业、景区、街区、社区、家庭六大路径建设，对全社会进行国学文化覆盖，让优秀的中华传统文化成为显学。国学进校园，国学课堂让国学学习“热起来”；国学进企业，国学礼仪让国学教育“动起来”；国礼服饰让国学进景区，让国学体验“火起来”；国学装饰让国学进街区，让国学文化“亮起来”；国学故事让国学进社区，让国学行动“潮起来”；国学经典让国学进家庭，让国学精神“润起来”。

3. 传承创新国粹文化，打造“黄河戏剧周”

戏剧是国学的重要组成部分。作为五大戏曲剧种之一的豫剧，是河南历史文化的“活化石”，是中原人民精神生活的“命根子”。在坚定文化自信、助推文化强省建设、传承弘扬黄河文化和中原文化方面，可以充分发挥其唱响黄河故事和中原故事的强大而独特的作用。目前，国内城市西安、广州、成都、武汉、杭州等地均有以本地戏曲艺术（秦腔、粤剧、川剧、汉剧、越剧等）为核心并与现代都市生活相结合的特色文化展示空间。作为河南省会城市，郑州有义务更有实力将豫剧作为一张亮丽的城市文化名片加以打造，肩负起弘扬中原特色文化的历史使命。一是打造具有中原地域戏剧特色的郑州文化地标，例如常香玉大师雕像、墙体戏剧彩绘、古戏台等文化景观。二是打造具有郑州城市记忆的戏剧艺术长廊，挖掘整理出郑州六市一县老一辈艺术家与经典戏剧作品的珍贵资料，开办戏剧博物馆加以陈列展览，并长期对公众开放。三是打造具有较高艺术水平的演、研、宣一体的全方位联合机制。联合中国戏剧家协会，将河南之外的京剧、黄梅戏、吕剧、蒲剧、昆曲、越剧、粤剧、秦腔、婺剧等多剧种齐聚郑州，通过引进更多精品演出和赛事，开展多剧种深入交流学习，做到周周有大戏、天天有比赛，打造“黄河戏剧周”，将郑州打造成戏剧展演、培训、教育的基地。

4. 重塑郑州炫彩时尚城市文化，打造国际街舞大都会

街舞被誉为“新国学”，随着街舞舞种之一的Breaking（霹雳舞）进入

2024年巴黎奥运会，街舞从街头文化走上了奥运舞台。为深入推进“体育强国”，丰富“城市体育品牌”，促进街舞潮流运动项目普及发展，助力郑州街舞之都建设，依托郑州第二面粉厂、芳腾国际街舞研修院和紫荆山公园设立国际街舞总部，形成具有深厚市场潜力的“街舞+”产业链条，成为以街舞为载体的新兴文化产业，打造立体、多维的郑州街舞国际大都市。

5. 重构文化艺术品产业链，打造天工考古国家重点实验室

文化艺术品凝聚着国学的基因，国学附着在文化艺术品上。随着中国文物、文化艺术品市场的迅速发展和兴起，为加快推进考古、收藏成果转化，依托黄河国家博物馆和博雅文化产业园设立天工考古国家重点实验室，通过实验室实现文物、文化艺术品鉴定、修复等技术快速提升和发展，并形成高标准、高质量的文化艺术品产业链，建立文化艺术品和文物的全球技术中心。依托黄河国家博物馆设置室内研究和小型文化艺术品展览中心，同时设立“中华文明探源工程国际论坛”。

五 “四地一重地”助力推动“文化强市”建设，让郑州成为“文化硅谷”和“文化枢纽城市”

“四地”支撑“重地”建设文化强市，就是要将郑州建设成“文化硅谷”和“文化枢纽城市”。“硅谷”以高科技为概念，植入资本的放大功能，建设国家的高新技术聚集区。“文化硅谷”是以文化创新创意为主线，以资本推动文化产业发展，大规模聚集文化要素和文化资本，建设高度富集的文化洼地。

“枢纽”本意是指交通的空间复合，便于各类交通工具和人员的进出，更多的是物理概念。“文化枢纽城市”就是要把世界文明引进来，把自身厚重的中华优秀传统文化传播出去，让文化在一个空间中高度融合、叠加、放大并流动起来，以文化融合创意为引领、以资本为带动，完成大规模的文化贸易交换。

郑州厚重的历史、文化和发达的交通优势，对建设“文化硅谷”和“文化枢纽城市”具有先天优势，需要有全新的视野看待文化、组织文化、传播文化、资本文化。只有放在新时代的视野下看待郑州文化发展，郑州才会成为文化高地、文化硅谷、文化枢纽城市，才能显现郑州发展的格局、气派、精神、境界。

以“四地”支撑“全国重地”建设“文化强市”，不可能一蹴而就、立竿见影，需要持续发力、久久为功。郑州将担负起新的文化使命，坚定文化自信，秉持开放包容，坚持守正创新，以“黄河文化、嵩山文化、黄帝文化、国学教育”为担纲，以“四地”建设为支撑，以“华夏历史文明传承创新基地的全国重地”建设为发展愿景，以重大项目建设为载体，深入实施文旅文创融合战略，推动中华优秀传统文化创造性转化、创新性发展，坚持“把马克思主义基本原理同中国具体实际相结合、同中华优秀传统文化相结合”，让中华文化展现出永久魅力和时代风采，让郑州的“文化标识”进一步彰显，让郑州的“文化大市”形象立起来、活起来、强起来，共同努力创造属于我们这个时代新文化的“郑州实践”，在新的历史起点上继续推动文化繁荣、建设文化强国、探索中华民族现代文明的“郑州经验”，确保高质量、高水平建设“文化强市”。

B.19

郑州市打造“行走河南·读懂中国”文旅品牌的探索与实践

石宕川　闫 贝*

摘　要： 2023年，郑州市文旅产业迎来机遇期，打造“行走河南·读懂中国”文旅品牌，有助于提高郑州市整体文化影响力。郑州市应找准城市文化定位，推动全市文旅资源的重整利用，主动感知文旅前景，发掘文旅潜力。郑州市以“四地建设”为核心，将“黄帝故里和姓氏文化”“圣山圣河，圣人圣迹”“中华文明主题乐园”“嵩阳书院”等作为重点文旅文化打造目标，使郑州市成为中华文化的“寻根之地”“朝圣之地”“体验之地”“实践之地”，将郑州市建设成“文化强市”。找准城市文化古今双定位，深入学习省内外文旅强市的优秀经验，积极发展年轻态文旅经济，紧跟时代发展趋势打造中华民族现代文明，应是打造郑州市文旅品牌的题中之义。

关键词： “行走河南·读懂中国”　“四地一重地”建设　郑州文旅

一　郑州市打造“行走河南·读懂中国”文旅品牌的重要意义

2023年8月18日，中国共产党郑州市第十二届委员会第四次全体会议指出，文旅发展要呈现区域格局，起势成势，文明传承要打造全国重地，打响

* 石宕川，河南省社会科学院文学研究所（黄河文化研究所）助理研究员，主要研究方向为文艺美学、影视传媒文化；闫贝，郑州市博物馆学术研究部助理馆员，主要研究方向为文博研究。

“天地之中、华夏之源、功夫郑州”的城市文旅发展新格局。正如习近平总书记强调：“在新的起点上继续推动文化繁荣、建设文化强国、建设中华民族现代文明，是我们在新时代新的文化使命。”① 作为国家中心城市、中部特大城市、重要航空陆路枢纽、中国八大古都之一，郑州市肩负着引领全省文旅产业高质量发展的历史使命。郑州市以政策为导向、以项目为抓手，贯彻“行走河南·读懂中国”文旅品牌打造路线，充分利用郑地文旅资源，努力打造“文化强市”。

（一）政策意义：建设“文化强市”的必然导向

2022 年，“行走河南·读懂中国”的品牌打造战略为郑州市推进文旅品牌建设指明了方向。2023 年 6 月，河南省委书记楼阳生在 2023 全省文旅文创发展大会上指出：“走好文化大省以文化人、以文兴业的新路子。”② 郑州市既要借力于黄河之滨、九州通衢的区位优势，也要搭上文博热、考古热的文化快车，确保文旅产业高质量发展。河南省委常委、郑州市委书记安伟在政协郑州市第十五届委员会常务委员会第三次会议上强调，要“大力发展文化软实力、持续提升国家中心城市竞争力”，“着力打造华夏历史文明传承创新基地中的全国重地”③。郑州市以“四地”支撑“全国重地”建设“文化强市”，是对“行走河南·读懂中国”品牌打造战略的践行，也是郑州市依托文化优势，贯彻执行“两个结合”的重要举措。2023 年 9 月 17 日，2023 世界大河文明论坛在郑州市举办，论坛紧扣“行走河南·读懂中国”要义，提出要坚守中华文化立场，实施“中华文明探源工程”等考古项目，加大对文物、古籍等的保护利用力度，推动文化遗产“活”起来，

① 习近平：《在文化传承发展座谈会上的讲话》，《求是》2023 年第 17 期。

② 《楼阳生在 2023 全省文旅文创发展大会上强调加快塑造“行走河南·读懂中国”品牌　为推进中国式现代化建设河南实践注入新动能》，河南省人民政府网站，2023 年 6 月 30 日，https：//www. henan. gov. cn/2023/06-30/2770296. html。

③ 《以“四地”支撑“全国重地”建设“文化强市”》，“郑州日报”百家号，2023 年 7 月 29 日，https：//baijiahao. baidu. com/s? id=1772681577672763567。

实现中华优秀传统文化创造性转化、创新性发展。[①]

郑州市正处于文化转型的历史机遇期、口碑爆发期及形象建立关键期。打造“行走河南·读懂中国”文旅品牌的政策意义在于：总结成功经验，确保郑地文博强市的文旅基本盘；抓住历史机遇，做大做强郑州市以古润今的现代文旅产业；正视当下现状，实事求是明确城市定位、挖掘历史资源、明晰传承逻辑、拓展创新思维、强大执行主体，以“四地”支撑“全国重地”建设“文化强市”。

（二）经济意义：“行走”的区域构建

2023年2月22日，《郑州市2023年国民经济和社会发展计划》中明确指出：2023年，要推动郑州市重点文旅项目建设，力争全年旅游接待人数13000万人次，旅游总收入1450亿元。[②] 打造“行走河南·读懂中国”文旅品牌的经济意义，是为了让“行走”更为便捷与高效，交通构建具有重要意义。作为平原地带的交通强市，由省内“米”字形高铁带来的旅客人流优势无疑为郑州市文旅产业的发展注入一剂强心针。自2022年6月“米”字形高铁落成以来，郑州东站累计发送旅客3119.9万人次，单日最高开行列车760趟，相当于每不到2分钟就有一趟列车从郑州市发出。[③]“米”字形高铁的落成在方便河南人民出行的同时，也拉近了郑州市与周边城市及全国各大都市圈的距离。

由此可见，交通的便利是区域发展文旅经济圈的重要前置因素。除高铁以外，以郑州市为中心的“1小时文旅经济圈”也在呈“米”字形拓展，高速免费通行促进了郑州市与周边登封、新密、中牟、荥阳等省辖县级市以及航空港区的客流往来，也加深了郑州市与开封、洛阳、新乡、焦作等省内

---

① 《2023世界大河文明论坛在郑州举办》，河南省文化和旅游厅网站，2023年9月17日，https：//hct. henan. gov. cn/2023/09-17/2817075. html。

② 《郑州：推动82个文旅项目建设　争创全年旅游总收入1450亿元》，河南省文化和旅游厅网站，2023年2月25日，https：//hct. henan. gov. cn/2023/02-25/2696192. html。

③ 《“米”字形高铁跑出中原发展“加速度”》，“中工网”百家号，2023年6月22日，https：//baijiahao. baidu. com/s? id=1769384385264462512&wfr=spider&for=pc。

城市的文旅联系。[①] 从经济意义来看，以郑州市为中心的文旅经济圈囊括了诸多饱含中原历史文化的重要景点。以登封“天地之中”历史建筑群、巩义宋陵、新密密县县衙、荥阳汉霸二王城、新郑黄帝故里、中牟“只有河南·戏剧幻城”等为代表的文旅景点，都将成为构建“1 小时文旅经济圈”的受益者。

（三）文化意义：“读懂”的商都担当

郑州市作为国家历史文化名城、天地之中、功夫之源，是华夏文明 5000 多年绵延至今的实证之地。因此，郑州市是“行走河南·读懂中国”的重要枢纽，也是中华文明精神标识的集中展现区域。从上古氏族社会的历史遗迹到辉煌国家文明的各式文物，郑州市文化遗址及相关遗迹都足够丰富。距今 10 万年的织机洞遗址、距今 5 万~3 万年的老奶奶庙遗址、距今 1 万年的李家沟遗址、距今 8000 多年的裴李岗遗址、距今 6800 多年的大河村遗址、距今 5300 多年的双槐树遗址、距今 4100 多年的王城岗遗址、距今 3000 多年的商城遗址等，都对郑州市打造“读懂中国”有着重要的意义。

郑州市可以在诸多历史时期担当起解码华夏文明的重任。自旧石器时代，环嵩山地区就成为人类繁衍生息之所，裴李岗文化的农业进步、仰韶庙底沟文化的广泛传播，奠定了中华文明形成的根基。新石器时代聚落迭起，夏商都城建置恢宏，大一统时代文化繁荣，政权交替时英杰辈出——郑州地区悠久的历史积淀，为中华民族提供了精神滋养。黄帝诞生并活动于郑州地区，开启文明之源，至今这里仍是华夏儿女的精神家园。以双槐树为代表的河洛古国，实证 5300 年前后郑州地区进入早期文明形态。从历史的连续性看，郑州从旧石器、新石器、夏商周始至今，文明连绵不断。打造“读懂中国”文化地标性城市，是商都郑州在文化传承中肩负的重要历史使命。

---

① 《郑州“1 小时文旅经济圈”，能量有多大?》，人民网，2022 年 5 月 18 日，http://henan.people.com.cn/n2/2022/0518/c351638-35273432.html。

二 郑州市打造“行走河南·读懂中国”文旅品牌的探索成果

在郑州市委近年来的重点推动下，以“华夏历史文明传承创新基地中的全国重地”建设为中心纲领，建设“文化强市”成为郑州市明晰的发力方向。2023年，郑州市打造“行走河南·读懂中国”文旅品牌的实践过程已积累一定成效，其核心在于以“四地”支撑“全国重地”建设“文化强市”。当前郑州市以“四地一重地”为精神指导的文旅品牌打造已完成先期探索并形成长期规划。

（一）打造“中华儿女的寻根之地”

从打造“寻根之地”的角度来看，郑州市优势明显。其一是正统文献在表述上的主流性，使郑州市在一定程度上无愧于“中华儿女的寻根之地”，如新郑为“有熊氏之墟”是《史记》《史记集解》等文献中所明确记载的。其二是丰富的文化胜地印证了文献上的记载，以“轩辕之墟”为例，有“轩辕祠”“轩辕避暑洞”“轩辕庙”“轩辕宫”等关联景点。与黄帝文化相关的还有新郑作为“岐黄中医药文化根脉”的遗址、胜迹等证据，这使新郑成为《黄帝内经》思想形成的地方。其三是符号性的具体指向，如在新郑、新密交汇的具茨山等地发现的大量岩画、岩刻与上古卦象、仓颉造字有一定的能指性关联。其四是考古群的相互印照，除大河村遗址外，西山、唐户、洪府等10余处遗址皆与黄帝时代对应的仰韶文化相呼应。此外，“炎黄文化与中原文明学术研讨会”与“中国古都学会第十五届年会”明确了“黄帝生于轩辕之丘，都有熊，其地望在新郑县”“河南新郑一带为中心的中原地区是黄帝族的起源之地及古代文明的肇始之地”等重要学界共识。由此可见，“新郑作为黄帝故里，具有传统文献的主流性、史迹文物的丰富性、巨石岩画的独有性、考古发现的参照性和专家论证的权威性五大优势”①。

寻根网格已在文旅布局中初现成效，如传统拜祖文旅项目黄帝故里拜祖大典，伏羲山、洛讷等以姓氏文化为主的上古人文，夏、商、周三代的文化根脉，中古时期的郡望堂号以及众多郑地历史名人，都是当前寻根网格的重要组成部分。就文旅价值而言，炎黄二帝巨塑是“中华儿女寻根之地”的中心地标，黄帝故里拜祖大典是郑州拜祖精神的集中体现。通过寻根文旅品牌持续吸引海内外华人来郑，高效整合文化寻根链条，利用郑州的多项优势为寻根拜祖文旅热提供支持，是郑州市打造“中华儿女的寻根之地”的任务所在。

（二）打造“中华文明的朝圣之地”

朝圣之地，象征着具有特殊灵性力量的场所，是虔诚之人必往朝拜之处。郑州市打造“中华文明的朝圣之地”，基本任务是对早期中国文化的遗存进行梳理与重塑，以“圣山圣河，圣人圣迹”为朝圣对象进行文旅品牌打造，从历史遗存、考古进展以及文旅现实等角度出发，凭借郑州市当前的资源及区位优势，以“四圣”为核心打造郑地朝圣文旅品牌。

打造朝圣之地的空间布局策略是“一核两翼全城联动”。“一核”视环嵩山文化带为发展核心，作为五岳之首的嵩山在近年来的文旅发展中需注入更大活力。嵩山脚下，有“天下第一名刹”之称的少林寺作为“禅宗祖庭，功夫圣地”享誉海内外，《少林寺》《少林足球》等影视作品在国内外影响深远。登封“天地之中”历史建筑群则被联合国教科文组织认定为世界文化遗产。因此，嵩山、少林、天地之中三大文创 IP 的打造是当前重点。“两翼”主打郑州南北两线文化带——以新郑、新密、登封为主的南线黄帝文化带、嵩山文化带，以及以巩义、荥阳、惠济区为主的北线黄河文化带。“全城联动”即以俯瞰郑州文旅的战略眼光，以点连线、以线构面、由根及

① 《以“四地”支撑“全国重地”建设“文化强市”》，”郑州日报“百家号，2023 年 7 月 29 日，https：//baijiahao. baidu. com/s？ id＝1772681577672763567。

脉，将郑地历史名人故里、炎黄巨塑等人文朝圣地兼顾本地自然风光，统一打造为成熟的文旅线路，辅之以全城公交地铁、道路公园等途经地的文化内容植入，真正做到“朝圣地前文化铺路”。

郑州市打造“中华文明的朝圣之地”的筹备工作已趋于完善，未来应合理规划项目建设，精准打造文化品牌，加大形象传播推广力度，扩大相关人才队伍。

（三）打造“中华文化的体验之地”

郑州市在“行走河南·读懂中国”文旅品牌上的打造，其中一步是将文旅成果落实在具体文旅地标上，并以此强化文化主题的宣传推广，配合文旅文创融合战略的决策部署，推动文旅产业高质量发展。以“中华文明主题乐园”为核心打造“中华文化的体验之地”，在一定程度上是“四地一重地”中的关键一环。

如今市内传统的“核心景点”已无法满足省内外游客对郑州市的文旅预期，亟须“只有河南·戏剧幻城”、郑州方特欢乐世界、建业电影小镇等兼具传统与现代、以原创形式诠释郑州情怀、拓展消费情境并促进文旅发展的新景点。因此，一个满载中原文旅情怀，并能够推动全省文旅高质量发展的头部IP——“中华文明主题乐园”的建设规划应运而生。

在打造“中华文明主题乐园”的过程中，应确保“郑州探索、河南首创、中国模式”的路径不动摇，利用郑州市在文化产业上的各项优势，将目前的文旅成果合理转化。此外，积极借鉴国内外主题乐园的先进经验，如美国迪士尼乐园、环球影城，欧洲乐高乐园，日本浅草寺，韩国乐天世界，国内如上海欢乐谷、广东长隆欢乐世界等，均可为郑州市打造“中华文明主题乐园”提供设计规划与运作指导。从“行走河南·读懂中国”的主题性来看，“中华文明主题乐园”的重点是地标性建筑外观的文化性打造。因此，将具有中国建筑特点与中原文化特征的建筑风格引入主题乐园，形成“快乐其核、文化其壳”的场景内涵打造，是构建“中华文明主题乐园”、打造“中华文化的体验之地”的首要任务。

（四）打造“国学教育的实践之地”

当前“国学热”背景下，郑州市需利用好本地国学教育资源。在“行走河南·读懂中国”文旅品牌的塑造中，国学教育不能缺席。郑州市以“嵩阳书院”为核心打造“国学教育的实践之地”，具有一定的国学实践渊源与书院文化基础。自宋朝建立的嵩阳书院，是程朱理学的发源地之一，也是中国古代四大书院之首，有着重要的研究意义与历史价值。书院情怀承载了郑州百年来的育人之梦，也赓续了郑州国学教育的深厚基底。

打造“国学教育的实践之地”，郑州市拥有如下优势。其一是历史文化资源丰富。在文化遗址上，市区有商城遗址、荥阳有汉霸二王城、古荥有荥阳故城、登封有“天地之中”历史建筑群、巩义有北宋皇陵、新郑有黄帝故里，新密有密县县衙等；在文博资源上，郑州市有河南博物院、郑州博物馆、商都遗址博物馆、大河村遗址博物馆、古荥冶铁博物馆，以及在建的黄河国家博物馆等。在各大文化遗址和博物馆群落的加持下，郑州市文史教育资源优势明显。其二是“嵩阳书院”作为古代四大书院之首，有着相当丰富的国学发掘价值。其三是郑州市作为教育大市，学生群体众多，市内430余万学生有机会从各学习阶段开始接触并研习国学，国学教育有望作为郑州教育的特色亮点。在突出“嵩阳书院”的国学核心及龙头地位的前提下，下一步是成立本地专业的国学研究协会与相关分院，在郑州大学的协助下成立郑州大学嵩阳书院，建设中原国学教育总部。在具体实施上加强“六进”国学体系建设，以“点、线、面”结合打造“国学教育的实践之地”。

郑州市以习近平总书记提出的“两个结合”为理念指导，以“行走河南·读懂中国”为文旅产业发展纲领，充分发掘本市各地文化资源，以国家中心城市及省会优势带动本市文化产业高质高效发展，借“四地”之聚力，托举郑州市成为“华夏历史文明传承创新基地中的全国重地”，实现“文化强市”的长远目标。

三　郑州市打造“行走河南·读懂中国”文旅品牌存在的问题与对策建议

当前郑州市关于“行走河南·读懂中国”文旅品牌的线路规划已趋于完善，以“四地一重地”为核心的文旅产业构建逐渐成形。随之而来的，是郑州市打造“行走河南·读懂中国”文旅品牌所面对的一系列问题与挑战。其中，有城市定位模糊造成的身份认知紊乱，有来自周边文化强市（如开封市、洛阳市）及周边强省会（如武汉市、西安市）的竞争挑战，更有当前郑州市在文旅产业转型期所面临的一些具体问题。

（一）古今城市文化定位

郑州市作为华夏文明的重要发源地、八大古都之一、国家历史文化名城，亦作为国家中心城市、新一线城市、河南省会城市，在古今历史身份上多有交叉。一方面，郑州市有着众多历史文化遗迹，并有着当前国内屈指可数的文博文化资源。另一方面，新中国成立后郑州市才成为河南省会城市，近代以来的城建规模与文化积淀又难以和西安市、南京市等传统文化强市相比。因此，在“所见即所得”的商业化文旅现状下，郑州市在以快节奏、短旅期、高强度为主要特征的文旅大环境中还处于被动接受的阶段。

从“行走河南·读懂中国”文旅品牌的打造角度来看，郑州市丰富的古代文旅文化资源既是强项也是弱势。郑州市有着珍贵的夏、商、周文化历史遗存，这是很多历史文化名城并不拥有的。但也要看到，普通游客理解郑州市历史及文化的“准入门槛”也相应提高。

如何定位郑州城市文化的“古”与“今”，是当下文旅品牌打造过程中面临的重点问题。对策上，其一是加强对郑州市古代文旅资源的整合与利用，应组成特定的文旅宣传团队，借助知乎、哔哩哔哩网站（B站）等知识传播类平台，对“拜祖寻根”“文明起源”等关键词进行立足于科普的内容生产，并利用河南卫视、大象网等本地融媒矩阵对郑州市的历史起源及夏、商、周文旅资源进行IP宣传打造；其二是加强与热点文化IP的深度合作，因时因势着力打造符合市场预期的文旅形象；其三是认清当前城市文化建设的短板，及时杜绝网络文化及公众舆论对自身的形象误读，选择在“重读”和“重塑”中认清自身定位，持续加强市内文化产业的打造。

（二）周边文化强市经验

河南省是文化历史大省，中国八大古都中，河南省占之有四（郑州市、开封市、洛阳市、安阳市）。从省内文旅产业发展现状来看，郑州市周边的开封市与洛阳市有着更为连贯的城建历史，及较为成熟的文旅产业架构。从省外来看，郑州市周边有西安市、武汉市等文旅大市。这些省内外城市或在文旅产业上发轫更早，或在文旅品牌构建上有着契合自身现状的政策，这些都需要郑州市通过对照比较来发现自身尚存的不足。

当下周边“文旅强市”有很多经验值得郑州市借鉴。如西安市近年来聚焦“盛唐文化”项目建设，电影《长安三万里》使西安的文旅经济在电影热映后强势增长。成都市主打“市井烟火”的文旅牌，“去中心化”的文旅宣传思路可以使游客较容易沉浸于城市自由态中。聚焦亚运的杭州，强化“办好一个会，提升一座城”的任务宗旨，是当前国内会展经济带动城市发展的最新写照。无论是西安市、成都市还是杭州市，其文旅核心策略都是找准时代定位，聚焦重点求发展。

首先，郑州市文旅产业需要集中树立一批游客看得懂、业内叫得响的文旅品牌，如“少林寺”“炎黄二帝巨塑”等传统文旅IP，及以“只有河南·戏剧幻城”为代表的新一批郑州文旅产业项目，应该在大众口碑基础上继续挖掘品牌潜力。其次，郑州市须加快文博考古的资源转化利用，推进郑州博物馆群落建设，使市内各大博物馆以一个整体融入城市的文化战略中。最后，郑州市应加强与文化企业的合作，达成长期战略协议，促进郑州市文化产品推新出强。

作为省会，郑州市应积极与周边的开封市、洛阳市等达成战略合作关系，以自身集聚效应与便利交通为省内文旅强市吸纳游客。在文旅产业上与省内强市互相引流，配合“汴梁文化”“河洛文化”“殷墟文化”等省内文旅品牌，促成强强联动，让赴郑的外地游客真正在豫地古都间流连忘返，也真正使郑州市达成“行走河南·读懂中国”的省会文化使命。

（三）新兴文旅品牌打造

郑州市近代以来的工业发展历经半个世纪的沉淀，出现了众多近代文化遗址，如郑州中国第二砂轮厂、郑煤机老厂房、郑州油脂化学厂等老厂区、厂房，如今已蜕变为各大文化创意园区，如二砂文化创意园、芝麻街·1958双创园、油化厂创意园等。这一方面是由于近年来郑州市支持文化创意园的建设，另一方面是中心城区工业片区的功能定位转变，更重要的是近代以来的郑州厂区市井记忆已逐渐成为郑州历史文化的重要组成部分。郑州市应利用好这些文化资源，统筹创意产业用地，加快推进郑州市文化创意产业发展。

当代郑州市的“商业文化”标识同样明显，应以文旅产业的角度重塑老商圈风貌，焕发商都商圈的第二春。2023 年 8 月，郑州市老牌商业IP——亚细亚卓悦城盛大开幕，在拉动老商圈经济的同时，也再现了“郑州商业记忆”。因此，郑州市应加大对市内老商圈的重建与重塑力度，以商圈情怀重构商圈盛景。

郑州市需要在文旅新业态上明确发展线路，充实年轻态文化和潮流产业。在“国潮文化”流量的加持下，需要利用好历史积淀与文旅基底：无论是古迹建筑、文博场馆还是当代复古文化场所（如“只有河南·戏剧幻城”、黄帝千古情旅游景区等）和舞台场景（如《唐宫夜宴》《禅宗少林·音乐大典》等），都需要加大宣传与创新的力度。郑州市需要激发文化活力，以鲜明的豫腔豫调展现河南文化的潮流风貌。如说唱、街舞、脱口秀、电竞比赛、二次元漫展、汉服热等，在郑州市均有文化基础与产业潜力。

在以“四地”支撑“全国重地”，建设“文化强市”的政策指导下，郑州市应持续践行“行走河南·读懂中国”文旅品牌打造线路，感知文化新领域，许以城市新主题、新形象，通过今古融合、创意至上、科技赋能等理念，促进郑州市优秀历史文化创造性转化、新兴文旅品牌创新性发展。

B.20
郑州持续建设黄河历史文化主地标城市调研报告

陈天培*

摘　要： 郑州作为黄河流域最大的城市，高度重视黄河文化的挖掘整理，打造黄河历史文化主地标城市。郑州的黄河文化资源具有历史久远、传承有序，数量众多、内涵丰富，价值重要、地位显著等特点，但也存在城市文化不鲜明、文化资源开发利用不充分、文化发展统筹力度不够大、文化影响力不够广等短板，需要从规划支撑、学理支撑、项目支撑、精品支撑、活力支撑、话语支撑、产业支撑、形象支撑八个方面做好顶层设计，推动文旅发展起势成势，加快建设华夏文明传承创新基地中的全国重地和具有世界影响力的旅游目的地，打响“天地之中、华夏之源、功夫郑州”城市品牌，不断强化郑州黄河历史文化主地标城市地位。

关键词： 黄河文化　华夏文明　传承创新　黄河历史文化主地标城市

2019年以来，郑州深入学习贯彻习近平总书记在黄河流域生态保护和高质量发展座谈会、文化传承发展座谈会上的重要讲话精神，贯彻落实黄河流域生态保护和高质量发展重大国家战略，在郑州市委建设黄河流域生态保护和高质量发展核心示范区的统筹部署下，以黄河文化博物旅游建设为主线，以文旅文创融合战略行动为抓手，立足“文武双全”城市特征，打响“天地之中、华夏之源、功夫郑州”城市品牌，加快建设华夏文明传承创新

* 陈天培，郑州市委宣传部政策研究室职员。

基地中的全国重地和具有世界影响力的旅游目的地，让郑州作为中华儿女的寻根之地、中华文明的朝圣之地、中华文化的体验之地、国学教育的实践之地的文化地位得到广泛认可，郑州黄河历史文化主地标城市地位更加凸显。

一 基本情况

2019 年 9 月 18 日，习近平总书记在郑州主持召开黄河流域生态保护和高质量发展座谈会，强调“黄河文化是中华文明的重要组成部分，是中华民族的根和魂”，要求“要深入挖掘黄河文化蕴含的时代价值，讲好‘黄河故事’，延续历史文脉，坚定文化自信，为实现中华民族伟大复兴的中国梦凝聚精神力量”①，在郑州发出实施黄河流域生态保护和高质量发展国家战略的动员令。

郑州是黄河流域体量最大的城市，为加快打造郑州黄河历史文化主地标城市，努力扛牢黄河国家战略历史使命，争取在立好标识、做强产业、培育精品、树好形象上取得新突破。郑州市委对贯彻落实黄河国家战略作出一系列长远规划，提出围绕“两带一心”布局，打造沿黄生态保护和高质量发展核心示范区，制订国家高质量发展区域增长极和黄河历史文化主地标城市的顶层设计方案，推动郑州在黄河流域生态保护和高质量发展中发挥出强有力的引领与示范作用。

二 资源优势

郑州是华夏文明的重要发祥地、中国八大古都之一、国家历史文化名城、世界历史都市联盟成员城市、国家重点支持的 6 个大遗址片区之一。认真梳理郑州的文化资源，具有历史久远、传承有序，数量众多、内涵丰富，

① 《习近平在黄河流域生态保护和高质量发展座谈会上的讲话》，中国政府网，2019 年 10 月 15 日，https：//www. gov. cn/xinwen/2019-10/15/content_ 5440023. htm。

价值重要、地位显著等特点。

一是历史久远，传承有序。郑州地区古遗址从距今10万至1万年的荥阳织机洞、二七老奶奶庙、新密李家沟等旧石器时代遗址到距今8000至4000年的裴李岗、大河村、西山古城、新密古城寨等新石器时代遗址，从登封王城岗、新密新砦、郑州商城等夏商时期国家早期形态的都城遗址到郑韩故城、苑陵故城、荥阳故城、汉霸二王城等东周都城、城市遗址，直至汉唐宋元时期的汉三阙、少林寺、中岳庙、嵩阳书院、北宋皇陵、观星台等遗存，集中涵盖了中华民族从史前时期到进入国家阶段后各个时期的历史文化遗存，体现出其他地区不可比拟的根源性、延续性和完整性。

二是数量众多，内涵丰富。郑州位居中华民族腹心重地，地处“天地之中”。作为华夏文明起源与形成的核心地区和中国统一王朝最早定都之地，郑州创造了中华文明前3000年的辉煌；从蒙昧氏族社会到煌煌国家文明，郑州谱写了中华文明的第一篇章。郑州不仅坐拥中华民族的母亲河黄河、五岳之中岳嵩山等驰名中外的自然资源，更在华夏文明的历史长河中积淀了丰富的历史人文资源。黄帝文化、商都文化、黄河文化、嵩山文化、功夫文化等源远流长。子产、列子、韩非子、一行、李诫、杜甫、白居易、李商隐、刘禹锡、欧阳修等一大批先贤人杰影响广泛。诗歌、民俗、象棋、陶瓷、庄园等文化特色鲜明。二七纪念塔、豫西抗日先遣支队革命遗址等红色文化遗存保存良好。全市拥有登封“天地之中”历史建筑群、中国大运河通济渠郑州段世界文化遗产2处12项，拥有全国重点文物保护单位74处80项，省级文物保护单位131处、市级文物保护单位246处，不可移动文物近万处，居河南省首位，位于全国城市前列，为城市文化建设提供了坚实的积淀和支撑。

三是价值重要，地位显著。郑州广袤的文化遗产资源，印证了其是中华民族起源、发展和成熟过程的核心地区，为历史时期一统多元和统一多样的华夏文明奠定了关键基础。全市累计入选全国“年度十大考古新发现”15项、“中国20世纪100项重要考古发现”4项、“百年百大考古发现”3项，数量位居全国前列。数量众多的古遗址中，不仅包含早期人类生活遗存、都城和城市遗存，还有礼制、科技、天文、教育、宗教和墓葬陵寝遗存，集中涵盖了华夏历史文明起源发展过程中的绝大部分类型的核心内容。

三　当前存在的问题短板

（一）城市文化形象不鲜明

塑造城市文化形象是彰显城市特色、增强城市核心竞争力的关键所在。郑州作为国家历史文化名城，底蕴深厚、资源众多，但在挖掘利用、宣传推介中存在难以取舍、重点不够突出的现象。加之历史久远、展示不易，导致城市的文化主题缺失、文化形象模糊，难以形成城市文化共识。特别是和同为八大古都的其他兄弟城市相比，文化具象化不强。例如，西安、洛阳主打“大唐文化”，开封着力打造“宋文化”品牌，安阳充分挖掘殷商文化内涵，塑造了当地鲜明的城市文化特色，让城市文化“活”了起来，留住了城市文化根脉和历史记忆。相比而言，郑州的城市文化形象一直不够鲜明。

（二）文化资源开发利用不充分

文化资源要充分激发自身活力，必须通过创造性转化和创新性发展把资源优势转化为发展优势。总的来看，郑州文化资源总量庞大、门类丰富，但是挖掘转化不充分，文化资源开发利用的程度浅、总量低、规模小，大量的文化资源仍处于半封存状态。例如，大部分文化资源的开发利用缺少创新和创意，整体影响力与资源自身的重要性不相匹配；各类非物质文化遗产的保护传承力度、开发利用力度还需要加大；文化产业近年来虽然取得了一定发展成效，但是带动能力较弱，文化产业占比还不够高，距支柱产业5%的标准还有一定差距。

（三）文化发展统筹力度不够大

全市文化资源利用较为分散，市级层面总体统筹不足，文化规划和建设各行其是，文化资源与旅游发展融合不够，县区层面各自为战，往往忽视文化的共享与互补，导致文化发展的同质化问题突出，处于粗放式的发展状态，没有达到资源利用效果最大化。如诗歌文化方面，巩义有杜甫诗歌文化周、新郑有白居易故里诗歌文化周、荥阳有“和美荥阳·李商隐杯”诗歌大赛、中牟县有雁鸣湖金秋笔会，但由于缺乏市级层面的统筹规划，活动规模小，品牌不够响亮，影响力不大。

（四）文化影响力不够广

郑州近年来依托文艺表演、展览展示等，在文化“走出去”方面取得了一定成效。但与北京、杭州、西安等文化名城相比，甚至与省内的开封、洛阳相比，郑州的对外文化知名度和影响力还存在明显差距。特别是郑州的厚重历史大多集中在人类起源阶段、文明起源阶段、城市起源阶段，由于缺乏实物展示和有效的宣传推介，重要的文化积淀没有得到广泛的弘扬传承。

四　近年来工作情况

一是健全完善思路举措，解决好“规划支撑”的问题。在深入学习领会习近平总书记关于文化建设重要论述精神基础上，郑州认真分析“文化强市”建设的形势要求，高规格召开全市文旅文创发展大会，提出以打造华夏文明传承创新基地中的全国重地和具有世界影响力的旅游目的地为目标，立足“文武双全”城市特征，打响“天地之中、华夏之源、功夫郑州”城市品牌，深入实施文旅文创融合战略，构建沿黄河文化带、环嵩山文化带、郑州中心城区文化板块“两带一心”文旅发展格局，让郑州黄河历史文化主地标城市地位更加凸显。郑州作为中华儿女的寻根之地、中华文明的朝圣之地、中华文化的体验之地、国学教育的实践之地的文化地位得到广泛认可。据此，郑州制定《关于在深化中华文明历史研究铸就中华文化新辉煌中展现郑州更大担当作为的工作方案》，印发《关于建设华夏历史文明传承创新基地中的全国重地的意见》《郑州市实施文旅文创融合战略行动计划方案》，编制《郑州市黄河文化遗产保护传承弘扬专项规划》《黄河流域（郑州段）文化旅游发展专项规划》《黄河流域（郑州段）非物质文化遗产保护传承弘扬规划》，接续推进黄河文化博物旅游三年行动计划，不断夯实郑州文化建设的“四梁八柱”。

二是挖掘梳理文化资源，解决好“学理支撑”的问题。积极参与中华文明探源工程，开展郑州兴文化工程文化研究计划，实施城市文化基因解码工程，发挥郑州地区在考古中国、中华文明探源工程、夏商周断代工程等国家重大科研攻关课题中的关键优势，梳理出从旧石器时代到新石器时代，从裴李岗文化到仰韶文化，再到龙山文化时期的历史遗存，以及大河村遗址、黄帝故里、商代王城、大运河通济渠郑州段、登封“天地之中”历史建筑群等一系列重大历史文化遗产，涵盖了黄河文化在中原大地孕育、发展、壮大的全过程，筑牢中华文明、黄河文化研究中的郑州考古标志体系。特别是入选“2020年度十大考古新发现”的巩火双槐树遗址，实证了郑州地区在5300年前后这一中华文明起源黄金阶段的代表性和影响力，补充了中华文明起源关键时期、关键地区的关键材料，被誉为“早期中华文明的胚胎”，为郑州黄河历史文化主地标城市建设提供了关键性史实支撑。

三是谋划实施重大项目，解决好“项目支撑”的问题。充分发挥重大文化项目的平台性、带动性作用，积极谋划一大批展示中华文明实体展示的标识性项目。郑州高标准谋划建设中华文明主题乐园，积极推动乐园元宇宙版落地，打造“穿越中华文明5000年”的全景式沉浸体验场景。全力服务保障省博物馆群建设，郑州商都遗址博物院、郑州文物考古研究院考古博物馆建成开放，全市累计建成博物馆110家。黄河、大运河、长城国家文化公园郑州段建设深入推进，黄河国家博物馆、大河村考古遗址公园等重点项目加快建设，郑州商城国家考古遗址公园正式挂牌，宋陵国家考古遗址公园获批立项，“博物馆群+大遗址公园”全景式中华文明集中展示体系加快形成。通过推出一批可听、可感、可触的黄河文化载体，让掩藏在遗址中、深埋在历史里的黄河文化元素“活”起来、“靓”起来。

四是大力扶持文艺创作，解决好“精品支撑”的问题。围绕传承中华优秀传统文化，加强文艺精品创作规划、选题策划，深度挖掘“山河祖国”文化资源。剧本方面，按照《文艺文化精品打造工程实施方案》，进一步健全完善文艺创作激励引导机制，精准立项、精准扶持，围绕冲刺中宣部、省委宣传部精神文明建设“五个一工程”奖，对重点作品、重点项目要早介入、早引导，努力推出一批有分量代表郑州创作水平的优秀作品。剧目方面，集中力量打造《精忠报国》《新版白兔记》等精品剧目，豫剧《杜甫·大河之子》《黄河儿女》《梨园故事》以及《黄河交响曲》、多媒体情景古歌《郑风》等都在紧张打磨，舞剧《水月洛神》已完成全国巡演，场场爆满、广受赞誉，郑州歌舞剧院创排的《唐宫夜宴》更是通过“文化+科技”的方式引领国潮之风。剧场方面，利用中央文化区“四个中心”建设，建成高标准的郑州大剧院，配套建设音乐厅等场所，与东区艺术中心形成呼应。同时，在全市各区启动小剧场建设，广大市民就近观剧的需求得到有效满足。剧团方面，重点扶持郑州歌舞剧院、郑州豫剧院、郑州曲剧团、郑州杂技团“两院两团”发展，通过深化院团改革等举措，充分激发活力。在大力支持公办院团的同时，对爱乐乐团等民间院团进行积极扶持，如提供排演场所、组织惠民演出等。

五是全面提升城市魅力，解决好“活力支撑”的问题。围绕 3600 年商都文化、100 年二七红色文化、70 年工业文明、面向当代和未来的中央文化区（CCD）城市历史文脉中轴线，持续提升城市活力魅力。重点建设文庙—城隍庙、龙湖—如意湖运河、农科路、健康路、银河里、龙湖里等特色街区，芝麻街 1958 双创园和二砂文化创意园先后建成开园，增添了城市文化气息；建业电影小镇、只有河南·戏剧幻城等正式运营，吸引了大批游客参观体验打卡。在全市游园、街区、商场等创新开展街头艺术表演系列活动，扮靓了郑州的时尚形象。特别是新中国成立以来郑州最大的文化项目中央文化区“四个中心”陆续全面建成，奥体中心、美术馆、大剧院等相继投入使用，与现代化城市相匹配的高端文化设施矩阵正在加快完善，城市的现代感、时尚度、文艺范持续提升，初步形成古都魅力和时尚气质相得益彰的生动局面。

六是筹备办好系列活动，解决好“话语支撑”的问题。近年来，郑州策划举办一系列重大文化活动，不仅提高了城市知名度、美誉度，也为更好宣传弘扬黄河文化搭建了平台。成功举办2020年央视春晚郑州分会场演出，给全国人民和全球华人带来母亲河畔的精彩文化盛宴，充分彰显了黄河文化的时代力量。成功举办第29届中国金鸡百花电影节活动和2022年国家网络安全宣传周郑州市活动，黄河文化作为主旋律始终贯穿其中。创新举办中国（郑州）黄河文化月，统筹黄河流域的文化资源，全面展示了辉煌灿烂、绵延不息、特色鲜明的黄河文化，以气势恢宏的黄河文化篇章向世界讲述中国故事、传播中国声音，奏响了新时代黄河大合唱。高水平举办第九届中国博物馆及相关产品与技术博览会，规模和影响力居历届之最，国家文物局、中国博物馆协会专门发函给予充分肯定。积极争取国家有关部门支持，成功申办并高标准筹办世界大河文明论坛，搭建中国同世界范围内其他大河流域国家文化交流的国际级平台，更加彰显黄河文化的时代价值、国际影响，达到让黄河文化“立起来”“火起来”“活起来”的效果。

七是丰富文旅产品供给，解决好“产业支撑”的问题。整合全市优质文旅资源，组建市文旅体集团，着力打造具有鲜明特色、独特定位的国内一流文旅企业。银基文旅、建业文旅进入“全国文旅集团品牌影响力百强榜”。实施重大文化产业项目带动战略，2022年扶持奖励资金2700万元，支持文化产业项目54个，规模以上文化及相关产业单位达526家，文化产业增加值突破500亿元，居全省首位。实施文旅产品优化提质工程，截至2023年6月，全市拥有A级旅游景区57家、旅行社444家、旅游星级饭店57家、文化市场演出场所89家。中牟县现代服务业开发区成功创建国家旅游科技示范园区，全市拥有国家级文化产业示范基地3个，省级文化产业示范园区2个、示范基地14个。开展“醉美·夜郑州”畅游绿城、“YOU（游）·乐享郑州”等文旅消费活动，打造海汇港、星河里·唐宫夜宴实景文化主题街区等20个文旅夜消费场景，城市文旅消费活力不断激发。

八是推动传播能力提质升级，解决好“形象支撑”的问题。围绕郑州黄河历史文化主地标城市形象塑造，出台《关于加强网络综合治理体系及全媒体传播体系建设的实施方案》，构建全媒体传播矩阵，坚持中央媒体与地方媒体、传统媒体与新兴媒体、国内媒体和海外媒体一体联动、同频共振、集中传播，持续做好黄河文化宣传推介。“Touching 黄河”骑行采风活动得到新华社、《人民日报》等 50 多家中央、省市媒体及沿黄九省媒体参与报道并持续推介，全网阅读量破亿。组建郑州文旅城市形象研究小组，借助“唐宫夜宴”热潮和强势 IP，积极开展打造黄河历史文化主地标城市宣传，先后策划推出郑州“山河祖国”主题宣传短片及《穿越郑州　从唐宫夜宴到郑州东站》《唐宫小姐姐带你认识郑州名人》《我在郑州拍文物》等系列报道，广泛宣传郑州深厚的黄河文化。仅 2023 年来以来，中央媒体就累计播出郑州文旅宣传 700 多次，与新华社联合发布“行走河南·读懂中国”郑州主题系列短视频 500 部，“最早中国”系列报道网络浏览量突破 22 亿次。做优海外社交媒体传播矩阵，以“Where Zhengzhou”为主体积极开设郑州海外社交平台账号，内容传播稳定，发帖量、粉丝量、点赞量及转发量稳步增加，积极讲好“黄河故事”“郑州故事”。

郑州是黄河流域体量最大的核心节点城市，在黄河国家战略贯彻落实方面具有重要的地位。我们也将在前期工作基础上，进一步总结经验，积极探索，持续作为，久久为功，推动文旅发展起势成势，加快建设华夏历史文明传承创新基地中的全国重地和具有世界影响力的旅游目的地，打响“天地之中、华夏之源、功夫郑州”城市品牌，不断强化郑州黄河历史文化主地标城市地位。

B.21

开封“行走河南·读懂中国”文旅品牌塑造研究报告

卢 冰*

摘 要： “行走河南·读懂中国”文旅品牌塑造是贯彻落实河南文旅文创融合战略的重要部署，是坚定文化自信、推进文明互鉴的有力途径，也是引领产业提升、促进经济发展的强劲引擎。开封在塑造“行走河南·读懂中国”文旅品牌的过程中，注重提升公共文化服务效能、创新文博系统职能、推进非遗活态传承、打造文艺创作精品、培育新型文化业态，并取得了良好的效果。但仍存在文化资源转化程度不高、文旅业态不够丰富、营销方式不够多元等不足之处，需要在打造核心品牌、创新推广方式、强化科技赋能、培育文旅新业态等方面下一番功夫，推动实现开封市文旅品牌提质升级。

关键词： “行走河南·读懂中国” 开封文旅 品牌塑造

近年来，开封不断深入挖掘历史文化资源，持续推动中华优秀传统文化创造性转化、创新性发展，放大文旅品牌效应，有力支撑了文旅强市战略和“行走河南·读懂中国”文旅品牌打造，实现了文旅融合高质量发展。

* 卢冰，河南省社会科学院文学研究所（黄河文化研究所）助理研究员，主要研究方向为中国传统文化。

一 “行走河南 · 读懂中国”提出的背景和意义

2021 年 10 月，省委书记楼阳生在中国共产党河南省第十一次代表大会上作了题为《高举伟大旗帜牢记领袖嘱托为确保高质量建设现代化河南确保高水平实现现代化河南而努力奋斗》的报告。报告中提出全面实施“十大战略”，进一步明确了现代化河南建设的战略方向、战略重点和战略路径，其中就包括实施文旅文创融合战略。河南作为中华文明的重要发祥地，历史文明悠久、人文资源厚重，文旅文创融合战略明确了“中华文化传承创新中心、世界文化旅游胜地”两大目标。围绕这两大目标，近年来河南以实施文旅文创融合战略为统领，持续打造“老家河南”“天下黄河”等名片，精心策划文明起源、姓氏寻根等 16 条主题文化线路，全力塑造“行走河南 · 读懂中国”品牌体系，做大做强文旅文创产业，加快从文化旅游资源大省向文化旅游强省进军的步伐。

首先，“行走河南 · 读懂中国”品牌塑造是坚定文化自信、推进文明互鉴的有力途径。河南是考古大省、文物大省，中原地区是华夏文明重要的起源地，中原地区的文明从数万年前的旧石器时代传承至今，生动展现了中华文明多元一体的格局。以文塑旅，以旅彰文，以优秀文旅品牌为载体更有助于实现中华优秀传统文化创造性转化和创新性发展，是提升民族文化自信心、推动人类文明交流互鉴的重要方式。“行走河南 · 读懂中国”品牌塑造有利于讲好中国故事、展现好中国形象，推动文明互鉴，增强中华文化传播力和影响力。

其次，“行走河南 · 读懂中国”品牌塑造是引领产业提升、促进经济发展的重要引擎。《河南省“十四五”文化旅游融合发展规划》提出，到 2025 年年底，全省旅游业综合贡献占生产总值比重超过 12%（游客接待量和旅游综合收入分别保持 15%和 20%年均增长），全省文化产业增加值占生产总值比重超过 5%，文旅文创成为全省战略性支柱产业。[①] 以“行走河

① 《河南省人民政府关于印发河南省“十四五”文化旅游融合发展规划的通知》，河南省人民政府网站，2022 年 1 月 13 日，https：//www. henan. gov. cn/2022/01-13/2382423. html。

南·读懂中国”为主题，打造中国历史文化全景式集中展示地、知名旅游目的地，构筑文化旅游发展新空间，发展文旅融合新业态。文旅文创融合战略的深入实施必将推动各行各业持续创新出彩，带动河南文化 IP 做大做强。推动文旅文创成为战略性支柱产业，成为拉动内需、提振经济增长的重要引擎，引领经济社会高质量发展，推动现代化河南建设。

二　开封“行走河南·读懂中国”文旅品牌塑造的探索与实践

开封作为八朝古都，历史文化底蕴深厚，文化旅游资源丰富。中国共产党开封市第十二次代表大会报告明确提出，要推进文旅文创融合发展，高水平建设世界历史文化名都。为主动融入“行走河南·读懂中国”品牌体系，开封出台了《开封市落实“文旅文创融合”战略实施方案》，明确目标定位，将文旅文创融合高质量发展向纵深推进。2023 年全市旅游市场持续火爆，仅端午假期的文旅接待量就达 109.2 万人次，与 2019 年同期相比增长 37%；实现文旅综合收入 6.26 亿元，与 2019 年同期相比增长 48.94%。市级文博场馆接待量达 8.7 万人次，与 2019 年同期相比增长 46.5%；全市 10 个夜间文旅消费集聚区接待量达 56.8 万人次。[①] 开封抓住文旅复苏的机遇，在城市公共文化服务供给、文物活态展示、非遗活化利用、文艺精品创作及文化产业培育等方面发力，在文化品牌塑造方面取得了良好的成效。

（一）提升公共文化服务效能，营造城市文化氛围

开封持续开展系列群众文化活动，以高品质文化供给不断丰富群众精神文化生活，提升市民的文化获得感和幸福感。实施文化惠民工程，其中包括红色公益电影放映、政府购买公益性演出、舞台艺术送基层、中原文化大舞

① 《端午假期开封市文旅接待量 109.2 万人次实现文旅综合收入 6.26 亿元》，“开封网”网易号，2023 年 6 月 25 日，https://www.163.com/dy/article/I82O5JLG0553344A.html。

台等活动，为群众提供更加优质的文化大餐。推进“书香汴梁”城市书房建设工作，打造一批城市文化精神地标。在“河南省第十二个全民艺术普及周暨文化馆服务宣传周”活动中，开封市文化馆及各县区分馆结合地域特色开展艺术普及、公益培训、文艺展演等系列文化活动。全市公共文化服务成效突出，获得多个奖项。兰考县、尉氏县荣获2021年河南省公共文化服务体系建设优秀单位；2022年开封市图书馆举办的系列全民阅读活动，荣获集体奖项5个、个人奖项14个；2022年开封市文化广电和旅游局、开封市文化馆、尉氏县文化广电和旅游局、兰考县文化广电和旅游局荣获河南省首届“惠民文化节”集体组织奖。

（二）创新文博系统职能，助力文旅消费升级

作为传承开封城市文化的重要载体，开封创新文博系统职能，在文物保护、陈列展览、文化科普、文创产业等各方面均取得了长足进步。在2023年“全国最具创新力博物馆”推介活动入围名单中，开封博物馆入围。

一是在文物保护领域有突破。开封博物馆与河南大学合作建造文物数字实验室；自筹经费打造纸质文物修复实验室和金属文物修复实验室；申请国家资金，推进实施馆藏文物预防性保护项目。在历次城市总体规划修编中，开封均将古城文物保护作为专项规划的重要内容，先后完成了宋都古城风貌保护规划、双龙巷历史街区保护规划等26项专题规划及19个重点区域和重点地段的城市设计。开封还特别重视文物保护立法工作，2019年开始实施《开封市文物保护条例》，这是贯彻落实党中央、国务院关于文物保护工作的重大举措，也是省辖市获得地方立法权之后获得批准的第一部文物保护方面的地方性法规，具有示范和引领作用。

二是在陈列展览领域有突破。2022年开封博物馆不断推出精品展览，先后举办“世间遗迹犹龙腾——王羲之与《十七帖》特展”、“东亚民俗版画展”等精品展览，其中“世间遗迹犹龙腾——王羲之与《十七帖》特展”获2022年度河南省优秀陈列展览。

三是在社会教育方面有突破。2023年开封博物馆在河南省率先启动

“馆长讲解日 专家鉴赏日”项目，打造歌舞剧目进行驻场演出，打造数字研学课程，开展木版年画进校园活动。开封非国有博物馆入驻顶端新闻，利用“顶端文博季”平台推介藏品，助力更多博物馆出圈出彩。

四是在文创品牌方面有突破。开封博物馆设计出以朱仙镇木版年画为代表的5大类280余种文创产品，其中多项产品获得国家专利。同时文创产品开启电商平台和带货直播的销售模式，打响了“开博”文创品牌。

（三）推进非遗活态传承，弘扬优秀传统文化

非物质文化遗产作为弘扬中华优秀传统文化的重要载体，对提升开封优秀传统文化传播效能做出巨大贡献。开封非遗项目不断深化和景区的战略合作，通过网络平台、流动非遗集市、展演展销等多种手段，推动非遗项目“活”起来、“火”起来。延庆观在2023中国（开封）清明文化节期间举行“非物质文化遗产进景区——宋韵古乐展演”活动，通过深度开发，以宋乐原音再现宋代龟兹乐队的华丽篇章。

以朱仙镇木版年画为例，2004年开封博物馆成立开封朱仙镇木版年画开发与研究中心，通过与学校合办教育基地、开办技艺培训班等方式保护传承木版年画技艺。2022年朱仙镇国际版画基地成立，依托朱仙镇木版年画的传统技艺和中央美术学院的学术创新力量，致力于打造国际性的版画基地，集版画研究、展览、教育、创作、生产、销售等功能于一体。

（四）文艺创作精品频出，文旅产品丰富多样

近年来，开封在文艺节目创作方面持续创新，艺术精品创作取得良好成绩，继大型现代豫剧《党的女儿》《老屋》获河南省文华大奖后，通许县小戏曲《半条棉被》成功入选国家艺术基金资助项目。开封的文艺作品在河南举办的文艺比赛中也多次获奖，2022年度河南省电视文艺“牡丹奖”、电视剧“大河奖”获奖作品公示，开封广播电视台申报的8个电视文艺项目分别获得一、二、三等奖（见表1、表2）。

表 1　2022 年度河南省电视文艺“牡丹奖”开封市获奖情况

作品题目	类别	获奖等级
花开日出	音乐节目	一
大宋运动会	综艺节目	一
汴水春色	音乐节目	二
开封“伞塔”——历史无言　精神不朽	电视广告	二
你是人间四月天——经典朗读音乐会	文学节目	二
城有千千菊	综艺节目	二

表 2　2022 年度河南省电视剧“大河奖”开封市获奖情况

作品题目	类别	获奖等级
“林公堤”上的对话	微电影	二
爱 在身边	微电影	三

开封市文化旅游投资集团有限公司（以下简称“开封文投集团”）推出多款文旅产品，凝聚数字科技力量，探索新型沉浸式文旅产品开发的新路径。素真剧场是中原首家光影沉浸式无边界室内专业剧场，自 2022 年 7 月开业至今剧场已进行豫剧、话剧、儿童剧等多场演出。《烽火汴梁》是开封城墙景区推出的大型沉浸式剧目，“一步一景，文化联动”，为游客提供沉浸式实景剧文化大餐。《梦华录》是“开封剧本娱乐之城”内容之一，以改编小说、电视剧为基础，打造圆桌剧本产品和实景沉浸式体验产品。

（五）培育新型文化业态，推动文化产业快速发展

开封推行文化旅游企业白名单制度，实施“文旅 30 条”奖补兑现，积极落实贷款贴息和奖励政策，助力文化产业发展。

近年来，开封在国有文艺院团改革和完善文化产业政策上重点发力，修订完善《关于促进文化事业、文化产业和旅游业高质量发展的若干意见》《开封市舞台艺术精品奖励办法》。开封积极整合国有文艺院团资源，成立开封市文化旅游演艺集团有限公司，通过与知名研学机构合作，推出传统艺

术研学之旅，大力扶持以开封为背景的舞台艺术、绘画、音乐、影视、动漫等创作，叫响大宋文化的品牌。开封国有文艺院团转企改制后与景区建立长期合作关系，并开展线上演出。开封市豫剧院在疫情防控期间率先开启公益演出线上直播，平均每场直播在线人数超过 2 万人，在线人数最多时一场近 9 万人，点赞量超 100 万。① 在提高知名度的同时，开封国有文艺院团实现了经济效益和社会效益的双丰收。

开封立足丰富的历史文化资源，积极扩大文化服务出口，为培育文化贸易企业打下良好基础。开封博物馆与市内多家知名文化产品类企业积极对接，组织企业参与中国好礼产业促进计划，有 5 款产品成功入选《中国好礼产业促进计划 2023—2024 年度推荐产品名录》，开封市贸促会荣获“中国好礼产业促进计划 2023~2024 年度推荐产品征集活动”的优秀组织奖。中国（河南）自由贸易试验区开封片区探索构建艺术品交易全链条服务体系，建成运营中部首个国际艺术品保税仓，打造文化产业开放先行区。2021 年 8 月，中国（河南）自由贸易试验区开封片区入选第二批国家文化出口基地。2022 年，国家文化出口基地艺术品进出境货值达 11.7 亿元，近两年累计实现进出口总额约 12 亿元。②

三 开封“行走河南·读懂中国”文旅品牌塑造中存在的不足

开封的文旅市场不断升温，文旅品牌影响力不断增强，但在品牌塑造过程中仍存在一些不足。

（一）文化资源转化程度不高

开封历史文化资源丰富，文物古迹、民俗艺术丰富多彩，但这些文旅资源并没有形成规模化、品牌化的效应。与其他旅游城市相比，开封在文物活

① 《开封：文旅融合走出文艺事业繁荣发展新模式》，河南省人民政府网站，2023 年 3 月 23 日，https://www.henan.gov.cn/2023/03-22/2711332.html。

② 《河南构建“四路协同”开放通道》，《经济日报》2023 年 10 月 10 日，第 3 版。

化利用、文创产品开发、城市形象宣传等方面都有不足之处。如何将文化资源优势转化为文旅产业优势，树立开封市的城市形象、打造开封市的文旅品牌，是需要多方共同努力解决的问题。

（二）文旅业态不够丰富

随着文旅业态的不断更新升级，游客的需求也趋向多元化，在业态和需求的相互作用下，文旅业态的供需矛盾日益突出。游客在休闲康养、娱乐体验、夜间文化、户外运动、民宿产品等方面的需求日益增多，积极探索新的旅游产品和服务以促进旅游与产业融合发展是大势所趋。

（三）营销方式不够多元

开封在旅游宣传上还有不足之处，在郑汴一体化的区位优势下，开封的旅游吸引力仍需提高。此外，各个景区之间缺乏互动合作，未能实现产业集聚的优势。

四　开封“行走河南·读懂中国”文旅品牌塑造的对策建议

开封作为八朝古都，历史底蕴深厚。实现文化资源向旅游资源的转化需要以产品和服务为主导，筹集社会资金，汇聚专业力量，坚持内容建设。对开封的品牌定位、运营推广、平台建设、业态融合进行统筹规划，深入挖掘旅游市场的消费需求，增强文旅品牌的影响力。

（一）充分挖掘历史文化资源，打造核心品牌

1. 强化品牌定位

随着全国各地文旅市场的持续升温和文化旅游品牌不断推陈出新，文旅产业呈现百家争鸣之势。要提高开封文旅品牌的竞争力，就需要将开封的历史文化资源与城市发展相融合，找准城市发展定位，突出开封特色。宋朝时

期中国传统文化和审美达到高峰，开封应持续做大做强“宋文化”品牌，以“宋文化”品牌彰显城市旅游主题形象。开封24家A级景区中有17家以“宋文化”为主题。2021年举办的2021中国（开封）清明文化节首届仿宋斗茶展演，2023年举办的2023年中国（开封）清明文化节宋韵古乐展演，都是对研究复原宋代艺术、打造开封大宋文化品牌、创新传统文化当代传承的有益探索。

2. 打造文化IP

深度挖掘开封文化IP资源，打造文化含量高、创意体验强的文旅IP，推广、传播优质IP品牌，并实现IP资源向经济效益的转化。例如，“包公”就是开封众多文化IP中的重要一个，包公的形象被文学作品和戏曲影视作品多次演绎，文化影响力深远。建议围绕这一IP深度挖掘相关的大宋文化、府衙文化和廉政文化等，进一步打造大宋文化知名旅游品牌，助推开封国际文化旅游名城建设。全国多家景区以杨家将故事为核心开发了系列文旅产品，如山西代县雁门关景区的杨家将铜人巡游、互动表演，陕西神木的杨家将系列文创，河北廊坊的杨家将文化小镇。但开封的杨家将IP没有得到充分开发利用。文化资源与旅游融合发展的路径需要通过文化IP这一载体进一步拓宽。

3. 构建品牌体系

开封应结合自身文化特色优势，深入挖掘民俗文化、节庆文化等丰富的历史文化资源，培育系列文旅品牌，制定文旅品牌中长期发展规划。以朱仙镇木版年画等非物质文化遗产为基础，重点培育一批民俗文化艺术品牌；以翰园庙会等旅游节庆活动为中心，打造特色鲜明的综合性旅游节庆品牌；以顺天门遗址、州桥和汴河遗址等文博考古遗址为载体，积极打造考古遗址连廊；做活街区小巷，突出人间烟火氛围，打造一批融戏曲、杂技、非遗、建筑、美学、美食为一体的文旅产品，积极打造宋“潮”生活体验之城。

（二）创新推广方式，提高对外影响力

把开封优质的文化旅游资源传播出去，加大开封旅游品牌在全国市场的推介力度，树立开封旅游整体品牌形象，增强开封文化旅游的吸引力。

1. 搭建整体营销

整合开封优质旅游资源，形成长周期、大规模的联合宣传推广格局，叫响开封文旅品牌，打造旅游目的地。通过整合资源形成品牌合力，向一线客源集中推广，做大旅游增量，形成目的地效应。要建立联合营销机制，搭建立体化整体营销平台，形成开封旅游整体形象，打响“大宋文化看开封”的品牌。

2. 加强企业合作

推动旅游企业与知名在线旅游企业合作，拓展宣传渠道，延伸营销空间。制订实施全球市场营销计划，面向境外旅行商和民众开展精准营销。加强国际旅游合作与交流，支持旅游龙头企业利用品牌优势实施品牌连锁化营销。

3. 创新运营思路

新媒体时代营销渠道越来越多样化，文旅品牌营销也需要与时俱进，根据社会潮流和社会热点进行创作，增强互动性。如手游《逆水寒》展现了大宋的风土人情，官方运营号“文旅开封”则基于游戏设置与开封的关联，创作与《逆水寒》的梦幻联动视频，视频一经播放就收获了 18 万次点击量，瞬间吸粉无数。

（三）强化科技赋能，助推文旅融合

以“互联网+”为手段推动开封文旅产业数字化建设，引领文旅产业从“门票经济”向“体验经济”转型升级，持续放大文旅与科技融合发展的效应。

1. 加强智慧城市建设

运用大数据技术，构建立体化、全局化、科学化的城市治理服务体系，现已建成的“智慧开封”三维实景项目，在虚拟网络空间里再造了一座“数字开封城”，真正实现了屏幕里的开封、指尖上的开封，为智慧旅游提供了数据支撑。

2. 构建数字产品生态

推动文旅资源数字化，依托“5G+人工智能”，打造数字产品和线上文化馆、博物馆已经成为文旅产业发展的趋势。开封博物馆利用“数字矩阵”积极打造宋文化“元宇宙”，在 Art Meta 元艺数平台上成功发行了馆藏“水运仪象台”数字藏品。从 2019 年开始，开封持续推出数字单曲《大宋朋友圈》《风动大宋》《来趣宋潮》，打造独具地域特色的数字音乐品牌，并以独特的文化传播和互联网能量加持，成为开封城市音乐文化新名片。2022 年推出的综艺节目《大宋运动会》在河南卫视首播，迅速在全网掀起热议。2022 年在全省率先成立元宇宙公司——“悦千年”宋元宇宙文旅开发公司，通过旅游产品数字化赋能，加快实施“穿越千年”元宇宙虚实共融旅游系统工程。但只有数字产品与本地文化景区等线下空间的融合创新，才能激发游客对城市文化氛围的认可。对此，开封应持续探索数字技术与文化消费场景的深度融合、数字藏品与旅游互动体验的融合，助力开封文旅消费市场的活跃。

3. 加强智慧文旅平台建设

开封应通过统一的平台进行全域旅游资源整合和旅游产业结构重构，走市场化道路，广泛引入社会资金，围绕开封数字文旅文创产业进行资源整合，利用数字技术为开封文旅产业赋能，激发文旅产业数字经济发展潜能。截至 2022 年 8 月，开封已建成三大智慧文旅平台：全域数字文旅产业监测云平台、“来趣宋潮”一机游小程序公共服务平台、开封实名制监测平台。2022 年 9 月，成立全域数字文旅平台越千年数字文旅有限公司运营公司。

（四）培育文旅新业态，释放消费潜力

深度挖掘开封的历史文化底蕴，全力打造“宋文化”品牌，注重特色文旅项目孵化，不断丰富旅游业态。围绕吃、住、行、游、购、娱多方发力，深入推动文化与体育、娱乐、旅游、演艺等产业的融合发展，实现多业态融合、多场景打造，为市民和游客带来全新体验。

1. 建设特色旅游项目

紧紧围绕宋都古城全域旅游一体化运营的目标，积极谋划部署系列特色

文旅活动，把商业、体育、文化等更多资源转化为文旅资源，不断拓展文旅消费新场景、更新文旅消费新业态、增加文旅产品新供给，与项目运营、文旅经营形成强大的产业联动，进一步放大“开封文投”引流效应和品牌效应，充分激发开封文旅消费市场活力。目前开封文投集团推出“五库潮玩运动街区”“低空飞行产业”两款文旅新产品，成为推动宋都古城文旅产业消费升级的新探索。

2. 大力发展特色旅行线路

重点培育“梨园新葩”“文博之光”“国风宋韵”“军营新兵”“黄河农耕”等研学线路，打造“研学开封 知行中国”品牌；发展红色旅游；发展乡村旅游，创建乡村旅游A级景区，打造生态旅游示范乡（镇）、乡村旅游特色村和乡村等级民宿；营造跨领域融合消费场景；打造新型文旅消费空间。

3. 推出文旅文创精品

开封应做大做强文旅文创品牌，丰富文化旅游产品供给。2023年开封《大宋·东京梦华》项目入选全国旅游演艺精品名录。文旅演艺能让游客更形象地感知当地文化，有主题、有特色、有生命的演艺节目更能满足游客的体验感和参与感。要大力扶持以开封为背景的文学、音乐、戏曲、影视、动漫、游戏等艺术创作，以优质文艺作品沟通城市古今、承载城市记忆、传承历史文脉。

参考文献

[1]《宋韵流淌开封城》，《经济日报》2023年7月9日，第7版。

[2] 吴若言：《文旅融合背景下开封市旅游发展策略研究》，《旅游纵览》2022年第21期。

[3] 宋歌：《开封市文旅产业融合发展趋势探究》，《合作经济与科技》2021年第17期。

[4] 万童蛟：《品牌与IP路径融合下的文旅品牌推广研究》，《旅游纵览》2021年第15期。

[5] 王振鹏：《新媒体视角下开封旅游品牌影响力提升途径探索》，《开封大学学报》2018年第1期。

B.22

洛阳汉服文化现象推动文化与旅游融合发展的思考与建议

任梦一*

摘　要：　近年来洛阳乘势网络经济之机遇，多措并举积极推进文旅文创融合发展，“汉服+”旅游大热，拓展了洛阳文化与旅游融合发展的面向，成功实现了洛阳历史文化遗产资源向洛阳文旅发展新优势的转化。洛阳文旅资源众多，“汉服+”文化现象启示我们对历史文化资源多根系向主脉探寻、将文旅融合新个案整合为全局优势、文旅融合多形式提供持续活力、文创叠级加深主题游记忆力。应更多关注以下方面：聚焦“一个点”，明确洛阳文旅融合发展的中心脉络；串联“一条线”，重新架构洛阳作为“早期中国”一处具体展示区的河洛文旅带建设；凝汇“主内核”，做好“早期中国”的洛阳诠释；互联“三要素”，拓宽发展弹性，扩大影响力，为洛阳文旅文创融合优质持续发展形成合力。

关键词：　汉服文化　文旅融合　洛阳

以习近平新时代中国特色社会主义思想为指导，深入学习贯彻党的二十大精神和习近平总书记对历史文化名城建设的重要论述、指示精神，洛阳切实加强历史文化名城建设工作，将其融入经济社会发展整体布局。[①] “汉

* 任梦一，河南省社会科学院文学研究所（黄河文化研究所）助理研究员，主要研究方向为礼乐文化。

① 《洛阳市人民政府关于加强历史文化名城和文物保护工作的实施意见　洛政〔2023〕28号》，洛阳市人民政府网站，2023 年 10 月 12 日，https：//www. ly. gov. cn/html/1/2/10/29/13/78/661/10986924. html。

服+”是洛阳聚焦历史名城优势资源，深挖其文化内涵、时代价值，推进河洛文化创造性转化和创新性发展的最新探索和生动实践。“汉服+”的成功出圈，对于洛阳明确文旅发展方向、突出文旅资源主线、加强全面布局和增强文旅文创深度融合具有重要启示意义。

一 洛阳汉服文化旅游分析

2022 年 12 月，一位游客拍摄的洛阳汉服变装视频走红网络，点赞量达 16.8 万，汉服一跃成为洛阳的文化符号。在引燃洛阳汉服主题文化旅游热的同时，不断推动洛阳新文旅生态的形成。

（一）“汉服+”现象出圈

2014 年，洛阳牡丹文化节将“汉服文化节”作为专项活动之一，继此洛阳开始举办系列汉服主题活动，挖掘古代中原礼仪文化。陆续开展了“问礼圣城，来仪中原”“问礼中原，来仪神都”“圣城丝路，协和万邦”等主题活动，以汉服彰显中原礼乐文化主旋律，开展省外、域外汉服文化交流。2018 年成功举办洛阳汉服文化旅游节，2019 年启动洛阳牡丹节华服旅游周，2020 年打造“汉服友好型”城市，逐渐形成了以汉服为代表的洛阳品牌符号。“#总要来洛阳穿穿汉服”“#穿汉服打卡洛阳”“#洛阳汉服有多火”“#当汉服遇上洛阳”等话题更是在汉服变装短视频之后不断登上热搜榜，引发全网关注。

据大河网报道，截至 2023 年一季度，仅微博平台汉服话题阅读量就达 75 亿次，抖音相关词条播放量 842.3 亿次。根据搜狐旅游发布的《2022 年全国旅游城市品牌影响力报告》，洛阳位列全国百强前五。据大象新闻经济数据报道，仅洛邑古城周边汉服店日均游客接待量达 5.6 万人次。2022 年以来洛阳举办了一系列汉服主题活动，汉服热度给历史文化旅游资源十分丰富的洛阳带来了文旅文创融合发展的新机遇和新表现形态，“汉服+”为洛阳文旅融合发展、重塑文化经济新业态提供了新思路和新空间。

（二）"汉服+"现象成因

2019年习近平在黄河流域生态保护和高质量发展座谈会上的讲话中指出在我国5000多年文明史上，黄河流域有3000多年是全国政治、经济、文化中心，孕育了河湟文化、河洛文化、关中文化、齐鲁文化等。"[①] 洛阳是河洛文化的中心展示区，也是礼乐文化的早期见证地。

1. 历史渊源

汉服不仅体现了中国古代服制艺术成就，也是早期中华民族儒家礼乐思想内核的彰显。公元前1040年，周公平定三监之乱后，迁殷商遗民于洛邑，今出土有青铜礼器史宿爵、守宫盘、竞卣等，皆可与早期文献记载商周时期中原礼制互证。公元前770年，周平王迁都洛邑，始建东周，礼行中原。洛阳是中国古代礼乐文明的发祥地，是汉服礼制在中原的实践中心区。

自孔子周游中原列诸侯国，问礼于洛，河洛之地更是成为早期礼文化的重要传播圈。在越来越多考古发掘重大成果的实证下，河洛成为展示早期中华文明的重要起源地之一。

2. 政府引导

其一，顶层设计，平台搭建。洛阳召开文旅产业发展专题会议，提出"颠覆性创意、沉浸式体验、年轻化消费、移动端传播"理念[②]，深挖河洛文化的时代价值，培育特色品牌。召开重点文旅项目创意策划专题会议，加快资源整合。优化文旅运作模式，为汉服文化与产业融合发展搭建平台，组织召开省域外文旅推介会"引客入洛"，一系列举措增加了"汉服+"主题文旅融合的厚度，做好引流与流量变现保障工作。

其二，政策先行，产业升级。一方面，洛阳市市场监管局印发《洛阳市市场监管局对汉服体验、汉服妆造、汉服跟拍等新业态实行包容审慎监管

① 《习近平在黄河流域生态保护和高质量发展座谈会上的讲话》，中国政府网，2019年10月15日，https：//www. gov. cn/xinwen/2019-10/15/content_ 5440023. htm。

② 《创新产品　持续引流　走好新文旅产业发展之路》，洛阳市人民政府网站，2023年5月4日，https：//www. ly. gov. cn/html/1/m/2/10/65/66/10978377. html。

指导意见》，为新文旅发展提供政策支持。另一方面，“汉服+”旅游目的地智能化设施和数字化智慧服务平台不断完善，开通旅游集散地“共享汉服快递柜”、汉服体验馆、工作室、汉服租赁实体店，乃至活跃于旅游实景地的兼职跟拍、专业拍摄团队服务等，实现了产业集聚。同时，加强旅游目的地相关行业技能培训、创意服务，从着装形式到礼仪服务、导览服务，着力营造沉浸式汉服旅游氛围。

其三，立体布局，资源整合。号召市县（区）各级文旅相关部门如偃师、洛龙区等文旅相关部门领导线上为文化旅游代言。依托节日节气，推动开展节日与汉服融合的创意活动，例如妇女节举办“洛阳女儿，唱响时代盛景”活动；启动洛阳河洛文化旅游节，同时承办第六届中原国际文化旅游产业博览会；社区电商平台开通了“洛阳旅游”官方账号；评选“洛阳十大文旅新地标”等。成立洛阳瀍河区汉服文化协会，以协会的形式，激发汉服行业内生动力，推动汉服转化为一种文化资源，形成汉服文化产业，实现与旅游产业的深度融合。成立老城区洛阳汉服研究院暨洛阳时尚产业研究院，举办首届洛阳汉服文化产业发展高峰论坛，产学研协同，加速文旅新业态深度融合。

3. 文旅新业态

自古及今，汉服始终有着弘扬中华之礼的主旋律价值，洛阳“汉服+”旅游大热彰显了洛阳推动文化与旅游融合发展的时代价值。

以汉服为例的文化资源需要找到契合时代的文化表达方式，洛阳用好特色文化 IP，靶向瞄准年轻化文旅群体和互联网消费新业态，跟进“赛事+文旅”“节日+文旅”的新趋势，推进举办、承办大型文旅、体育赛事，做大做强“汉服+”文旅推介。例如洛阳河洛文化旅游节、河南省文旅文创发展大会，以及在隋唐洛阳城定鼎门遗址举行的河南省第十四届运动会开闭幕式等，作为洛阳文旅推介的重要展演活动都成功出圈。2023 全国地级市传播指数排名，洛阳位列全国第四、省内第一。

（三）“汉服+”现象价值影响

以历史文化资源为基础的目的地旅游在促进产业发展的同时，越来越多地被赋予知识获取的属性、文化传承的属性。汉服文化体验式旅游，成为弘扬汉服文化、提升精神修养、传承传播优秀传统文化的切实可行、简单有趣的实践途径。同时，也产生了诸多持续效应。

1. 厚植文化热爱，提高文化旅游吸引力

洛阳汉服主题旅游受众年轻化趋势明显。青年是中国古代优秀传统文化传承延续的中心力量，学习传统文化，浸润传统文化于心，传承文化之脉，“汉服+”受到青年群体的广泛喜爱。沉浸式体验一场轻松愉快的汉服文化之旅，也受到了越来越多家庭式旅游群体的关注。据洛阳市文化广电和旅游局公布的数据，2023 年五一期间，洛阳 34 岁以下游客占比超过 50%。洛阳“汉服+”吸引了大量喜爱中国古代文化、汉服文化的年轻人前来旅游。

2. 加速研学落地，带来文旅经济新增长点

2023 年“汉服+”的受关注度持续上升，成功打造“汉服+古城”打卡地，推动了洛阳汉服经济成型，从古城游拓展到以历史文化资源为基础的博物馆假日研学游升温，和遗址公园游、文旅项目园区游等共同带来了文旅经济新增长点。据洛阳市文化广电和旅游局公布的数据，2023 年五一假期，洛阳全市接待游客 636.69 万人次，同比增长 171.76%。旅游总收入 52.39 亿元，同比增长 231.98%。节日期间推出的“#总要来洛阳穿穿汉服”“#短视频挑战赛”等话题播放量就近 2000 万次。一方面，成立洛阳汉服研究院、高校，例如洛阳科技职业学院以“洛科书院”建制基地开展“汉服”非遗传承实践教学项目，产学研相结合，把学校职业教育技能培养优势与传统文化产学研相结合，提供了汉服保护传承和“地区特色产业研究”“特色文化学科建设”结合的新思路。另一方面，促进了大河荟旅游示范科技园区等一批文旅产业项目落地，云之华裳汉服产业园建设投产，助力汉服产业链上消费经济增长。

3. 形成产业优势，拓宽文化“走出去”渠道

“汉服+”的成功，愈加显示出洛阳在社区电商平台中形成了文化“走出去”优势效应。线上社区电商平台如淘宝、小红书、抖音出现了许多以

洛阳汉服、洛阳旅游为内容的文化营销自媒体。例如，抖音自媒体用户“@洛水时裳”以汉服饰复原为基础，致力于文化产业复兴和文创开发；抖音自媒体用户“@在洛阳”发布诸多内容集中展示了“洛阳就是流量密码”。相关网络购物平台公布的数据显示，洛阳人网购汉服金额同比增长168%。美团数据显示，自2023年4月以来，洛阳提供汉服体验的商家数较上年同期增长375%；五一假期洛阳汉服体验线上订单量环比节前增长680%。[①] 洛阳“汉服+”一定程度上促进了汉服经济的增长。

二　洛阳“汉服+”现象启示

洛阳历史文化旅游资源底蕴厚重，“汉服+”是洛阳诸多文旅资源中异军突起的新兴力量，这为我们提供了新思路，即要精准把握地区文旅资源优势和当下大众文化旅游趋势。

（一）对历史文化资源多根系向主脉探寻

洛阳历史文化资源可谓纵贯夏商周汉魏隋唐乃至两宋明清。近年来，全国诸多历史文化名城都在精准文旅定位上下功夫，西安十三朝古都以盛唐为显，浙江繁华古江南之地以南宋而彰。拥有众多历史文化资源的洛阳集中打造河洛文化，而河洛文化范围大、根系庞杂，还需要进一步精准定位优势资源。集中力量发挥资源优势，充分扩大优势力量，凝聚洛阳文旅创新发展的向心力。“汉服+”为近年来洛阳打造河洛文旅新生态提供了发展方向。

（二）将文旅融合新个案整合为全局优势

要在恢复古都历史中轴线气象的基础上，凸显洛阳作为早期中国遗址群

① 《关注！洛阳“汉服”何以火爆出圈》，“河南日报客户端”百家号，2023年4月26日，https：//baijiahao. baidu. com/s？id=1764169515942081771&wfr=spider&for=pc。

落展示区、河洛文化旅游带重要区域的资源优势。二里头、偃师商城、东周王城、汉魏洛阳城、隋唐洛阳城五大都城遗址沿洛河分布，形成“五都荟洛”，是河洛文化的历史坐标，而河洛文化更是中华文明的源头与核心。“汉服+”热度来源于优秀的传统文化自我生命力的延续，具有知识属性和传承属性的文化旅游，成为洛阳历史名城的新优势。洛阳推出“五大都城遗址博物馆群”旅游线路，是整合洛阳文旅资源的新举措。同时，洛阳在汉服主题相关旅游目的地联动上做文章，除了与洛邑古城、隋唐洛阳城、龙门石窟进行联动外，二里头夏都遗址博物馆、古墓博物馆等相关文博场馆的旅游热度也很高，促进了博物馆研学游热。洛阳市文化广电和旅游局公布的数据显示，2023 年暑期洛阳文博类场馆旅游人数达 216.15 万人次，累计接待社教、研学团队 855 批次，创历史新高。逐渐改善了洛阳文化遗产资源利用率低的问题。这充分证明，发展地域性文旅产业，应精准定位文旅主题，将文旅个案整合为全局优势。

（三）为文旅融合多形式提供持续活力

洛阳跟进新旅游业态传播宣传方式推动 IP 打造，使“汉服+”从一时热变得具有持续生命张力。一方面，强化互联网思维，整合大数据信息资源，线上引流促进洛阳汉服 IP“网红打卡地”沉浸游发展。《洛阳市促进沉浸式文旅产业发展的实施意见》提出要加强沉浸式文旅目的地项目建设、场景打造、业态培育，同时“加强沉浸式文旅品牌建设”，“加强与抖音、快手、腾讯等平台合作，构建洛阳沉浸式文旅视频营销矩阵群”。[①] 培育网络博主，积极集聚网络红人名人，做好短视频及直播平台建设工作。2022 年洛阳《政府网站工作年度报表》显示，有关洛阳旅游的微信、微博、抖音等官方平台订阅总量达 150 余万，“#来洛阳叫穿越！”“#洛阳汉服体验”的话题网络平台笔记分享、短视频超 20 万条。另一方面，立体打造演出活

---

① 《洛阳市人民政府关于促进沉浸式文旅产业发展的实施意见　洛政〔2022〕54 号》，洛阳市人民政府网站，2022 年 10 月 13 日，https：//www.ly.gov.cn/html/1/2/10/29/13/78/571/10969336.html。

动，共托流量，促进高质量多形式良性体验互动。除在文旅目的地常规性演出外，节目汉服游、节气汉服游、古城夜游等特色沉浸游话题热度不断升高，创新模式扩大流量优势。推出中秋国风音乐会、“神都花朝·华裳洛邑”主题汉服秀、第四十届中国洛阳牡丹文化节等活动；举行2023年河南省文旅文创发展大会洛邑古城“中华霓裳汉服秀”、“越汉服　越时尚”汉服时尚设计周等活动；开发洛邑古城、应天门、“夜游龙门”免费汉服打卡项目，开拓“夜经济”文旅消费新场景，重塑主题游。

（四）促进文创叠级加深主题游记忆力

洛阳不断探索文旅服务和产品品质提升，打造具有内生动力和持续生命力的洛阳文旅精品IP品牌。2021年，河南省第十一次党代会提出实施文旅文创融合战略，要着力提升“吃住行游购娱”服务品质。2022年河南省文化和旅游工作会议重申并明确提出塑造“行走河南·读懂中国”品牌，将文化和旅游产业打造成为河南战略性支柱产业。2023年河南省文旅文创发展大会集会洛阳，力推“文旅文创融合战略”深入实施。突出了“行”“游”与品质获取的重要关联。其一是服务提升。例如瀍河区以成立汉服文化协会为契机，经过广泛征集汉服租赁店铺经营者意见，由文旅部门牵头，对接导航服务、快递企业，上线推出了汉服租赁异地还衣和高德导航查询“共享汉服快递柜”同城速递服务。同时，不断跟进“定制旅游”服务，致力于吸引大量消费群体体验更多的便捷旅游服务。其二是文创赋能。当前，各省市旅游目的地、博物馆、图书馆等文化领域不断呈现以文化创意活动、创意产品出圈吸引游客的新旅游趋势。因而，洛阳积极进行文创开发，叠加文化记忆和经济效益，无疑在众多稍显同质化的文创圈中显得十分突出。2023年8月，洛阳博物馆举办了“华夏衣冠系列展——时裳·武则天”展览，另有“神都奇幻志”创意全程剧本杀、“又见神都”文创品牌的汉服文创盲盒，文创服务与产品正在优质更新，但在实用功能性、文创丰富性上，尤其是作为河洛文化旅游带建设的系列文创产品开发上，还有很大发展空间。

三 促进洛阳“汉服+”文化发展的对策建议

通过多种创新性探索，“汉服+”为中国古代深厚的礼文化如何通过文旅实践加以诠释提供了洛阳方案，也展现出洛阳文化旅游可持续性的发展前景。一定程度上能够为洛阳打造汉服主题性历史文化旅游典范示范区、集中展示区，为发挥契合新时期中国特色社会主义核心价值观的时代作用做出贡献。同时，在布局洛阳文旅文创深度融合发展方面也有探讨的空间。

（一）聚焦“一个点”，明确洛阳文旅融合发展的中心脉络

洛阳历史文化资源丰富，要善于抓取众多文旅资源的主脉，优化利用。有学者指出，“我省不少优秀传统文化资源处于分散状态，需要收集、整理和展示”①。河洛文化是中华民族坚定文化自信的重要根基之一。《易·系辞上》有“河出图，洛出书”。《论语》中孔子有言“夏礼，吾能言之，杞不足征也；殷礼，吾能言之，宋不足征也。文献不足故也”②。在孔子之际，夏商以来文献便有所缺失，而伴随地下考古挖掘工作的陆续开展以及中华文明探源工程启动，更是将河洛文明的历史向前推溯。因此，以“早期中国”作为洛阳文旅发展的主线，有理可依，既可以实现错位发展，也可以在众多古都文旅发展中凸显洛阳特质。

（二）串联“一条线”，重新架构河洛文旅带建设

依傍黄河洛水流域形成的文旅资源需要系统化呈现，串联起洛阳文化旅游的“一条线”，这条线是关于历史发展时间的脉络线，也是河洛流域文明文化的纽带线。洛阳占据河洛文旅带上的诸多位置，是“早期中国”展示线的重要节点，应该联合郑州等地作为“早期中国”遗址群展示区域，进

---

① 《在深化“两个结合”中推进文化自信自强丨文化传承发展》，顶端新闻网，2023 年 8 月 18 日，https://www.dingxinwen.cn/detail/4825373。

② （清）刘宝楠：《论语正义》，中华书局，1990，第 91 页。

行整体规划。

将博物馆和学研机构、文化项目产业主体和旅游目的地运营主体结合，为河洛流域经典文化旅游目的地重新赋能，将偃师商城遗址、东周王城遗址、汉魏洛阳城遗址、隋唐洛阳城遗址等考古挖掘成果纳入河洛文旅“一条线”。在串联起河洛文化旅游带的同时，以“早期中国”河洛考古最新成果为依托，加强文物考古与文旅部门联动，加强与博物馆联动，开展专项研究、立项和精品展、数字展。例如，在中华文明探源工程和河南聚落考古进程中，依托“考古中国·中原地区文明化进程”研究重大项目，洛阳市考古研究院联合西北大学、北京大学自 2021 年 3 月起对苏羊遗址进行了系统的考古调查勘探和发掘，该遗址位于洛阳市宜阳县张坞镇苏羊村和下村，坐落于洛河南岸的二级、三级阶地上，北临洛河。苏羊遗址考古勘探发掘，是河洛文化考古新发现。河南聚落考古可以为千年古都的洛阳充分发挥历史文化旅游遗产资源的时代价值提供支撑。因此，可以将以展示“早期中国”的“河洛文旅带”作为洛阳文旅大 IP 来打造。让游客以“实景式”“全景式”深度触摸历史，了解中原地区乃至早期人类文明化进程，从而扩大洛阳作为“早期中国”文旅资源的优势和影响力。

（三）凝汇“主内核”，做好“早期中国”的洛阳诠释

洛阳认同、尊重并激活历史文化资源，使其发挥契合当下大众需要的文旅价值，就要深挖其中承载的思想核心、历史意义。

不仅要抓牢洛阳文旅资源主脉，也要提取主脉中的精神实质。习近平总书记曾强调：“要推进黄河文化遗产的系统保护，守好老祖宗留给我们的宝贵遗产。要深入挖掘黄河文化蕴含的时代价值，讲好‘黄河故事’，延续历史文脉，坚定文化自信，为实现中华民族伟大复兴的中国梦凝聚精神力量。”① 2023 年 6 月，习近平总书记在出席文化传承发展座谈会，了解新石

① 《习近平在黄河流域生态保护和高质量发展座谈会上的讲话》，中国政府网，2019 年 10 月 15 日，https：//www. gov. cn/xinwen/2019-10/15/content_ 5440023. htm。

器时代和夏商周时期重大考古发现工作进展时强调，“要实施好‘中华文明起源与早期发展综合研究’”，要“做好中华文明起源的研究和阐释”①，强调“只有全面深入了解中华文明的历史，才能更有效地推动中华优秀传统文化创造性转化、创新性发展”②。河洛文化是中华早期文明的重要组成部分，河洛考古成果成为我们了解早期中国、认识早期中原的重要途径。依傍黄河洛水流域形成的文旅资源要系统呈现。其一是要研究透。不止要在河洛文化的概念内涵、文化进程、历史意义上做研究，更要在现实价值上下功夫。既要对河洛文旅带的内涵外延整体关照，又要对河洛文化文旅带上能够展示早期中国面貌的文化旅游资源做切片研究。其二是要研以致用。“一部河南史，半部中国史”，一座洛阳城，承载众多华夏印记。只有通过研究，找到契合新时期洛阳文旅产业发展的结合点，才能重新开启存封的沉甸甸的历史，打通过去、现在和未来，推动洛阳文化传承的创造性转化和创新性发展。

（四）互联“三要素”，拓宽发展弹性扩大影响力

将洛阳文化旅游带打造成为早期中国空间的文旅之行展示区，要注重文旅资源与创意的文化活动、文化产品、文化服务“三要素”互联，突出体现洛阳整体特色。

数字资源共享。一方面，利用线上社区电商综合服务平台，讲好洛地早期中国故事，让“文化云游”的移动端成为洛阳文旅的有效宣传窗口。例如，山西省文化和旅游厅和大同市文化和旅游局官媒上架小红书平台，发起了“是时候看山西”等话题，仅“我知道的古建故事”“探访守庙人”选取山西闻名久远的寺庙为切入点讲解守庙人故事，单平台浏览量达500余万次。又如“博物馆里的显眼包”话题，吸引了陕西省博物馆、山

① 《习近平在文化传承发展座谈会上强调担负起新的文化使命　努力建设中华民族现代文明　蔡奇主持》，《中国文物报》2023年6月6日，第1版。

② 《在文化传承发展座谈会上的讲话》，人民网，2023年8月31日，http://jhsjk.people.cn/article/40067929。

东省博物馆、云南民族博物馆、安阳博物馆、福建博物馆、新疆维吾尔自治区博物馆、苏州博物馆、成都博物馆等各大博物馆官媒的参与，单平台浏览量达 1000 余万次。洛阳文物资源丰富，更应该充分加强与博物馆文博资源的“云”联动。通过平台官媒运作与网红主播孵化相结合的方式进行文化传播，电商直播与线下展会相同步的创意开发，短视频团队策划与话题引流相连通的市场营销等方式，带动文化旅游和文创产品、文创活动立体全方位融合。另一方面，利用科技加持，将 AR、VR、裸眼 3D、“5G+XR”等多媒体声光电数字技术与实景空间相结合，创新载体空间表达，复现早期中国。

产品定制开发。一方面，要制定分级文创产品开发，瞄准不同年龄层，对不同功能定位群体靶向投放。用创意、实用、精致、有趣且避免同质化的文创产品粘连起主题系列。另一方面，洛阳文化旅游带上的景区文创产品开发，要既具有整体性，又具有独特性。

服务配套提升。文创是需要“精品文创产品+优质创意服务”的共同创新，包括产品打造、美食街打造、景点配套打造等系列服务的提质。做好周边产业空间和配套服务提升，突出展现洛阳早期的主题文化旅游特色，提高游客的深度参与性。一方面，应加强对相关历史文化资源现有研究成果的整合展示，以旅游配套服务的形式予以呈现。另一方面，应吸纳创意人才、提高管理水平，为洛阳文旅文创融合发展提供保障。

聚焦“早期中国”，串联河洛流域旅游资源，将“河洛旅游带”大 IP 建设融入洛阳文旅发展规划，在旅游中了解夏商周文化，有利于更具体地理解中华文明早期面貌。通过深挖洛阳文旅资源的历史意义与当代价值，不断推动河洛流域的生态保护、高质量发展，积极提出促进地域性文旅文创融合发展的洛阳方案，洛阳承担的责任使命正遇其时，洛阳古都文化的勃兴值得期待。

B.23

洛阳打造“东方博物馆之都”的思考与建议

乔龙龙*

摘　要： 博物馆，是一座城市独特的文化标志。洛阳打造“东方博物馆之都”，是由我国推进文化建设的大势决定的。2020年洛阳首次提出打造“东方博物馆之都”，经过三年的打造，总体上“东方博物馆之都”这一城市品牌已经树立，但从目前洛阳取得的社会关注度与社会效益来看，仍然存在品牌不够突出、线路不够优化等问题。本文旨在承认洛阳取得成就的同时，观照洛阳在实际打造中存在的问题，并提出一些合理化建议，继而为洛阳发展贡献绵薄之力。

关键词： 博物馆　文旅融合　洛阳

洛阳拥有5000多年文明史、4000多年城市史，打造“东方博物馆之都”是洛阳加快建设国际文化旅游名城和国际人文交往中心的重要举措。洛阳充分发掘利用厚重的历史文化资源，以文塑旅、以旅彰文，打造特色突出、以人为本、效益多元的文旅产业，建设全国重要的文旅产业高地，把文化资源优势更好转化为发展优势，用文化点燃文旅融合发展新动能。

---

* 乔龙龙，河南省社会科学院文学研究所（黄河文化研究所）研究实习员，主要研究方向为中国古代文学。

一　洛阳打造“东方博物馆之都”的基本情况

2020 年，洛阳首次提出要塑造“东方博物馆之都”品牌，引发广泛关注。截至 2020 年 5 月，洛阳现有世界文化遗产 3 项 6 处，全国重点文物保护单位 51 处，省级文物保护单位 115 处，其他不可移动文物 9000 处。据第一次全国可移动文物普查统计，洛阳国有馆藏文物 419918 件（套）、非国有博物馆在册藏品 51914 件（套），为洛阳博物馆事业的发展提供了得天独厚的条件。① 截至 2023 年 5 月，洛阳全市已建成开放的各类博物馆、纪念馆 102 家，三级以上博物馆数量居河南第一。

（一）找准自身定位，制定政策并保证实施

政策是洛阳成功打造“东方博物馆之都”的有力保障。2018 年 12 月，洛阳市委、市政府正式印发《关于建设博物馆之都工作的实施意见》（以下简称《意见》），将非国有博物馆发展作为洛阳“博物馆之都”建设的重要环节，明确提出要加强人才培养和引进，建设文物博物馆专家队伍，成立讲解服务公司，规范讲解服务；设立打造“博物馆之都”专项资金，鼓励各类博物馆设立基金；建立健全非国有博物馆扶持管理政策，规范建设运营，依据国家政策落实各类博物馆在财政、税收、金融和土地等方面的优惠政策；提出深化博物馆旅游，推广博物馆精品旅游线路，打造洛阳“博物馆研学”品牌，推动相关产业融合。《意见》从用地、资金、税收、人才政策等方面对民办博物馆发展予以扶持，并对非国有博物馆的财政扶持、场馆建设补助、免费开放运转补助的标准做出具体要求。

2020 年 3 月，河南省委、省政府出台《关于支持洛阳以开放为引领加快建设中原城市群副中心城市的若干意见》，明确提出加强华夏历史文化保

① 《“东方博物馆之都”，洛阳新名片！年底将建成 100 家博物馆》，中国网，2020 年 5 月 20 日，http：//news. china. com. cn/live/2020-05/20/content_ 822437. htm。

护传承，打造“东方博物馆之都”。

2020 年 6 月，河南省文物局印发《关于支持洛阳加快副中心城市建设的意见》，支持洛阳加快建设“东方博物馆之都”。[①] 在隋唐大运河文化博物馆、洛阳丝绸之路博物馆和万里茶道博物馆建设方面，河南省文物局协助洛阳争取规划建设资金，并在展陈文物和考古标本调拨上给予支持。对洛阳古代艺术博物馆（河南古代壁画馆）进行整体改造提升工程建设，对国家古代壁画保护修复中心河南工作站建设给予支持。并把二里头夏都遗址博物馆、定鼎门遗址博物馆等纳入中央、省级免费开放补助范围，给予经费支持。支持河南博物院、河南省文物考古研究院在洛阳规划建设分院（分馆）。

2021 年 4 月，河南省人民政府印发《河南省国民经济和社会发展第十四个五年规划和二〇三五年远景目标纲要》，将推进洛阳“东方博物馆之都”建设作为打造黄河历史文化地标的重要内容。

2023 年 8 月，洛阳市人民政府印发《洛阳市“十四五”文物博物馆事业创新发展规划》，明确“东方博物馆之都”成为洛阳新的城市名片，整合推出 10 条“东方博物馆之都”旅游精品线路，建设文博研学基地，打造特色文创产品，扩大文物流通渠道，全方位叫响“东方博物馆之都”品牌。

（二）挖掘历史优势，擦亮城市文化品牌

洛阳是国际文化旅游名城，历史上先后有十三个朝代在此建都，丰厚的历史文化底蕴是洛阳打造“东方博物馆之都”的“底气”。除此之外，“洛阳三彩艺术”是陶瓷史上的创举，洛阳古墓博物馆是极具特色的专题性博物馆，洛阳还承载着共和国建设初期的工业记忆，涧西工业记载了这座中部城市在建设时期的贡献，这些都丰富了洛阳打造“东方博物馆之都”的类型。

二里头夏都遗址博物馆是国家“十三五”重大文化工程项目。博物馆于 2017 年 6 月 11 日奠基动工建设，2019 年 10 月 19 日建成开放。博物馆依托二

① 《支持洛阳打造黄河历史文化主地标城市》，《洛阳日报》2020 年 6 月 15 日，第 3 版。

里头遗址而建，汇集了二里头遗址自 1959 年发现以来考古发掘研究成果的精华。2021 年，二里头夏都遗址博物馆数字馆正式投入运行，以“‘最早中国’探寻之旅”为主题，利用先进的数字技术，全面复原展示了二里头文化整体面貌，并结合夏都文化特点，定制打造特色数字展项，制作三维数字影片，展现二里头夏都作为“最早中国”的风貌。在二里头夏都遗址博物馆数字馆中，风机、雨机、闪电机等特效装置与 LED 矩阵数字影像真实模拟了先民求雨的场景，让游客身临其境地体验夏王朝的自然气候和祭祀文化。在“赫赫夏都”展示区内，投影仪打造出的沉浸式三维影像空间，则向游客展示了夏王朝的车辇仪仗、宫城建制、王室仪典、文化交流等“国之大事”。

洛阳市隋唐城遗址博物馆于 2009 年 11 月 1 日正式投入使用。2016 年，隋唐洛阳城应天门遗址保护展示工程开工建设，投资约 2. 1 亿元，由清华大学教授郭黛姮先生主持设计。2019 年 9 月，应天门遗址博物馆正式对外开放，同年年底成功申报国家 4A 级旅游景区。檐庑殿、青砖铜瓦、“两重观，三出阙”，隋唐洛阳城应天门遗址保护展示工程在保护原址的基础上最大限度地还原了隋唐洛阳城的历史风貌，整体建筑造型与隋唐洛阳城天堂遗址、明堂遗址、定鼎门遗址保护展示工程相协调，突出“全唐风”。为减少对遗址层的干扰，该工程采用了大跨度异型钢结构建造承台，承台为梯形，下方的应天门遗址博物馆以遗址实物、沙盘模型、展板及多媒体等方式展示了隋唐洛阳城的历史沿革与变迁，满足了遗址保护与展示功能的需求。此外，为给更多游客带来多元化的沉浸式视听体验，隋唐洛阳城应天门遗址保护展示工程还在“一门三道”遗址保护的基础上，通过超清投影数字化技术手段，逼真再现各类隋唐繁盛场景。

洛阳打造的沉浸式博物馆奇妙夜之旅，受到广大青年群体的青睐。2023 年牡丹文化节期间，洛阳推出“博物馆奇妙夜”夜宿活动。隋唐大运河文化博物馆、二里头夏都遗址博物馆、洛阳博物馆、古墓博物馆 4 个不同概念博物馆推出《运河迷踪》《夏都奇谭》《神秘客—文物守护计划》《古墓探秘》4 个不同主题、不同年代的故事背景，4 段穿越时空的演出通过沉浸式分幕式演绎，讲述了百余件文物的故事。夜宿博物馆玩剧本杀，成为越来越多年青受众的选择，相关话题也迅速“出圈”冲上抖音话题热榜。

文化与科技相融合，塑造城市文旅品牌。2021 年 6 月，取材于曹植名篇《洛神赋》的水下舞蹈《洛神水赋》（原名《祈》）一经亮相，迅速“破圈”。2021 年 8 月，以龙门石窟为背景进行实景拍摄，取材自龙门石窟石刻的“飞天”和“金刚”形象，在大佛的注视下翩翩起舞。舞蹈节目《龙门金刚》一经播出，立刻走红网络，引来观众和网友的连连赞叹。2022 年河南春晚为洛阳量身打造的舞蹈节目《国色天香》，饱含洛阳元素，其借助 VR、AR 等技术手段，拉近了与年轻人的距离。洛阳坚持把移动端作为主要传播平台，把短视频作为主要传播载体，把交互式作为主要传播方式，创新传统文化的现代表达形式，加强城市文旅品牌宣传，推动“网红”变“长红”。

历史和自然为洛阳留下了丰厚的文旅资源，也鞭策着洛阳文旅产业发展和城市品牌建设“百尺竿头，更进一步”。洛阳文旅频频“出圈”，日益响亮的文旅品牌成为推动文旅文创融合发展的亮丽名片。

（三）探索文旅融合新路径，积极打造国际文化旅游名城

洛阳在发挥其厚重的历史文化优势的基础上，深度挖掘文旅资源，按照“以文塑旅、以旅彰文”的思路，突出“颠覆性创意、沉浸式体验、年轻化消费、交互式传播”，以打好“黄河文化”“盛世隋唐”“伏牛山水”“国花牡丹”“工业遗产”5 张牌为抓手，大力保护传承弘扬黄河文化，全面实施文旅文创融合战略，倾力打造沉浸式文旅目的地，助力塑造“行走河南·读懂中国”品牌。

坚持保护性利用，重塑古都风貌。以保护传承弘扬黄河文化为引领，深入推进中华文明探源工程和夏文化研究传播等工作，五大都城遗址入选中国百年百大考古发现。加大对非物质文化遗产的保护传承利用，现已有国家级非物质文化遗产 9 项、省级非物质文化遗产 89 项、市级非物质文化遗产 240 项，建成非遗展示馆 34 个、传习所 29 个。加快推进天街贯通提升工程、九洲池、玄武门、永泰门等项目建设，逐步恢复古都历史中轴线气象，

重塑洛阳古都肌理和风貌。

强化颠覆性创意，建设文创高地。坚持创意驱动、美学引领，推动中华优秀传统文化创造性转化、创新性发展，开创“城市 IP”和“内容平台”合作的“洛阳模式”，《风起洛阳》《登场了！洛阳》火爆全网。2022 年 6 月，河南省文旅文创融合创新基地落户洛阳，剧本娱乐总部经济园区建设加速推进，一批新锐文创企业脱颖而出。推动“博物馆+文创”建设，相继开发了“丝路文化”“运河文化”“牡丹文化”等五大系列自主文创产品，“洛阳礼物”文创设计突破 1000 款。

突出沉浸式体验，丰富新兴业态。持续提升景区沉浸式体验水平，“无上龙门”“知道·老君山”、梦唐阁等项目吸引游客争相体验。《请君只看洛阳城—寻城记》《神都洛阳品君子之道》分别入选内地与港澳文化和旅游交流重点项目、全国文化遗产旅游百佳案例，文旅研学基地达到 68 家。大力发展乡村旅居产业，打造“伏牛山居”“黄河人家”等系列精品民宿，星空帐篷、草坪音乐节等“露营生活”逐步产业化，乡村旅游 3A 级景区达 50 家以上，创建省级乡村旅游特色镇（村）75 个，带动乡村旅游从业人员 13 万余人。

聚焦年轻化消费，增强发展活力。紧跟青年需求、深耕青年市场，搭建文旅消费新场景，建成国家级夜间文化和旅游消费集聚区 3 家、省级 7 家，推出“古都夜八点，相约洛阳城”等系列活动，年票景区 55 家。以国风为符号、潮流为坐标，推出“唐宫乐宴”“无字梵行”等“国风隋唐”系列活动，引发青年打卡热潮。

注重交互式传播，打造“网红洛阳”。坚持移动优先、视频为主、交互传播，《唐宫夜宴》《洛神水赋》《龙门金刚》等作品火爆“出圈”；举办“豫见快手·嗨在洛阳”河南（洛阳）快手网红文旅大会、“抖 in 洛阳——城市美好生活节”等系列活动；先后承办中国—中东欧国家文化遗产论坛、亚太旅游协会探险旅游大会、中国国际旅游城市市长论坛洛阳文化旅游论坛、中央电视台中秋晚会等大型国际、国内活动，“两节一会一论坛”国际影响力持续提升。

二　洛阳打造“东方博物馆之都”取得的成绩

洛阳在打造“东方博物馆之都”的过程中，通过保护性发掘地下文物，尤其是继隋唐洛阳城遗址保护性发掘取得明显社会效益之后，洛阳在开发保护大遗址中开创出独有的“洛阳模式”。洛阳又借助打造“东方博物馆之都”的契机，全市博物馆数量明显增加，全市文博场馆接待游客量明显增加，新一轮博物馆研学游为洛阳打造“东方博物馆之都”提供了内驱动力。整体上，洛阳确实取得了不错的成绩。

（一）开发保护大遗址，呈现新“洛阳模式”

洛阳的文化遗产保护工作实现了从“保起来”到“美起来”再到“活起来”的跨越，洛阳始终坚持保护第一、守正创新，坚持成果共享、惠民利民，探索大遗址保护与城市更新、乡村振兴、文旅产业和民生改善深度融合之路，着力打造大遗址保护利用3.0版，形成新“洛阳模式”。

洛河两岸分布着二里头、偃师商城、东周王城、汉魏洛阳城、隋唐洛阳城5处大型遗址，丝绸之路和大运河在洛阳交汇，大遗址分布密度之高、规模之大、时间跨度之长，实属罕见。被学者总结为“以综合开发的建设项目形式开展大遗址保护展示设施建设”的新“洛阳模式”，正是努力将大遗址保护展示纳入城市开发、环境整治、老城改造、民生改善和旅游文化产业发展的总格局。在洛阳，诞生了全国第一个考古遗址“展示性保护设施”（定鼎门遗址）建设项目，在隋唐洛阳城遗址的核心宫城区内，诞生了被列入“第一批国家考古遗址公园”的隋唐洛阳城国家考古遗址公园。

洛阳按照“一址一策”的原则，在保证遗址本体绝对安全的基础上，探索创新保护展示模式，结合每处遗址的不同特点和不同环境，确定地面标识、模拟展示、覆罩展示等方案，建设各具特色的考古遗址公园。

当年的天堂在一场大火中化为灰烬，只留下一座台基。复建的新天堂外观5层，内部9层，它金碧辉煌，大气恢宏，两层台基的内部是天堂遗址实物展厅，室内地面为玻璃地板或木栈道，游客走在栈道上，天堂及其周边散水、水渠、柱础、四周廊屋夯土基础等遗址的真实面貌便可一览无余。明堂同样也采用在原址上搭建纯粹性保护棚的方法进行保护。

对于二里头遗址附近的村庄，洛阳合理实施拆迁安置政策，一边加紧推进考古发掘，一边规划建设二里头夏都遗址博物馆和国家考古遗址公园，打造“中华之源、最早中国”重要展示平台，目前游客接待量已超过 400 万人次。

洛阳以大运河文化遗产保护利用为重要切入点，按照保护为主、规划先行的原则，把大遗址保护同旧城改造、文化产业、旅游发展有机结合，走出了一条大遗址保护和城乡协同发展的共赢之路。突出规划引领，统筹考虑遗产保护与城市可持续发展。洛阳把遗址保护工作的方针政策贯穿在经济建设和城市规划的各个方面，坚持有效避让历史街区、大遗址，在全国率先建立了城市建设必须先考古发掘、后动土施工的文物保护“洛阳路径”。

目前，二里头考古遗址公园及二里头夏都遗址博物馆已成为文化高地，汉魏洛阳故城国家考古遗址公园对外开放，隋唐大运河国家文化公园项目已全面启动建设。在对大遗址的保护利用中，洛阳对遗址内部和周边的道路、建筑严格控制体量、风格，使之与文物风貌相融合，最大限度地保存了城市传统肌理，留住了老洛阳的“底片”。在重大公共设施的建设、道路桥梁的命名等方面，融入历史文化元素，比如定鼎门大街、厚载门街等。通过大遗址保护与城市建设的创新融合，实现了古韵新风交相辉映、山水林城和谐共融。

（二）打造“东方博物馆之都”成效初显

打造“东方博物馆之都”是洛阳加快建设国际文化旅游名城和国际人文交往中心的重要举措。

1958 年洛阳博物馆成立至今，洛阳的各类博物馆、纪念馆总数达到 102 家，洛阳博物馆总数和三级以上博物馆数量均居全省第一。一批富有特色和文化内涵的博物馆也在加紧建设中，初步形成了主体多元、富有活力的博物馆体系。

洛阳博物馆为国家一级博物馆，千唐志斋博物馆、古代艺术博物馆、民俗博物馆、匾额博物馆、周王城天子驾六博物馆、龙门博物馆6家为国家二级博物馆，隋唐大运河博物馆、八路军驻洛办事处纪念馆、偃师商城博物馆、新安县4家为国家三级博物馆。2022年5月，隋唐大运河博物馆开馆，5月18日，隋唐大运河文化博物馆开馆暨“5·18”国际博物馆日系列活动在洛阳启动。2023年9月，汉魏故城遗址博物馆全面开工建设。2023年8月，洛阳市人民政府印发的《洛阳市“十四五”文物博物馆事业创新发展规划》提出，到2025年，洛阳将实现重点大遗址基础信息一张图，建成3至5处国家考古遗址公园，形成一批具有核心竞争力的文旅品牌。打造彰显古都城市特色的“五大都城遗址博物馆群”，进一步优化“东方博物馆之都”体系布局，全市博物馆、纪念馆总数将达到110家，建成15家精品博物馆。

2023年“五一”期间，洛阳各博物馆、纪念馆等文博场馆累计接待游客50万余人次，日均接待游客达10万余人次。①

（三）创新研学旅游，激发文物利用新活力

洛阳依托丰富的大遗址文化资源，有序开发博物馆、文化遗产地、考古工地研学旅行产品，推动建设全市博物馆研学资源库和东方博物馆之都研学营地，首批认定的20家文博研学基地的年接待研学游客近10万人次。

二里头夏都遗址博物馆开设有小学生的研学课程“夏都农场·五谷种植”，让孩子们了解夏朝先民们的衣食住行，体验“开盲盒”播种五谷。此外，该馆还开设过“最早的中国”“夏都诞生记”等研学内容，涉及考古发掘体验、陶器修复等课程。这些研学课程成为大众研学活动的热门选项。洛阳正抓紧建立中小学生利用博物馆、遗产地、考古工地参观学习的长效机制，打造“研学洛阳·读懂中国”文博研学品牌，文物部门和教育部门正

① 《“五一”假期，全市接待游客636.69万人次》，洛阳市文化广电和旅游局网站，2023年5月4日，https：//wgl.ly.gov.cn/news/newsDetail/297ed34a87c1a8a80187e4d22b7e04b2.html。

在推动各中小学把文博研学纳入学校教育教学计划，促进文博研学和学校课程有机融合，提高中小学生学习传统文化的热情，坚定文化自信。

洛阳推出5条文博研学线路，以便更好推动中小学生文博研学教育实践活动的开展。洛阳开设有“丝绸之路、运河中心、万里茶道枢纽”之旅、“河洛文明寻根”之旅、“红色教育”之旅、“探宝寻秘”之旅、“文化艺术”之旅5条研学旅行线路，涵盖近40家博物馆和景区，推出100余项研学社教课程，取得了良好的社会效益和经济效益。

洛阳通过推动博物馆公共服务市场化改革，开创了文物资源利用新路径，以创造性转化激发文物利用新活力。“古墓探秘妙游地宫”“多少楼台烟雨中”等古都特色研学剧本杀，通过沉浸式、互动式体验讲述文物背后的故事，多角度展示洛阳厚重的历史文化和独特的城市魅力，有效提升了城市文化影响力，促进了文化旅游发展，也让博物馆成为热门旅游打卡地。

三 洛阳打造“东方博物馆之都”存在的问题

我们在肯定洛阳取得了成绩的同时，也要充分认识到洛阳在打造“东方博物馆之都”这一文旅品牌上，还存在现实发展中的问题，距离预期目标还有一定的距离。

（一）城市文化定位有待进一步突出

洛阳作为文化资源大市，在城市发展中应该有独具特色的城市文化定位。国内许多大城市均有自己特色鲜明的文化定位，如西安在城市发展中主要打造唐文化、开封主要打造北宋文化、杭州主要打造南宋文化、北京主要打造明清文化。洛阳作为十三朝古都，虽占据文化资源优势，却没有清晰的文化定位。西安已打造唐文化多年，唐文化已成为西安独有的文化符号，洛阳在城市文化定位上应与西安错位发展，继续对隋唐文化加大投入，将造成资源浪费。而相比较而言，最早的中国从洛阳发源，夏文化的保护性发掘起步较晚，偃师商城是商朝第一个都城，是研究商朝早期帝都文化的重要研究地点，近年来，邻市郑州对于商代文化研究投入较多，地下文物发掘也不断取得新成果，反观洛阳对商代文化始终没有足够的重视。河洛文化受到的关注度远远不够。多年来，洛阳文化建设的突出问题是一直不能聚焦，原因是洛阳历史文化资源丰富，且很多文化资源都是国家级、世界级的。而洛阳什么都不想放手，什么都想抓一抓，结果平均用力，导致重点不能突出。尽管先后提出从“千年帝都”“牡丹花城”“丝路起点”“运河中心”“山水洛阳”几个方面用力，但是文化重点都没有突出出来。从一定程度上讲，不突出重点的发展势必会造成资源浪费。

（二）民办和专题性博物馆宣传力度有待加强

近年来，洛阳免费开放的博物馆已达20家，但除了个别博物馆依靠网络走红外，其余博物馆客流量一般，在博物馆宣传上缺乏力度。除洛阳博物馆、二里头夏都遗址博物馆、偃师商城博物馆、洛阳古代艺术博物馆（洛阳古墓博物馆）、洛阳隋唐大运河博物馆等近两年火爆“出圈”外，洛阳还有八路军驻洛办事处纪念馆、匾额博物馆、周公庙博物馆、洛阳老子纪念馆、千唐志斋博物馆、洛阳警察博物馆、洛阳日记博物馆、河洛古代石刻艺术馆等专题性博物馆，但从整体宣传和实际效果上看，一些博物馆的名气不够大，缺乏利用新媒体吸引流量的技巧，缺乏宣传工作片，难以形成立体式的覆盖，这就造成了洛阳在打造“东方博物馆之都”新的城市名片上受限，游客的整体感受也受到影响。

（三）部分博物馆旅游线路有待进一步优化

2017年以来，洛阳市规划培育10条博物馆旅游线路，但实际上除个别线路游客数量可观外，大部分旅游线路存在“上热下冷”的情况，博物馆建设的“热”和游客流量的“冷”形成一对矛盾，如非遗传统技艺线路、河洛寻根线路、豫西古建筑线路、峥嵘岁月工业游线路等旅游线路除部分不占地理位置优势外，专业性较强的博物馆更需要吸引的是专业人士的关注。

四　推动洛阳打造“东方博物馆之都”的对策建议

洛阳在实际打造“东方博物馆之都”的过程中，遇到诸如主题不够突出、线路不够优化、宣传力度不大等问题，我们可在把握问题关键中提出合理化建议，也可在打造中继续留意遇到的新问题，解决新问题、新情况，将洛阳真正打造成“东方博物馆之都”。

（一）找准城市文化定位，发挥城市文化优势

精准的城市文化定位既能提升城市的内涵和品味，彰显城市的个性和魅力，还可以给城市未来的发展带来更多的机遇。洛阳的文化资源优势显著，如何把有限的财政、科研、人才等资源优势集中于一处发挥出来，是城市管理者需要思考的问题。从城市历史来看，二里头遗址呈现的宫殿文化、国家文化等都是洛阳应着重用力的地方。偃师商城遗址是迄今为止所发现的我国商代早期城址中年代最早、规模最大、保存最好的一座帝都，也是我国夏商周三代唯一被考古发掘出的可供全面研究的宫城遗址。一座东周城，半部东周史。以东周王城为主要载体的城市考古研究，就是揭示东周时期以王城为核心的建城史、外交史、经济社会发展史和东周时期的礼仪文化史。研究以洛阳东周王城为代表的古代城市及城市文化，就是研究其深邃的文化内涵，研究根植于中国传统文化中的礼仪和历史文脉。洛阳在城市文化定位上应该向夏、东周这些洛阳独有的王朝倾斜，找准自身文化特色与优势，借力特色资源优势推动文旅产业融合发展。

（二）加大宣传力度，全力塑造城市新名片

网络宣传是当今博物馆宣传活动的重要组成部分，可以快速传播信息，影响大众。利用抖音、马蜂窝、小红书、微博和微信等新媒体平台，搭建网络宣传模式，可以有效地宣传博物馆，提高其知名度，以吸引更多的游客，促进博物馆的发展。博物馆可以在网络上发布信息，展示博物馆的文物，介

绍博物馆的设施、服务和活动，通过开展在线活动，引导更多的游客参观博物馆，增加博物馆的参观人数。

洛阳要做好“东方博物馆之都”这一品牌营销，首先在于把握品牌“质量”，“东方博物馆之都”重在“质”，其次才是“量”的叠加。“质”的生成则重在游客的博物馆体验，在网络短视频流量大背景下，洛阳可探索与网络“大V”开展合作，通过网络“大V”的深度体验与流量带动，吸引更多的游客体验博物馆之旅。

古典诗词是中国传统文化心灵的故乡，古代优秀诗词中很多有关于洛阳的描述，也有很多成语故事与洛阳紧密相关，博物馆研学本身就与重视传统文化息息相关，可开辟古典诗词、成语故事的专馆或专栏，借助当今国人重视传统文化这一热点，让近距离感受传统文化之美成为博物馆研学中必不可少的一部分。

（三）打造精品线路，促进全面发展

打造精品旅游线路的基础是鼓励创建精品博物馆，如加强场馆、展厅、文物摆放的设计指导和博物馆级别评定指导，在注重数量发展的同时，高度重视质量建设；推进智慧博物馆建设，如建设洛阳博物馆陈列展览数字化系统，推进各博物馆信息化网络基础平台、文物智慧化管理系统、客流监测管理系统、办公业务及人员自动化管理系统、智慧导游系统、游客信息综合应用系统等项目建设，逐步实现“智慧保护”“智慧服务”“智慧管理”，让智慧博物馆深入人心。

在建设精品博物馆的基础上，精心合理设计线路，一些专题性的博物馆可以在专业领域开展合作，在具备了传播条件以后，逐步面向社会进行广泛宣传，从而丰富“东方博物馆之都”的旅游线路，为打造洛阳城市新名片做出属于文博爱好者的贡献。

洛阳还要围绕“行走河南·读懂中国”主题打造精品旅游线路，打造沉浸式文旅目的地，持续擦亮“研学洛阳·读懂历史”的城市品牌，为世界研学旅游打造“洛阳模式”、贡献“洛阳力量”。

参考文献

［1］刘福兴：《洛阳“博物馆之都”建设研究报告》，载刘福兴、陈启明主编《洛阳文化发展报告（2019）》，社会科学文献出版社，2019。

［2］课题组：《洛阳“东方博物馆之都”文旅发展问题研究》，载刘福兴主编《洛阳文化发展报告（2020）》，社会科学文献出版社，2020。

［3］《洛阳 10 条精品线路带你畅游博物馆之都》，洛阳网，2018 年 4 月 10 日，http：//news. lyd. com. cn/system/2018/04/10/030412916. shtml。

［4］《隋唐大运河文化博物馆：打造沉浸式体验空间　让运河文化“活”起来》，河南日报网，2022 年 3 月 30 日，https：//www. henandaily. cn/content/2022/0330/340611. html。

［5］高煜唱、张路路：《洛阳高质量建设“东方博物馆之都”擦亮沉浸式文旅产业底色》，《河南日报》2022 年 5 月 17 日，第 7 版。

附　录
2022~2023年河南文化发展大事记*

陈亚玲**

2022年

10月

10 月 10 日　由河南省文化和旅游厅主办，河南省非物质文化遗产保护和智慧化中心承办的沿黄九省（区）暨晋冀鲁豫四省传统戏剧展演活动正式启动。此次展演，共有内蒙古、河北、甘肃、青海、陕西、宁夏、河南、山东、山西、四川等 10 个省（区）的 20 余个传统戏剧类非遗代表性项目参演，展演持续至 11 月 10 日。

10 月 10 日　河南省政协召开《乡村记忆——老家河南　豫见乡愁》文史图书出版座谈会。

10 月 12 日　洛阳市举行打造全国沉浸式文旅目的地暨加快发展剧本娱乐产业新闻发布会。会上发布《洛阳市促进沉浸式文旅产业发展的实施意见》和《洛阳市加快发展剧本娱乐产业实施方案》，提出到 2025 年年底，将洛阳打造成为中国“剧本娱乐之都”，基本建成全国沉浸式文旅目的地。

---

* 本部分内容来自《河南日报》、河南省人民政府网、河南省文化和旅游厅网站。

** 陈亚玲，河南省社会科学院文学研究所（黄河文化研究所）研究实习员，主要研究方向为宋代文学文献学。

10 月 15 日　河南省委宣传部召开“河南这十年”主题系列新闻发布会——宣传思想文化专场，重点介绍党的十八大以来，河南宣传思想文化事业取得的主要成就。河南省委宣传部常务副部长曾德亚、河南省委宣传部副部长黄玉国及相关单位领导出席。

10 月 18 日　由河南省文化和旅游厅主办、浙江财经大学中国乡村振兴研究院承办“黄河非遗·点亮老家河南”——青年乡村营造行动重渡沟营开工仪式在重渡沟景区农耕村田园牧歌举行。

10 月 19 日　知识产权强国建设第一批典型案例公布，河南博物院位列其中，是全国唯一一家入围的文博单位。

10 月 24 日　中国地质学会公布我国第二批地质文化村（镇）评定结果，渑池县南村乡获准筹建地质文化乡，这是河南第一个获批建设的地质文化乡镇。

10 月 27 日　美国《国家地理》杂志公布 2023 年度全球推荐旅游地名单（25 处），洛阳龙门石窟入选“文化类”旅游地推荐名单。

10 月　由南阳作协副主席、二月河研究学会会长鲁钊创作的《二月河评传》由郑州大学出版社出版，这是中原乃至全国首部记载二月河完整人生的传记著作。

11月

11 月 5 日　2022 中国农民丰收节第五届中国农民电影节在南阳市方城县开幕。本届中国农民电影节以“乡村振兴新征程光影增辉二十大”为主题，采用多地联办形式，开幕式主会场设在河南南阳，“丰收庆典”主会场设在安徽，分会场设在四川等地。

11 月 7 日　由河南省文化和旅游厅、澳门大学主办，澳门大学中国历史文化中心、二里头夏都遗址博物馆承办，郑州大学、河南大学、华北水利水电大学、河南理工大学等高校共同参与的澳门大学首届中国文化节暨 2022 豫澳青年人文交流活动正式启动。

11 月 8 日　由中国文学艺术界联合会、河南省委宣传部、中国杂技家协会主办的第五届中国杂技艺术节在濮阳开幕，活动持续至11月13日。本届中国杂技艺术节以“艺绽新时代，技炫新未来”为主题，集中展示近年来创作的优秀杂技剧目和魔术节目。中国文联党组成员、书记处书记张雁彬，中共河南省委常委、宣传部部长王战营，中国文联副主席、中国杂技家协会主席边发吉等共同启动开幕仪式。

11月8日　由中华全国新闻工作者协会主办的第32届中国新闻奖评选结果正式公布，河南日报社作品《一万个馕九千里路》《走近二里头执钥者》《百年现代考古学·河南当惊世界殊》荣获中国新闻奖三等奖。

11月9日　河南智慧旅游开放平台、无上龙门沉浸体验馆等20个项目入选“2022智慧旅游创新项目”。

11月10日　国家文物局在北京召开“考古中国”重大项目重要进展工作会，专题介绍安阳殷墟考古与甲骨文研究重要成果及新进展，公布了殷墟遗址新发现宫殿宗庙区存在大型池苑、水道及相关建筑遗迹，介绍了殷墟外围区域包括辛店铸铜遗址、陶家营商代中期环壕聚落遗址、邵家棚商代晚期聚落遗址等多项新发现。

11月11日　2022年河南省文化产业赋能乡村振兴工作推进会在信阳光山举行。来自河南省、安徽省的红色研学专家学者、文化产业特派员代表及预选对象和当地干群共聚一堂，共话文化产业赋能乡村振兴新理念，共谋文旅文创融合发展新格局。

11月12日　河南省文物局公布了“河南省第一批省级考古遗址公园立项名单”。巩义双槐树遗址、安阳高陵、浚县黎阳仓遗址、南阳黄山遗址、宝丰清凉寺汝官窑遗址、濮阳戚城遗址、新密古城寨城址、巩义宋陵、汝州煤山遗址、鹿邑太清宫遗址、淮阳平粮台古城遗址等11个项目获得第一批省级考古遗址公园立项。

11月12日　由中国文化和旅游产业研究院、亚太国际休闲文化北京中心和《旅游休闲》杂志社共同推出的“深呼吸健康旅游发展指数”及“康养旅游百强县入围名单”发布，河南省卢氏县、栾川县、睢县入选。

11月14日　河南省中国一拖东方红工业游景区、河南省三秋醋产业博览园入选“2022年国家工业旅游示范基地名单”。

11月16日 以“做大做强中卢货运航线‘空中丝路’”为主题的郑州—卢森堡“空中丝绸之路”国际合作论坛在郑州举办。省委书记楼阳生致辞并宣布论坛开幕，省长王凯主持，省领导孙守刚、陈星、何金平出席。论坛以线上线下相结合的方式，举办郑州主会场、北京分会场活动，同时举办航空货运工商领袖峰会、国际航空货运枢纽论坛和航空经济发展论坛等三场平行分论坛。

11月16日 中国文字博物馆续建工程和汉字公园正式面向公众开放，这标志着我国唯一一座以文字为主题的国家级博物馆全面建成开放。省委常委、宣传部部长王战营出席开馆仪式并宣布开馆。

11月16日 2022年中国飞行家大会暨第十四届安阳航空运动文化旅游节在安阳通航产业园（永和机场）开幕。省委常委、宣传部长王战营出席活动并宣布开幕。本次大会以“文字之都 飞翔之城”为主题，开幕式上，中国航空运动之都一站式飞行服务中心、中国通航产业跨区域发展联盟、中国航空运动之都滑翔飞行联盟正式揭牌，第十四届安阳航空运动文化旅游节纪念封正式揭幕。

11月19日 第九届中原（鹤壁）文化产业博览交易会在鹤壁市城乡一体化示范区朝歌文化园开幕。省委常委、宣传部部长王战营出席活动并宣布开幕。本届文博会由中共河南省委宣传部、河南省文化和旅游厅、河南省商务厅、鹤壁市人民政府主办，以“文博新视野，文创新境界”为主题，以打造文化创意产品交易平台为目标。

11月21日 由中国考古学会、河南省文物局和鹤壁市人民政府联合主办的辛村遗址考古发掘90周年纪念大会暨中国两周考古学术研讨会在鹤壁迎宾花园召开。70余名嘉宾和专家学者，以线上线下形式参加会议，一同回顾辛村遗址考古走过的90年历程，共商辛村遗址保护与发展大计。

11月24日 “2022（第五届）中国县域旅游综合竞争力百强县市名单”“2022（第五届）中国县域旅游发展潜力百强县市名单”揭晓。河南登封市、栾川县入选2022中国县域旅游综合竞争力百强县市；济源市、林州市、新县、辉县市入选2022中国县域旅游发展潜力百强县市。

11月24日 “第四批41个全国法治宣传教育基地名单”公布，河南南水北调法治文化带、“四议两公开”工作法展馆上榜。目前，河南共有4个全国法治宣传教育基地，另外2个为“河南黄河法治文化带”和新县鄂豫皖苏区首府革命博物馆。

11月24日 由中国社会科学院近代史研究所指导，河南省社会科学界联合会、中共安阳市委宣传部主办，安阳市社会科学界联合会、河南科技大学马克思主义学院承办的“传承弘扬红旗渠精神 全面推进现代化河南建设”理论研讨会在郑州召开。

11月26日 河南省第十三届人民代表大会常务委员会第三十六次会议通过《河南省网络安全条例》，《条例》自2023年6月1日起施行。

11月26日 “天地之中（嵩山）——华夏文明与世界文明对话论坛2022年年会”举行。本届年会以“天下归仁：文明对话与人类共同价值”为主题，邀请了全球10余个国家和地区的专家学者代表，展开为期两天的线上学术研讨。

11月27日 首届仰韶论坛在三门峡举办，主题为“深化仰韶文化研究 探索中华文明起源”。论坛以线上线下结合的方式举办，来自全国的21位考古专家作了主题报告。

11月29日 中国科协公布“2021~2025年度全国科普教育基地补充认定名单”，河南省黄河博物馆、河南博物院等17个单位上榜。目前，河南已有全国科普教育基地45个、省级科普教育基地394个。

11月30日 河南省人民政府发布《河南省旅游公路网规划（2022—2030年）》，旨在串联全省优质旅游资源，推动交通运输与文化和旅游深度融合。

11月30日 由绍兴市人民政府、浙江省文物局主办的“守望——两宋皇陵考古成果展”在绍兴博物馆开展。这是绍兴南宋皇陵（宋六陵）与巩义北宋皇陵考古出土文物的首次联展。

12月

12 月 1 日　《河南省公共文化服务保障促进条例》正式施行。

12 月 7 日　由许昌学院、韩国清州大学共同发起，中韩两国教授及中韩两国高校 30 多位博士研究生共同组成的中韩三国文化国际研究院成立。

12 月 15 日　“黄河保护与文化发展论坛”在新乡市平原示范区开幕。论坛以“科技助力黄河安澜，弘扬黄河文化的时代担当”为主题，邀请多名中国工程院院士和水利、考古等领域专家与会交流。全国政协副秘书长、民进中央副主席朱永新，副省长孙运锋以视频形式出席会议并讲话。

12 月 16 日　中国博物馆学会公布“2022 全国高校博物馆优秀讲解案例征集展示活动获奖名单”。河南工业大学粮食博物馆陈欢讲解的《历史中的烟火味：陶灶》获得一等奖和优秀策划创意奖；河南农业大学校史馆吴与伦讲解的《见文物，忆初心》获得三等奖；河南师范大学生物资源博物馆杨文卓讲解的《翩翩朱鹭，千年守护》获得优秀奖。

12 月 16 日　安阳殷墟考古文旅小镇元宇宙数字街区（案例）斩获 ECI Awards 元宇宙项目组“银奖”。ECI 目前是国内最高级别的国际数字商业创新奖项，由国际数字商业创新协会（IECIA）始创。

12 月 18 日　生态环境部公布“2022 年生物多样性优秀案例名单”，“河南小秦岭国家级自然保护区栖息地生态修复”案例，成为全国 40 个入选优秀案例之一，也是河南唯一入选案例。

12 月 20 日　第十六届精神文明建设“五个一工程”获奖名单揭晓。河南省委宣传部推荐的《中国节日系列节目 2021 季》获电视类优秀作品奖，河南、湖北、山东、四川四省省委宣传部联合推荐的《我的父亲焦裕禄》获电影类优秀作品奖。

12 月 20 日　中共河南省委宣传部、河南省文化和旅游厅、河南省文物局联合印发《河南省新时代革命文物保护管理利用三年行动计划（2023—2025 年）》。

12 月 21 日 “中原古代城市水利科技研讨会”在线上召开。省内外学者就“古代城市遗址考古发现”“古代城市给排水”和“古代城市水利设施”等相关学术问题展开学术研讨。

12 月 21 日 河南省人民政府办公厅印发《河南省文物保护和科技创新实施方案》。

12 月 22 日 由中共河南省委宣传部、河南省社会科学院、中共安阳市委主办，红旗渠干部学院、中共林州市委承办的“新时代新征程大力弘扬红旗渠精神”研讨会召开。会议以线上和线下相结合的方式举行，在郑州设主会场，在安阳设分会场，11 位专家学者进行主题发言。

12 月 24 日 “2022 中国旅行服务产业发展论坛”在开封开幕。本次论坛由中国旅游研究院、河南省文化和旅游厅、开封市人民政府、河南大学主办，开封市文化广电和旅游局、河南大学文化产业与旅游管理学院承办，以“虚实共生·旅城共荣”为主题，采取“线上+线下”联动的形式开展。

12 月 24 日 中央广播电视总台发布“2022 年度国内十大考古新闻”，河南殷墟考古与甲骨文研究取得新进展、河南开封州桥及汴河遗址重现古城千年繁华盛景入选。

12 月 27 日 由中共河南省委宣传部主办、河南省社会科学院承办的第四届中原智库年会在郑州召开。本届年会以“推进文化自信自强，铸就社会主义文化新辉煌”为主题，采取线上线下相结合形式举行。省委宣传部副部长尹书博发表开幕式讲话，省社会科学院院长王承哲主持会议。

12 月 28 日 河南省文物考古研究院建院 70 周年院庆活动在郑州举行。国家文物局、河南省文化和旅游厅、河南省文物局领导，中国考古学会、河南省内地市考古机构、相关高校考古专业代表，河南省文物考古研究院全体干部职工分别以线上和线下的方式参加。

12 月 28 日 第二届河南省乡村旅游创新发展论坛在线上举办。本次论坛由河南牧业经济学院和市社科联主办，河南牧业经济学院旅游学院、市乡村旅游和休闲农业研究中心承办，省旅游协会等支持。

12 月 28 日 河南省文化和旅游厅与河南黄河河务局联合印发《关于公

布首批“黄河文化千里研学之旅”实践基地名单的通知》，确定孟津铁谢险工等10处工程为河南省首批“黄河文化千里研学之旅”实践基地。

12月28日 文化和旅游部公布“‘中国民间文化艺术之乡’建设典型案例名单”，河南有3项目入选：信阳市光山县文殊乡：从农村小舞台到国家大舞台——光山花鼓戏的传承与发展；商丘市民权县北关镇：画虎促发展 文化助振兴；平顶山市宝丰县：弘扬民间曲艺艺术 激活传统文化活力。

12月29日 国家文物局公布“第四批国家考古遗址公园名单和立项名单”。河南的仰韶村、二里头、郑州商城被列入“第四批国家考古遗址公园名单”；平粮台古城、虢国墓地、清凉寺汝官窑、宋陵被列入“第四批国家考古遗址公园立项名单”。目前，河南有国家考古遗址公园7处，列入国家考古遗址公园立项名单13处。

12月29日 文化和旅游部公布12家单位为2022年国家旅游科技示范园区，河南郑州中牟县现代服务业开发区入选。

12月29日 体育总局、文化和旅游部联合发布公告，认定14家单位为2022年国家体育旅游示范基地，河南省焦作市陈家沟太极拳文化旅游区上榜。

12月31日 由中国社会科学院中国廉政研究中心、河南省社会科学院联合举办的“学习贯彻党的二十大精神、推进党的自我革命——纪检监察理论与学科建设研讨会”在郑州召开。会上宣布成立河南省社会科学院纪检监察研究所，这是河南首家纪检监察实体性研究机构，也是全国社会科学院系统成立的第一家纪检监察专门研究机构。

2023年

1月

1月5~6日 由河南省文物局指导、河南省文物考古学会主办、河南省文物考古研究院承办的“2022年度河南考古工作成果交流会”在线上举行，共有46个项目参与汇报，充分交流展示2022年度的考古和文物保护工作新成果。其中辛村遗址、汉魏洛阳城、隋唐洛阳城、开封州桥等遗址的考古新发现引起广泛关注。

1月6日 文化和旅游部公布“2023年全国‘村晚’示范展示点名单”，河南省安阳市林州市任村镇井头村、焦作市马村区武王街道办事处北孔庄村、平顶山郏县广天乡三地入围。

1月6日 文化和旅游部公布“2022年文化和旅游志愿服务典型案例名单”，河南博物院的“我用我心讲党史”红色宣讲项目入选“其他类”典型案例。

1月7日 2023黄河国家战略新年论坛以线上和线下相结合的方式，在河南大学明伦校区举行，主题为“黄河文明与中国式现代化”。

1月7日 由河南省社会科学院主办的“《河南文化发展报告（2023）》出版宣介暨文旅文创融合发展研讨会”在郑州举行。《河南文化发展报告（2023）》围绕“文旅文创融合发展”的主题，设有总报告、专题报告、案例报告、综合报告、区域报告五大板块。研讨会由河南省社会科学院文学所（黄河文化研究所）所长李立新研究员主持，河南省社会科学院党委副书记、院长王承哲研究员致辞。

1月10日 在郑州举行的“2023中部元宇宙高峰论坛”上，河南首个以元宇宙为主题的数字线上平台——“大象元”元宇宙平台正式启动。

1月11日 文化和旅游部确定15家旅游度假区为新一批国家级旅游度假区，河南省三门峡市天鹅湖旅游度假区入选。

1月11日 河南省出版（版权）工作会议在郑州召开。会上，省委宣传部对2022年度河南优秀出版奖获奖出版物、出版单位和出版个人进行了表彰和颁奖，对书香河南首届全民阅读大会表现突出单位和查处重大侵权盗版案件有功单位、有功个人进行了通报表扬。

1月12日 国家档案局公布第五批中国档案文献遗产名录的评选结果，共有55件（组）档案文献入选，河南少林寺宗法档案、千唐志斋博物馆墓志石刻名列其中。

1 月 14 日 2023“欢乐春节”启动仪式在郑州举行，文化和旅游部部长胡和平致辞并宣布活动启动，河南省省长王凯出席仪式并致辞。

1 月 17 日 “2022 年长三角及全国部分城市最美公共文化空间大赛上榜名单”对外发布，河南 14 个空间获得“百佳公共文化空间奖”；郑州西亚斯学院图书馆、焦作市修武县岸上小镇民宿示范街区、焦作市沁阳曹瑾纪念馆获得“网络人气奖”；河南省文化和旅游厅公共服务处获“优秀组织奖”。

1 月 19 日 第十五届中国（鹤壁）民俗文化节开幕式在浚县古城举行。

1 月 19 日 中国气象局发布 2022 年气候生态品牌创建示范活动评审结果，河南光山县、固始县荣获“中国气候宜居城市（县）”称号，桐柏县、信阳浉河区荣获“中国天然氧吧”称号。

1 月 25 日 河南省科技馆新馆面向公众进行试运行。

2月

2 月 1 日 癸卯年黄帝故里拜祖大典筹备工作推进会召开。省政协主席。

2 月 2 日 第九届中国春节文化高层论坛在鹤壁市开幕。

2 月 3 日 文化和旅游部公布“2022 年非遗工坊典型案例”，河南 5 个案例入选。

2 月 9 日 第十六届河洛文化研讨会以视频方式召开，围绕“河洛文化：中华民族的根与魂”主题开展研讨交流。全国政协副主席苏辉、河南省政协主席孔昌生出席并致辞。会议在全国政协、福建省政协、江西省政协、广东省政协、河南省政协和洛阳市政协设 6 个会场，10 位专家学者以视频方式作了发言。

2 月 15 日 由河南省非物质文化遗产保护和智慧化中心牵头组建的中国首个非遗美学实验室正式揭牌。据悉，有意为河南非遗共谋发展的企事业单位和个人均可申请加入该实验室。

2 月 16 日 太行山乡村旅游暨红色旅游高质量发展推进会在安阳林州

市举行。省委常委、宣传部部长王战营出席会议并讲话，副省长张敏主持会议。

2月16日 殷墟遗址发掘研究保护工作座谈会在安阳举行。省委常委、宣传部部长王战营主持会议并讲话，副省长张敏出席会议。

2月21日 第十三届“中原古韵——中国（淮阳）非物质文化遗产展演”活动在周口市淮阳区伏羲文化广场正式开幕，来自内蒙古、青海、四川、广西、山西、陕西、湖北、湖南、河南、云南、贵州、浙江等12个省（区）的39项国家级非遗项目参与展演。

2月22日 由中国社会科学院主办、中国社会科学院考古研究所等承办的“中国社会科学院考古学论坛·2022年中国考古新发现”在北京举行。河南共有6个考古项目入选“2022年中国考古新发现”，含河南安阳市殷墟商王陵区及周边遗存。

2月24日 由河南省文化和旅游厅指导，安阳市委、市政府主办的“中华字都·安阳”红旗渠——殷墟文化旅游推介会在北京国家会议中心举行。

2月27日 河南兴文化工程文化研究工作推进会在郑州举行。会议总结兴文化工程实施以来的经验，查找问题，听取建议，安排今年工作。省委常委、宣传部部长王战营出席会议并讲话。

2月27日 “2022年度上海市博物馆陈列展览精品推介”活动结果揭晓，上海博物馆“宅兹中国——河南夏商周三代文明展”荣获2022年度上海市博物馆陈列展览精品推介。

3月

3月1日 文化和旅游部公布“第二批国家级旅游休闲街区名单”，河南开封市龙亭区七盛角旅游休闲街区、焦作市修武县岸上旅游休闲街区入选。

3月1~2日 河南省人大教科文卫工作交流座谈会在新乡市召开。省人大常委会副主任苏晓红出席会议并讲话。

3月2~6日 全省同步开展2023年“河南省新时代文明实践推动周”活动。

3月3日 为期3个月的2023年度大展——“大河文明展”在郑州博物馆文翰街馆拉开帷幕，展出意大利4家博物馆、国内14家文博收藏单位的珍贵文物203件（套）。展览由河南省文物局、郑州市文物局指导，郑州博物馆主办，意大利驻华使馆、中国文物交流中心、意大利驻华使馆文化中心支持。

3月3日 河南省文化产业赋能乡村振兴大会在云台山开幕。

3月3~4日 河南省副省长张敏赴洛阳调研指导文旅融合发展和文物保护利用工作。

3月5日 由无锡市人民政府主办，无锡市文化广电和旅游局承办，河南博物院、无锡博物院、无锡市文物考古研究所、无锡市鸿山遗址博物馆协办的“江河辉映——中原与江南青铜时代考古文物展”在无锡博物院开幕，展览持续至6月4日。

3月15日 河南省2023年全省艺术创作工作会议在郑州召开。会议深入学习贯彻习近平总书记关于文艺工作重要论述精神，传达学习了全国艺术创作工作会议精神，总结了2022年河南省艺术创作工作，并对2023年和今后一个时期的全省艺术工作进行安排部署。省文化和旅游厅党组书记、厅长黄东升出席会议并讲话。

3月15日 殷墟遗址博物馆陈展知识文本论证会在北京召开。论证会上，中国社会科学院考古所研究员、殷墟遗址博物馆陈展知识文本编制组成员岳占伟介绍了殷墟遗址博物馆陈展知识文本编制情况，复旦大学文物与博物馆学系系主任陆建松介绍了殷墟遗址博物馆陈展脚本编制情况。

3月15~17日 由河南博物院、河北博物院、山西博物院、安徽博物院、山东博物馆共同主办，洛阳博物馆承办，河南省博物馆学会社会教育专业委员会协办的“2023年中原五省博物馆教育培训”在河南洛阳成功举办，培训以“新方位·新作为·新力量”为主题。

3月18日 第五届全国中国画展览开幕式在郑州美术馆新馆举行，省委常委、宣传部长王战营出席开幕式。展览持续至4月15日。

3月20日 由中国期刊协会党刊分会主办、河南《党的生活》杂志社承办的“学习宣传贯彻党的二十大精神”主题年会在郑州召开，同步启动“行走河南·读懂中国”全国党刊全媒体大型主题采访活动。

3月21日 “2022年度河南省五大考古新发现”在郑州揭晓，偃师二里头都邑多网格布局、郑州商都遗址书院街墓地、安阳殷墟商王陵及周边遗存、洛阳孟津朱仓北朝墓、开封州桥及附近汴河遗址等5个考古发掘项目入选。

3月21日 由河南省文联，驻马店市委、市政府和省戏剧家协会联合主办的第十届黄河戏剧节在驻马店国际会展中心开幕。本届黄河戏剧节共有来自全国13个省（区、市）的70余台剧目报名参加，评选出的36台剧目以线上线下相结合的方式集中演出，剧目涵盖豫剧、曲剧、越调、京剧等15个剧种。

3月23日 “姓氏中国·寻根中原”文化探源启动仪式在新郑黄帝故里举办。

3月26日 “2022年度河南省科学技术奖励名单”公布，康相涛教授、龙伟民研究员被授予2022年度河南省科学技术杰出贡献奖。

3月26日 2023中国（郑州）旅游休闲娱乐产业博览会在郑州国际会展中心举行。

3月27日 黄帝故里拜祖大典组委会在北京举行新闻发布会，宣布癸卯年黄帝故里拜祖大典将于4月22日（农历三月初三）在河南新郑举行。省拜祖大典协调领导小组副组长、省政协副主席谢玉安主持新闻发布会。

3月28日 “2022年度全国十大考古新发现”在北京揭晓，偃师二里头都邑多网格式布局、安阳殷墟商王陵及周边遗存、开封州桥及附近汴河遗址入选。至此，河南入选全国十大考古新发现的项目已达53项，继续领跑全国。

3月31日 “2023中国旅游商品大赛”评选结果揭晓，河南省获得1金2银1铜四个奖项，河南省文化和旅游厅获得“最佳贡献单位”，河南省旅游协会获得突出贡献单位。

4月

4月1日 2023中国（开封）清明文化节启动仪式举行，为期15天的清明文化节正式拉开帷幕。省委常委、宣传部部长王战营，中国文联副主席、中国民间文艺家协会主席潘鲁生，省政协副主席、民进河南省委会主委张震宇等出席仪式。本届清明文化节以“传承文明拥抱春天”为主题。

4月3日 2023世界研学旅游大会在洛阳市开幕。本次大会由河南省文化和旅游厅、洛阳市人民政府、世界研学旅游组织联合主办，全面展示河南省尤其是洛阳市近年来研学旅游发展的成果。会议现场，“世界研学旅游组织（加拿大）河南代表处”揭牌，并向2024世界研学旅游大会举办城市代表进行了授旗。会议发布了《黄河研学资源推介及黄河文化千里研学产品》《洛阳宣言》和河南省10大精品研学旅游线路。

4月7日 由中国工程院、水利部黄河水利委员会主办的黄河流域生态保护和高质量发展国际工程科技战略高端论坛在郑州开幕，省长王凯、中国工程院副院长邓秀新、水利部副部长朱程清出席开幕式并致辞。

4月8日 由河南省人民政府主办，河南省文化和旅游厅、洛阳市政府共同承办的第40届中国洛阳牡丹文化节在牡丹阁景区开幕。河南省委常委、洛阳市委书记江凌出席活动，副省长张敏宣布第40届中国洛阳牡丹文化节开幕。本届牡丹文化节以“花开洛阳青春登场”为主题，持续至4月23日。

4月12日 服务保障黄河国家战略检察论坛在郑州开幕。论坛主题为“充分发挥检察职能作用，服务保障黄河流域生态保护和高质量发展”。省委书记楼阳生致辞。

4月14日 “2023年‘全国最具创新力博物馆’推介活动名单”公布，开封博物馆、洛阳博物馆入围。

4月15日 由人民文学出版社、中共河南省委宣传部、河南日报社、河南省文学艺术界联合会主办的2023当代文学论坛暨颁奖盛典在河南郑州举行。

4月15日 河南首家创意阅读市集"最美读书声·书SHI生活"在中原图书大厦正式开集。

4月18日 河南省"4·23"世界读书日系列活动启动仪式在郑州举行。省委常委、宣传部部长王战营出席并讲话。现场还公布了2022年度豫版好书获奖名单。

4月18~19日 黄河文化论坛在山东东营举办。省人大常委会副主任苏晓红出席开幕式并代表河南签署沿黄九省（区）黄河文化国际传播合作协议。

4月19日 河南省文明城市创建工作推进会在郑州召开，省委常委、宣传部部长王战营出席会议并讲话。

4月20日 第十六届黄帝文化论坛在新郑市开幕。省政协主席孔昌生致辞。

4月21日 第七届郁达夫小说奖公布，河南作家邵丽的《黄河故事》摘得中篇小说奖首奖。

4月21日 2023全球豫商大会在郑州举行。全国政协副主席、全国工商联主席、中国民间商会会长高云龙视频致辞。省委书记楼阳生致辞，省长王凯主持，省政协主席孔昌生出席。海内外知名豫商、境外豫商协会负责人、部分知名企业高管、高校负责人等300余名嘉宾参会。

4月21日 "追梦中华·读懂黄河"2023海外华文媒体河南采访行活动在郑州启动。此次活动由中华全国归国华侨联合会指导，河南省归国华侨联合会、河南省人民政府新闻办公室、河南日报社、河南省文化和旅游厅联合主办。

4月22日 农历三月初三，癸卯年黄帝故里拜祖大典在新郑黄帝故里举行。全国人大常委会副委员长洛桑江村，省委书记楼阳生、省长王凯、省政协主席孔昌生等出席大典。本届黄帝故里拜祖大典由河南省人民政府、政协河南省委员会、国务院台湾事务办公室、中华全国归国华侨联合会、中华全国台湾同胞联谊会、中华炎黄文化研究会等单位联合主办，郑州市人民政府、政协郑州市委员会承办，新郑市人民政府协办。大典分为盛世礼炮、敬献花篮、净手上香、行施拜礼、恭读拜文、高唱颂歌、乐舞敬拜、祈福中华、天地人和等9项议程，社会各界代表及近百家新闻媒体约2500人在现场参加了大典。

4月22日　“国际商都历史文化区及消费活动暨三月三商都文化节”在郑州商都国家考古遗址公园东城垣东侧公园（城北路至东大街）开幕。同时，郑州商城东城垣遗址博物馆开馆试运行。

4月23日　河南春季文化和旅游大集开集仪式在郑州举行，副省长张敏出席仪式并宣布开集。

4月24日　第二届全民阅读大会·年度最美书店发布活动在杭州举行。全国共有50家书店获得年度最美书店称号，河南开封市新华书店开封书城和郑州市郑东新区兆熹书店上榜。

4月25日　由中央党史和文献研究院、河南省委联合举办，以“全面准确学习领会党的二十大精神，加强习近平新时代中国特色社会主义思想研究”为主题的第四届全国党史和文献论坛在郑州开幕。中央党史和文献研究院院长曲青山、省委书记楼阳生出席并致辞。

4月26日　由国家文物局、河南省人民政府主办的第四届世界古都论坛暨亚洲文化遗产保护行动青年论坛启动仪式在洛阳举行。国家文物局副局长解冰、副省长张敏等出席活动并致辞。

4月27日　2023年全民数字素养与技能提升月河南省活动启动仪式在郑州高新区举行。副省长刘玉江出席启动仪式。活动由省委网信办、省委党校（行政学院）、省教育厅、省科技厅等16家单位联合主办，主题为“数字赋能，全民共享”。

4月28日　“美好生活·青春信阳”——第31届信阳茶文化节开幕，2023信阳茶业博览会同时开展。

4月29日　位于安阳市的曹操高陵遗址博物馆举行开馆仪式，正式向公众开放。

5月

5月6日 河南省政协文史工作座谈会在郑州召开。省政协副主席谢玉安、张震宇出席会议并讲话。会议为省政协文史资料工作专家咨询委员会首批委员代表颁发聘书，11位市、县政协有关负责人和专家学者作交流发言。

5月7日 由中国中药协会和新乡市人民政府主办的2023中国百泉药交会在新乡开幕。副省长张敏出席并宣布开幕。

5月8日 全国旅游标准化技术委员会认定66家单位为第二批国家级文明旅游示范单位，河南三门峡天鹅湖国家城市湿地公园、郑州·中国绿化博览园入选。

5月11日 科技部公布“全国第二批92个创新型县（市）建设名单”，河南的长葛、兰考、长垣、西峡等4个县（市）上榜，加上已通过首批验收的新郑市，河南目前共有5个县（市）入选全国创新型县（市）建设名单。

5月11日 汉江流域3省13市文旅产业协同发展论坛在南阳世界月季大观园举办。本次论坛以“深化汉江流域开放开发、绿色发展、合作共赢”为主题。

5月12日 由中国考古学会、中国社会科学院考古研究所、河南省文物考古学会、郑州中华之源与嵩山文明研究会联合主办的第三届中国考古·郑州论坛开幕。来自中国考古学会、中国社会科学院考古研究所、中国国家博物馆、北京大学等单位的150余名专家学者，围绕“中华文明起源与形成”这一主题作探讨交流。

5月16日 以“食全食美漯在其中”为主题第二十届中国（漯河）食品博览会开幕式举行。

5月18日 第九届中国戏剧奖·曹禺剧本奖（第25届曹禺戏剧文学奖）新闻发布会在广州举行，公布本届获奖作品和提名作品各5部。河南编剧原长松、何海江凭借《河洛工匠》获第25届曹禺戏剧文学奖提名奖。

5月18日　由国家文物局、中央文明办、中央网信办联合主办的“2023年度‘弘扬中华优秀传统文化、培育社会主义核心价值观’主题展览100个推介项目名单”公布。郑州博物馆的“大河文明展”入选20项重点推介项目；安阳博物馆的“从殷墟到大邑商——新时代殷墟考古新发现展”，兰考县焦裕禄同志纪念馆的“焦裕禄生平事迹展”，洛阳民俗博物馆的“镜像——家风家训专题展”，洛阳博物馆、中国社会科学院考古研究所的“其宁惟永——北魏洛阳永宁寺特展”入选80项推介项目。

5月18日　河南自然博物馆科普基地暨河南省古生物研究重点实验室修复基地在新郑举行揭牌仪式。

5月18日　国际博物馆日河南主会场活动在信阳博物馆举行。开幕式上，省文物局为荣获2022年度河南省优秀陈列展览、2023年度“弘扬中华优秀传统文化、培育社会主义核心价值观”主题展览以及获2022年度河南省博物馆志愿服务典型案例的32家文博单位颁发荣誉证书。

5月18日　第五届中原美术、设计学院院长论坛在安阳林州市“中国画谷”石板岩镇举行。本届论坛由河南省教育厅、河南日报社主办，林州市人民政府、河南省学校艺术教育协会协办，安阳师范学院、林州市石板岩镇人民政府、大河美术报社承办，主题为“提升·赋能”。

5月19日　2023“中国旅游日”河南主会场启动仪式、第二十八届三门峡黄河文化旅游节·第九届中国特色商品博览交易会开幕式在三门峡国际文博城举行。

5月20日　由河南省文化和旅游厅、河南省发展和改革委员会主办，三门峡市人民政府、中国旅游报社承办的黄河国家文化公园建设保护会议在三门峡举办，沿黄相关省（区）文化和旅游厅、发展和改革委员会及重点城市代表参加会议。

5月20日　中国考古学会考古遗产专业委员会成立大会暨考古遗产保护利用研讨会在郑州开幕，130余名专家学者出席本次会议。

5月22日　2023·新乡市比干文化旅游节在卫辉市比干文化广场开幕。省委常委、统战部部长张雷明出席开幕式并宣布活动开幕。

5月23~25日 “中国文物保护技术协会第十一次学术年会”在郑州召开，本次年会以“多学科协同下的文物保护科技创新”为主题。

5月24日 民族歌剧《银杏树下》获第五届中国歌剧节优秀剧目。

5月24日 河南省文物考古研究院豫东考古研究中心揭牌仪式在周口市淮阳区大连乡孔楼村举行。国家文物局副局长关强、河南省文化和旅游厅厅长黄东升、河南省文物局副局长贾连敏等参加揭牌仪式。

5月24日 由河南省档案局、河南省档案馆共同举办的第二届黄河流域九省区档案馆传承黄河文化档案工作座谈会在郑州召开。

5月26日 河南省文物考古研究院申报的三门峡虢国墓地虢仲墓（M2009）出土青铜器保护修复项目入选“2022全国十佳文物藏品修复项目”。

5月26日 河南省革命文物保护利用片区（晋冀豫、冀鲁豫）工作座谈会在濮阳召开。会议由河南省文物局主办、河南省文物建筑保护研究院承办、濮阳市文化广电旅游体育局协办。

5月29日 2023年河南省全国科技工作者日主场活动在省科技馆新馆举行。省委副书记、政法委书记周霁宣布活动启动，并为2022年河南“最美科技工作者”颁奖。

5月29日 洛阳师范学院入选文化和旅游部“文化和旅游研究基地（2023~2025年）名单”。

5月30日 国家文物局在北京召开“考古中国”重大项目重要进展工作会，聚焦商代最新考古发现，通报了河南安阳洹北商城遗址、河北商代考古发现与研究、陕西清涧寨沟遗址、北京丰台新宫遗址等4项重要考古成果。国家文物局副局长关强主持会议。

6月

6月5日 由省生态环境厅、省文明办、郑州市政府联合主办的2023年6·5环境日河南主场活动在郑州举行。副省长刘玉江出席活动并为河南生态文明建设先进典型代表颁奖。

6月5~6日 第二届全国文化创意产品推介活动终评会圆满结束，河南博物院参选“玉佩棒棒糖”荣获全国十佳文创产品，“非遗娃娃——绢舞飞天”和“雕刻的宝物——传拓盲盒”荣获优胜文创产品奖。

6月7日 “第十五届全国文化企业30强名单”发布，中原出版传媒集团第9次入选。

6月7日 新华通讯社—郑州大学穆青研究中心红色文化研究基地授牌仪式在商城县伏山乡里罗城村举行。

6月9日 河南儿童剧《花木兰》获得“第九届全国优秀儿童戏剧展演参演剧目”。

6月10日 以“文物保护利用与文化自信自强”为主题的2023年“文化和自然遗产日”河南主场活动在郑州启动。活动现场发布6条“行走河南·读懂中国”河南首批文物主题游线路。省委常委、宣传部长王战营出席活动，并同著名考古学家、中国社科院学部委员刘庆柱一道为郑州商城国家考古遗址公园揭牌。

6月10日 国家文物局公布2023年度中华文物新媒体传播精品推介名单，由河南省文物局、河南日报社大河网联合推出的大型文博策划《追寻文明的足迹》荣获精品项目奖，成为河南唯一入选作品。

6月14日 郑州-卢森堡“空中丝绸之路”建设十周年暨郑卢绿色丝绸之路首航仪式在郑州举行。省委书记楼阳生致辞，省长王凯主持。

6月15日 河南省人民政府组织召开全省加快交旅融合发展工作会议，安排部署加快全省“快进慢游深体验”旅游公路网建设工作，促进“行走河南·读懂中国”品牌塑造，推动交旅融合高质量发展。副省长张敏出席会议并讲话。

6月15日 “2023中国最美县域榜单”揭晓，河南4地入选。

6月18日 2023元宇宙创新发展伙伴计划系列活动——首届文化元宇宙暨微短剧产业大会在郑州召开。

6月21日 《中央广播电视总台与河南省人民政府战略合作框架协议》签约暨中央广播电视总台河南总站运行揭牌仪式在郑州举行。中宣部副部长、中央广播电视总台台长兼总编辑慎海雄和省委书记楼阳生致辞，并共同为中央广播电视总台河南总站揭牌，省长王凯出席。

中央广播电视总台编务会议成员黄传芳为“强国建设·奋进河南”大型品牌传播工程合作城市郑州、开封、洛阳、新乡、南阳颁发合作牌。

6月21日 河南国际传播中心揭牌仪式在郑州举行。新华社党组成员、副社长袁炳忠，省委常委、宣传部部长王战营出席，并同与会嘉宾一道为河南国际传播中心揭牌。揭牌仪式还同步上线 Hi~Henan 海外传播矩阵。

6月22日 河南博物院首次夜间对公众开放，推出“端午夜未央”主题活动，吸引了全国各地观众前来感受“奇妙的博物馆之夜”。

6月23日 河南广播电视台推出的“中国节日”系列节目荣获第28届白玉兰奖最佳综艺节目。

6月24日 “空中丝路枢纽全球”中德智能制造融合创新合作交流会在郑州航空港经济综合实验区成功举办。

6月24日 郑州美术学院揭牌成立。这是河南第一所独立设置的艺术本科学校，填补了河南艺术类本科院校空白。

6月25日 “2023范长江行动——香港传媒学子中原行”活动在郑州启动。本次活动以“行走河南·读懂中国”为主题。

6月29日 在上海举行的 TopDigital 营销盛典上，河南文旅元宇宙空间“元豫宙”获得 TopDigital 创新营销奖虚拟场景设计组金奖。

6月29日 “行走河南·读懂中国”文化旅游季暨第五届全球文旅创作者大会启动仪式在洛阳九洲池考古遗址公园举行。省长王凯作主旨讲话，孔昌生、江凌共同启动活动。活动现场发布了“行走河南·读懂中国”主题旅游线路和促进文旅消费、引客入豫政策措施。同日，2023河南省文旅文创发展大会实地观摩活动在洛阳举行。

6月30日 2023全省文旅文创发展大会在洛阳召开。省委书记楼阳生讲话，省长王凯主持，省政协主席孔昌生出席。会议通报了全省文旅文创融合战略推进情况，为首批12个省文化和旅游消费示范县（市、区）授牌，洛阳市汇报了推动新文旅产业发展的做法和成效。

会前举行河南省文旅文创发展大会签约仪式，同日举行“探寻夏都，解读最早中国”主题活动、“百万学子游河南”活动启动仪式、“古都夜八点”文旅消费季点亮活动启动仪式。

7月

7月1日 由郑州大学历史学院、河南省文物考古研究院、黄河考古研究院联合举办的“夏史探原——历史与考古学者之间的对话”学术研讨会在郑州大学历史学院（中原历史与文化研究院）举行。与会专家学者围绕夏文化、夏代都邑、夏代的相关史料等学术论题进行报告。

7月1日 由安阳师范学院、中国国家画院、河南红旗渠干部学院主办的“太行丰碑”红旗渠精神影像展在北京中国国家画院美术馆开展，展览持续至7月15日。

7月3日 “2023河南省两岸青年交流月”活动启动仪式在郑州市第四高级中学举行。省委常委、统战部部长张雷明出席启动仪式，宣布活动启动并向青年代表授旗。本次活动由河南省人民政府台湾事务办公室、河南省教育厅、河南省青年联合会共同主办，以“台青中原行·感知两岸缘”为主题。

7月6日 河南省人民政府新闻办公室召开新闻发布会，介绍和解读第三批“中华源·河南故事”中外文系列丛书的具体内容，并回答记者提问。第三批“中华源·河南故事”丛书主要包括《淮河文化》《黄河流域生态保护》《青铜器》《书法》《陶瓷》《杂技》《中原典故》《中原民俗》《中原神话》《中原粮谷》等10个分卷。

7月8日 首届乡村儿童艺术嘉年华在信阳市光山县开幕。活动由文化和旅游部艺术司、产业发展司，河南省文化和旅游厅、信阳市人民政府指导，中国儿童艺术剧院主办，以“在艺术的田野上一起奔跑”为主题。

7月10日 全省文物工作会议在郑州召开。省委常委、宣传部部长王战营出席会议并讲话，副省长张敏主持会议并传达楼阳生书记的批示。

7月11日 省委常委、宣传部部长王战营赴漯河市，调研贾湖遗址保护利用工作。

7月12日 第十九届世界漫画大会会旗交接仪式在安阳举行。这标志着备受全球漫画家、动漫界关注的第十九届世界漫画大会正式进入"安阳时间"。

7月13日 由省委宣传部、省委网信办、省农业农村厅、省乡村振兴局、中国搜索主办的"乡村振兴看河南"网络主题宣传活动暨2023乡村振兴论坛在新乡平原示范区启动。新华社副社长、党组成员刘健，省委常委、宣传部部长王战营共同启动活动。

7月13日 国务院国资委发布"国有企业品牌建设典型案例和优秀品牌故事名单"，河南航投集团郑卢"空中丝路"入选2022年度品牌建设典型案例。

7月14日 国家文物局印发《第一批古代名碑名刻文物名录》，河南共有145处文物上榜，包括龙门石窟、少室阙、太室阙等，涵盖东汉、三国、西晋、南北朝、唐、五代十国、宋、金、元、明、清等多个朝代。

7月18日 中国作家协会在山东临沂召开"新时代山乡巨变创作计划"推进会，发布11部"新时代山乡巨变创作计划"第二批重点推进作品，河南作家柳岸的长篇小说《天下良田》、麦苏的长篇小说《陶三圆的春夏秋冬》入选。

7月18日 河南省统计局发布《2022年河南省文化及相关产业发展情况报告》。2022年，河南积极推动促进文化及相关产业各项政策实施，文化产业发展总体平稳，文化新业态行业营业收入实现快速增长。

7月18~19日 河南省委常委、宣传部部长王战营赴南阳，调研文物保护等工作。

7月18~20日 河南省委书记楼阳生到焦作市博爱县、修武县、孟州市、沁阳市、温县，调研文旅融合等工作。

7月21日 由河南博物院主办的让文物"活"起来研讨会在郑州召开。国家文物局博物馆司司长刘洋、河南博物院院长马萧林、中国博物馆协会理事长刘曙光等参加。

7月22日　2023鸡公山清凉文化月暨大别山（信阳）文化旅游季在鸡公山景区启动。河南省文化和旅游厅党组书记、厅长黄东升，信阳市委副书记、市长陈志伟等出席。

7月22日　2023年豫哈青少年夏令营开营仪式在河南博物院举行。省委常委、组织部部长王刚出席并致辞，为夏令营营员代表授旗。

7月22日　中原食品实验室营养健康分中心在北京揭牌成立，正式落户中国农业大学营养与健康研究院。该分中心的揭牌成立，把北京和漯河两个科研阵地紧密连接，将有利推动漯河现代化食品名城建设、河南万亿级食品产业集群高质量发展。

7月25日　由省文明办、省教育厅、省文化和旅游厅、省文物局联合组织的“文明探源我来说”文物和文化遗产保护志愿服务计划集中宣讲活动在全省各地同步启动。据统计，当天共有296名文物和文化遗产专家志愿者在全省各地开展了306场宣讲活动，听众达2.7万人。

7月26~27日　河南省文联系统推进文艺创作工作会议在郑州举行。各地文联主要负责人、各省级艺术家协会负责人、新文艺群体代表等参加会议。

7月29日　河南省图书馆郑东分馆在郑东新区龙子湖智慧岛大厦揭牌开放。

7月29日　“2023年全国县域旅游综合实力百强县名单”公布，河南共有两地上榜，其中登封市居第57位，栾川县居第81位。从2018年开始，登封市和栾川县已连续6年上榜“县域旅游全国百强”。

7月30日　河南省党校（行政学院）系统智库联盟成立大会暨智库工作研讨会在省委党校（河南行政学院）举行。

8月

8月1日　由河南省文物局策划、指导，河南省文物考古研学发展联盟、河南省文物考古研究院主办的“跟着著名考古学家去寻商”精品公益研学营在河南博物院正式开营。郑州市第四高级中学、第七高级中学、第四十七高级中学、郑州市郑开学校、安阳一中等学校师生及媒体代表参加活动。

8月1日 文化产业赋能乡村振兴交流活动在河南省兰考县举办开班式。

8月1日 2023河南智慧文旅大会在“只有河南·戏剧幻城”举行。文化和旅游部资源开发司副司长张锐瑞，河南省文化和旅游厅党组书记、厅长黄东升出席会议并讲话。大会以“人工智能智慧文旅发展新动能”为主题。

8月1日 河南省工业和信息化厅公布“2023年河南省省级工业遗产名单”，这是河南首次认定省级工业遗产。

8月3日 文化和旅游部公布“全国首批24个智慧旅游沉浸式体验新空间培育试点项目名单”，河南的只有河南·戏剧幻城智慧旅游沉浸式体验新空间、《飞越清明上河图》球幕影院智慧旅游沉浸式体验新空间入选。

8月5日 第九届“清风荷韵·中原廉文化”系列活动在周口市淮阳区举办。活动由河南日报社、周口市纪委监委主办。

8月7日 “行走河南·读懂中国”考古发现集中采访活动在河南省博物院启动。

8月8日 由中央宣传部、文化和旅游部、河南省人民政府主办，新县县委、县政府承办的第四届全国红色故事讲解员大赛在新县举行。大赛主题为“致敬新时代　讲好新故事”。

8月9日 由河南省文化和旅游厅、河南省文物局主办的“行走河南·读懂中国”河南省博物馆主题旅游线路推广活动在郑州商代都城遗址博物院启动。河南省政协副主席张震宇出席并宣布活动启动，省文化和旅游厅党组书记、厅长黄东升出席活动并讲话。活动现场发布了历史文化主题博物馆、革命纪念主题博物馆、自然科技主题博物馆3条博物馆主题旅游线路。

8月10日 由团省委、省少工委、省青少年发展基金、河南日报社联合主办的“万名青少年进林州 红旗渠精神代代传”寻访实践大型公益活动在安阳林州红旗渠精神营地启动。

8月10日 2023香港青年学生河南交流团开营仪式在河南博物院举行，来自香港20多所高校和中学的40名青年学生正式开启为期10天的研学之旅。本次活动是香港“百万青年看祖国”主题活动的重要组成部分。

8月11日 第十一届茅盾文学奖获奖作品揭晓，豫籍作家乔叶的《宝水》获奖，乔叶是第1位获得茅盾文学奖的“70后”女作家，也是第10位获茅盾文学奖的豫籍作家。

8月12日 第二届印迹乡村创意设计大赛总决赛颁奖仪式在梁平隆重举行，河南多个作品获奖，其中，一等奖3个、二等奖1个、三等奖3个，另有10余项作品获优秀作品奖。河南省农业农村厅荣获全国大赛“优秀组织奖”，省乡村产业发展服务中心荣获“特殊贡献奖”。

8月14日 郑州市人民政府办公厅发布《郑州市元宇宙产业发展若干政策》，细化出台了10余项政策措施，提出力争经过3年努力，把郑州打造成为全国一流元宇宙创新之城、产业之城、融合应用之城。

8月15日 由中华全国归国华侨联合会主办，河南省归国华侨联合会和河南省华侨国际文化艺术交流协会承办，河南大学、河南中医药大学、郑州黄河博物馆协办的2023“中国寻根之旅”夏令营遇见黄河·文化营在郑州黄河博物馆举行开营仪式。本期夏令营以“黄河、汉语、文化、寻根”为主题。

8月15日 商务部、中央宣传部、财政部、文化和旅游部、广电总局共同认定并公布“2023~2024年度国家文化出口重点企业名单”，河南约克动漫影视股份有限公司入选；认定“2023~2024年度国家文化出口重点项目”，河南国脉文化产业园有限公司的非遗文创《文化中国礼》与非遗展演入选，也是非遗文创类全国唯一入选项目单位。

8月15日 首届伏羲文化论坛在周口淮阳举行。来自全国各大高校及科研院所的近30位知名专家学者参会。本届论坛由河南省社会科学界联合会，周口市委、市政府共同主办，以“伏羲文化与中华道德文明起源传承”

为主题。

8月18日 以“奋进河南新时代 健康中原更出彩”为主题的河南省第十四届运动会暨第八届残疾人运动会在隋唐洛阳城国家遗址公园开幕。省委书记楼阳生出席开幕式并宣布运动会开幕，省长王凯致开幕词。本届运动会开幕式以城市为背景、以遗址为舞台，是一次文体旅多彩融合的嘉年华。

8月19日 省委书记楼阳生到洛阳市瀍河区、偃师区调研文化保护传承等工作。江凌、陈星参加调研。

8月19日 由中国作家协会《诗刊》社，河南省文联，唐河县委、县政府主办的首届中国（唐河）李季诗歌奖颁奖大会在唐河县举行。

8月21日 郑州大学河南音乐学院院长聘任仪式在郑州大学举行。省委书记楼阳生出席并讲话，省长王凯颁发聘书。著名男高音歌唱家戴玉强受聘担任郑州大学河南音乐学院院长。

8月25日 郑公大墓青铜文物出土百年揭碑仪式在新郑李家楼举行。

8月26日 由省委宣传部指导，洛阳市委宣传部、中国马克思主义哲学史学会21世纪马克思主义研究分会、清华大学《社会主义核心价值观研究》编辑部主办的“第二个结合”（把马克思主义基本原理同中华优秀传统文化相结合）与建设中华民族现代文明理论研讨会在洛阳召开。会上，河南省重点社会科学研究基地“河洛文化与中华民族现代文明建设研究中心”揭牌。

8月26日 中国社会科学院考古研究所河南第一工作队新郑工作站、裴李岗遗址考古标本室揭牌仪式在新郑市新村镇裴李岗村举行。

8月26日 第五届中国粮食交易大会在郑州国际会展中心开幕。省长王凯、国家粮食和物资储备局党组书记刘焕鑫出席开幕式并共同为大会启幕。本届大会以“强产业促流通开新局”为主题，由国家粮食和物资储备局、河南省人民政府共同指导举办。

8月29日 河南省文化和旅游厅公布“首批河南省文化和旅游研究基地名单”，郑州大学、河南大学、河南财经政法大学、河南省科学院地理研究所、洛阳师范学院、郑州西亚斯学院、河南省文化产业协会入选。

8月30日 河南大学河南戏剧艺术学院院长聘任仪式在河南大学郑州

校区举行。省委书记楼阳生出席并讲话，省长王凯颁发聘书。著名京剧表演艺术家于魁智受聘担任河南大学河南戏剧艺术学院院长，著名豫剧演员李树建受聘担任名誉院长。

8月30日 河南—波兰经贸物流推介对接会以线上方式举办。省长王凯、波兰卢布林省省长斯塔维亚尔斯基出席并致辞。会上，河南与卢布林省分别作了产业推介，双方企业开展了深入对接交流。

8月31日 河南省人民政府办公厅印发《关于进一步推动文物事业高质量发展的实施意见》，为加强新时代文物工作、推动河南文物事业高质量发展作出规划部署。

8月 2022年度“书香中国”全民阅读品牌传播影响力大数据研究报告公布，书香河南入选综合传播影响力榜单，并首次入选影响力、美誉度2个分项榜单。

9月

9月1日 书香河南公共文化平台正式上线。平台数字阅读内容囊括了文化教育、文化传记、自然科普、儿童阅读等各类电子图书近10万册，各类音频资源6300余集，用户可直接点击免费在线阅读或收听。

9月3日 “建设中华民族现代文明暨期刊高质量发展”学术座谈会在郑州召开。来自社科研究机构、期刊的专家学者，省委宣传部等相关部门领导同志，以及省社科院相关部门专家学者代表和省内外媒体代表100余人参加会议。

9月3~6日 2023中国（郑州）国际旅游城市市长论坛在郑州举办。本届论坛由文化和旅游部、河南省人民政府共同主办，郑州市人民政府、河南省文化和旅游厅、河南省人民政府外事办公室承办，联合国世界旅游组织、世界旅游联盟、世界旅游及旅行业理事会、亚太旅游协会为支持单位。论坛主题为“发现新动能，促进旅游城市可持续发展”。论坛期间，举办“河南之夜”旅游推介活动、开幕式暨论坛大会、世界旅游联盟·城市旅游对话等主要活动。

9月6日 第二十五届中国农产品加工业投资贸易洽谈会在驻马店国际会展中心开幕。本届大会以“做好‘土特产’文章推动农产品加工业高质量发展”为主题。

9月6~9日 红色文物说——豫晋冀鲁四省革命文物优秀讲解交流推介活动在河南林州成功举办。本次活动由中共河南省委宣传部指导，河南、山西、河北、山东四省文物局主办，安阳市文物局、林州市人民政府协办。

9月6~10日 全国政协常委、港澳台侨委员会主任刘赐贵一行，围绕河洛文化研究课题赴安阳、洛阳、郑州和开封开展专题调研，并在洛阳召开中国河洛文化研究会工作座谈会，河南省政协副主席刘炯天陪同调研。

9月7日 2023第七届中国（郑州）国际房车旅游产业链大会在河南省体育中心启幕。大会由河南省旅游协会房车露营分会、房车旅游网主办，以“房车旅游让生活更美好”为主题，大会持续至9月10日。

9月11日 2023年国家网络安全宣传周河南省活动开幕式暨河南省网络文明大会在开封举行，省委常委、宣传部部长王战营出席并讲话，宣布2023年国家网络安全宣传周河南省活动暨全省网络文明实践月启动。

9月14日 “行走河南·读懂中国”中外媒体黄河行启动仪式在郑州商代都城遗址博物院举行。省委常委、市委书记安伟出席并宣布活动启动。

9月15日 2023年中国图书馆年会在郑州国际会展中心开幕。文化和旅游部党组成员、副部长饶权致辞并宣布年会开幕，副省长张敏出席并致辞。本届年会由文化和旅游部指导，中国图书馆学会和郑州市人民政府主办，国家图书馆、河南省文化和旅游厅协办，以“滋养民族心灵 培育文化自信”为主题。活动现场发布了《图书馆服务宣言》，并为全民阅读基地及阅读推广展示项目颁发了证书。本届年会主要议程包括开闭幕式活动，主题论坛、分会场等学术活动，以及展览会，“图书馆人之夜”等活动。

9月16日 由省委党史和地方史志研究室主办、河南大别山干部学院承办的鄂豫皖三省大别山精神研究专题座谈会举行。

9月16日 由国家体育总局武术运动管理中心、中国武术协会、河南省体育局、河南省文化和旅游厅、焦作市人民政府共同主办的第十一届中国·焦作国际太极拳大赛暨2023云台山旅游节开幕。河南省委常委、统战部部长张雷明出席开幕式并宣布开幕。

9月16日　由河南省社会科学界联合会主办，黄河水利科学研究院，武陟县委、县政府，巩义市委、市政府协办，黄河交通学院、中国黄河文化研究中心、嘉应观黄河文化博物馆承办的河南发展高层论坛·第四届黄河论坛在黄河交通学院举办。论坛以“黄河文化与中华民族现代文明”为主题。

9月16~18日　2023世界大河文明论坛（中国·郑州）于郑州举办，这是首次就世界大河流域文明起源发展等进行交流研讨的国际论坛。此次论坛以“文明交流互鉴发展共创未来”为主题，由文化和旅游部、人民日报社、国家文物局、河南省人民政府共同主办。论坛包括主论坛会议和“世界大河文明的多样性与交流互鉴”“中华文明与黄河文化传承弘扬”“华夏文明与世界文明对话”“黄河流域生态保护和高质量发展”等4个分论坛，讨论并发布《世界大河文明论坛·郑州宣言》。来自国内外的专家、学者代表300多人参加论坛。

9月17日　2023年河南省暨郑州市全国科普日活动在郑州启动，主题是“提升全民科学素质，助力科技自立自强”。省委常委、宣传部部长王战营，省人大常委会副主任苏晓红，省政协副主席霍金花出席启动仪式。

9月19日　2023微博文化之夜颁奖盛典在郑州大剧院举行，省委常委、郑州市委书记安伟出席活动。本届盛典颁布了年度文化交流青年榜样、年度创新宣传博物馆、年度最佳戏剧节、年度非物质文化遗产传承人等多项奖项。北京大学中文系教授张颐武、南京师范大学文学院教授郦波受聘为郑州文化传播大使。同日，“让中华文明生生不息”——2023年微博文化之夜主题论坛在郑举行。

9月21日　2023黄河流域视听合作发展大会在洛阳开幕。大会以“视听合作新征程、大河奔腾奋进歌”为主题，国家新闻出版广电总局党组成员、副局长杨国瑞，沿黄九省（区）广电系统的负责人及相关领域的专家学者参加了此次大会。

9月21日　第七届中国诗歌节开幕式文艺演出在河南艺术中心大剧院

举行。本届中国诗歌节以“诗在中原歌咏中华”为主题，开展诗歌主题研讨、采风创作和征集、群众性诗歌活动、诗歌主题剧目展演、诗歌主题精品旅游线路发布等活动，由文化和旅游部、中国作家协会、河南省人民政府共同主办。副省长张敏出席开幕式并致辞。本届诗歌节于 9 月 27 日在郑州市“只有河南·戏剧幻城”主题公园举办闭幕式及文艺演出。

9 月 21 日 第十届中原（鹤壁）文化产业博览交易会在鹤壁开幕。省委常委、宣传部部长王战营出席活动并宣布开幕，省政协副主席戴柏华出席。本届中原（鹤壁）文博会以“文创点亮美好生活”为主题，由省委宣传部、省文化和旅游厅、省商务厅和鹤壁市人民政府共同主办，会期 4 天，设置 1 个主会场和 10 个分会场。

9 月 21 日 2023 海峡两岸周易文化论坛在安阳市汤阴县羑里城广场开幕。省委常委、统战部部长张雷明宣布论坛开幕，全国政协常委、台盟中央副主席兼秘书长江利平，省政协副主席张震宇出席开幕活动。本届论坛以“弘扬中华优秀传统文化增进两岸同胞心灵契合”为主题，由安阳市人民政府、河南省人民政府台湾事务办公室主办，采用线上和线下相结合的形式举办。

9 月 23 日 2023 年中国农民丰收节河南省主会场庆典活动在信阳市浉河区浉河港镇桃源村开幕。活动由省委、省政府主办，省农业农村厅、信阳市委市政府承办，以“庆丰收·促和美”为主题。

9 月 23 日 第十六届全国师范大学联席会议暨河南师范大学办学 100 周年创新发展大会在新乡举行。省委书记楼阳生出席并讲话。

9 月 23 日 由河南省归国华侨联合会指导，河南省客家联合会主办，联合北京客家海外联谊会、广东省客属海外联谊会、四川客家海外联谊会、赣州客家联谊会等 10 家客家社团共同发起的首届“五洲客家音”（郑州）文化论坛在郑州举行。论坛以“祖根在河洛明月照归鸿”为主题展开研讨。大会宣读《“五洲客家音”文化论坛联合宣言》，决定“五洲客家音”文化论坛每年举办一次。

9 月 23 日 以“多元创新与产业变革”为主题的中国杂技产业发展论坛在周口举行。

9 月 24 日　以“中华经典诗词与文化传承发展”为主题的中华经典诗词论坛在诗圣故里巩义举办，本次论坛由中华诗词学会、人民日报《国家人文历史》杂志社、河南省文学艺术界联合会、中共郑州市委宣传部、中共巩义市委、巩义市人民政府联合主办，是中国第七届中国诗歌节的重要组成内容，也是 2023 年中国（郑州）黄河文化月系列活动之一。

9 月 25 日　文化和旅游部公示 69 家国家工业旅游示范基地，河南省三门峡市仰韶酒庄工业旅游区、河南省安阳市安钢工业旅游区、河南省许昌市钧瓷工业文化园 3 家单位上榜。

9 月 26 日　第十一届中原（固始）根亲文化节开幕。省政协副主席刘炯天等出席开幕式。台胞台属、华人华侨、两岸青年、全球姓氏宗亲代表，以及港澳台商会和来自马来西亚、越南、菲律宾、泰国、法国、英国、秘鲁等国的商会代表应邀参加开幕式。

9 月 27 日　文化和旅游部公布“全国旅游演艺精品名录入选项目名单”，河南《穿越德化街》《大宋·东京梦华》《只有河南·戏剧幻城》《禅宗少林·音乐大典》入选。

9 月 28 日　2023 年中国飞行家大会暨第十五届安阳航空运动文化旅游节在安阳市通航产业园（永和机场）隆重开幕。省政协副主席张震宇出席并宣布开幕。

9 月 28 日　省十四届人大常委会第五次会议表决通过《河南省革命文物保护利用条例》。《条例》结合河南革命文物工作实际，从调查认定、保护管理、传承利用等方面对革命文物保护利用作出规范性要求，明确了法律责任。《条例》于 2024 年 1 月 1 日起施行。

9 月 28 日　2023 洛阳河洛文化旅游节暨第六届中原国际文化旅游产业博览会——汉服时尚设计周在洛阳开幕。河南省委常委、洛阳市委书记江凌出席并启动开幕。本届文化旅游节由河南省文化和旅游厅、洛阳市人民政府共同主办，以“新文旅新体验新消费”为主题，活动持续至 10 月 26 日。

9 月 28 日　河南省文化和旅游研究基地工作会议暨文旅文创融合战略研讨会在河南大学明伦校区举行。

Abstract*

The year 2023 is the first year for fully implementing the principles of the 20th CPC National Congress and a crucial year for implementing the 14th Five-Year Plan, and the key year of implementing the integration strategy of cultural tourism and cultural creation, promoting the high-quality development of cultural tourism and building a strong cultural province. Guided by the spirit of the Party's 20th National Congress, Henan province has put forward the brand-building project of "Traveling Henan · Reading China". Through thoroughly studying and implementing the Party's ideological and cultural work, widely spreading core socialist values, continuously promoting the creative transformation and innovative development of fine traditional Chinese culture, Henan has achieved increasing prosperity in its cultural undertakings and cultural industries, and has realized obvious improvement in its network ecology. With strong historical consciousness and initiative, Henan is writing its glorious development course in the new era with full confidence.

New cultural and tourism formats continue to emerge with the integration of cultural tourism and cultural innovation. Upholding the new cultural and tourism concept of "disruptive creativity, immersive experience, youth-oriented consumption and mobile communication", Luoyang has become a national model for immersive cultural and tourism destinations. A number of major cultural industry projects, like Haichang Ocean Tourism Resort, and Kaifeng's National Cultural Export Base—Scientific and Cultural Innovation Park, have been established and opened. A series of major projects have been officially signed, including the cooperation project between Henan Cultural Tourism Investment Group and Wanda Group, and

* 本书英文译者为河南农业大学外国语学院张莉教授，主要研究方向为翻译与文化对外传播。

international IP brand cultural tourism projects. The overall development of cultural industry has recovered, for example, industries of news information service, content creation production and cultural equipment production have grown rapidly, providing the driving force for the sustainable development of cultural industry. Besides, public cultural service facilities have been continuously improved. Nanyang Wolonggang Cultural Park, Puyang Acrobatics Theme Park and the Reconstruction Project of Chinese Character Museum have been continuously completed. Cultural activities for people's wellbeing, such as "Spring over the Central Plains · our Hometown Henan", have been put into practice and furthered, and the digitalized level of public culture has been continuously improved. All kinds of cultural activities have been vigorously carried out. Large-scale forums and exhibitions, such as the 2023 Henan province Cultural Tourism and Innovation Development Conference, the 2023 Zhengzhou (International) Tourism City Mayor Forum, the 2023 World Great Rivers Civilizations Forum (Zhengzhou, China), and the Yellow Emperor Worship Ceremony in Xinzheng, have been successfully held, deepening the cultural exchanges between Henan and the international community. Literary and artistic creation and news publication has reached a new level and made many achievements. Shao Li's novel *Golden Branch* (*Complete Edition*) is published by People's Literature Publishing House; Qiao Ye's *Baoshui Village* wins the 11th Mao Dun Literature Award. Henan Satellite TV's "Chinese Festivals" Series Program wins the 28th Magnolia Award for Best Variety Program. Special research on major topics such as "Comprehensive Research on the Origin and Early Development of Chinese Civilization" and "Archaeological Studies in China" have made solid progress. The protection project of large sites has steadily advanced. A large number of important site protection and exhibition projects, such as Dingdingmen Site Protection and Exhibition Project, Mingtang and Scenic Paradise Site Protection and Exhibition Project, Jiuzhouchi Site Protection and Exhibition Project and so on, are successfully implemented, so the display and utilization of cultural heritage has also reached a new level.

Against the backdrop of new era and new culture, Henan's cultural construction is taking on a new look with each passing day under the guidance of Xi Jinping's cultural thought and Henan is undergoing a gorgeous transformation from culture-loaded Henan to culture-fashionable and charming Henan.

Keywords: "Traveling Henan · Reading China"; Cultural Tourism and Cultural Innovation Integration Strategy; Cultural High-quality Development

Contents

I General Report

Abstract: The year 2023 is a key year for the implementation of the 14th Five-Year Plan. Henan province is closely aligning with the brand system of "Traveling Henan · Reading China", accelerating the implementation of the cultural strength strategy to develop Henan's culture towards health and prosperity. Since 2022, several documents, including the "Regulations on the Guarantee and Promotion of Public Cultural Services in Henan province" "Henan Cosmic Industry Development Action Plan (2022－2025)" "Henan Tourism Road Network Plan (2022－2030)" "Three-Year Action Plan for the Protection, Management, and Utilization of Revolutionary Cultural Relics in the New Era in Henan province (2023－2025)" have been issued to support the development of Henan's culture from dimensions such as the creative transformation and innovative development of traditional culture, and infrastructure construction.

The quality of public cultural services in Henan has significantly improved, major public cultural facilities continue to advance, and cultural activities benefiting the public are deepening and more pragmatic. The cultural industry is steadily growing, with major cultural industry projects being signed and implemented, and actively participating in various exhibitions. Cultural and tourism development has witnessed a comprehensive recovery, and the integration of cultural and tourism creativity has shown significant effects, with the development of emerging cultural and tourism formats being promising. Literary and artistic creation, as well as news publishing, have reached new heights, with outstanding works continuously attracting social attention. Cultural heritage protection is proceeding in an orderly manner, achieving excellent results in intangible cultural heritage, archaeological work, and cultural relic undertakings. New progress has been made in external cultural exchange and dissemination, with frequent activities such as tourism promotion, cross-border exchanges, and youth exchanges yielding positive outcomes. At the same time, there are certain challenges in Henan's cultural development: the effectiveness, accuracy, and social participation of public cultural services are not high enough, and the public cultural service system needs continuous improvement. The scale of Henan's cultural industry is relatively small, and there is a need to strengthen the creative development of cultural resources and the transformation ability of the industry, and further optimize the structure of the cultural industry. The interpretation of the "Traveling Henan · Reading China" brand is insufficient, and its social awareness needs enhancement.

In 2024, Henan will continue to focus on people, steadily establish and improve the evaluation system for public cultural services, refine the rules for social participation, activate resources, and steadily promote the improvement of the quality and efficiency of public cultural services. With major projects as a foundation, efforts will be continued to protect and utilize cultural heritage; in-depth archaeological excavations and research will be carried out to understand Henan's position and role in profound understanding of the outstanding characteristics of Chinese civilization. Specialized research will be systematically conducted on major topics such as "Comprehensive Study of the Origin and Early Development of Chinese Civilization" and "Archaeological China." The work of cultural relics and museums will be solidly advanced, with increased research efforts on Yellow River culture. Real data integration will be emphasized, and talent introduction will be prioritized to accelerate the development of the cultural industry. Following the guidance of the "Traveling Henan · Reading China" brand shaping implementation plan, efforts will be made in research interpretation, scene arrangement, creative driving, and promotional activities to advance the construction of the "Traveling Henan · Reading China" brand system and promote the deep-rooted image of the brand. Continuous deepening of the international interpretation and fashionable expression of Central Plains culture will be pursued; innovative communication methods will be adopted to strengthen exchanges and mutual learning with international cultures, constantly expanding the international influence of Henan's culture.

Keywords: Culturally Strong Province; "Traveling Henan · Reading China"; Brand System Construction; Henan

Ⅱ Special Reports

Abstract: The cultural tourism industry in Henan fully recovered in 2023 and showed an explosive growth trend after the May Day Golden Week. Currently, as a cultural powerhouse, Henan is sparing no effort to make a cultural strong province, with a focus on government leadership, policy formulation, cultural and tourism creativity strategies, and the promotion of the "Traveling Henan · Reading China" initiative. Notable achievements and highlights are evident in cultural heritage protection, intangible cultural heritage inheritance, the construction of the public cultural tourism service system, tourism industry, cultural industry, and cultural tourism promotion and publicity. The main theme of cultural tourism development is the deep integration of culture and tourism, where culture shapes tourism, and tourism highlights culture. At the same time, Henan's cultural tourism industry still relies predominantly on traditional culture and historical resources. There is considerable room for improvement in creative planning, product supply, supply-demand alignment, market cultivation, consumer enhancement, format innovation, and management services in the cultural tourism industry. The development of the cultural tourism industry in Henan still requires reforms, inheritance and innovation, highlighting characteristics, technological empowerment, brand cultivation, and further enhancing the core competitiveness and international influence of Henan's cultural tourism.

Keywords: Cultural Strong Province; Cultural Tourism Industry; Cultural Tourism and Cultural Innovation Integration

Abstract: Accelerating the integration of culture and technology and promoting digital empowerment will undoubtedly provide a rare historical opportunity to propel the new era of Henan's culture into a vibrant phase. Leveraging new information technology, this research focuses on the digitization of outstanding traditional Chinese culture, represented by Central Plains culture and Yellow River culture, to expedite creative transformation and innovative development. In close alignment with the national cultural digitization strategy and the province's strategy for integrating culture, tourism, and creativity, the report advocates for the accelerated integration and innovation of digitization in public cultural services, cultural industries, external communication, rural cultural revitalization, etc. The goal is to shape the "Traveling Henan · Reading China" brand and inject new cultural vitality into the construction of a culturally strong province and the advancement of China's modernization in Henan. Efforts will be concentrated in five areas: upholding tradition while innovating to showcase Henan's commitment in presenting the panorama of Chinese culture; coordinating urban and rural development to demonstrate Henan's experience in promoting rural revitalization; sharing achievements to underscore Henan's role in enhancing the level of public cultural digitization; transforming and upgrading to reflect Henan's characteristics in implementing the cultural industry digitization strategy; and fostering self-confidence and strength to manifest Henan's mission in increasing the influence and dissemination of Chinese civilization.

Keywords: Cultural Digitization Strategy; Cultural High-quality Development; Culture-technology Integration; Empowering Innovation

Abstract: The industrial innovation brought about by cultural digitization has expanded the forms of traditional culture in the digital environment, representing not only a national strategic goal but also an inevitable path for the development of the cultural industry. The digital transformation of traditional culture in Henan is based on four aspects: realizing the strategy of building a strong nation and province, integrating and merging the value chain, supporting the construction of the cultural industry, and innovating the form of traditional culture. This research fully demonstrates the creative transformation and innovative development of the inheritance models of outstanding traditional culture in Henan in the digital era. However, challenges exist, including a lack of hybrid talents with both traditional heritage and digital capabilities, a shortage of valuable and competitive digital cultural brands, and the absence of a high-quality, systematic digital cultural operating platform in Henan province. Therefore, it is necessary to establish and improve a comprehensive and innovative talent cultivation mechanism for "culture + digital" in

Henan, implement and enhance the funding support system for cultural digitization, improve the multi-level governance mechanism for the digital cultural market, build high-quality digital cultural sharing and interconnection platforms within and between provinces, and integrate Henan's outstanding traditional cultural resources with a mindset of digital industrialization. This will drive the cultural digitization upgrade and transformation of the inheritance of outstanding traditional culture in Henan province.

Keywords: Cultural Digitization; Traditional Culture; Inheritance Models; Henan

Abstract: Since the implementation of the strategy to integrate culture, tourism, and creativity, cultural tourism in Henan province has entered a stage of high-quality development guided by planning, with various regions and departments actively exploring new paths for the integration of culture, tourism, and creativity, resulting in numerous highlights in cultural tourism. However, when looking at the overall situation, challenges persist in the development of cultural tourism in Henan, including insufficient transformation and activation of cultural resources, weak support from core cities, limited competitiveness of market entities, and a shortage of new investment in cultural tourism. It is crucial to accurately grasp the new trends, characteristics, and opportunities in the development of the cultural tourism industry. This report suggests building a comprehensive mechanism for the development of culture, tourism, and creativity from perspectives such as resource development, heritage protection, format layout, intelligence empowerment, creating a complete industry chain, enhancing the quality of cultural tourism services, and forming a collaborative force for the development of cultural tourism and creativity.

Keywords: Cultural Tourism and Cultural Innovation; Cultural Tourism; High-quality Development; Henan

B.6 Research on Leveraging Outstanding Traditional Culture to Promote the Integrated Development of Culture, Tourism, and Creativity in Henan

Guo Hairong / 100

Abstract: Henan is a crucial birthplace of Chinese civilization, and leveraging outstanding traditional culture to promote the integrated development of culture, tourism, and creativity is not only a logical choice for cultural construction in Henan but also an essential path for its cultural development. With continuous policy guidance, the influence of outstanding traditional culture continues to expand, and the integrated development of culture, tourism, and creativity is strengthening. The creation of cultural products has gradually reached new heights, marking solid progress in the cultural construction of Henan. However, some shortcomings have gradually emerged in the specific construction process, such as the need to strengthen the research and utilization of outstanding traditional culture, improve the integration of outstanding traditional culture with tourism and creativity, and enrich the supply of high-quality cultural products. Therefore, Henan needs to delve into theoretical research, activate cultural resources, adhere to creative leadership, and focus on refining symbols of outstanding traditional culture, deepening the integrated development of culture, tourism, and creativity, and fostering cultural brands in culture, tourism, and creativity. This effort aims to truly leverage outstanding traditional culture to promote the integrated development of culture, tourism, and creativity in Henan and drive the construction of Henan as a culturally strong province.

Keywords: Outstanding Traditional Culture; cultural tourism and cultural innovation; Culturally Strong Province; Henan

Abstract: In 2023, media convergence development enters its tenth year, achieving significant breakthroughs in deep media integration. With the coordinated advancement of various social and economic initiatives, the news industry in Henan province shows a favorable trend, with the slow recovery of the new media industry. Convergence innovation, rooted in content innovation and supported by technological innovation, propels the news industry towards high-quality development. A series of excellent literary and artistic works are launched, deepening the dissemination of the cultural image of Henan. In 2023, the construction of a comprehensive media communication system becomes a crucial measure for the integrated development of the news industry in Henan province. Guided by the top-level design of building a comprehensive media communication system, media convergence in Henan province advances in-depth, significantly enhancing the ability to guide public opinion in response to sudden events. However, challenges such as discrepancies between media platform construction and user demands, continuous decline in media industry revenue, and imbalances in the input and output of cutting-edge technology applications hinder the development of the news industry in Henan province and urgently need resolution. In the future development of the news industry, intelligent governance, digitization of the media industry, and content innovation will remain key to achieving a "breakthrough" in the news industry.

Keywords: News Industry; Media Convergence; Comprehensive Media Communication System; Henan

Abstract: In recent years, with the high attention and strong support of the provincial party committee and government, Henan has achieved certain success in cultural external communication, leveraging its rich historical and cultural heritage. Through measures such as building an international communication matrix, hosting festivals and events, conducting study tours, and implementing the "Translate Henan" project, the international influence of Henan culture has been further enhanced. However, there are still some issues in the external communication of Henan culture, including the need to enrich the content, broaden the channels, and conduct in-depth analysis of the audience for external communication. It is recommended to optimize the communication content to solidify the foundation of Henan culture's external communication, build diversified communication channels to enhance its efficiency, and strengthen research on the audience for targeted improvement in communication effectiveness.

Keywords: Henan Culture; External Communication; International Influence

Abstract: Opera is the treasure of Chinese excellent traditional culture, which plays an exemplary and guiding role in inheriting and building the modern civilization of the Chinese nation. As a leading province in opera performance and opera types, Henan province enjoys dozens of local operas, such as Bangzi, Henan Opera, Quju, Yuediao, Zhuiju, Sipingdiao and so on. At present, Henan province has done a lot of work in the institutional protection of opera, building a benign performance ecology, foreign exchanges, script support, award-led and other aspects of inheritance, but to achieve the in-depth development of opera inheritance, it is still necessary to take effective measures such as building the opera brand of cultural tourism, deepening the development of online display and performance, innovating the display carrier, and building the talent selection mechanism.

Keywords: Traditional Opera; Cultural Inheritance; Henan

B.10 Analysis on High-quality Development Path of Red Tourism in Henan Province

Li Zhongyang / 148

Abstract: As a major province in traditional red tourism, Henan province promotes the high-quality development of red tourism, which has great effect and meaning on spreading traditional Henan culture and enhancing the influence of Henan tourist brand. Henan province is very rich in red tourism resources. It tries Sci-tech empowerment in development practice, attaches importance to consumption driving force, and seek regional cooperation, which has achieved remarkable results. At present, there are still some problems in Henan's red tourism development, such as the intensity inadequacy of cultural exploration and the need for improvement in participation experience in scenic spots. To promote the high-quality development of red tourism in Henan, we should adhere to the general policy of combining exploration of publicity with system expansion. We should continue to enhance the development vitality of red tourism from the aspects of in-depth exploration of humanistic connotation, cultivation and expansion of industrial system, continuous innovation in experience forms, enhancement of online publicity heat and red tourism experience at night, etc.

Keywords: Red Tourism; High-quality Development; Henan

Ⅲ Case Reports

Abstract: In the process of promoting building China into a country with a strong socialist culture, Henan Broadcasting System (HBS) anchors itself on Henan's profound historical and cultural resources to promote the fashionable expression and innovative transmission of fine traditional Chinese culture. HBS has been continuously building a matrix of cultural programs represented by series programs of Chinese festivals, emphasizing the international expression of traditional culture, telling Chinese stories well, getting deeply integrated into cultural relics, cultural museums, and scenic spots, and promoting the multi-dimensional development and expansion of the high-quality and popular IP industry. However, there exists insufficiency in innovation ability of sustainable content, scientization of the operation system, and industrialization degree of content IP. According to the research, we should find the breakthrough from the aspects of building cultural program clusters, constructing diversified business patterns, and accelerating the construction of cultural parks, thus can we further stimulate the cultural creation vitality of the HBS.

Keywords: Cultural Tourism and Cultural Innovation Strategy; Fine Traditional Chinese Culture; Cultural Programs; New Carrier

Abstract: Large sites are the important witness of Chinese civilization. Henan province attaches great importance to the protection and utilization of large sites, and has carried out a lot of in-depth and detailed work on archaeological excavation research, special legislation, protection planning, exhibition projects, and constructions of site museums and archaeological site parks. Henan actively explores new protection forms of the large sites, such as ecological protection, culture and tourism integration, and city features enhancement, to achieve a win-win situation between cultural heritage and economic and social development. At present, Henan still faces some problems in the development of large sites, such as lack of overall layout, insufficient display and utilization of excavation results, and being single in protection and utilization forms. It is necessary to do the archaeological research, space control, protection and management, and the open display works for the large sites systematically, as well as innovation system and mechanism in protection, management and utilization of large sites.

Keywords: Large Sites; Heritage Protection; Archaeological Site Parks; Ecological Preservation

Abstract: Since the 18th National Congress of the CPC, Xi Jinping, general secretary of the CPC Central Committee, has repeatedly made important instructions on the protection of cultural heritage, and made a series of strategic arrangements for the protection and inheritance of excellent traditional Chinese culture. Cultural tourism and cultural creation industry is the important way and support for inheriting and developing excellent traditional Chinese culture. Revitalizing cultural relic resources, cultural relics' rebirth and utilization, and cultural relics' vivid displaying are important ways to promote the creative evolution and innovative development of fine traditional Chinese culture. Doing a good job in the vivid display, concrete transmission and innovative expression of cultural heritage can accelerate the building of the "Traveling Henan · Reading China" brand, thus creating Henan into a sacred spot of the cradle of Chinese nation and the experiencing place of Chinese civilization. In constructing the modern civilization, Henan will take on a new cultural mission and do new contributions.

Keywords: World Cultural Heritage; Revitalizing Relic Resources; "Traveling Henan · Reading China" Brand

Abstract: Henan province has made some explorations and achievements in the top-level design of museum resources and overall planning, steady progress being made in some projects and museum activities. However, much more efforts need to be paid in high-quality development, modern exhibitions, scientific research capacity, smart museum construction, and governance capacity. Therefore, it is necessary for Henan to strengthen itself in aspects of focusing the construction of museums, activating the cultural tourism resources, revitalizing cultural resources, creating smart museum brands, and deepening museums' exchanges, thus can we promote the building of the brand system of "Traveling Henan · Reading China".

Keywords: Museum Resources; High-quality Development; Henan

Abstract: In the era of mobile Internet, short video platform has increasingly become a collecting and distributing center for online traffic, which gives rise to a new trend in city cultural tourism marketing. Internet-famous sites and cities have promoted a positive interaction between "online attraction" and "in-person experience", effectively driving cultural tourism consumption of the places and enhancing their popularity and influence. Taking Zhengzhou, Kaifeng and Luoyang as the examples, this paper uses content analysis to observe the characteristics of the three major cities of Henan province in their short videos, with Zhengzhou, the provincial capital as the focus. It proposes that Zhengzhou can make full use of short videos to perfect its social transmission. Efforts should be made on transmission subject, content, and strategy to optimize its transmission structure, city brand, endless online heat and digital marketing, which will contribute to stimulation on tourism consumption, and building of "Traveling Henan · Reading China" brand.

Keywords: Short Video; City Cultural Tourism; Going Viral

B.16 Research Report on Central Plains Root-seeking Culture Assisting "Traveling Henan · Reading China" Brand Building

Jin Ruixia / 217

Abstract: The 11th Henan Provincial Party Congress in 2021 proposed The strategy of integrating culture, tourism, culture and innovation will be implemented as one of the " top ten strategies". One of the important contents is to build the "Traveling Henan · Reading China" cultural brand. In the subsequently released implementation plan of the brand system, multiple key sections and cultural tourism routes are closely related to Central Plains Root-seeking Culture. According to the current development status of the Root-seeking Culture, it is suggested that we continuously sublimate the beliefs and emotional factors in root-seeking Culture, focusing on rural characteristic culture that contains the excellent traditional Chinese culture. We should take full advantages of root-seeking Culture to further create the "Traveling Henan · Reading China" brand.

Keywords: Root-seeking Culture; "Traveling Henan · Reading China"; Vrand Building

Abstract: As one of the greatest poets in the history of Chinese literature, Du Fu has exerted the most profound influence on later generations, and his influence has even expanded from the circle of the poems into the whole literature and culture. In 2022, as Henan province clearly proposed to make every effort to build the tourist brand series of "Traveling Henan · Reading China", Du Fu is undoubtedly the dazzling appeal to tourists. Making Du Fu culture adapted to the trend of the modern times is of great significance for us to carry forward traditional Chinese culture and polish the image of Henan culture. In view of the present development and the use of Dufu culture resources in Henan, the article mainly discusses and explores feasible ways to make Du Fu culture suited to the current needs from five aspects: the role of Du Fu in the history of literature and culture, cultural resources concerning Du Fu in Henan province, the current development situation of Du Fu culture resources in Henan, the enlightenment getting from Du Fu culture modernization in opening Du Fu Cottage in Chengdu, and the approaches to the modernization of Du Fu culture resources.

Keywords: Du Fu; Cultural Resources; Modernization

Ⅳ Area Reports

Abstract: Just as a Chinese saying goes, "A country will thrive only if its culture thrives, and a nation will be strong only if its culture is strong." In recent years, Zhengzhou municipal government puts people in the first place and strives to meet locals' growing desire for a better life, making efforts to highlight Zhengzhou as historical and cultural city. Guided by the initiative of promoting the creative evolution and development of fine traditional Chinese culture, we should combine the basic principles of Marxism with Chinese realities and fine traditional Chinese culture, relying on the Four Places as the cultural supports which are the root-seeking place of Chinese people, home of the Chinese civilization, the place of experiencing Chinese culture, and the enlightened place of accepting sinology education, and taking historical civilization inheritance and innovation base as the general principle.

Keywords: Four Places; One Major National Base; Culturally Strong city

B.19 Exploration on Creating "Travelling Henan · Reading China" Brand by Zhengzhou City

Abstract: The year 2023 is the opportunity for Zhengzhou to improve its overall cultural influence. With the "Travelling Henan · Reading China" being promoted, Zhengzhou further explored its cultural tourism potential through orienting its cultural development and reintegrating its cultural and tourism resources, making people feel the prospect of the cultural and tourism industry. In order to build Zhengzhou into the place of root seeking, home of the Chinese civilization, the place of experiencing Chinese culture, and the enlightened place of accepting sinology education, Zhengzhou takes the following constructions as its key cultural tourism projects which are "the Hometown of the Yellow Emperor and Last Name Culture", "Four Holinesses" (Holy Mountain—Songshan Mountain; Holy River—the Yellow River, Sages—the Yellow Emperor and men of virtue of all ages; Holy Relics—places where early ancestors lived and worked), the Theme Park of Chinese Civilization" and "Songshan Academy". With such efforts, Zhengzhou will specify its double orientations of one for the historical charms and the other for the modern attraction, deeply studying the excellent experience of cultural tourism in and beyond Henan, and actively keeping up with the trend of the times to build Chinese modern civilization.

Keywords: "Traveling Henan · Reading China"; Four Places and One Major National Base; Zhengzhou's Cultural and Tourism Industry

Abstract: Zhengzhou, as the largest city in the Yellow River Basin, attaches great importance to the exploration of the Yellow River culture in the hope of building it into the main landmark city of the Yellow River culture. Zhengzhou features long history, orderly inheritance, large quantity, rich connotation, important value and remarkable status in its Yellow River cultural resources, but it also has obvious shortcomings in its Yellow River culture, including unclear urban culture, insufficient development and utilization of cultural resources, inadequacy in overall planning of cultural development and lack of cultural influence. To remedy such failure, it requires a good job in top-level design concerning eight supports, namely, plan, theories, projects, brands, vitality, discourse and industries. Great efforts should be made to accelerate the construction of the base for inheriting and innovating Chinese history and civilization, especially the national bases and world-famous tourist destination, thus making the city the brands of the middle of China, the source of Chinese civilization and Kung Fu Zhengzhou, and constantly raising its city position as the landmark city of the Yellow River culture.

Keywords: The Yellow River Culture; Inheritance and Innovation of Chinese Civilization; Yellow River Historical and Cultural Landmark City

B.21 Research Report on Building a Cultural and Tourism Brand of "Traveling Henan · Reading China" in Kaifeng

Lu Bing / 286

Abstract: Building the cultural and tourism brand of "Traveling Henan · Reading China" is an important deployment to implement the integration strategy of cultural tourism and cultural creation in Henan, an effective channel to strengthen cultural self-confidence and promote mutual learning among civilizations as well as a powerful engine in leading industrial upgradation and promoting economic development. In the process of building the cultural and tourism brand, Kaifeng has made great achievements in improving the efficiency of public cultural services, innovating the functions of the cultural and museum system, promoting the live inheritance of intangible cultural heritage, creating high-quality literary and artistic works, and cultivating new cultural formats. However, shortcomings are still obvious, such as low conversion of cultural resources, insufficient cultural and tourism formats, and rigid marketing methods and so on. Efforts should be made in building core brands, innovating promotion methods, strengthening technology empowerment, and enriching cultural and tourism formats, thus can we upgrade the cultural and tourism brand of Kaifeng.

Keywords: "Traveling Henan · Reading China"; Cultural and Tourism Industry in Kaifeng; Brand Building

B.22 Suggestions on Promoting Integration of Culture and Tourism through the Hanfu Phenomenon in Luoyang

Ren Mengyi / 298

Abstract: In recent years, Luoyang has made use of network economy to actively promote the integration and development of cultural tourism and cultural creation by taking many measures. The "Hanfu +" tourism is so hot that it has expanded the channels of the integration and development of Luoyang culture and tourism, successfully realizing the transformation of Luoyang historical and cultural heritage into its cultural tourism development resources. Luoyang is rich in many cultural and tourism resources. The cultural phenomenon of "Hanfu +" inspires us that the historical and cultural resources should be explored towards their roots, new individual cases concerning cultural and tourism integration should be transformed into overall cultural tourism strength, multi-forms of cultural tourism integration can provide continuous vitality for the development, and employing different methods of cultural creation can deepen the memory of theme tourism. More attention should be paid to the following aspects: government takes the lead in upgrading the top-level design, focus on "one point" to clarify the core of the integrated development of Luoyang culture and tourism, go alone "one belt" to reconstruct Luoyang the cultural and tourism zone characterized with "the earliest China", deeply explore the historical connotation and significance of Luoyang cultural and tourism resources, well interpret the context of Luoyang as "the earliest China", activate the interconnected development thinking of combining cultural and tourism resources with creative activities, creative products and creative services, broaden the development flexibility, expand the influence, and form a synergy for the high-quality and sustainable development of Luoyang cultural and tourism innovation.

Keywords: Hanfu Culture; Fusion of Culture and Tourism; Luoyang

Abstract: A museum is a bridge connecting the past, present and future, as well as a unique cultural totem of a city. The decision to build Luoyang into an "Oriental City of Museums" is made in line with the general trend of promoting cultural construction in China. Since Luoyang first proposed to build itself into an "Oriental City of Museums" in 2020, through three-year efforts, its city brand has been established on the whole. However, judging from the current social attention and benefits Luoyang has gained, there are still problems, such as obscurity in city brand, lack of optimized tourist itineraries and so on. This article covers both the achievements Luoyang has made and the problems it also faces in the city construction, and then presents some reasonable suggestions in an attempt to contribute some ideas to Luoyang's development.

Keywords: Museums; Fusion of Culture and Tourism; Luoyang

Appendix

S 基本子库
SUB DATABASE

中国社会发展数据库（下设 12 个专题子库）

紧扣人口、政治、外交、法律、教育、医疗卫生、资源环境等 12 个社会发展领域的前沿和热点，全面整合专业著作、智库报告、学术资讯、调研数据等类型资源，帮助用户追踪中国社会发展动态、研究社会发展战略与政策、了解社会热点问题、分析社会发展趋势。

中国经济发展数据库（下设 12 专题子库）

内容涵盖宏观经济、产业经济、工业经济、农业经济、财政金融、房地产经济、城市经济、商业贸易等12个重点经济领域，为把握经济运行态势、洞察经济发展规律、研判经济发展趋势、进行经济调控决策提供参考和依据。

中国行业发展数据库（下设 17 个专题子库）

以中国国民经济行业分类为依据，覆盖金融业、旅游业、交通运输业、能源矿产业、制造业等 100 多个行业，跟踪分析国民经济相关行业市场运行状况和政策导向，汇集行业发展前沿资讯，为投资、从业及各种经济决策提供理论支撑和实践指导。

中国区域发展数据库（下设 4 个专题子库）

对中国特定区域内的经济、社会、文化等领域现状与发展情况进行深度分析和预测，涉及省级行政区、城市群、城市、农村等不同维度，研究层级至县及县以下行政区，为学者研究地方经济社会宏观态势、经验模式、发展案例提供支撑，为地方政府决策提供参考。

中国文化传媒数据库（下设 18 个专题子库）

内容覆盖文化产业、新闻传播、电影娱乐、文学艺术、群众文化、图书情报等 18 个重点研究领域，聚焦文化传媒领域发展前沿、热点话题、行业实践，服务用户的教学科研、文化投资、企业规划等需要。

世界经济与国际关系数据库（下设 6 个专题子库）

整合世界经济、国际政治、世界文化与科技、全球性问题、国际组织与国际法、区域研究 6 大领域研究成果，对世界经济形势、国际形势进行连续性深度分析，对年度热点问题进行专题解读，为研判全球发展趋势提供事实和数据支持。